즉석에서 가장 많이 활용하는

프리토킹 일본어회화 완전정복

즉석에서 가장 많이 활용하는

프리토킹 일본어회화 완전정복

저 자 이원준
발행인 고본화
발 행 반석출판사
2025년 1월 10일 초판 4쇄 인쇄
2025년 1월 15일 초판 4쇄 발행
홈페이지 www.bansok.co.kr
이메일 bansok@bansok.co.kr
블로그 blog.naver.com/bansokbooks

07547 서울시 강서구 양천로 583, B동 1007호
(서울시 강서구 염창동 240-21번지 우림블루나인 비즈니스센터 B동 1007호)
대표전화 02) 2093-3399 **팩 스** 02) 2093-3393
출 판 부 02) 2093-3395 **영업부** 02) 2093-3396
등록번호 제315-2008-000033호

ISBN 978-89-7172-906-9 (13730)

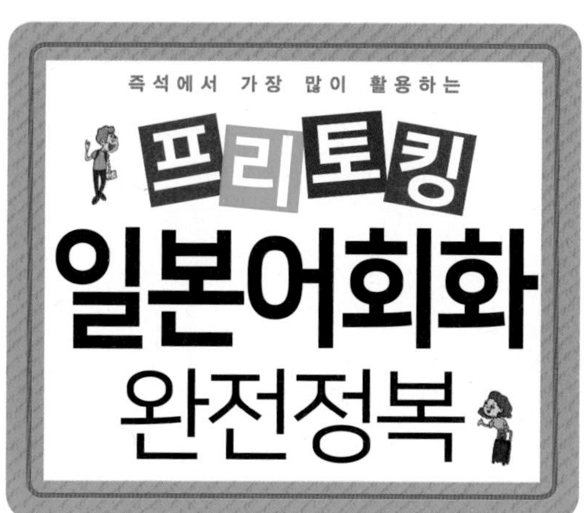

즉석에서 가장 많이 활용하는
프리토킹
일본어회화
완전정복

반석출판사
Bansok

머리말

흔히 일본어 학습자가 착각하기 쉬운 점은 일본어는 한국어와 어순이 비슷하기 때문에 간단한 문법과 단어만 알고 있으면 일본인과 쉽게 대화할 수 있을 것이라고 생각합니다. 하지만 직접 일본인과 대화를 나누게 되면 아주 쉬운 표현도 입에서 나오지 않아 당황하는 경우가 많습니다.

예를 들면, 손님으로 초대되어 식사를 한 후에 우리말로 직역하여 よく食べました(잘 먹었습니다)라고 하면 일본인은 전혀 이해하지 못할 것입니다. 이럴 때는 ごちそうさまでした라고 해야 합니다. 이처럼 한국어로 직역해서는 안 되는 관용적인 표현들이 엄연히 존재하므로 유창하고 자연스러운 회화를 위해서는 무엇보다 일본어다운 표현을 많이 익혀야 합니다.

필자는 우리나라 사람들이 일본어를 공부할 때, 잘못 사용하는 일본어 표현과 모르는 단어를 하나하나 찾아가면서 공부하듯이 회화도 그때그때 상황에 따라 필요한 말을 찾아서 활용할 수 있으면 좋겠다는 생각에서 사전 형식을 취해 이 책을 쓰게 되었습니다. 이 책은 일본어 회화를 본격적으로 시작하려는 학습자를 대상으로 〈기본회화편〉, 〈실용회화편〉으로 나누어 회화의 모든 것을 총망라한 학습서로서 사전처럼 활용할 수 있습니다. 또한 일본어 회화를 정확하고 다양하게 익히고 어떤 장면이나 상황에서도 응용이 가능하도록 체계적으로 엮었습니다.

★ 일본어 표현 2886문장 수록
★ 응용력을 길러주는 체계적인 표현력 확장 프로그램
★ 일본어 프리토킹을 위한 구성과 편집
★ 한 권으로 끝내는 일본어 첫걸음에서 실용회화까지

끝으로 이 책이 세상에 나오기까지 기획에서 편집, 제작에 이르기까지 정성을 다해 주신 여러분께 감사를 드립니다. 아무쪼록 이 책이 독자 여러분의 학습에 많은 도움이 되었으면 더 이상 바랄 것이 없으며, 아낌없는 성원과 질정을 간곡히 부탁드립니다.

2020년 1월
이 원 준

목차

Part 1 기본회화 [Basic편]

Chapter 01 일상적인 인사

Unit 01 만났을 때의 인사 ▸ 13
Unit 02 안녕을 물을 때 ▸ 14
Unit 03 안부와 건강에 대해 인사할 때 ▸ 16
Unit 04 오랜만에 만났을 때의 인사 ▸ 18

Chapter 02 헤어질 때의 인사

Unit 01 밤에 헤어질 때 ▸ 23
Unit 02 헤어질 때의 기본 인사 ▸ 23
Unit 03 오랫동안 헤어질 때 ▸ 24
Unit 04 방문을 마치고 헤어질 때 ▸ 25
Unit 05 안부를 전할 때 ▸ 27
Unit 06 전송할 때 ▸ 28

Chapter 03 사과·사죄를 할 때

Unit 01 실례할 때 ▸ 30
Unit 02 사과·사죄를 나타낼 때 ▸ 31
Unit 03 행위에 대한 사죄를 할 때 ▸ 32
Unit 04 용서를 구할 때 ▸ 34

Chapter 04 감사와 사죄의 응답

Unit 01 감사에 대한 응답 ▸ 37
Unit 02 사과에 대한 응답 ▸ 39

Chapter 05 고마움을 나타낼 때

Unit 01 일반적인 감사 표현 ▸ 43
Unit 02 수고·노고에 대한 감사 표현 ▸ 44
Unit 03 행위나 배려에 대한 감사 표현 ▸ 44
Unit 04 칭찬과 호의에 대한 감사 표현 ▸ 45
Unit 05 선물을 주고 받을 때 ▸ 45
Unit 06 친절에 대한 고마움을 나타낼 때 ▸ 46
Unit 07 정중하게 감사를 나타낼 때 ▸ 47

Chapter 06 동정과 위로

Unit 01 동정할 때 ▸ 50
Unit 02 깊은 동정을 나타낼 때 ▸ 51
Unit 03 위로할 때 ▸ 52
Unit 04 격려할 때 ▸ 53

Chapter 07 축하와 기원

Unit 01 축하할 때 ▸ 57
Unit 02 축하와 함께 기원할 때 ▸ 58
Unit 03 축하를 받을 때 ▸ 59

Chapter 08 희로애락의 감정

Unit 01 기쁠 때 ▸ 62
Unit 02 화날 때 ▸ 63
Unit 03 슬플 때 ▸ 66
Unit 04 즐거울 때 ▸ 68

Chapter 09 불평과 불만

Unit 01 불평·불만의 표현 ▸ 71
Unit 02 귀찮을 때 ▸ 73
Unit 03 지루하고 심심할 때 ▸ 74
Unit 04 싫증나고 짜증날 때 ▸ 75
Unit 05 실망할 때 ▸ 76

Chapter 10 비난과 험담

Unit 01 말을 중지시킬 때 ▸ 78
Unit 02 참견을 저지할 때 ▸ 79
Unit 03 비난할 때 ▸ 80
Unit 04 말싸움을 할 때 ▸ 81
Unit 05 욕설과 험담을 할 때 ▸ 82

Chapter 11 질문과 의문에 대한 응답

Unit 01 긍정적인 응답 ▸ 85
Unit 02 그 밖의 긍정 응답 ▸ 86
Unit 03 긍정에 해당하는 부정 응답 ▸ 86
Unit 04 부정 응답 ▸ 87
Unit 05 그 밖의 부정 응답 ▸ 88
Unit 06 부정에 해당하는 긍정 응답 ▸ 89

Chapter 12 되물음

Unit 01 되물을 때 ▸ 91
Unit 02 잘 알아듣지 못했을 때 ▸ 92
Unit 03 다시 한번 말해달라고 할 때 ▸ 92
Unit 04 천천히 말해달라고 할 때 ▸ 92
Unit 05 상대의 목소리가 분명하지 않을 때 ▸ 93
Unit 06 특정한 말을 알아듣지 못했을 때 ▸ 94

Chapter 13 설명의 요구와 이해

Unit 01 말을 재촉할 때 ▸ 96
Unit 02 설명을 요구할 때 ▸ 97
Unit 03 이해 여부를 확인할 때 ▸ 98
Unit 04 이해를 했을 때 ▸ 99
Unit 05 이해를 못했을 때 ▸ 100

Chapter 14 자연스런 맞장구

Unit 01 긍정도 부정도 아닌 맞장구 ▸ 103
Unit 02 의문의 맞장구 ▸ 104

Unit 03 자연스런 맞장구 ▸ 105
Unit 04 동의의 맞장구 ▸ 106

Chapter 15 긍정과 동의의 의지 표현
Unit 01 동의를 구할 때 ▸ 109
Unit 02 전적으로 동의할 때 ▸ 109
Unit 03 가볍게 동의할 때 ▸ 110
Unit 04 동감·찬성을 나타낼 때 ▸ 111
Unit 05 부분적으로 동의할 때 ▸ 112

Chapter 16 부정과 반대의 의지 표현
Unit 01 강하게 부정할 때 ▸ 115
Unit 02 동의하지 않거나 반대할 때 ▸ 116
Unit 03 동의를 보류할 때 ▸ 117
Unit 04 그 밖의 여러 부정 표현 ▸ 118

Chapter 17 확답을 피하는 응답
Unit 01 불확실한 추측을 나타낼 때 ▸ 121
Unit 02 완곡하게 대답할 때 ▸ 122
Unit 03 추측을 나타낼 때 ▸ 123
Unit 04 확답을 피할 때 ▸ 124
Unit 05 애매하게 대답할 때 ▸ 125
Unit 06 대답을 유보할 때 ▸ 127

Chapter 18 놀라움과 두려움
Unit 01 깜짝 놀랄 때 ▸ 130
Unit 02 믿겨지지 않을 때 ▸ 131
Unit 03 두려울 때 ▸ 133

Chapter 19 부탁과 의뢰의 응답
Unit 01 쾌히 승낙할 때 ▸ 136
Unit 02 조건부로 승낙할 때 ▸ 137
Unit 03 거절할 때 ▸ 138

Chapter 20 승낙과 거절
Unit 01 흔쾌히 승낙할 때 ▸ 142
Unit 02 개의치 않고 승낙할 때 ▸ 143
Unit 03 거절할 때 ▸ 144
Unit 04 ❶ 제안할 때「…はどう?」▸ 146
Unit 05 ❷ 제안할 때「…たらどう?」▸ 147
Unit 06 ❸ 제안할 때「…ませんか?」▸ 148
Unit 07 ❶ 권유할 때「…ようじゃない?」▸ 149
Unit 08 ❷ 권유할 때「…ましょう」▸ 150

Chapter 21 제안과 권유의 응답
Unit 01 제안 · 권유에 응할 때 ▸ 153
Unit 02 제안 · 권유에 거절할 때 ▸ 154

Chapter 22 조언과 충고
Unit 01 조언을 할 때 ▸ 157
Unit 02 주의를 줄 때 ▸ 158
Unit 03 충고할 때 ▸ 161
Unit 04 꾸짖을 때 ▸ 163

Part 2 실용회화 [Advanced편]

Chapter 01 초대면의 인사와 소개
Unit 01 처음 만났을 때 ▸ 167
Unit 02 타인을 소개할 때 ▸ 169
Unit 03 헤어질 때 ▸ 171

Chapter 02 자기소개
Unit 01 자기소개를 할 때 ▸ 173
Unit 02 이름을 물을 때 ▸ 175
Unit 03 상대를 알기 위한 질문 ▸ 176

Chapter 03 식사·가정·파티에 초대
Unit 01 초대를 할 때 ▸ 179
Unit 02 초대에 응할 때 ▸ 181
Unit 03 초대에 응할 수 없을 때 ▸ 181

Chapter 04 가정 방문
Unit 01 방문한 곳의 현관에서 ▸ 185
Unit 02 방문한 곳에서의 배려 ▸ 186
Unit 03 방문을 마치고 돌아갈 때 ▸ 188

Chapter 05 방문객의 안내와 대접
Unit 01 방문객을 맞이할 때 ▸ 191
Unit 02 방문객을 안으로 안내할 때 ▸ 192
Unit 03 방문객을 대접할 때 ▸ 193
Unit 04 방문객이 돌아갈 때 ▸ 195

Chapter 06 시간과 연·월·일
Unit 01 시각을 묻고 답할 때 ▸ 198
Unit 02 시계에 대해서 말할 때 ▸ 200
Unit 03 년(年)에 대해서 말할 때 ▸ 201
Unit 04 월(月)에 대해서 말할 때 ▸ 202
Unit 05 요일(曜日)에 대해서 말할 때 ▸ 203
Unit 06 일(日)에 대해서 말할 때 ▸ 204

Chapter 07 약속의 표현
Unit 01 만날 약속을 할 때 ▸ 206
Unit 02 만날 시간을 정할 때 ▸ 207
Unit 03 만날 장소를 정할 때 ▸ 208

Chapter 08 약속 제의에 대한 응답
Unit 01 약속을 승낙할 때 ▸ 210
Unit 02 약속하기에 사정이 안 좋을 때 ▸ 210
Unit 03 예정이 분명하지 않을 때 ▸ 212
Unit 04 약속의 변경 및 취소를 할 때 ▸ 212

Chapter 09 날씨와 기후
Unit 01 날씨에 관한 인사 ▸ 214
Unit 02 일기를 물을 때 ▸ 216
Unit 03 일기예보 ▸ 217
Unit 04 맑음·비·바람·기타 ▸ 218
Unit 05 비가 올 때 도움이 되는 말 ▸ 219

Unit 06 따뜻함을 나타낼 때 ▸ 220
Unit 07 무더움을 나타낼 때 ▸ 221
Unit 08 시원함을 나타낼 때 ▸ 221
Unit 09 추위를 나타낼 때 ▸ 222
Unit 010 기온을 나타낼 때 ▸ 222

Chapter 10 가족과 친척
Unit 01 형제자매에 대해서 말할 때 ▸ 225
Unit 02 가족에 대해서 말할 때 ▸ 226
Unit 03 결혼과 자녀에 대해서 말할 때 ▸ 227
Unit 04 부모·조부모·친척에 대해 말할 때 ▸ 228

Chapter 11 외모와 신체의 특징
Unit 01 신장에 대해서 말할 때 ▸ 230
Unit 02 체중에 대해서 말할 때 ▸ 230
Unit 03 얼굴이나 용모에 대해 말할 때 ▸ 232
Unit 04 신체의 특징에 대해 말할 때 ▸ 234

Chapter 12 사람의 성격
Unit 01 자신의 성격을 말할 때 ▸ 237
Unit 02 다른 사람의 성격을 물을 때 ▸ 238
Unit 03 바람직한 성격을 말할 때 ▸ 240
Unit 04 바람직하지 못한 성격을 말할 때 ▸ 240

Chapter 13 친구·사랑과 연애
Unit 01 지인·친구와의 교제 ▸ 243
Unit 02 연애에 대해 말할 때 ▸ 245
Unit 03 데이트를 신청할 때 ▸ 247
Unit 04 사랑을 고백할 때 ▸ 248

Chapter 14 결혼에 관한 화제
Unit 01 좋아하는 타입의 배우자를 말할 때 ▸ 251
Unit 02 청혼을 할 때 ▸ 252
Unit 03 청혼을 거절할 때 ▸ 253
Unit 04 결혼에 대해 말할 때 ▸ 253
Unit 05 결혼생활에 대해 말할 때 ▸ 254
Unit 06 임신·출산에 대해 말할 때 ▸ 255
Unit 07 부부싸움·이혼에 대해 말할 때 ▸ 256

Chapter 15 가벼운 음료를 마시면서
Unit 01 커피·차를 마실 때 ▸ 259
Unit 02 다방에 들어가서 ▸ 260
Unit 03 다방에서의 대화 ▸ 261
Unit 04 그 밖의 음료를 마실 때 ▸ 262

Chapter 16 음식과 식사
Unit 01 배가 고플 때와 부를 때 ▸ 265
Unit 02 식욕에 관한 표현 ▸ 265
Unit 03 음식의 맛을 말할 때 ▸ 266
Unit 04 음식의 취향을 말할 때 ▸ 267
Unit 05 음식을 권할 때 ▸ 268
Unit 06 식사를 마칠 때 ▸ 269
Unit 07 아침식사 표현 ▸ 270
Unit 08 점심식사 표현 ▸ 271
Unit 09 저녁식사 표현 ▸ 272

Chapter 17 식당에서의 대화
Unit 01 식사를 제의할 때 ▸ 275
Unit 02 식당을 찾을 때 ▸ 276
Unit 03 식당을 예약할 때 ▸ 277
Unit 04 식당에 들어서서 자리를 잡을 때 ▸ 278
Unit 05 메뉴를 보면서 ▸ 280
Unit 06 음식을 주문하면서 ▸ 281
Unit 07 주문에 문제가 있을 때 ▸ 283
Unit 08 음식에 문제가 있을 때 ▸ 284
Unit 09 무엇을 부탁할 때 ▸ 284
Unit 010 식비를 계산할 때 ▸ 285

Chapter 18 술과 담배
Unit 01 술을 마시러 가자고 할 때 ▸ 288
Unit 02 술을 권할 때 ▸ 289
Unit 03 술집에서 ▸ 290
Unit 04 술을 마시면서 ▸ 291
Unit 05 술에 취했을 때 ▸ 293
Unit 06 담배에 대해서 ▸ 293
Unit 07 금연에 대해서 ▸ 295

Chapter 19 쇼핑에 관한 대화
Unit 01 가게를 찾을 때 ▸ 298
Unit 02 물건을 고를 때 ▸ 299
Unit 03 가격을 흥정할 때 ▸ 303
Unit 04 물건값을 계산할 때 ▸ 304
Unit 05 슈퍼를 이용할 때 ▸ 305
Unit 06 백화점을 이용할 때 ▸ 306
Unit 07 포장과 배달 ▸ 308
Unit 08 교환·반품·환불을 제기할 때 ▸ 308

Chapter 20 식료품 구입
Unit 01 식품을 구입할 때 ▸ 311
Unit 02 야채를 구입할 때 ▸ 311
Unit 03 과일을 구입할 때 ▸ 312
Unit 04 고기를 구입할 때 ▸ 313
Unit 05 생선을 구입할 때 ▸ 314
Unit 06 빵을 구입할 때 ▸ 315
Unit 07 과자·케이크를 구입할 때 ▸ 316

Chapter 21 의복류 구입
Unit 01 남성복을 구입할 때 ▸ 318
Unit 02 여성복을 구입할 때 ▸ 319
Unit 03 모자를 구입할 때 ▸ 322
Unit 04 신발을 구입할 때 ▸ 322

Chapter 22 주거와 정원
Unit 01 주거에 대한 화제 ▸ 325
Unit 02 주택에 대한 화제 ▸ 326
Unit 03 정원에 대한 화제 ▸ 328

Chapter 23 학생과 학교생활
Unit 01 출신학교에 대해서 ▸ 331
Unit 02 전공에 대해서 ▸ 332
Unit 03 동아리활동에 대해서 ▸ 333
Unit 04 아르바이트에 대해서 ▸ 333
Unit 05 학교생활에 대해서 ▸ 334
Unit 06 시험에 대해서 ▸ 336
Unit 07 성적에 대해서 ▸ 337
Unit 08 수업시간에 주로 쓰이는 표현 ▸ 338

Chapter 24 전화를 받을 때
Unit 01 걸려온 전화를 받을 때 ▸ 342
Unit 02 전화를 바꿔줄 때 ▸ 343
Unit 03 전화를 받을 상대가 없을 때 ▸ 344
Unit 04 전화가 왔다고 전할 때 ▸ 346
Unit 05 잘못 걸려온 전화를 받았을 때 ▸ 347

Chapter 25 전화를 걸 때
Unit 01 전화를 걸 때 ▸ 350
Unit 02 상대가 없을 때 ▸ 352
Unit 03 국제전화를 할 때 ▸ 353

Chapter 26 팩스·휴대전화·이메일
Unit 01 팩스를 주고받을 때 ▸ 356
Unit 02 휴대전화에 대해서 ▸ 357
Unit 03 이메일에 대해서 ▸ 358

Chapter 27 우체국과 은행
Unit 01 우표를 살 때 ▸ 361
Unit 02 편지를 부칠 때 ▸ 361
Unit 03 소포를 부칠 때 ▸ 363
Unit 04 우편환을 이용할 때 ▸ 363
Unit 05 전보를 칠 때 ▸ 364
Unit 06 은행에서 돈을 바꿀 때 ▸ 364
Unit 07 구좌개설과 예금의 입출금 ▸ 365

Chapter 28 건강과 운동
Unit 01 건강에 관한 화제 ▸ 368
Unit 02 운동에 관한 화제 ▸ 369
Unit 03 상대의 건강을 배려할 때 ▸ 370
Unit 04 상대의 건강 배려에 대한 응답 ▸ 372
Unit 05 감기에 걸렸을 때 ▸ 374

Chapter 29 병원에서의 화제
Unit 01 병원에 가기 전에 ▸ 377
Unit 02 병원에 들어가서 ▸ 377
Unit 03 증상을 설명할 때 ▸ 379
Unit 04 통증을 호소할 때 ▸ 381
Unit 05 진찰을 받을 때 ▸ 382
Unit 06 병문안을 할 때 ▸ 384

Chapter 30 길안내와 묻기
Unit 01 길을 물을 때 ▸ 388
Unit 02 길을 가르쳐줄 때 ▸ 389
Unit 03 길을 잘 모를 때 ▸ 391
Unit 04 길을 잃었을 때 ▸ 392

Chapter 31 대중교통의 이용
Unit 01 역이나 차내에서 안내 ▸ 394
Unit 02 열차를 이용할 때 ▸ 395
Unit 03 전철·지하철을 이용할 때 ▸ 398
Unit 04 버스를 이용할 때 ▸ 400
Unit 05 관광버스를 이용할 때 ▸ 401
Unit 06 택시를 이용할 때 ▸ 402
Unit 07 국내선 비행기를 이용할 때 ▸ 404

이 책의 구성과 특징

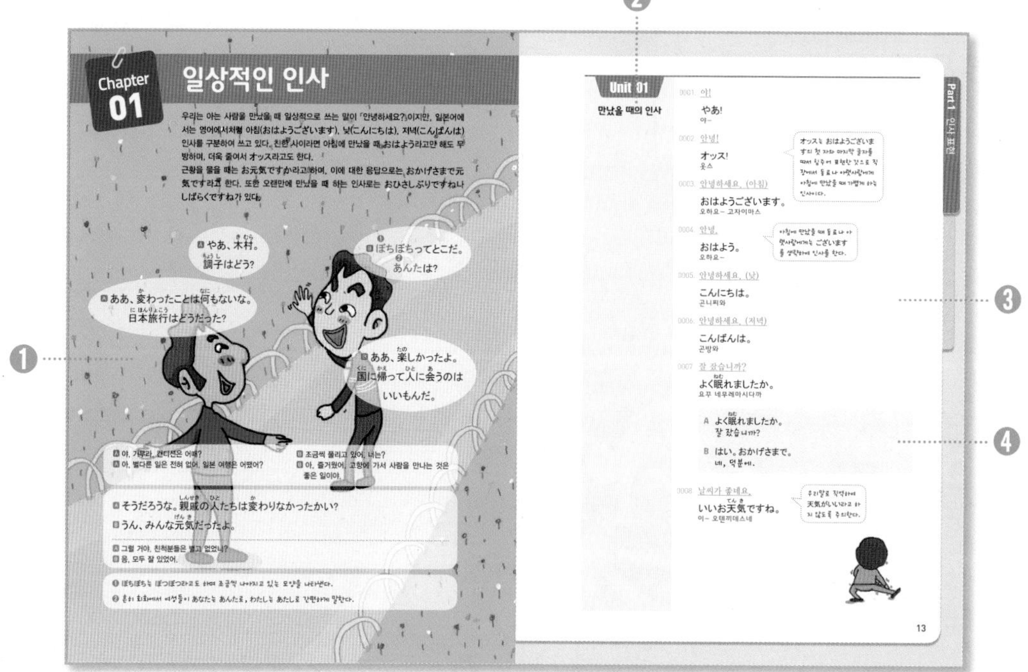

이 책은 보다 자연스러운 일본어 회화를 위해 언제 어디서든 즉석에서 사전처럼 바로바로 활용할 수 있습니다.

❶ 들어가기

해당 챕터의 대표적인 대화 표현을 재미있는 그림과 함께 먼저 익혀 보세요.

❷ 각 장면의 사전식 구성

각 장면과 상황을 설정하여 학습자가 원하는 회화 표현을 쉽게 찾아볼 수 있도록 사전식으로 세분화하여 분류하였습니다.

❸ 풍부하고 자연스러운 예문

예문을 쉽게 익힐 수 있도록 간단하고 자연스러운 표현만을 엄선하였습니다. 본문 mp3 파일은 반석출판사 홈페이지(www.bansok.co.kr)에서 제공됩니다.

❹ 대화문

주로 많이 사용되는 예문은 주고받는 대화문을 통해 정확하고 자연스럽게 익힐 수 있습니다.

Part 1

기본회화 [Basic편]

맨 처음에 일본어로 현지인과 대화를 나눈다는 것은 두렵기도 하지만, 한편으로는 무척 흥미로운 일이 아닐 수 없습니다. 결코 당황하지 않고 자신감을 가지고 대화에 임하려면 무엇보다 회화의 기본 표현을 익혀 두지 않으면 안 됩니다. 따라서 Part 1에서는 일본어 회화를 시작하였으나 가닥을 잡지 못하고 망설이는 학습자를 위해, 22개의 Chapter로 나누어 회화를 하는데 있어서 가장 기본이 되는 「일상적인 인사」의 표현에서부터 「조언과 충고」를 피력하는 표현에 이르기까지 기본과 교양이 되는 회화 표현을 총망라했습니다.

Chapter 01

일상적인 인사

우리는 아는 사람을 만났을 때 일상적으로 쓰는 말이 「안녕하세요?」이지만, 일본어에서는 영어에서처럼 아침(おはようございます), 낮(こんにちは), 저녁(こんばんは) 인사를 구분하여 쓰고 있다. 친한 사이라면 아침에 만났을 때 おはよう라고만 해도 무방하며, 더욱 줄여서 オッス라고도 한다.
근황을 물을 때는 お元気ですか라고 하며, 이에 대한 응답으로는 おかげさまで元気です라고 한다. 또한 오랜만에 만났을 때 하는 인사로는 おひさしぶりですね나 しばらくですね가 있다.

A やあ、木村(きむら)。調子(ちょうし)はどう?

B ❶ぼちぼちってとこだ。❷あんたは?

A ああ、変(か)わったことは何(なに)もないな。日本旅行(にほんりょこう)はどうだった?

B ああ、楽(たの)しかったよ。国(くに)に帰(かえ)って人(ひと)に会(あ)うのはいいもんだ。

A 야, 기무라. 컨디션은 어때?
A 아, 별다른 일은 전혀 없어. 일본 여행은 어땠어?
B 조금씩 풀리고 있어. 너는?
B 아, 즐거웠어. 고향에 가서 사람을 만나는 것은 좋은 일이야.

A そうだろうな。親戚(しんせき)の人(ひと)たちは変(か)わりなかったかい?
B うん、みんな元気(げんき)だったよ。

A 그럴 거야. 친척분들은 별고 없었니?
B 응, 모두 잘 있었어.

❶ ぼちぼち는 ぼつぼつ라고도 하며 조금씩 나아지고 있는 모양을 나타낸다.

❷ 흔히 회화에서 여성들이 あなた는 あんた로, わたし는 あたし로 간편하게 말한다.

Unit 01

만났을 때의 인사

0001. 야!

やあ!
야−

0002. 안녕!

オッス!
옷스

オッスは おはようございます의 첫 자와 마지막 글자를 따서 힘주어 표현한 것으로 직장에서 동료나 아랫사람에게 아침에 만났을 때 가볍게 하는 인사이다.

0003. 안녕하세요. (아침)

おはようございます。
오하요− 고자이마스

0004. 안녕.

おはよう。
오하요−

아침에 만났을 때 동료나 아랫사람에게는 ございます를 생략하여 인사를 한다.

0005. 안녕하세요. (낮)

こんにちは。
곤니찌와

0006. 안녕하세요. (저녁)

こんばんは。
곤방와

0007. 잘 잤습니까?

よく眠(ねむ)れましたか。
요꾸 네무레마시다까

A よく眠(ねむ)れましたか。
잘 잤습니까?

B はい。おかげさまで。
네, 덕분에.

0008. 날씨가 좋네요.

いいお天気(てんき)ですね。
이− 오텐끼데스네

우리말로 직역하여 天気がいい라고 하지 않도록 주의한다.

Unit 02

안녕을 물을 때

0009. 잘 지내십니까?

お元気(げんき)ですか。
오겡끼데스까

A お元気(げんき)ですか。
잘 지내십니까?

B おかげさまで元気(げんき)です。あなたのほうは?
덕분에 잘 지냅니다. 당신은요?

0010. 어떻게 지내니?

どうしてる?
도-시떼루

0011. 잘 지내니?

元気(げんき)かい。
겡끼까이

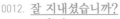

かいは 문장 끝에 붙어 질문 · 반어의 뜻을 강조한다.

A 元気(げんき)かい。
잘 지내니?

B 元気(げんき)だよ。君(きみ)のほうはどうだい?
잘 지내. 너는 어떠니?

0012. 잘 지내셨습니까?

お元気(げんき)でしたか。
오겡끼데시다까

A お元気(げんき)でしたか。
잘 지내셨습니까?

B 元気(げんき)でやっています。
잘 지내고 있습니다.

0013. 별고 없으십니까?

お変(か)わりありませんか。
오까와리 아리마센까

A お変(か)わりありませんか。
별고 없으십니까?

B つつがなく暮(くら)しています。
별 탈 없이 지내고 있습니다.

안녕을 물을 때

0014. 무슨 별다른 일이라도?

何(なに)か変(か)わったことは?
나니까 가왓따 고또와

> 変わる(변하다, 바뀌다)가 変わった, 変わっている의 꼴로 쓰일 때는 「색다른, 별난, 이상한」의 뜻이 된다.

A 何(なに)か変(か)わったことは?
무슨 별다른 일이라도?

B いや、別(べつ)に。
아니, 별로.

0015. 특별히 별다른 일은 없습니다.

特別(とくべつ)に変(か)わったことはありません。
도꾸베쯔니 가왓따 고또와 아리마셴

0016. 아무런 변화도 없습니다.

何(なん)の変(か)わりもありません。
난노 가와리모 아리마셴

0017. 특별히 이렇다 할 일은 없어.

特(とく)にこれと言(い)ったことはないよ。
또꾸니 고레또 잇따 고또와나이요

0018. 어떻게 지내십니까?

いかがお過(すご)しですか。
이까가 오스고시데스까

> いかが는 どう, どのように의 공손한 말로 상대방에게 무언가 권유할 때 쓰인다.

A いかがお過(すご)しですか。
어떻게 지내십니까?

B 目が回(まわ)るほど忙(いそが)しいんです。
눈코 뜰 새 없이 바빠요.

0019. 여전히 바쁘니?

相変(あいか)わらず忙(いそが)しいの?
아이까와라즈 이소가시-노

0020. 연말이라서 이것저것 바빠요.

年末(ねんまつ)でかれこれ忙(いそが)しいですよ。
넨마쯔데 까레꼬레 이소가시-데스요

A この頃(ごろ)はお暇(ひま)ですか。
요즘은 한가하십니까?

B 年末(ねんまつ)でかれこれ忙(いそが)しいですよ。
연말이라서 이것저것 바빠요.

안녕을 물을 때

0021. 여전합니다.

相変(あいか)わらずです。
아이까와라즈데스

相変わらず 변함없이, 여전히

0022. 일은 잘 되갑니까?

お仕事(しごと)はうまくいっていますか。
오시고또와 우마꾸 잇떼이마스까

A お仕事(しごと)はうまくいっていますか。
일은 잘 되갑니까?

B よく進(すす)んでいます。
잘 진척되고 있습니다.

0023. 그럭저럭 하고 있습니다.

どうにかやっています。
도-니까 얏떼이마스

0024. 나쁘지는 않아.

悪(わる)くはないよ。
와루꾸와나이요

0025. 그다지 잘 안 돼.

あまりうまく行(い)かないよ。
아마리 우마꾸 이까나이요

あまり는 힘주어 말할 때는 あんまり라고도 하며, 뒤에 부정어가 오면「그다지, 별로」의 뜻으로 쓰이고, 긍정어가 오면「너무, 지나치게」의 뜻으로 쓰인다.

Unit 03

안부와 건강에 대해 인사할 때

0026. 기분은 어떠세요?

気分(きぶん)はどうですか。
기분와 도-데스까

0027. 부인은 어떠십니까?

奥(おく)さんはいかがですか。
오꾸상와 이까가데스까

0028. 아버님은 건강하십니까?

お父(とう)さんはお達者(たっしゃ)ですか。
오또-상와 오닷샤데스까

達者 몸이 건강하고 튼튼함. 어떤 능력이 뛰어나 잘함, 능숙함

0029. 가족분들은 잘 지내십니까?

ご家族(かぞく)の皆(みな)さんは元気(げんき)ですか。
고까조꾸노 미나상와 겡끼데스까

안부와 건강에 대해 인사할 때

0030. 무사히 지내고 있습니다.

無事(ぶじ)に過(すご)しています。

부지니 스고시떼 이마스

0031. 몸은 어때?

調子(ちょうし)はどう?

쵸-시와 도-

A 調子(ちょうし)はどう?
몸은 어때?

B まあまあだよ。
그저 그래.

0032. 오늘은 기운이 없어 보이는군요.

今日(きょう)は元気(げんき)なさそうですね。

교-와 겡끼나사소-데스네

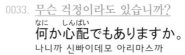

> 2음절로 된 형용사 ない와 よい에 양태를 나타내는 そうだ가 접속할 때는 어미 い를 さ로 바뀌어 접속된다.

0033. 무슨 걱정이라도 있습니까?

何(なに)か心配(しんぱい)でもありますか。

나니까 신빠이데모 아리마스까

A 何(なに)か心配(しんぱい)でもありますか。
무슨 걱정이라도 있습니까?

B このごろは心配事(しんぱいごと)がちょっと多(おお)くてね。
요즘 걱정거리가 좀 많아서요.

0034. 무슨 일 있으세요? 안색이 안 좋군요.

どうかしましたか。顔色(かおいろ)が悪(わる)いですね。

도-까시마시다까 가오이로가 와루이데스네

A どうかしましたか。顔色(かおいろ)が悪(わる)いですね。
무슨 일 있으세요? 안색이 안 좋군요.

B そうですね。私(わたし)もよく分(わ)かりませんね。
글쎄요. 저도 잘 모르겠어요.

0035. 어디 몸이 안 좋으세요?

どこか具合(ぐあい)でも悪(わる)いんですか。

도꼬까 구아이데모 와루인데스까

> 具合が悪い 사물의 상태나 기능, 건강 상태, 일을 진행하는 방법, 형편이 안 좋다

안부와 건강에 대해 인사할 때

A どこか具合(ぐあい)でも悪(わる)いんですか。
어디 몸이 안 좋으세요?

B ほうっておいてね。ただ疲(つか)れているだけだよ。
내버려둬. 그저 피곤할 뿐이야.

0036. 왜 그렇게 피곤해 보이세요?

なぜそんなに疲(つか)れて見(み)えますか。
나제 손나니 쯔까레떼 미에마스까

A なぜそんなに疲(つか)れて見(み)えますか。
왜 그렇게 피곤해 보이세요?

B あまりよく眠(ねむ)れませんでした。
별로 잘 자지 못했습니다.

0037. 무슨 곤란한 일이라도 있습니까?

何(なに)か困(こま)ったことでもありますか。
나니까 고맛따 고또데모 아리마스까

0038. 무얼 고민하고 있나요?

何(なに)を悩(なや)んでいるんですか。
나니오 나얀데 이룬데스까

0039. 그다지 좋지 않아요.

あまり良(よ)くありませんね。
아마리 요꾸 아리마센네

0040. 기분이 좋지 않습니다.

気分(きぶん)がすぐれません。
기분가 수구레마센

すぐれる는 「뛰어나다, 우수하다」의 뜻이지만, すぐれない의 꼴로 쓰일 때는 「좋은 상태가 아니다」라는 뜻이 된다.

0041. 몸이 안 좋습니다.

体(からだ)の具合(ぐあい)が悪(わる)いです。
가라다노 구아이가 와루이데스

Unit 04

오랜만에 만났을 때의 인사

0042. 야, 오랜만이야.

やあ、ひさしぶりだね。
야— 히사시부리다네

오랜만에 만났을 때의 인사

A やあ、ひさしぶりだね。その後、元気?
야, 오랜만이야. 그동안 잘 지냈어?

B 元気だ。君のほうは?
잘 지냈어. 너는?

0043. 그동안 어땠습니까?

その後、どうでしたか。
소노고 도-데시다까

0044. 오랜만이군요.

しばらくですね。
시바라꾸데스네

> しばらく는 본래 「잠시, 잠깐」이라는 뜻으로 잠깐 동안 헤어졌다가 만났을 때 하는 인사이다.

0045. 오랜만이군요.

おひさしぶりですね。
오히사시부리데스네

A やあ、木村。ひさしぶりだね。
야, 기무라. 오랜만이야.

B うん、会えてうれしい。
응, 만나서 반가워.

0046. 다시 만나서 반갑습니다.

またお目にかかれてうれしいです。
마따 오메니 가까레떼 우레시-데스

0047. 모두가 적적해 하였습니다.

みんなさびしがっていましたよ。
민나 사비시갓떼 이마시다요

0048. 수 주일만이군요. 어떻게 지냈어요?

数週間ぶりですね。どうしてました?
스-쥬-깐부리데스네 도-시떼마시다

A 数週間ぶりですね。どうしてました?
수 주일만이군요. 어떻게 지냈어요?

B 韓国にいる父に会いに、2週間日本を離れていたんです。
한국에 있는 부모님을 뵈러 2주간 일본을 떠나 있었어요.

> 일본에서 오랜만에 만난 사람에게 건네는 대표적인 인사말이 ひさしぶり이다. ひさしぶり는 久(ひさ)しい(오래되다)에 ぶり(상당히 시간이 흐르고 …만에)가 접속된 형태로, 상당히 오랜만에 만났을 때 사용한다.

오랜만에 만났을 때의 인사

0049. 격조했습니다.

ご無沙汰(ぶさた)しています。

고부사따시떼 이마스

0050. 어떻게 지냈니?

どうしていたの?

도-시떼이따노

A どうしていたの?
어떻게 지냈니?

B 元気(げんき)だったよ。君(きみ)は?
잘 지냈어. 너는?

0051. 뭐하고 지냈니?

何(なに)やってたの?

나니 얏떼따노

…てた=…ていた 회화체에서는 상태나 진행을 나타내는 …ている의 형태는 흔히 い를 생략해서 많이 쓰인다.

0052. 어디에 갔었니?

どこに行(い)ってたの?

도꼬니 잇떼따노

の는 가벼운 질문을 나타낸다.

0053. 그 후 어떻게 지냈니?

その後(ご)どう?

소노고 도-

0054. 다시 만나게 되어 기뻐.

また会(あ)えてうれしいよ。

마따 아에떼 우레시-요

0055. 전혀 안 변했구나.

全然(ぜんぜん)変(か)わっていないね。

젠젠 가왓떼 이나이네

0056. 넌 많이 변했구나.

君(きみ)はずいぶん変(か)わったね。

기미와 주이분 가왓따네

0057. 가족 여러분은 안녕하십니까?

ご家族(かぞく)はお元気(げんき)ですか?

고까조꾸와 오겡끼데스까

오랜만에 만났을 때의 인사

A ご家族(かぞく)はお元気(げんき)ですか?
가족 여러분은 안녕하십니까?

B みんな元気(げんき)ですよ。
모두 잘 지내요.

0058. 어른이 되었구나.

大人(おとな)になったね。
오또나니 낫따네

0059. 오랫동안 연락을 하지 못해 죄송합니다.

長(なが)い間(あいだ)連絡(れんらく)をしなくてごめんなさい。
나가이 아이다 렌라꾸오 시나꾸떼 고멘나사이

Chapter 02 헤어질 때의 인사

일본어를 조금이라도 알고 있는 사람이라면 누구나 다 알고 있는 さようなら만으로 헤어질 때 인사로는 부족하다는 것을 알 수 있다. 여기서는 헤어질 때의 인사 표현을 익히도록 하자. 밤에 헤어질 때는 おやすみなさい를 사용하며, さようなら는 아주 헤어지는 느낌을 주므로 가까운 사이나 자주 만나는 사이라면 좀처럼 쓰지 않는다. 대신 じゃ, またね!, 気をつけてね! 등이 일상적인 작별 인사로 많이 쓰인다.

A さて、そろそろおいとま❶しなきゃ。

B ええ、そんなに早く? ちょうど前田さんに一緒にどうかって電話しようと思ってたところ❷なんですけど。

A 그럼, 이만 가봐야겠습니다.

B 에, 이렇게 빨리요? 마침 마에다 씨에게 함께 했으면 어떻겠느냐고 전화를 하려던 참이었습니다.

A そうですか。お会いはしたいけど、今日は無理のようですね。3時にもう1つ会合があるものだから。

B そうですか。それならしかたありませんね。じゃあ、軽井沢で楽しい週末を。

A ありがとう。あなたもよい週末を。奥さんによろしく。

B ありがとう。

A 그렇습니까? 만나 뵙고 싶지만, 오늘은 무리인 것 같군요. 3시에 하나 더 모임이 있어서요.
B 그렇습니까? 그렇다면 어쩔 수 없군요. 그럼 가루이자와에서 즐거운 주말을 보내세요.
A 고마워요. 당신도 즐거운 주말을 보내세요. 부인께도 안부 전해주시고요.
B 고마워요.

❶ おいとましなきゃ = おいとましなければ, おいとまする 작별하다

❷ …ていたところだ …하고 있던 참이다

Unit 01

밤에 헤어질 때

0060. 안녕히 주무세요.

お休(やす)みなさい。
오야스미나사이

> 일상적으로 만나는 사람과 밤에 헤어질 때는 お休みなさい라고 해야 한다.

0061. 푹 주무세요.

ぐっすりお休(やす)みなさい。
굿수리 오야스미나사이

0062. 잘 자, 내일 봐.

お休(やす)み。また明日(あした)ね。
오야스미 마따 아시따네

Unit 02

헤어질 때의 기본 인사

0063. 안녕히 가세요.

さようなら。
사요-나라

> さようなら는 상당히 오랫동안 헤어지는 사람에게 하는 인사이다.

0064. 바이바이.

バイバイ。
바이바이

0065. 또 봐.

またね。
마따네

0066. 그럼, 갈게.

じゃあ、行(い)くね。
쟈- 이꾸네

A 出(で)かける時間(じかん)だ。じゃあ、行(い)くね。
나갈 시간이야. 그럼 갈게.

B さようなら。
잘 가.

0067. 안녕히 계세요. 그럼 또 나중에 만나요.

さようなら。いずれまた。
사요-나라 이즈레 마따

0068. 근간 보자.

また近(ちか)いうちに。
마따 찌까이우찌니

헤어질 때의 기본 인사

0069. 언제 가까운 시일 내에 만납시다.

いずれまた近(ちか)いうちに会(あ)いましょう。

이즈레 마따 찌까이 우찌니 아이마쇼–

0070. 그럼, 또 내일 봐.

では、また明日(あした)。

데와 마따 아시따

뒤에 会いましょう를 줄인 형태로 늘 만나는 사람과 헤어질 때 가볍게 하는 인사이다.

0071. 그럼 수요일에 만납시다.

じゃあ、水曜日(すいようび)に会(あ)いましょう。

쟈– 수이요–비니 아이마쇼–

0072. 힘내요!

頑張(がんば)ってね!

간밧떼네

A これから大切(たいせつ)な会議(かいぎ)に行(い)くんだ。
이제 중요한 회의에 가.

B 頑張(がんば)ってね!
힘내요.

0073. 잘 가.

元気(げんき)でね。

겡끼데네

A じゃあ、木村(きむら)。
그럼, 기무라, 갈게.

B バイバイ、吉岡(よしおか)。元気(げんき)でね。
잘 가. 요시오카. 잘 가.

Unit 03

오랫동안 헤어질 때

0074. 너를 만날 수 없게 되면 쓸쓸해질 거야.

君(きみ)に会(あ)えなくなるとさびしくなるよ。

기미니 아에나꾸나루또 사비시꾸 나루요

0075. 너와 함께 하지 못해서 유감이야.

あなたとご一緒(いっしょ)でなくて残念(ざんねん)だね。

아나따또 고잇쇼데 나꾸떼 잔넨다네

0076. 돌아오지 않으면 안 돼.

帰(かえ)ってこなくちゃだめだよ。

가엣떼 고나꾸쨔다메다요

…なくちゃだめだ=なくてはだめだ …하지 않으면 안 된다, …해야 한다

오랫동안 헤어질 때

0077. 이제 다시 만나자.

またいつか会(あ)おうね。

마따 이쯔까 아오-네

0078. 편지 줘요.

手紙(てがみ)をちょうだい。

데가미오 쵸-다이

> ちょうだい는 「받음, 먹음, 마심」의 겸사말로, 여기서는 ください의 구어적인 표현으로 쓰였다.

0079. 서로 연락을 하자.

連絡(れんらく)を取(と)り合(あ)おうね。

렌라꾸오 도리아오-네

0080. 편지 쓰는 걸 잊지 말아요.

手紙(てがみ)を書(か)くのを忘(わす)れないでね。

데가미오 가꾸노오 와스레나이데네

Unit 04

방문을 마치고 헤어질 때

0081. 이만 실례하겠습니다.

そろそろ失礼(しつれい)します。

소로소로 시쯔레이시마스

0082. 이제 실례해야겠어.

そろそろ失礼(しつれい)しなくては。

소로소로 시쯔레이시나꾸떼와

0083. 먼저 실례하겠습니다.

お先(さき)に失礼(しつれい)します。

오사끼니 시쯔에이시마스

0084. 이제 가야겠어.

もう行(い)かなければ。

모- 이까나께레바

A 遅(おそ)くなってきたね。もう行(い)かなければ。
늦었어. 이제 가야겠어.

B わかったわ。またね。
알았어. 또 보자.

0085. 이제 가야겠습니다.

そろそろ行(い)かなければなりません。

소로소로 이까나께레바 나리마센

방문을 마치고 헤어질 때

0086. 이제 가야겠습니다.

もうおいとまいたします。

모– 오이또마이따시마스

暇(いとま)는 본래「틈, 짬, 겨를」을 뜻하지만, おいとまする의 형태로 쓰일 때는 작별을 나타낸다.

0087. 이제 가야겠습니다.

もう帰(かえ)らなければなりません。

모– 가에라나께레바 나리마센

0088. 많이 늦었어요.

だいぶ遅(おそ)くなりましたね。

다이부 오소꾸나리마시다네

0089. 폐가 많았습니다.

ご迷惑(めいわく)さまでした。

고메이와꾸사마데시다

お(ご)…さま의 형태로 쓰일 때는 공손히 말하는 기분을 나타낸다.

0090. 또 오세요.

また来(き)てください。

마따 끼떼 구다사이

A また来(き)てください。
또 오세요.

B ありがとう。またお邪魔(じゃま)させてもらいます。お休(やす)みなさい。
고마워요. 다시 찾아뵙겠습니다. 안녕히 주무세요.

0091. 파티는 무척 즐거웠습니다.

パーティーはとても楽(たの)しかったです。

파–티–와 도떼모 다노시깟따데스

0092. 저녁을 잘 먹었습니다.

夕食(ゆうしょく)をごちそうさまでした。

유–쇼꾸오 고찌소–사마데시다

식사를 하기 전에는 いただきます라고 하며, ごちそうさまでした는 식사를 마치고 하는 인사말이다. 줄여서 ごちそうさま라고도 한다.

0093. 만나서 즐거웠습니다.

お会(あ)いできてうれしかったです。

오아이데끼떼 우레시깟따데스

A もう行(い)かなければ。お会(あ)いできてうれしかったです。
이제 가야 해요. 만나서 즐거웠습니다.

B こちらこそ。お会(あ)いできてよかったです。
저야말로. 만나서 좋았습니다.

방문을 마치고 헤어질 때

0094. 언제든지 들러요.

いつでも立(た)ち寄(よ)ってね。

이쯔데모 다찌욧떼네

A いつでも立(た)ち寄(よ)ってね。
언제든지 들러요.

B ありがとう。そうさせてもらうわ。
고마워. 그렇게 할게.

Unit 05

안부를 전할 때

0095. 기무라 선생님께 부디 안부 전해 주십시오.

木村先生(きむらせんせい)にどうぞよろしくお伝(つた)えください。

기무라 센세-니 도-조 요로시꾸 오쯔따에 구다사이

0096. 여러분께 안부 전해 주세요.

皆(みな)さまによろしく。

미나사마니 요로시꾸

0097. 부인께도 안부 전해 줘.

奥(おく)さんによろしく。

오꾸상니 요로시꾸

A 奥(おく)さんによろしく。
부인께도 안부 전해 줘.

B 伝(つた)えておくよ。ありがとう。
전할게. 고마워.

안부 인사를 전할 때는 お伝(つた)えください를 생략하고, よろしく라고 간단히 말한다.

0098. 부모님께 안부 전해 주세요.

ご両親(りょうしん)によろしく。

고료-신니 요로시꾸

0099. 어제 다나카 씨를 우연히 만났는데, 당신에게 안부 전해 달라고 하더군요.

昨日(きのう)、田中(たなか)さんに偶然(ぐうぜん)会(あ)いましたら、あなたによろしくとのことでした。

기노- 다나까상니 구-젠 아이마시따라 아나따니 요로시꾸또노 고또데시다

…とのことでした는 남에게 들은 이야기를 전할 때 쓰이는 표현이다.

Unit 06

전송할 때

0100. 잘 다녀와요.

元気(げんき)でね。

겡끼데네

0101. 그럼, 건강히 잘 다녀오세요.

では、元気(げんき)で行(い)っていらっしゃい。

데와 겡끼데 잇떼 이랏샤이

> いらっしゃる는 특수5단동사로 명령형과 ます가 접속할 때는 어미가 い로 바뀌며, 우리말의 존경어인 「오시다, 가시다, 계시다」에 해당한다.

0102. 조심해서 다녀오세요.

気(き)をつけて行(い)っていらっしゃい。

키오 쯔께떼 잇떼 이랏샤이

0103. 편히 다녀오세요.

行(い)っていらっしゃい。どうぞごゆっくり。

잇떼 이랏샤이 도-조 고윳꾸리

0104. 즐거운 여행이 되기를.

よいご旅行(りょこう)を。

요이 고료-꼬-오

0105. 휴가 잘 보내요.

休暇(きゅうか)を楽(たの)しんでね。

큐-까오 다노신데네

0106. 역까지 바래다 드릴게요.

駅(えき)までお送(おく)りしましょう。

에끼마데 오-꾸리시마쇼-

> お…する는 겸양 표현으로 상대를 위해서 뭔가를 해 줄 때 완곡하게 표현한다.

0107. 즐겁게 다녀와요.

楽(たの)しんでらっしゃい。

다노신데랏샤이

0108. 선물 잊지 마세요.

お土産(みやげ)を忘(わす)れないでね。

오미야게오 와스레나이데네

0109. 그럼, 현관까지 모시겠습니다.

では、玄関(げんかん)まで見送(みおく)ります。

데와 겐깐마데 미오꾸리마스

0110. 그럼, 이만 실례하겠습니다.

では、ここで失礼(しつれい)します。

데와 고꼬데 시쯔레이시마스

Chapter 03

사과 · 사죄를 할 때

자신의 실수나 과오에 대해서 사과하고 용서를 구하는 것은 감사의 표현과 함께 사회생활을 원활히 하는 데 없어서는 안 될 중요한 표현이다. 일본어의 대표적인 사죄 표현으로는 すみません과 ごめんなさい가 있다. 남성들은 주로 すみません이나 失礼しました로 사죄를 표현하고, 여성들은 ごめんなさい를 쓴다. 더욱 정중하게 사죄를 표현할 때는 申し訳ありません이라고 하며, 상대에게 용서를 구할 때는 許してください라고 하면 된다.

B どうしたの?

A きのうの夜(よる)はリハーサル欠席(けっせき)しちゃって、ほんとにごめん。

B まあ、気(き)にすんな。しかたがない❷よ。とにかく、コンサートまでリハーサルはあと4回残(かいのこ)ってるしさ。

A すっかり僕(ぼく)のミスなんだ。メモ帳(ちょう)に日(ひ)にちを間違(まちが)って入(い)れちゃって、今朝木村(けさきむら)から電話(でんわ)もらうまで❶気(き)が付(つ)かなかったんだ。

A 어젯밤 리허설에 결석해서 정말 미안해.
A 완전히 내 실수야. 메모장에 날짜를 잘못 적어서 오늘 아침 기무라한테 전화를 받을 때까지 몰랐어.

B 무슨 일 있었니?
B 음, 걱정하지 마. 어쩔 수 없잖아. 아무튼 콘서트까지 리허설은 앞으로 4번 남아 있어.

A すごい迷惑(めいわく)かけちゃった❸んでなければいいけど。
B たいしたことないよ。集中(しゅうちゅう)してデュエットを練習(れんしゅう)しておいたから。

A 너무 폐가 안 되었으면 좋겠는데.
B 괜찮아. 집중해서 듀엣을 연습해 두었으니까.

❶ 동사의 기본형에 まで가 접속하면 「…할 때까지」의 뜻으로 기한을 나타낸다.
❷ しかたがない = しようがない 어쩔 도리가 없다, 어쩔 수 없다
❸ 迷惑をかける 폐를 끼치다

Unit 01

실례할 때

0111. 실례.

<ruby>失礼<rt>しつれい</rt></ruby>。

시쯔레—

> 일본사람이냐고 물을 때는 日本人ですか라고 하는 것보다는 日本の方ですか라고 정중하게 말하는 것이 좋다.

0112. 실례합니다만, 일본분입니까?

<ruby>失礼<rt>しつれい</rt></ruby>ですが、<ruby>日本<rt>にほん</rt></ruby>の<ruby>方<rt>かた</rt></ruby>ですか。

시쯔레—데스가 니혼노 가따데스까

0113. 실례합니다만, 성함을 여쭤 봐도 되겠습니까?

<ruby>失礼<rt>しつれい</rt></ruby>ですが、お<ruby>名前<rt>なまえ</rt></ruby>をうかがってよろしいですか。

시쯔레—데스가 오나마에오 우까갓떼 요로시—데스까

0114. 잠깐 실례하겠습니다. 지나가도 될까요?

ちょっとすみません。<ruby>通<rt>とお</rt></ruby>り<ruby>抜<rt>ぬ</rt></ruby>けてもいいでしょうか。

춋또 스미마센 도—리누께떼모 이—데쇼—까

0115. 말씀 중이신데….

お<ruby>話<rt>はなし</rt></ruby>の<ruby>途中<rt>とちゅう</rt></ruby>ですが、…。

오하나시노 도츄—데스가

A お<ruby>話<rt>はなし</rt></ruby>の<ruby>途中<rt>とちゅう</rt></ruby>ですが、…。
말씀 중에 죄송합니다만.

B はい、<ruby>何<rt>なん</rt></ruby>ですか。
네, 뭡니까?

0116. 미안합니다. 영어로 말하겠습니다. 일본어 단어가 생각이 나질 않아서요.

すみません、<ruby>英語<rt>えいご</rt></ruby>で<ruby>言<rt>い</rt></ruby>います。<ruby>日本語<rt>にほんご</rt></ruby>の<ruby>単語<rt>たんご</rt></ruby>が<ruby>思<rt>おも</rt></ruby>いつきませんので。

스미마센 에—고데 이—마스 니혼고노 단고가 오모이쯔끼마센노데

0117. 미안합니다만, 그것은 전혀 모릅니다.

すみませんが、そのことは<ruby>全然<rt>ぜんぜん</rt></ruby><ruby>知<rt>し</rt></ruby>らないのです。

스미마센가 소노 고또와 젠젠 시라나이노데스

0118. 늦어서 미안합니다.

<ruby>遅<rt>おそ</rt></ruby>くなってすみません。

오소꾸낫떼 스미마센

> …させていただきたい (…시켜서 받고 싶다)
> 「…하고 싶다」의 완곡한 의지 표현

0119. 가능하면 내일 회의는 실례하고 싶습니다만.

できれば、あしたの<ruby>会議<rt>かいぎ</rt></ruby>は<ruby>失礼<rt>しつれい</rt></ruby>させていただきたいのですが。

데끼레바 아시따노 가이기와 시쯔레—사세떼 이따다끼따이노데스가

실례할 때

0120. 잠깐 실례하겠습니다. 곧 돌아오겠습니다.

ちょっと失礼します。すぐ戻ります。
촛또 시쯔레-시마스 수구 모도리마스

0121. 내일 선생님 수업을 빠져도 되겠습니까?

あしたの先生の授業を休ませてもらえますか。
아시따노 센세-노 쥬교-오 야스마세떼모라에마스까

Unit 02

사과·사죄를 나타낼 때

0122. 미안합니다.

すみません。
스미마센

A また遅刻だね。
또 지각이군.

B すみません。寝過ごしてしまって。
죄송합니다. 늦잠을 자서요.

0123. 정말로 미안합니다.

本当にすみません。
혼또-니 스미마센

0124. 미안해요.

ごめんなさい。
고멘나사이

더욱 정중하게 말할 때는 ごめんください라고 한다.

0125. 너무 죄송했습니다.

どうもすみませんでした。
도-모 스미마센데시다

A これは私が注文したものとは違います。
이건 내가 주문한 것과 다릅니다.

B それはどうもすみませんでした。
이거 너무 죄송합니다.

0126. 죄송합니다.

申し訳ありません。
모-시와께 아리마센

0127. 제 실수입니다.

私の間違いです。
와따시노 마찌가이데스

すみません은 편하게 すいません이라고도 하며 사과의 뜻을 나타낼 때는「죄송합니다」로 쓰이지만 그 밖에도 다양한 상황에서 사용된다. 사람을 부르거나 불러서 부탁할 때는「실례합니다」, 감사의 뜻을 나타낼 때는「고맙습니다, 감사합니다」의 뜻으로 쓰인다는 점을 알아두자.

사과·사죄를 나타낼 때

0128. 제가 나빴습니다.

私(わたし)が悪(わる)かったです。

와따시가 와루깟따데스

0129. 제가 잘못했습니다.

私(わたし)がいけなかったんです。

와따시가 이께나깟딴데스

0130. 앞으로는 주의를 하겠습니다.

今後(こんご)は気(き)をつけます。

곤고와 끼오 쯔께마스

0131. 사과드리겠습니다.

おわびします。

오와비시마스

Unit 03

행위에 대한 사죄를 할 때

0132. 이렇게 늦어서 미안해. 많이 기다렸지?

こんなに遅(おそ)くなってごめん。ずいぶん待(ま)った?

곤나니 오소꾸낫떼 고멘 주이분 맛따

> …てごめん
> …해서 미안

0133. 어제는 부재중이어서 죄송했습니다.

昨日(きのう)は留守(るす)にして、すみませんでした。

기노-와 루스니시떼 스미마센데시다

0134. 미안해. 갑자기 생각이 안 나서.

失礼(しつれい)、度忘(どわす)れしちゃって。

시쯔레이 도와스레시쨧떼

> …ちゃって =
> …てしまって

0135. 폐를 끼쳐 드려서 죄송합니다.

ご迷惑(めいわく)をおかけして、申(もう)し訳(わけ)ありません。

고메이와꾸오 오까께시떼 모-시와께 아리마센

> 迷惑をかける
> 폐를 끼치다

0136. 이렇게 되어 죄송합니다.

こんなことになってしまって、ごめんなさい。

곤나 고또니 낫떼시맛떼 고멘나사이

0137. 수고를 끼쳐 드리게 되었습니다만….

ご面倒(めんどう)をおかけしますが…。

고멘도-오 오까께시마스가

0138. 말씀 도중에 죄송합니다.

お話(はな)し中(ちゅう)、すみません。

오하나시츄- 스미마센

행위에 대한 사죄를 할 때

0139. 기다리게 해서 죄송했습니다.

お待(ま)たせして、すみませんでした。
오마따세시떼 스미마센데시다

0140. 약속을 못 지켜서 죄송합니다.

約束(やくそく)を守(まも)らないで、すみません。
야꾸소꾸오 마모라나이데 스미마센

> 約束を守る 약속을 지키다
> ↔ 約束を破(やぶ)る 약속을 어기다

0141. 카펫을 더럽혀서 정말로 죄송합니다.

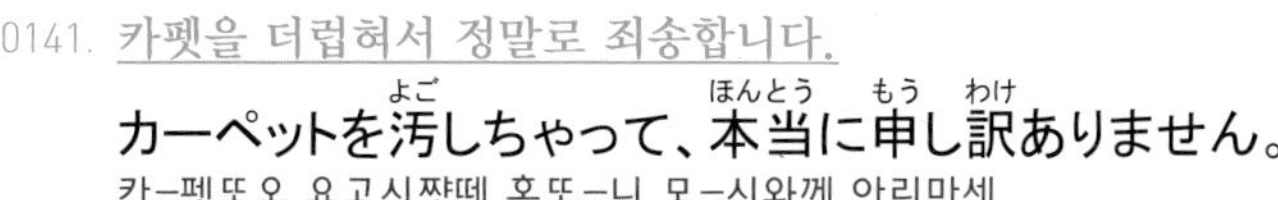

カーペットを汚(よご)しちゃって、本当(ほんとう)に申(もう)し訳(わけ)ありません。
카–펫또오 요고시쨧떼 혼또–니 모–시와께 아리마센

0142. 당신이 한국에 더 머무를 수 없는 점이 아쉽습니다.

あなたがもっと韓国(かんこく)に滞在(たいざい)できないのが残念(ざんねん)です。
아나따가 못또 간꼬꾸니 타이자이데끼나이노가 잔넨데스

0143. 발을 밟아서 미안. 내가 잘못했어. 아프지 않니?

足(あし)を踏(ふ)んでごめんね。私(わたし)が悪(わる)かった。
痛(いた)くないかい。
아시오 훈데 고멘네 와따시가 와루깟따 이따꾸나이까이

> 悪い는 「나쁘다」는 뜻 이외에 폐를 끼쳐서 「미안하다」의 뜻으로도 쓰인다.

0144. 미안해요. 부주의였습니다.

すみません。不注意(ふちゅうい)でした。
스미마센 후츄–이데시다

0145. 정말로 미안합니다. 깜빡했습니다.

本当(ほんとう)にすみません。うっかりしました。
혼또–니 스미마센 웃까리시마시다

0146. 그럴 생각이 아니었습니다.

そんなつもりじゃなかったんです。
손나 쯔모리쟈나깟딴데스

0147. 너무 죄송해요. 그럴 생각이 아니었어요.

どうもすみません。そんなつもりじゃなかったんです。
도–모 스미마센 손나 쯔모리쟈나깟딴데스

0148. 폐를 끼쳐 드릴 생각은 없었습니다.

ご迷惑(めいわく)をおかけするつもりはなかったのです。
고메이와꾸오 오까께스루 쯔모리와나깟따노데스

0149. 어쩔 수 없었습니다.

仕方(しかた)がなかったんです。
시까따가 나깟딴데스

행위에 대한 사죄를 할 때

0150. 농담할 생각이었어.

冗談(じょうだん)のつもりだったんだ。

죠-단노 쯔모리닷딴다

A それって失礼(しつれい)よ。

그건 실례야.

B ごめんね。冗談(じょうだん)のつもりだったんだ。

미안. 농담할 생각이었어.

Unit 04

용서를 구할 때

0151. 제발 용서해 주세요.

どうか許(ゆる)してください。

도-까 유루시떼 구다사이

> どうかは「아무쪼록, 부디」의 뜻으로 남에게 공손하게 부탁하거나 바랄 때 쓰인다.

0152. 제가 한 짓을 용서해 주십시오.

私(わたし)のしたことをお許(ゆる)しください。

와따시노시따 고또오 오유루시 구다사이

0153. 바보 같은 짓을 해서 죄송합니다.

バカなことをして、申(もう)し訳(わけ)ありません。

바까나 고또오 시떼 모-시와께 아리마센

0154. 비위에 거슬렸다면 미안해요.

お気(き)にさわったら、ごめんなさい。

오끼니 사왓따라 고멘나사이

> 気に障る 비위에 거슬리다, 불쾌하게 느끼다

0155. 전화도 못 드리고 죄송했습니다.

お電話(でんわ)もかけずに、申(もう)し訳(わけ)ありませんでした。

오뎅와모 가께즈니 모-시와께 아리마센데시다

> かけずに= かけないで

0156. 지나쳤다면 죄송해요.

行(ゆ)き過(す)ぎてたら、ごめんなさい。

유끼스기떼따라 고멘나사이

0157. 뭐라고 사죄를 드려야 될지 모르겠습니다.

何(なん)とお詫(わ)びしてよいかわかりません。

난또 오와비시떼 요이까 와까리마센

> …てよいかわからない …해야 좋을지 모르겠다

0158. 용서해 주시겠습니까?

許(ゆる)していただけますか。

유루시떼 이따다께마스까

용서를 구할 때

0159. 이번 실패로 폐를 끼쳐 진심으로 사죄를 드립니다.

この度(たび)の失敗(しっぱい)でご迷惑(めいわく)をかけ、心(こころ)からお詫(わ)び申(もう)し上(あ)げます。

고노 따비노 싯빠이데 고메-와꾸오 가께 고꼬로까라 오와비 모-시아게마스

0160. 삼가 사죄를 올립니다. 모든 책임은 저에게 있습니다.

謹(つつし)んで謝罪(しゃざい)申(もう)し上(あ)げます。一切(いっさい)の責任(せきにん)はこちらにございます。

쯔쯔신데 샤자이 모-시아게마스 잇사이노 세끼닌와 고찌라니 고자이마스

0161. 무례가 되지 않는다면 좋겠습니다만.

ぶしつけじゃなければ、いいんですが。

부시쯔께쟈나께레바 이인데스가

0162. 마음 두지 않았으면 좋겠습니다만.

気(き)にしないでくれると、いいんですが。

기니 시나이데 꾸레루또 이인데스가

0163. 두 번 다시 같은 실수를 않겠습니다.

二度(にど)と同(おな)じ間違(まちが)いはしません。

니도또 오나지 마찌가이와 시마센

0164. 이번만 너그럽게 봐 주세요.

今回(こんかい)だけ多(おお)めに見(み)てください。

곤까이다께 오-메니 미떼 구다사이

> 多めに見る 다소의 부정이나 결함을 너그럽게 보아주다

0165. 저를 봐서라도 그를 용서해 주세요.

私(わたし)の顔(かお)を見(み)て、彼(かれ)を許(ゆる)してください。

와따시노 가오오 미떼 가레오 유루시떼 구다사이

감사와 사죄의 응답

상대가 감사의 표시를 하거나 사죄를 해올 때 적절하게 대처할 수 있는 감사와 사죄에 대한 응답 요령을 배운다.
감사 표현의 하나인 ありがとうございます에 대한 대표적인 응답 표현으로는 どういたしまして와 こちらこそ 등이 있으며, すみません과 ごめんなさい의 사죄에 대한 응답 표현으로는 いいですよ와 かまいませんよ, 大丈夫です 등이 있다.

A おいでくださって、ありがとうございました。

B どういたしまして。おしゃべり楽(たの)しかったです。もっと早(はや)くうかがえなくてごめんなさい。

A 와 주셔서 고마웠습니다.

B 천만에요. 대화도 즐거웠습니다. 일찍 찾아뵙지 못해서 미안해요.

A いいえ、ちっとも。いつもとてもお忙(いそが)しいお体(からだ)ですもの。❶

B 雑用(ざつよう)で忙(いそが)しいだけですよ。お食事(しょくじ)もおいしかったです。❷ 用意(ようい)されるのは大変(たいへん)だったでしょう。

A いいえ、楽(たの)しみなんですよ。料理(りょうり)は好(す)きですから。

B ほんとうにありがとうございました。じきにまたお会(あ)いするのを楽(たの)しみにしています。

A 아뇨. 전혀요. 늘 무척 바쁘신 몸이시니까요.
B 잡다한 일로 바쁠 뿐이에요. 식사도 맛있었습니다. 준비하시느라 힘들었겠어요.
A 아뇨. 취미예요. 요리를 좋아하니까요.
B 정말 고마웠습니다. 곧 다시 만날 것을 기대하고 있겠습니다.

❶ もの는 활용어에 접속하여 이유를 설명하는 뜻을 나타내고, 자신의 입장을 이해해 주기를 바라는 경우에 쓴다.

❷ 형용사의 정중한 과거형은 반드시 …かったです의 형태를 취한다.

Unit 01

감사에 대한 응답

0166. 천만에요.

どういたしまして。
도-이따시마시떼

> どういたしまして는 남에게 감사·칭찬·사과의 말을 들었을 때 그것을 겸손하게 부정하는 인사말로 「별말씀을 다 하십니다, 천만의 말씀입니다」의 뜻으로 쓰인다.

A ありがとう。
고마워요.

B どういたしまして。
천만에요.

0167. 쉬운 일이에요.

お安(やす)いご用(よう)ですよ。
오야스이 고요-데스요

> お安いご用だ 쉬운 일이다, 간단한 일이다

0168. 도움이 되어서 기쁩니다.

お役(やく)に立(た)ててうれしいです。
오야꾸니 다떼떼 우레시-데스

0169. 감사할 것까지는 없습니다.

礼(れい)にはおよびません。
레-니와 오요비마센

0170. 기꺼이 도와 드릴게요.

喜(よろこ)んでお手伝(てつだ)いしますよ。
요로꼰데 오떼쯔다이시마스요

0171. 용무가 있으면 염려 말고 말하세요.

ご用(よう)があれば遠慮(えんりょ)なく言(い)ってください。
고요-가 아레바 엔료나꾸 잇떼 구다사이

0172. 말벗이 되어서 좋았습니다.

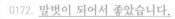

おしゃべりができてよかったですよ。
오샤베리가 데끼떼 요깟따데스요

A すばらしいお茶(ちゃ)、ありがとう。おいしかったよ。
훌륭한 차, 고마워. 맛있었어.

B どういたしまして。おしゃべりができてよかったですよ。
천만에요. 말벗이 되어서 좋았습니다.

0173. 저도 즐거웠습니다.

私(わたし)も楽(たの)しかったですよ。
와따시모 다노시깟따데스요

감사에 대한 응답

0174. 아니오, 저야말로.

いいえ、こちらこそ。

이-에 고찌라꼬소

こちらは 여기서처럼 말하는 사람 자신을 가리키거나, 또는 말하는 사람과 가까이 있는 사람을 공손하게 가리키기도 한다.

A ご招待(しょうたい)いただき、ありがとう。
초대해 주셔서 고마워요.

B こちらこそ。来(き)てくれてうれしいわ。
나야말로. 와 줘서 기뻐.

0175. 저야말로 기쁩니다.

こちらこそうれしいです。

고찌라꼬소 우레시-데스

0176. 저야말로 감사합니다.

こちらこそどうもありがとう。

고찌라꼬소 도-모 아리가또-

0177. 원 별말씀을 다 하십니다.

取(と)り立(た)てて言(い)うほどでもありません。

도리따떼떼 유-호도데모 아리마셴

0178. 괘념치 마세요.

気(き)にしないでください。

기니시나이데 구다사이

0179. 아니오, 당치도 않습니다.

いいえ、とんでもありません。

이-에 돈데모 아리마셴

0180. 일인데요 뭘.

仕事(しごと)のうちですから。

시고또노 우찌데스까라

0181. 대단한 것은 아닙니다.

大(たい)したことではありません。

다이시따 고또데와 아리마셴

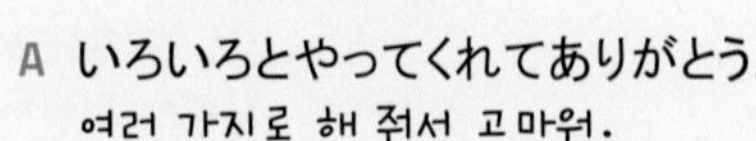

A いろいろとやってくれてありがとう。
여러 가지로 해 줘서 고마워.

B いや、大(たい)したことじゃないよ。
아냐, 대단한 건 아냐.

감사에 대한 응답

0182. 마음에 든다니 기뻐.

気に入ってもらえてうれしいよ。
기니 잇떼모라에떼 우레시-요

気に入る 마음에 들다 ↔ 気に入らない, 気に食わない 마음에 안 들다

0183. 언제든지 나에게 부탁해도 좋아.

いつだって私のことを頼りにしていいわよ。
이쯔닷떼 와따시노 고또오 따요리니시떼 이-와요

Unit 02

사과에 대한 응답

0184. 괜찮아요.

いいんですよ。
이인데스요

A ごめんなさい。忘れていました。
미안합니다. 잊고 있었습니다.

B いいんですよ。
괜찮아요.

0185. 아무것도 아닙니다.

何でもないですよ。
난데모나이데스요

0186. 대수로운 것은 아닙니다.

たいしたことはありませんよ。
다이시따 고또와 아리마센요

大した는 뒤에 부정어가 오면 「이렇다 할, 대단한, 별」의 뜻으로 쓰이고, 반대로 긍정어가 오면 「엄청난, 대단한, 굉장한」의 뜻이 된다.

0187. 아뇨, 아무것도 아니에요.

いや、何でもありませんよ。
이야 난데모 아리마센요

0188. 괜찮아요.

かまいませんよ。
가마이마센요

A お待たせしてしまってどうもすみません。
기다리게 해서 너무 미안해요.

B いや、かまいませんよ。
아뇨, 괜찮아요.

0189. 걱정 말아.

ご心配なく。
고신빠이나꾸

心配する 걱정하다

사과에 대한 응답

0190. 괜찮아요. 아무것도 아니에요.

大丈夫(だいじょうぶ)。何(なん)でもありませんよ。
다이죠-부 난데모 아리마센요

0191. 괜찮아요. 괘념치 마세요.

いいんですよ。気(き)にしないでください。
이인데스요 기니시나이데 구다사이

0192. 아무것도 아니에요. 걱정하지 말아요.

何(なん)でもないですよ。ご心配(しんぱい)なく。
난데모나이데스요 고신빠이나꾸

0193. 아니오, 저야말로.

いいえ、こちらこそ。
이-에 고찌라꼬소

0194. 저야말로 죄송합니다.

私(わたし)のほうこそごめんなさい。
와따시노 호-꼬소 고멘나사이

> こそ는 앞 말을 특히 강조하여 「…(이)야말로」의 뜻으로 쓰인다.

0195. 제가 잘못했습니다.

私(わたし)がいけませんでした。
와따시가 이께마센데시다

0196. 저야말로 잘못했습니다.

私(わたし)こそ悪(わる)かったんです。
와따시 꼬소 와루깟딴데스

> …だって는 「…라도, …일지라도」의 뜻으로 강조를 나타낸다.

0197. 괜찮아요. 누구라도 잘못할 수 있어요.

いいんですよ。誰(だれ)だって間違(まちが)えますよ。
이인데스요 다레닷떼 마찌가에마스요

0198. 아니, 괜찮아요. 어쩔 수 없어요.

いや、大丈夫(だいじょうぶ)。仕方(しかた)ありませんよ。
이야 다이죠-부 시가따 아리마센요

A 遅(おく)れてすみません。電車(でんしゃ)が遅(おく)れたんです。
늦어서 미안합니다. 전철이 늦었습니다.

B いいんだ。仕方(しかた)がないよ。
괜찮아. 어쩔 수 없지.

0199. 네 탓이 아냐.

あなたのせいではないわ。
아나따노 세이데와나이와

> 人のせいにする
> 남의 탓으로 돌리다

사과에 대한 응답

A 謝(あやま)らなければならないんだけど。
사과를 해야겠는데.

B いいえ、あなたのせいではないわ。
아니, 네 탓이 아냐.

0200. 누구라도 실수는 있어.

誰(だれ)だって間違(まちが)いはあるよ。
다레닷떼 마찌가이와 아루요

A ばかなことをしてしまってごめんね。
바보 같은 짓을 해서 미안.

B いいんだ。誰(だれ)だって間違(まちが)いはあるよ。
괜찮아, 누구라도 실수는 있어.

Chapter 05

고마움을 나타낼 때

고맙다는 말은 아무리 해도 지나치지 않다. 일본어에서 흔히 쓰이는 감사의 표현으로 ありがとうございます 또는 과거형인 ありがとうございました가 있다. 친근한 사이라면 ございます를 생략하고 ありがとう만으로 표현해도 무방하다. 간편하게 말할 때는 「매우, 무척」이라는 뜻을 가진 부사어인 どうも만을 쓰기도 한다. 참고로 한자어인 感謝します는 여러 사람 앞에서나 정중하게 감사를 표현할 때 쓰인다.

A この書類、私が書いたのですけれど、アドバイスをいただける❶とありがたいのですが。
B アドバイスってどんな?

A 이 서류 제가 쓴 것인데, 충고를 해 주시면 고맙겠습니다만.
B 충고라니 어떤?

A 主に日本語です。たぶん間違いがたくさんあると思いますので。
B いいとも。喜んで見てあげるよ。
A ありがとうございます。❷お手数をかけてすみません。
B たいしたことないよ。今晩読んで、明日、返してあげるよ。

A 주로 일본어입니다. 아마 틀린 게 많을 것 같아서요.
B 좋아. 기꺼이 봐 줄게.
A 고맙습니다. 수고를 끼쳐 드려 죄송합니다.
B 대단한 건 아냐. 오늘 밤에 읽고 내일 돌려줄게.

❶ …とありがたい …하면 고맙겠다

❷ お手数をかける 수고를 끼치다

Unit 01

일반적인 감사 표현

0201. 고마워요.

ありがとう。
아리가또-

0202. 네, 고마워요.

はい、どうも。
하이 도-모

どうも는 「매우, 무척」이라는 뜻의 부사어이지만, 감사의 뜻을 나타낼 때는 뒤에 ありがとう를 생략하여 간편하게 쓰기도 한다.

A どうぞお先(さき)に。
자 먼저 하세요.

B どうも。
고마워요.

0203. 고맙습니다.

ありがとうございます。
아리가또- 고자이마스

0204. 정말로 고맙습니다.

本当(ほんとう)にありがとうございます。
혼또-니 아리가또- 고자이마스

0205. 매번 감사합니다.

毎度(まいど)ありがとうございます。
마이도 아리가또- 고자이마스

가게에서 손님이 물건값을 계산하고 갈 때 주인이 하는 인사말이다.

0206. 여러 가지로 감사합니다.

いろいろとありがとうございます。
이로이로또 아리가또- 고자이마스

0207. 어제는 고마웠습니다.

先日(せんじつ)は、ありがとうございました。
센지쯔와 아리가또- 고자이마시다

0208. 늘 감사합니다.

いつも感謝(かんしゃ)しています。
이쯔모 간샤시떼 이마스

0209. 진심으로 감사합니다.

心(こころ)から感謝(かんしゃ)します。
고꼬로까라 간샤시마스

Unit 02

수고·노고에 대한 감사 표현

お疲れさまでした와 ご苦労さまでした는 남의 노고에 대한 감사의 인사말로, 윗사람이 아랫사람에게 쓰는 말이다. 다른 표현으로는 お世話(せわ)さま와 ありがとうございましたが 있다.

0210. 여러 가지로 신세를 많이 졌습니다.

いろいろお世話(せわ)になりました。

이로이로 오세와니 나리마시다

> 世話になる 신세를 지다, 世話をする 보살피다, 주선하다

0211. 수고를 끼쳐드렸습니다.

ご面倒(めんどう)をおかけしました。

고멘도-오 오까께시마시다

> 面倒をかける 수고를 끼치다
> 面倒をみる 돌보다

0212. 수고하셨습니다.

お疲(つか)れさまでした。

오쯔까레사마데시다

0213. 수고하셨습니다.

ご苦労(くろう)さまでした。

고구로-사마데시다

0214. 폐를 끼쳐드려 정말 죄송합니다.

ご迷惑(めいわく)をおかけして、申(もう)し訳(わけ)ありません。

고메이와꾸오 오까께시떼 모-시와께 아리마센

0215. 이렇게 수고를 끼쳐드려 죄송합니다.

こんなにご苦労(くろう)をおかけして、申(もう)し訳(わけ)ありません。

곤나니 고구로-오 오까께시떼 모-시와께 아리마센

Unit 03

행위나 배려에 대한 감사 표현

0216. 만나러 와 줘서 고마워.

会(あ)いに来(き)てくれてありがとう。

아이니 끼떼 꾸레떼 아리가또-

> …てくれてありがとう
> …해 줘서 고맙다

0217. 전화를 줘서 고마워. 잘 있어.

電話(でんわ)をありがとう。さようなら。

뎅와오 아리가또- 사요-나라

0218. 음악회 티켓, 고마웠습니다.

音楽会(おんがくかい)の切符(きっぷ)、ありがとうございました。

옹가꾸까이노 낏뿌 아리가또- 고자이마시다

0219. 서류를 체크해 줘서 고마워요.

書類(しょるい)をチェックしてくれてありがとう。

쇼루이오 첵꾸시떼 꾸레떼 아리가또-

0220. 배려해 주셔서 대단히 감사합니다.

お心遣(こころづか)い、とても感謝(かんしゃ)しています。

오고꼬로즈까이 도떼모 간샤시떼 이마스

행위나 배려에 대한 감사 표현

0221. 힘이 되어 주셔서 감사합니다.

お力(ちから)を貸(か)していただき、ありがとうございます。
오찌까라오 가시떼 이따다끼 아리가또– 고자이마스

0222. 기다려 줘서 고마워.

待(ま)ってくれて、ありがとう。
맛떼꾸레떼 아리가또–

Unit 04

칭찬과 호의에 대한 감사 표현

0223. 칭찬해 주셔서 고마워요.

誉(ほ)めていただいて、どうも。
호메떼 이따다이떼 도–모

…ていただいて
…해 받아서(주셔서)

0224. 아무튼 고마워요.

何(なに)はともあれ、ありがとう。
나니와또모 아레 아리가또–

ともあれ 어떻든, 어찌 되었든, 하여간

0225. 하지만 고맙습니다.

でも、ありがとうございます。
데모 아리가또– 고자이마스

A お手伝(てつだ)いしましょうか。
거들어 드릴까요?

B いいえ、それには及(およ)びません。でもありがとうございます。
아뇨, 그럴 필요 없습니다. 하지만 고맙습니다.

0226. 호의, 고마워요.

ご好意(こうい)、ありがとう。
고고–이 아리가또–

0227. 거들어 줘서 고마워.

お手伝(てつだ)い、ありがとう。
오떼쯔다이 아리가또–

Unit 05

선물을 주고 받을 때

0228. 멋진 선물을 줘서 고마워요. 풀어도 될까요?

すてきなプレゼントをありがとう。開(あ)けてもいいですか。
스떼끼나 푸레젠또오 아리가또– 아께떼모 이–데스까

선물을 주고 받을 때

0229. 저에게 주시는 겁니까? 너무 고마워요.

私(わたし)にくださるのですか。どうもありがとう。

와따시니 구다사루노데스까 도-모 아리가또-

0230. 생각지도 못했습니다. 너무 고마워요.

思(おも)いがけないことです。どうもありがとう。

오모이가께나이 고또데스 도-모 아리가또-

> 思いがけない 뜻밖이다, 예상 밖이다

0231. 이런 것을 전부터 갖고 싶었습니다.

こういう物(もの)を前(まえ)から欲(ほ)しいと思(おも)っていました。

고- 유- 모노오 마에까라 호시-또 오못떼 이마시다

0232. 그거 너무 고마워.

それはどうもありがとう。

소레와 도-모 아리가또-

A おめでとう! ちょっとしたプレゼントです。
축하해요! 조그만 선물입니다.

B それはどうもありがとう。前(まえ)からこれが欲(ほ)しいと思(おも)ってました。
이거 정말 고마워요. 전부터 이걸 갖고 싶었습니다.

0233. 고마워요. 이런 것을 하시지 않아도 되는데.

ありがとう。そんなことなさらなくてもよかったのに。

아리가또- 손나 고또나사라나꾸떼모 요깟따노니

0234. 우와, 기뻐! 정말 고마워.

うわあ、うれしい! 本当(ほんとう)にありがとう。

우와- 우레시- 혼또-니 아리가또-

Unit 06

친절에 대한 고마움을 나타낼 때

0235. 친절히 대해 줘서 고마워요.

ご親切(しんせつ)にどうも。

고신세쯔니 도-모

0236. 친절히 대해 주셔서 많은 도움이 되었습니다.

ご親切(しんせつ)に、たいへん助(たす)かりました。

고신세쯔니 다이헨 다스까리마시다

0237. 정말 친절하군요!

なんとご親切(しんせつ)に!

난또 고신세쯔니

친절에 대한 고마움을 나타낼 때

0238. 친절하게 대해 주셔서 무척 고맙습니다.

どうもご親切に、ありがとうございます。
도-모 고신세쯔니 아리가또- 고자이마스

A 親切にしていただき、ありがとうございます。
친절히 대해 주셔서 고맙습니다.

B お役に立ててうれしいです。
도움이 되어서 기쁩니다.

0239. 마중을 나와 주셔서 정말로 고맙습니다.

お出迎えいただいて本当にありがとうございます。
오데무까에 이따다이떼 혼또-니 아리가또- 고자이마스

Unit 07

정중하게 감사를 나타낼 때

0240. 참으로 죄송합니다.

まことに恐縮でございます。
마꼬또니 꾜-슈꾸데 고자이마스

…でございます는 …です의 정중한 표현이고, あります의 정중한 표현은 ございます이다.

0241. 그렇게 해 주시면 무척 고맙겠습니다만.

そうしていただければ、とてもありがたいのですが。
소-시떼 이따다께레바 도떼모 아리가따이노데스가

0242. 친절을 베풀어 주셔서 정말 감사하고 있습니다.

ご親切に、本当に感謝しております。
고신세쯔니 혼또-니 간샤시떼 오리마스

0243. 저희 회사에 방문해 주셔서 깊은 감사를 드립니다.

ご来社くださり、厚くお礼を申し上げます。
고라이샤구다사리 아쯔꾸 오레-오 모-시아게마스

0244. 초대해 주신 기무라 선생님께 깊이 감사드리고 싶습니다.

ご招待くださった木村先生に深く感謝したいと思います。
고쇼-따이구다삿따 기무라 센세-니 후까꾸 간샤시따이또 오모이마스

0245. 뭐라고 감사의 말씀을 드려야 좋을지 모르겠습니다.

何とお礼を申したらいいのかわかりません。
난또 오레-오 모-시따라 이-노까 와까리마센

0246. 아무리 감사를 드려도 부족할 정도입니다.

いくら感謝してもしきれないほどです。
이꾸라 간샤시떼모 시끼레나이호도데스

…きれる는 동사의 중지형에 접속하여 「완전히(끝까지)… 할 수 있다」의 뜻을 나타낸다.

정중하게 감사를 나타낼 때

0247. 여러모로 저를 위해 해 주셨는데, 뭐라고 감사를 드려야할지 모르겠습니다.

いろいろと私(わたし)のためにしてくださって、何(なん)ともお礼(れい)の申(もう)しようもございません。

이로이로또 와따시노다메니시떼 구다삿떼 난또모 오레-노 모-시요-모 고자이마센

0248. 들어 주셔서 감사합니다.

ご清聴(せいちょう)を感謝(かんしゃ)します。

고세-쵸-오 간샤시마스

0249. 고맙기는 하지만 부담스러워요.

ありがた迷惑(めいわく)ですよ。

아리가따 메-와꾸데스요

A 君(きみ)の宿題(しゅくだい)、手伝(てつだ)ってあげる?
네 숙제 거들어 줄까?

B ありがた迷惑(めいわく)だよ。
고맙기는 한데 괜찮아.

동정과 위로

상대에 대한 위로는 사회생활을 원활히 하기 위한 첫걸음으로 불의의 사고, 재난, 병 등에 대한 동정을 나타내는 것은 자연스런 감정이기도 하다. 희망했던 일이 이루어지지 않았거나 예정이나 기대에 어긋났을 때는 残念ですね를 쓰며, 갑작스런 사고나 불행한 일을 당한 사람에게는 お気の毒ですね라고 위로한다. 또한 실의에 빠졌거나 슬픔에 젖어있는 사람에게 용기를 북돋을 때는 頑張ってね가 쓰인다.

A お気(き)の毒(く)に、関西地域(かんさいちいき)での新(しん)プロジェクトが打(う)ち切(き)りになったそうだね。

B ええ。でも、この不景気(ふけいき)では、実際(じっさい)やむをえなかった❶んじゃないかな。

A 아쉽게도 간사이 지역에서의 새 프로젝트가 중단되었다는군.

B 응. 하지만 이런 불경기에 실제로 어쩔 수 없었지 않겠어.

A そうだろうね。しかし、一生懸命(いっしょうけんめい)してた仕事(しごと)がすっかりおじゃんになって❷しまって、残念(ざんねん)だよね。

B まあ、でもまだ仕事(しごと)があるだけましだよ。ここ2、3年(ねん)で失職(しっしょく)しちゃった人(ひと)はみんな本当(ほんとう)に気(き)の毒(どく)だもんね。

A そうだね。

B そのうち、この不景気(ふけいき)から脱(ぬ)け出(で)られるように願(ねが)いたいものだね。

A 그렇겠군. 그러나 열심히 한 일이 몽땅 쓸모없게 되어버려서 유감이야.
B 글쎄. 하지만 일이 있는 것만으로도 다행이야. 최근 2, 3년에 실직한 사람은 모두 정말 딱하잖아.
A 그렇군.
B 그동안에 이 불경기를 벗어날 수 있기를 바랄 뿐이야.

❶ やむをえない = やむをえず 어쩔 수 없이, 할 수 없이

❷ おじゃんになる (모처럼의 계획·예정·기대가) 다 틀어지다, 다 깨지다

Unit 01

동정할 때

0250. 딱하게도.

お気(き)の毒(どく)に。

오끼노 도꾸니

> 気の毒 가엾음, 불쌍함, 폐를 끼쳐서 미안함

0251. 그거 안 됐군요.

それはいけませんね。

소레와 이께마센네

> いけない는 동정하는 뜻으로 쓰일 때는 「안됐다, 딱하다」이다.

A 妹(いもうと)は風邪気味(かぜぎみ)なんです。
여동생은 감기 기운이 있어요.

B それはいけませんね。
그거 안 됐군요.

0252. 딱하게 됐습니다.

お気(き)の毒(どく)です。

오끼노 도꾸데스

0253. 그거 딱하군.

それはお気(き)の毒(どく)に。

소레와 오끼노 도꾸니

0254. 참, 유감이군요.

いやあ、残念(ざんねん)ですね。

이야- 잔넨데스네

0255. 너무 심한 일을.

何(なん)てひどいことを。

난떼 히도이 고또오

0256. 가엾어라!

可哀(かわい)そうに!

가와이소-니

0257. 운이 없었군요.

ついてませんでしたね。

쓰이떼마센데시다네

0258. 괴롭겠네요.

つらいでしょう。

쓰라이데쇼-

0259. 어머, 가엾어라.

まあ、かわいそうに!

마- 가와이소-니

> 可愛そう는 자기보다 연약한 것에 대한 연민, 気の毒는 동정하는 마음이다.

동정할 때

0260. 어머, 딱해라.

おやおや。お気(き)の毒(どく)に。
오야오야 오끼노 도꾸니

おやおや는 뜻밖의 일에 놀랐을 때 내는 소리를 강조한 것이다.

A 赤(あか)ちゃんは誰(だれ)に似(に)てます?
아기는 누굴 닮았어요?

B 父親(ちちおや)に似(に)てると言(い)われます。
아빠를 닮았다고 하던데요.

A おやおや。お気(き)の毒(どく)に。
어머, 딱해라.

0261. 운이 나빴구나.

運(うん)が悪(わる)かったね。
운가 와루깟따네

0262. 네 마음은 알겠어.

君(きみ)の気持(きも)ちはわかるよ。
기미노 기모찌와 와까루요

Unit 02

깊은 동정을 나타낼 때

0263. 정말로 안 됐습니다.

本当(ほんとう)にお気(き)の毒(どく)です。
혼또-니 오끼노 도꾸데스

0264. 마음은 잘 알겠습니다.

お気持(きも)ちはよくわかります。
오기모찌와 요꾸 와까리마스

0265. 정말 슬픈 일이군요.

なんて悲(かな)しいんでしょう。
난떼 가나시인데쇼-

0266. 깊은 동정의 말씀을 드립니다.

深(ふか)くご同情(どうじょう)申(もう)し上(あ)げます。
후까꾸 고도-죠-모-시아게마스

0267. 가족 여러분께 위로의 마음을 전해 주십시오.

ご家族(かぞく)にお見舞(みま)いの気持(きも)ちをお伝(つた)えください。
고까조꾸니 오미마이노 기모찌오 오쯔따에 구다사이

お…ください는 …てください의 존경표현이다.

0268. 충심으로 위로의 말씀을 드립니다.

衷心(ちゅうしん)からお悔(く)やみ申(もう)し上(あ)げます。
츄-신까라 오꾸야미모-시아게마스

Unit 03

위로할 때

0269. 그건 자주 있는 일이야.

それはよくあることさ。
소레와 요꾸 아루 고또사

0270. 그건 자주 있는 실수야.

それはよくある間違(まちが)いだよ。
소레와 요꾸 아루 마찌가이다요

0271. 끙끙대지 말아요.

くよくよするなよ。
꾸요꾸요스루나요

> くよくよ는 걱정하여 고민하는 모양을 나타낸다.

0272. 딱하지만, 이제 걱정하지 마세요.

お気(き)の毒(どく)だけど、どうかくよくよしないでください。
오끼노 도꾸다께도 도-까 꾸요꾸요시나이데 구다사이

0273. 당신이 하고 있는 일은 틀리지 않아요.

あなたのやっていることは間違(まちが)っていませんよ。
아나따노 얏떼이루 고또와 마찌갓떼 이마센요

0274. 이 세상이 끝난 것도 아니잖아요.

この世(よ)の終(おわ)りというわけでもないでしょう。
고노 요노 오와리또 유-와께데모나이데쇼-

> …わけでもない는 「…것도 아니다」의 뜻으로 부드러운 부정을 나타낸다.

0275. 인생이란 그런 거예요.

人生(じんせい)なんてそんなものですよ。
진세난떼 손나모노데스요

0276. 걱정하지 말아요(마음에 두지 마세요).

気(き)にしないで。
기니 시나이데

> …ないで는 …ないでください를 줄여서 표현한 것으로 부정 의뢰를 나타낸다.

0277. 또 기회는 있으니까, 실망하지 말아요.

また機会(きかい)はあるから、がっかりしないでよ。
마따 기까이와 아루까라 갓까리시나이데요

0278. 괜찮아요.

大丈夫(だいじょうぶ)だよ。
다이죠-부다요

0279. 자책하지 말아요.

自分(じぶん)を責(せ)めないで。
지분오 세메나이데

위로할 때

0280. 아냐, 네가 잘못한 게 아냐.

いや、君(きみ)が悪(わる)いんじゃないよ。

이야 기미가 와루인쟈나이요

0281. 누구에게나 있는 일이야.

誰(だれ)にもあることさ。

다레니모 아루 고또사

さ는 종조사로 가볍게 단정해서 단언하는 뜻을 나타낸다.

0282. 고민할 건 없어.

悩(なや)むことはないよ。

나야무 고또와나이요

0283. 너무 생각하지 마세요.

考(かんが)えすぎないで。

강가에스기나이데

0284. 어쩔 수 없어요.

仕方(しかた)ありませんよ。

시까따 아리마센요

仕方ない = しようがない 어쩔 수 없다, 방법이 없다

0285. 이까짓 것 아무 것도 아냐.

これしきのこと平気(へいき)さ。

고레시끼노 고또 헤-끼사

0286. 그렇게 자포자기하지 말아요.

そんなにやけを起(お)こさないで。

손나니 야께오 오꼬사나이데

やけを起こす 자포자기하다, やけになる 자포자기가 되다

0287. 너무 유감스런 일이다.

なんて残念(ざんねん)なことなんだ。

난떼 잔넨나 고또난다

0288. 분명 어떻게 될 테니까 괜찮아.

きっとなんとかなるから大丈夫(だいじょうぶ)だよ。

낏또 난또까나루까라 다이죠-부다요

Unit 04

격려할 때

0289. 힘을 내요!

元気(げんき)を出(だ)して!

겡끼오 다시떼

0290. 최선을 다해라!

最善(さいぜん)を尽(つ)くせ!

사이젠오 쯔꾸세

격려할 때

0291. 힘내요!
頑張(がんば)って!
간밧떼

0292. 응원할게.
応援(おうえん)するわ。
오-엔스루와

0293. 이번에는 분발해야지.
今度(こんど)は頑張(がんば)ろうね。
곤도와 간바로-네

0294. 포기하지 마!
あきらめるな。
아끼라메루나

な는 동사의 기본형에 접속하여 「…하지 마」의 뜻으로 강한 금지를 나타낸다.

0295. 희망을 가져요!
希望(きぼう)を持(も)って!
기보-오 못떼

0296. 열심히 해!
一生懸命(いっしょうけんめい)にやれ!
잇쇼-껜메-니 야레

一生懸命는 무사가 자신의 땅을 지키기 위해 필사적으로 싸웠다는 데서 나온 말로 「목숨을 걸고 최선을 다함. 온 힘을 다함」을 나타낸다.

0297. 포기하지 말아요!
自分(じぶん)に負(ま)けないで!
지분니 마께나이데

自分に負ける
(자신에게 지다) 포기하다

0298. 결코 포기하지 말아요!
決(けっ)してあきらめないで!
겟시떼 아끼라메나이데

0299. 너라면 할 수 있어.
君(きみ)ならできるよ。
기미나라 데끼루요

0300. 더 낙관적으로 보렴.
もっと楽観的(らっかんてき)に見(み)てごらん。
못또 랏깐떼끼니 미떼 고란

0301. 그렇게 심각하게 생각하지 말아요!
そんなに深刻(しんこく)にならないで!
손나이 신꼬꾸니 나라나이데

0302. 못난 소리 하지 말아요!
弱音(よわね)を吐(は)かないで!
요와네오 하까나이데

弱音を吐く 힘없는 소리, 약한 소리, 나약한 말을 하다

격려할 때

0303. 그런 마음이라면 무엇이든 할 수 있어.

その気(き)になったら何(なん)でもできるんだ。

소노 기니 낫따라 난데모 데끼룬다

0304. 가능성은 있어.

可能性(かのうせい)はあるのよ。

가노-세-와 아루노요

0305. 다시 한번 해 보거라.

もう一度(いちど)やってごらんなさい。

모- 이찌도 얏떼 고란나사이

0306. 성공을 빌게!

成功(せいこう)を祈(いの)っているよ!

세-꼬-오 이놋떼이루요

축하와 기원

축하를 할 때 쓰이는 표현으로는 よくやりましたね, おめでとう처럼 어떤 성과에 대한 축하와, 誕生日おめでとう나 新年おめでとう처럼 인사로 축하할 때가 있다. 친근한 사이라면 おめでとう라고 해도 무방하지만, 정중하게 말할 때는 ございます를 덧붙여 おめでとうございます라고 한다. 또한 축하에 대한 응답으로는 ありがとう나 おかげさまで로 하면 된다.

B ええ、去年(きょねん)はしくじちゃった❶んですけど、今回(こんかい)は大丈夫(だいじょうぶ)でした。

A 의대에 합격했다면서?

B 예. 작년에는 실패했는데, 이번에는 됐습니다.

A それはすごいね。おめでとう。

B ありがとうございます。

A ぼくが年取(としと)ったらお医者(いしゃ)さんとして診(み)てもらうのを楽(たの)しみにしている❷よ。

B そういう話(はなし)はちょっと早(はや)いですよ。

A 그거 대단하군. 축하해.

B 고맙습니다.

A 내가 나이 먹으면 의사로서 진찰해주기를 기대하고 있을게.

B 그런 말씀은 좀 이르군요.

❶ しくじる 실패하다, 잘못하다, 실수하다

❷ 楽しみにしている 기대하고 있다

Unit 01

축하할 때

0307. 잘됐네!

よかったね!
요깟따네

> よかった는 よい의 과거형이지만 관용적으로 「다행이다, 잘 됐다」의 뜻으로도 쓰인다.

0308. 축하해요.

おめでとう。
오메데또-

0309. 축하합니다.

おめでとうございます。
오메데또- 고자이마스

> 형용사의 형태가 …い의 경우 ございます가 접속할 때는 …う형태로 음편을 한다.

0310. 졸업, 축하해.

卒業(そつぎょう)、おめでとう。
소쯔교- 오메데또

0311. 승진을 축하드립니다.

ご昇進(しょうしん)、おめでとうございます。
고쇼-신 오메데또- 고자이마스

0312. 합격을 축하해요.

合格(ごうかく)、おめでとう。
고-까꾸 오메데또-

0313. 생신을 진심으로 축하드립니다.

ご誕生(たんじょう)を心(こころ)からお祝(いわ)い申(もう)し上(あ)げます。
고탄죠-오 고꼬로까라 오이와이 모-시아게마스

0314. 결혼을 축하드립니다.

ご結婚(けっこん)、おめでとうございます。
고겟꼰 오메데또- 고자이마스

0315. 축하해요. 잘 됐네요.

おめでとう。良(よ)かったですね。
오메데또- 요깟따데스네

A 先週(せんしゅう)、子供(こども)が生(う)まれました。
지난 주 아이가 태어났습니다.

B おめでとう。良(よ)かったですね。男(おとこ)の子(こ)、それとも女(おんな)の子(こ)?
축하해요. 잘 됐네요. 남자아이, 아니면 여자아이?

0316. 좋은 일이 있었다면서요.

いいことがあったんですって。
이- 고또가 앗딴데슷떼

> おめでとう는 형용사 めでたい(경사스럽다)가 변화된 형태로, 일본에서 축하할 때 쓰이는 가장 대표적인 인사표현이다. 좀 더 정중하게 축하의 인사를 건넬 때는 おめでとうございます라고 한다.

축하할 때

0317. 경하 드립니다.

お慶(よろこ)び申(もう)し上(あ)げます。

오요로꼬비 모-시아게마스

0318. 진심으로 축하드립니다.

心(こころ)からお祝(いわ)い申(もう)し上(あ)げます。

고꼬로까라 오이와이 모-시아게마스

0319. 축하해요. 선물입니다.

おめでとう。プレゼントです。

오메데또- 푸레젠또데스

> お土産는 여행지에서 사온 선물이나 경축일에 주는 선물 따위를 말하며, 贈り物나 プレゼント는 일반적으로 주고 받는 선물을 말한다.

A おめでとう。ささやかなプレゼントです。
축하해요. 조그만 선물입니다.

B どうもありがとう。開(あ)けてもいいですか。
고마워요. 열어도 되겠어요?

A もちろん。気(き)に入(い)ってくださるといいんですが。
물론이죠. 마음에 들었으면 좋겠는데요.

Unit 02

축하와 함께 기원할 때

0320. 부디 행복하세요.

どうぞお幸(しあわ)せに。

도-조 오시아와세니

0321. 다행이군요. 행복을 빌게요.

よかったですね。しあわせを祈(いの)ります。

요깟따데스네 시아와세오 이노리마스

0322. 행복을 빌겠습니다.

お幸(しあわ)せを祈(いの)ります。

오시아와세오 이노리마스

0323. 성공을 기원하겠습니다.

ご成功(せいこう)をお祈(いの)りします。

고세-꼬-오 오이노리마스

0324. 진심으로 건강을 기원하겠습니다.

心(こころ)からご健康(けんこう)をお祈(いの)り申(もう)し上(あ)げます。

고꼬로까라 고겐꼬-오 오이노리 모-시아게마스

> 心から 진심으로

0325. 건투를 빌어드리겠습니다.

ご健闘(けんとう)をお祈(いの)り申(もう)し上(あ)げます。

고겐또-오 오이노리 모-시아게마스

축하와 함께 기원할 때

0326. 모든 일이 잘 되시기를 빌겠습니다.

すべてうまくいきますようにお祈(いの)りします。

스베떼 우마꾸 이끼마스요-니 오이노리시마스

0327. 올해도 건강하시기를!

今年(ことし)もご健康(けんこう)で!

고또시모 고겐꼬-데

0328. 새해 복 많이 받아요.

新年(しんねん)、おめでとう。

신넨 오메데또-

0329. 새해 복 많이 받으십시오.

明(あ)けまして、おめでとうございます。

아께마시떼 오메데또-고자이마스

0330. 생일 축하해.

誕生日(たんじょうび)、おめでとう。

탄죠-비 오메데또-

0331. 고마워. 너도 축하해.

ありがとう。あなたもおめでとう。

아리가또- 아나따모 오메데또-

0332. 메리 크리스마스!

メリー・クリスマス!

메리- 쿠리스마스

Unit 03

축하를 받을 때

0333. 고맙습니다.

ありがとうございます。

아리가또-고자이마스

0334. 무척 기쁩니다. 고마워요.

とってもうれしいです。ありがとう。

돗떼모 우레시-데스 아리가또-

0335. 감사드립니다.

感謝(かんしゃ)しています。

간샤시떼 이마스

0336. 덕분에….

おかげさまで…。

오까게사마데

おかげさまで 덕분에 덕택에

축하를 받을 때

A ご成功(せいこう)、おめでとうございます。
성공을 축하드립니다.

B お力添(ちからぞ)えいただいたおかげです。
도와주신 덕택입니다.

0337. 운이 좋았을 뿐입니다.
運(うん)が良(よ)かっただけだと思(おも)います。
운가 요깟따다께다또 오모이마스

0338. 나도 전혀 생각지 못했습니다.
私(わたし)も、全然思(ぜんぜんおも)いませんでした。
와따시모 젠젠 오모이마센데시다

0339. 오늘의 영광은 당신 덕택입니다.
今日(きょう)の光栄(こうえい)は、あなたのおかげです。
교－노 고－에－와 아나따노 오까게데스

Chapter 08 희로애락의 감정

기쁘하거나 화를 내거나 슬프거나 즐거운 감정을 표현하는 것은 자신의 감정을 잘 드러내지 않는 일본인에게 있어서 상당히 서투른 표현의 하나로, 때로는 입에 담기 어려운 표현도 있지만, 영화를 보거나 소설을 읽을 때 상식적으로 필요한 것들이므로 잘 익혀 두어야 한다.

희로애락의 대표적인 일본어 감정 표현으로 기쁠 때는 うれしい!라고 하고, 화가 날 때는 みっともない!라고 하며, 슬플 때는 かなしい! 즐거울 때는 たのしい!라고 한다.

Ⓐ またお会いできてよかった。来ていただいて、ほんとに嬉しかったわ。

Ⓑ 私も。今日は楽しかった。うちのほうにも近いうち❶おいでください。

Ⓐ 다시 만나서 다행이에요. 와 줘서 기뻤어요.

Ⓑ 나도요. 오늘 즐거웠어요. 근간 우리 집에도 오세요.

Ⓐ ❷なるべく早くうかがうわ。ところで、こちらへいらっしゃる途中で列車が止まってしまって、大変でしたね。

Ⓑ ほんとに迷惑でした。列車のストライキにはもううんざり。

Ⓐ そうね。ストはもう終わったから、お帰りは大丈夫ね。

Ⓑ ええ、有り難いです。

Ⓐ 가능하면 빨리 갈게요. 그런데 여기에 오시는 도중에 열차가 멈춰버려서 힘드셨죠.
Ⓑ 정말 괴로웠습니다. 열차 파업은 이제 진절머리가 나요.
Ⓐ 그래요. 파업은 이제 끝났으니까 돌아가실 때는 괜찮을 거예요.
Ⓑ 예, 다행입니다.

❶ おいでになる 오시다, 가시다, 계시다

❷ なるべく = できるだけ 가능하면, 될 수 있는 한

Unit 01

기쁠 때

0340. 어머, 기뻐라.

まあ、うれしい。
마- 우레시-

0341. 그거 다행이군요.

それはよかったですね。
소레와 요깟따데스네

0342. 잘됐다.

よかったぁ。
요깟따-

0343. 뵙게 되서 반갑습니다.

お目(め)にかかれてうれしいです。
오메니 가까레떼 우레시-데스

> お目にかかる는 会う의 겸양어로 「만나뵙다」의 뜻이다.

0344. 내가 자랑스러워.

われながらよくやったよ。
와레나가라 요꾸 얏따요

> われながら 내가 생각해도, 나 스스로도

A 成功(せいこう)おめでとう。
성공을 축하해.

B ありがとう。われながらよくやったよ。
고마워. 내가 자랑스러워.

0345. 이만큼 기쁜 일은 없습니다.

これほどうれしいことはありません。
고래호도 우레시- 고또와 아리마센

0346. 고맙다!

ありがたい!
아리가따이

0347. 재수가 좋군!

ついてる!
쯔이떼루

> つく가 ついている의 꼴로 단독으로 쓰일 때는 「운이 트이다, 재수가 좋다」의 뜻이다.

0348. 여기서 너를 만날 수 있다니 운이 좋아.

ここで君(きみ)に会(あ)えるなんてついてる。
고꼬데 기미니 아에루난떼 쯔이떼루

0349. 됐다!

やったあ!
얏따-

기쁠 때

0350. 감동했습니다.

かんどう
感動しました。
간도-시마시다

0351. 나는 행복해요.

わたし しあわ
私は幸せです。
와따시와 시아와세데스

0352. 기뻐 죽겠어.

うれしくてたまらない。
우레시꾸떼 다마라나이

…てたまらない …해서 못 참겠다, …해서 죽겠다, …해서 더없이 좋다

0353. 기쁜 것 같군.

うれしそうだね。
우레시소-다네

0354. 이렇듯 기쁜 일은 없을 거야.

こんなにうれしいことはないだろう。
곤나니 우레시- 고또와나이다로-

0355. 그걸 들으니 기뻐.

き
それを聞いてうれしいよ。
고래오 끼이떼 우레시-요

0356. 고마워. 기분이 최고야.

さいこう きぶん
ありがとう。最高の気分だぜ。
아리가또- 사이꼬-노 기분다제

ぜ는 종조사로 주로 남자끼리 친한 사이에 쓰며, 가볍게 다짐을 하거나 상대방을 무시하거나 할 때 문말에 붙여 쓴다.

0357. 꿈꾸는 것 같아.

ゆめ み
夢見るようだ。
유메미루요-다

…ようだ는 「…인 것 같다」의 뜻으로 불확실한 단정을 나타낸다.

Unit 02

화날 때

0358. 닥쳐!

だまれ!
다마레

일본어 동사의 명령형은 그 어감이 거칠어 군대에서의 명령이나 화가 났을 때 이외에는 그다지 쓰이지 않는다.

0359. 나가!

で い
出て行け!
데떼 이께

0360. 부끄러운 줄 알아!

はじ し
恥を知れ!
하지오 시레

화날 때

0361. 꼴도 보기 싫어!

みっともない!
밋또모나이

0362. 화났어.

怒(おこ)ってるんだ。
오꼿떼룬다

> **A** どうかしたの?
> 무슨 일 있니?
>
> **B** あなたに腹(はら)を立(た)てているのよ。
> 너에게 화를 내고 있는 거야.

0363. 변명은 하지 마!

言(い)い訳(わけ)はするな!
이-와께와 스루나

0364. 어떤 변명도 듣고 싶지 않아.

どんな言(い)い訳(わけ)も聞(き)きたくない。
돈나 이-와께모 끼끼따꾸나이

0365. 이제 참을 수 없어요.

もう我慢(がまん)できません。
모- 가만데끼마센

0366. 너는 도대체 무슨 생각을 하고 있는 거냐?

君(きみ)はいったい何(なに)を考(かんが)えているんだ!
기미와 잇따이 나니오 강가에떼이룬다

0367. 나에게 명령하지 말아요. 내 돈이니까.

私(わたし)に命令(めいれい)しないで。私(わたし)のお金(かね)なんだから。
와따시니 메-레-시나이데 와따시노 오까네난다까라

0368. 열 받는군!

頭(あたま)にきた!
아따마니 끼다

頭に来る 화가 나다, 부아가 치밀다, 약이 오르다

0369. 울화가 치밀어.

むかつくよ。
무까쯔꾸요

むかつく는「메슥거리다, 울렁거리다, 역하다」의 뜻으로도 쓰이지만,「짜증이 나다, 역겹다」의 뜻으로도 쓰인다.

0370. 나를 조롱하지 마.

ぼくをからかうな。
보꾸오 가라까우나

からかう 놀리다

화날 때

0371. 나를 깔보고 말하지 마.

ぼくを見(み)下(お)ろして言(い)うな。

보꾸오 미오로시떼 유-나

0372. 나를 헐뜯지 마.

ぼくをけなすんじゃない。

보꾸오 께나순쟈나이

0373. 말했지!

言(い)っただろ!

잇따다로

…ちゃだめだ = …てはだめだ …해서는 안 된다

A 言(い)っただろ! そんなに簡単(かんたん)に人(ひと)を信(しん)じちゃダメだよ。

말했지! 그렇게 쉽게 사람을 믿어서는 안 된다고.

B そうだったわね。失敗(しっぱい)だったわ。

그랬었지. 잘못했어.

0374. 정말 뻔뻔스럽구나!

なんて厚(あつ)かましいんだ!

난떼 아쯔까마시인다

0375. 그의 불평이 마음에 걸려.

彼(かれ)の言(い)い分(ぶん)が気(き)にさわるんだ。

가레노 유-분가 기니사와룬다

気に障る 비위에 거슬리다, 불쾌하게 느끼다

0376. 앙갚음을 해야 해.

仕返(しかえ)ししてやらなくては。

시까에시시떼 야라나꾸떼와

0377. 난 머리가 둔하지 않아!

ぼくの頭(あたま)は鈍(にぶ)くないんだ!

보꾸노 아따마와 니부꾸나인다

0378. 깔보지 마!

なめるなよ!

나메루나요

0379. 쓸데없는 간섭이야.

よけいなお世話(せわ)だ。

요께이나 오세와다

화날 때

A 木村(きむら)と仲直(なかなお)りするべきだと思(おも)う。
기무라와 화해해야 한다고 생각해.

B よけいなお世話(せわ)だ。
쓸데없이 간섭이야.

0380. 너는 나를 웃음거리로 만들려고 하니?
君(きみ)はぼくを笑(わら)いものにしようとしているのかい?
기미와 보꾸오 와라이모노니 시요-또시떼이루노까이

0381. 그건 뻔뻔스런 이야기야.
それは虫(むし)のいい話(はなし)だ。
소레와 무시노 이-하나시다

> 虫がいい 얌체 같다, 뻔뻔스럽다

0382. 너, 머리가 이상한 게 아냐?
君(きみ)、頭(あたま)がおかしいんじゃないの?
기미 아따마가 오까시인쟈나이노

0383. 나중에 후회할 거야.
後(あと)で後悔(こうかい)するぞ。
아또데 고-까이스루조

> ぞ는 종조사로 자신의 판단을 강하게 말하거나 주장할 때 쓰인다.

0384. 나를 모욕하지 마.
ぼくを侮辱(ぶじょく)するなよ。
보꾸오 부죠꾸수루나요

> 동사의 기본형에 접속하여 강한 부정을 나타내는 な를 좀 더 부드럽게 할 때는 なよ의 형태를 쓴다.

0385. 그에게 복수를 할 테다.
彼(かれ)には仕返(しかえ)しをするぞ。
가레니와 시까에시오수루조

Unit 03

슬플 때

0386. 슬퍼.
悲(かな)しいなぁ。
가나시-나-

0387. 허무해.
むなしいよ。
무나시-요

0388. 우울해.
憂(ゆう)うつだなぁ。
유-우쯔다나-

슬플 때

0389. 슬퍼 보이네.
悲(かな)しそうな顔(かお)をしているね。
가나시소-나 가오오시떼 이루네

そうな는 성질이나 상태를 나타낼 때는 「마치…와 같이 보이는」의 뜻이 된다.

0390. 정말로 상처받았어.
本当(ほんとう)に傷(きず)ついたわ。
혼또-니 기즈쯔이따와

A あなた、本当(ほんとう)に木村(きむら)と別(わか)れたの?
너 정말로 기무라와 헤어졌니?

B ええ、本当(ほんとう)に傷(きず)ついたわ。
응, 너무 마음이 아파.

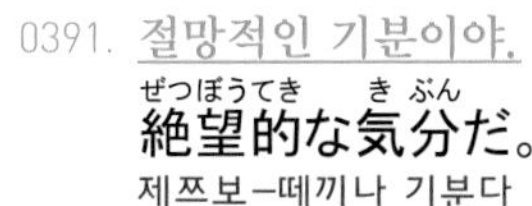

0391. 절망적인 기분이야.
絶望的(ぜつぼうてき)な気分(きぶん)だ。
제쯔보-떼끼나 기분다

0392. 이제 울고 싶어.
もう泣(な)きたいよ。
모- 나끼따이요

0393. 외로워.
寂(さび)しいなぁ。
사비시-나-

0394. 남편이 없어서 쓸쓸해.
夫(おっと)がいなくてさびしいわ。
옷또가 이나꾸떼 사비시-와

わ는 주로 여성이 주장·판단이나 가벼운 감동을 나타낼 때 쓰인다.

0395. 외톨이가 된 기분이야.
ひとりぼっちになった気分(きぶん)だ。
히또리봇찌니 낫따 기분다

ひとりぼっち 단 혼자, 외돌토리, 외딴몸

0396. 네가 없어서 외로워.
あなたがいなくてさびしいわ。
아나따가 이나꾸떼 사비시-와

0397. 아들을 잃어서 허무해.
息子(むすこ)を亡(な)くしてむなしいよ。
무스꼬오 나꾸시떼 무나시-요

0398. 너는 내 기분을 몰라.
あなたには私(わたし)の気持(きも)ちがわからないのよ。
아나따니와 와따시노 기모찌가 와까라나이노요

Unit 04

즐거울 때

0399. 와, 즐거워라.

わあ、楽(たの)しい。

와- 다노시-

0400. 매우 즐거웠습니다.

とても楽(たの)しかったです。

도떼모 다노시깟따데스

0401. 기대할게.

楽(たの)しみにしているよ。

다노시미니시떼 이루요

楽しみにする 기대하다. 楽しい는 자신의 행동을 통해 느끼는 기분 좋은 상태를 말하고, 嬉(うれ)しい는 기대하고 있던 것이나 바라던 것이 실현되었을 때 느끼는 기분 좋은 상태를 말한다.

A 明日(あした)、友(とも)だちのパーティーに来(く)るかい?
내일 친구 파티에 올래?

B もちろん。楽(たの)しみにしているよ。
물론이지. 기대할게.

0402. 정말 유쾌해.

それは愉快(ゆかい)だ。

소레와 유까이다

0403. 기분 좋아.

いい気分(きぶん)だ。

이- 기분다

0404. 오늘은 기분이 최고야.

今日(きょう)は上機嫌(じょうきげん)だ。

교-와 죠-끼겐다

上機嫌은 매우 기분이 좋은 상태를 말한다.

0405. 기뻐서 어쩔 줄 모르겠어.

有頂天(うちょうてん)だ。

우쵸-텐다

有頂天 기뻐서 어찌할 줄 모름

0406. 거짓말 같아.

うそみたいだ。

우소미따이다

0407. 기쁘기 짝이 없습니다.

これにまさる喜(よろこ)びはありません。

고레니 마사루 요로꼬비와 아리마센

0408. 나를 행복하게 해 줘서 고마워.

私(わたし)を幸(しあわ)せにしてくれてありがとう。

와따시오 시아와세니 시떼꾸레떼 아리가또-

즐거울 때

0409. 정말 행운이야!

それはラッキーだ!
소레와 랏키—다

0410. 대성공이야!

おお あ
大当たりだ!
오—아따리다

0411. 단지 운이 좋았던 거야.

うん
ただ運がよかったのさ。
다다 운가 요깟따노사

Chapter 09 불평과 불만

한국 사람은 성질이 급해서 불평이나 불만을 쉽게 표출하고 풀어버리는 경향이 강하지만, 일본 사람들은 겉으로 좀처럼 불평과 불만을 표출하지 않는다. 따라서 일본 사람이 불평과 불만을 하는 경우는 마음속으로 상당히 쌓였다는 증거이다. 흔히 불평과 불만에 사용되는 표현으로는 くそっ! もう我慢できない! もううんざいりだ! 등이 있으며, 상대가 투덜거리고 있으면 何をぼやいているの? 또는 どうしてぶつぶつ言うの라고 물을 수 있다.

Ⓐ どうしてぶつぶつ言ってるんだい。

Ⓑ もう、部長にうんざりするよ。

Ⓐ 何がそんなに不満なの。

Ⓑ 小言ばかりで頭が変になりそうだよ。

Ⓐ 왜 투덜대고 있는 거야?
Ⓐ 뭐가 그리 불만이니?
Ⓑ 이제 부장에게 질렸어.
Ⓑ 잔소리만 하니까 머리가 돌 지경이야.

Ⓐ ぐずぐず言わないで、言われたとおりに❶しなさい。
Ⓑ それができないから問題さ❷。
Ⓐ それはそうね。ぼくも君の考えと同じさ。

Ⓐ 투덜거리지 말고 시키는 대로 해.
Ⓑ 그게 안 되니까 문제야.
Ⓐ 그건 그래. 나도 네 생각과 마찬가지야.

❶ …たとおりに …한 대로

❷ さ는 가볍게 단정해서 단언하는 뜻을 나타낸다.

Unit 01

불평・불만의 표현

0412. 불만을 말하고 싶은데요.

くじょう い
苦情を言いたいのですが。
구죠-오 이-따이노데스가

0413. 그 일에 대해서는 불만입니다.

ふまん
そのことについては不満です。
소노 고또니 쯔이떼와 후만데스

0414. 불평하지 마.

もんく い
文句を言うなよ。
몬꾸오 유-나요

0415. 저 녀석은 불평만 하고 있어.

もんく い
あいつは文句ばかり言ってるんだ。
아이쯔와 몬꾸바까리 잇떼룬다

0416. 너에게 하고 싶은 말이 있어.

きみ い
君に言いたいことがあるんだ。
기미니 이-따이 고또가 아룬다

0417. 무슨 불만이 있니?

なん ふまん
何か不満があるの?
난까 후만가 아루노

0418. 무엇이 불만이니?

なに ふまん
何が不満なの?
난까 후만나노

0419. 진지하게 말하고 있어.

い
まじめに言っているのよ。
마지메니 잇떼이루노요

きみ もんく き あ
A 君の文句は聞き飽きたよ。
너의 불평을 듣는 것도 질렸어.

だま き い
B 黙って聞きなさい。まじめに言っているのよ。
잠자코 들어. 진지하고 말하고 있어.

0420. 젠장! 시험에 떨어졌어.

お
ちぇっ! テストに落ちた。
쳇 테스토니 오찌따

ちぇっ는 기대에 어긋나 마음이 마땅치 않을 때 내는 말이다.

불평·불만을 말한다는 표현에 다양한 단어를 사용할 수 있다.
苦情(くじょう)を言(い)う 푸념하다
苦情を訴(うった)える 불만을 호소하다
ぶつぶついう 투덜대다
小言(こごと)をいう 잔소리를 하다
文句(もんく)をいう 불평을 하다
不満(ふまん)をいう 불만을 말하다

불평・불만의 표현

0421. 젠장! 집에 놓고 왔어.

ちぇっ! 家(いえ)に忘(わす)れたよ。

첫 이에니 와스레따요

0422. 제기랄! 전철을 놓쳤어.

くそっ! 電車(でんしゃ)に乗(の)り遅(おく)れた。

꾸솟 덴샤니 노리오꾸레따

くそっ는 남을 몹시 욕하거나 불끈했을 때 내지르는 말로 「제기랄, 빌어먹을」 따위로 해석이 가능하다.

0423. 이 일은 나에게는 너무 버거워요.

この仕事(しごと)は私(わたし)には荷(に)が重(おも)すぎます。

고노 시고또와 와따시니와 니가 오모스기마스

0424. 나의 적은 급료로는 해나갈 수 없어.

私(わたし)の少(すく)ない給料(きゅうりょう)ではやっていけないよ。

와따시노 스꾸나이 규—료—데와 얏떼이께나이요

0425. 네가 말한 것은 납득이 안 돼.

君(きみ)の言(い)うことは腑(ふ)に落(お)ちない。

기미노 유— 고또와 후니 오찌나이

腑に落ちない 납득이 가지 않다, 이해할 수 없다

0426. 입으로 말하는 것은 쉬워.

口(くち)で言(い)うのは簡単(かんたん)だよ。

구찌데 유—노와 간딴다요

A すぐに新(あたら)しい仕事(しごと)に慣(な)れるよ。
금방 새로운 일에 익숙해질 거야.

B 口(くち)で言(い)うのは簡単(かんたん)だよ。
입으로 말하는 것은 쉬워.

0427. 불공평해.

不公平(ふこうへい)だよ。

후꼬—헤—다요

0428. 공평히 해라!

公平(こうへい)にしろ!

고—헤—니 시로

0429. 쓸데없는 짓을 하지 마라.

もったいないことをするな。

못따이나이 고또오 스루나

0430. 왜 이렇게 시간이 걸리니?

なぜこんなに時間(じかん)がかかるの?

나제 곤나니 지깐가 가까루노

불평 · 불만의 표현

0431. 10분에 맞추는 것은 무리야.

10分で間に合わせるのは無理だよ。
줏뿐데 마니아와세루노와 무리다요

A 十分で間に合わせるのは無理だよ。
10분에 맞추는 것은 무리야.

B 10分では十分だよ。
10분이면 충분해.

0432. 너는 도움이 안 돼.

君は役立たずだ。
기미와 야꾸다따즈다

> 役立たず=役立たない
> 도움이 안 되다

Unit 02

귀찮을 때

0433. 아, 귀찮아.

ああ、面倒だ。
아- 멘도-다

0434. 귀찮아서 싫어.

面倒くさくていやになるよ。
멘도-꾸사꾸떼 이야니나루요

A おい、近頃も一々辞書を引くのかい?
어이, 요즘도 일일이 사전을 찾나?

B うん、面倒くさがらずに辞書を引くのも勉強だからな。
응, 귀찮게 생각하지 않고 사전을 찾는 것도 공부니까.

> 面倒(めんどう)는 귀찮고 성가심을 뜻하는 단어이다. 面倒くさい 라고 하면 「아주 귀찮다, 몹시 성가시다」 라는 표현이 되지만, 面倒を見(み)る 라고 하면 「~를 돌보아 주다」 라는 뜻이 되니 유의한다.

0435. 귀찮게 참견하지 말아요.

うるさくお節介をやかないで。
우루사꾸 오셋까이오 야까나이데

> お節介 쓸데없는 참견, 또는 그런 참견을 하는 사람

0436. 제발 집적대지 마.

どうか私に付きまとわないでくれ。
도-까 와따시니 즈끼마또와나이데 꾸레

0437. 나 지금 바빠. 부탁이니까 저리 가.

私、今忙しいんだ。お願いだから、そっちに行って。
와따시 이마 이소가시인다 오네가이다까라 솟찌니 잇떼

0438. 피곤해서 밥 먹는 것도 귀찮아.

疲れきって、飯を食うのも煩わしいよ。
쯔까레낏떼 메시오 꾸-노모 와즈라와시-요

Unit 03

지루하고 심심할 때

0439. 지루해.

退屈(たいくつ)だ。

다이꾸쯔다

0440. 심심해.

つまらないよ。

쯔마라나이요

A つまらないよ。
심심해.

B そうだね。くだらないよ。
그래. 형편없어.

0441. 보잘것없어.

取(と)るに足(た)らないよ。

도루니 따라나이요

取るに足らない 중요한 것이 아니다, 하잘것없다

0442. 난 너에게 흥미가 없어.

私(わたし)はあなたには興味(きょうみ)がないのよ。

와따시와 아나따니와 교—미가나이노요

0443. 뻔한 일이야.

たかが知(し)れてるよ。

다까가 시레떼루요

たかが知れている 뻔한 일이다, 대수로운 것이 아니다

0444. 만족하고 있지 않아.

満足(まんぞく)していないの。

만조꾸시떼 이나이노

0445. 흔한 모임이었어.

ありふれた会合(かいごう)だった。

아리후레따 가이고—닷따

A ゆうべの会合(かいごう)は面白(おもしろ)かった?
어젯밤 모임은 재미있었니?

B いや、ありふれた会合(かいごう)だったよ。
아냐, 흔한 모임이었어.

0446. 일에 마음이 내키지 않아.

仕事(しごと)に気(き)がのらないよ。

시고또니 기가노라나요

気がのる 마음이 내키다, 할 마음이 생기다

지루하고 심심할 때

0447. 그거 시대에 뒤떨어진 생각이야.

それは時代遅れ(じだいおく)の考え(かんが)だ。

소레와 지다이오꾸레노 강가에다

0448. 난 못 참겠어.

私(わたし)は我慢(がまん)できないわ。

와따시와 가만데끼나이와

0449. 생각보다 재미없었어.

思(おも)ったほど面白(おもしろ)くなかった。

오못따호도 오모시로꾸나깟따

Unit 04

싫증나고 짜증날 때

0450. 싫어요.

いやですねえ。

이야데스네-

0451. 싫어. 이제 못 참겠어.

いやだなあ。もう我慢(がまん)できない。

이야다나- 모-가만데끼나이

0452. 이제 진절머리가 나요.

もう、うんざりですよ。

모- 운자리데스요

0453. 이런 날씨는 진절머리가 나는군요.

この天気(てんき)にはうんざりしますね。

고노 덴끼니와 운자리시마스네

0454. 적당히 해!

いいかげんにしてくれよ!

이-까겐니시떼 꾸레요

いい加減に 웬만하게, 어지간히

A さて、もう一曲歌(いっきょくうた)います。
그럼, 다시 한 곡 부르겠습니다.

B いいかげんにしてくれよ! あいつは音痴(おんち)なんだから。
적당히 해! 저 녀석은 음치라서.

0455. 들으면 들을수록 진절머리가 나요.

聞(き)けば聞(き)くほどうんざりするよ。

끼께바 끼꾸호도 운자리스루요

…ば…ほど는 「…하면 …할수록」의 뜻으로 정도나 상태가 점점 더해짐을 나타낸다.

싫증나고 짜증날 때

0456. 듣고 싶지 않아.

聞(き)きたくないよ。
끼끼따꾸나이요

0457. 또 시작이야.

また始(はじ)まった。
마따 하지맛따

A この仕事(しごと)にはもううんざりだ。
이 일은 진절머리가 나.

B また始(はじ)まった。
또 시작이야.

0458. 머리가 이상해질 것 같아.

頭(あたま)がおかしくなりそうだよ。
아따마가 오까시꾸나리소-다요

Unit 05

실망할 때

0459. 실망했어요.

がっかりしましたよ。
갓까리시마시다요

がっかり는 실망하는 모양이나 낙담하는 모양을 나타낸다.

0460. 너에게 실망이야.

君(きみ)にはがっかりだ。
기미니와 갓까리다

0461. 실망했습니다.

失望(しつぼう)しました。
시쯔보-시마시다

失望する는 기대했던 대로 되지 않는다는 뜻이므로, 기대하지 않았던 일에는 쓸 수 없다.

0462. 노력이 모두 물거품이 되었어.

努力(どりょく)がすべて無駄(むだ)になったよ。
도료꾸가 스베떼 무다니낫따요

Chapter 10

비난과 험담

우리말에는 셀 수 없을 정도로 욕설에 관한 표현이 많지만, 일본어에는 손을 꼽을 정도로 적다. 텔레비전 드라마나 영화 등에서 가끔 나오는 ばかやろ!나 このやろ! 등이 고작이며, 심하게 말할 때는 ちくしょう! 정도이다. 또한 상대의 말에 신뢰를 할 수 없어 비난할 때는 주로 うそつき!가 쓰이며, 상대의 비난이나 욕설 등을 제지할 때는 금지를 나타내는 종조사 な를 동사의 기본형에 접속하여 사용한다.

A おい、若造!
B 私ですか。
A そうだ。ちょっと静かにしてもらえないか。
B 何ですって。一杯飲んだら自然に大きい声が出るものです。

A 어이, 젊은이!
A 그래. 좀 조용히 해 주겠나?
B 저 말입니까?
B 뭐라고요. 한잔 마시면 자연스럽게 큰 소리가 나오는 법입니다.

A 何だ! 周りの人に迷惑をかけてはいけない❶じゃない?
B まるで、喧嘩を売るみたいだ❷な。
A こいつ、ほんとに生意気だな。

A 뭐야! 주위 사람에게 피해를 줘서는 안 되잖아?
B 마치 싸움을 거는 것 같군.
A 이 녀석, 정말 건방지군.

❶ …てはいけない는 「…해서는 안 된다」의 뜻으로 금지를 나타낸다.
❷ …みたいだ는 불확실한 단정을 나타내는 …ようだ의 회화체이다.

Unit 01

말을 중지시킬 때

0463. 닥쳐! 듣고 싶지 않아!

黙(だま)れ! 聞(き)きたくないよ!

다마레 끼끼따꾸나이요

0464. 너저분하게 말참견하지 말아요.

ごちゃごちゃ口(くち)出(だ)ししないでよ。

고쨔고쨔 구찌다시시나이데요

ごちゃごちゃ는 이러쿵저러쿵 불평·불만을 나타내는 모양과, 다양한 것이 어수선하게 섞여 있는 모양을 나타내기도 한다.

0465. 큰소리 지르지 마!

大声(おおごえ)を出(だ)すな!

오-고에오 다스나

0466. 고함치지 말아요!

怒鳴(どな)らないで!

도나라나이데

0467. 목소리를 낮춰요!

声(こえ)を下(さ)げて!

고에오 사게떼

0468. 투덜거리지 마!

ぶつぶつ言(い)うな!

부쯔부쯔 유-나

0469. 좀 얌전히 해라.

少(すこ)しおとなしくしなさい。

스꼬시 오또나시꾸 시나사이

0470. 딱딱거리지 말아요! 할게요.

がみがみ言(い)わないで! するよ。

가미가미 이와나이데 스루요

がみがみ 딱딱, 시끄럽게

A まだなの? 一日中何(いちにちじゅうなに)をやったの?
아직이야? 하루종일 무얼 했니?

B がみがみ言(い)わないで! するよ。
딱딱거리지 말아요! 할게요.

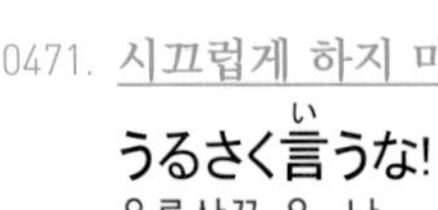

0471. 시끄럽게 하지 마!

うるさく言(い)うな!

우루사꾸 유-나

0472. 말대꾸하지 말아요!

口答(くちごた)えはしないで!

구찌고따에와 시나이데

말을 중지시킬 때

0473. 잠자코 있어. 너는 말이 많아!
黙(だま)っていろよ。あんたはおしゃべりだな!
다맛떼이루요 안따와 오샤베리다나

> おしゃべり 수다쟁이

0474. 나가!
出(で)て行(い)け!
데떼 이께

0475. 나를 내버려둬요!
私(わたし)を放(ほう)っておいて!
와따시오 호웃떼 오이떼

0476. 방해하지 말아요!
邪魔(じゃま)しないで!
쟈마시나이데

> 邪魔する 방해하다, お邪魔する 꼴로 쓰일 때는 「방문하다」의 뜻이 된다.

Unit 02

참견을 저지할 때

0477. 내버려둬요!
ほっといてよ!
홋또이떼요

> ほっとく는 放(ほう)っておく가 간편하게 변한 형태로 「내버려 두다」의 뜻이다.

0478. 너와는 관계없어.
君(きみ)には関係(かんけい)ないよ。
기미니와 간께이나이요

0479. 쓸데없이 참견하지 말아줘!
おせっかいは止(よ)してくれ。
오셋까이와 요시떼꾸레

0480. 네 일에나 신경 써!
自分(じぶん)のことだけ気(き)にしてろ!
지분노 고또다께 기니시떼로

> 気にする 걱정하다, 마음에 두다

0481. 너는 간섭하지 마!
君(きみ)は干渉(かんしょう)しないでくれ!
기미와 간쇼―시나이데 꾸레

0482. 사적인 일이야!
私的(してき)なことなんだ!
시떼끼나 고또난다

0483. 누가 너한테 물어봤니?
誰(だれ)が君(きみ)に聞(き)いたかよ。
다레가 기미니 끼―따까요

참견을 저지할 때

0484. 너의 친절은 부담스러워.

君の親切はありがためいわくだ。

기미노 신세쯔와 아리가따메-와꾸다

> ありがた迷惑는 친절이나 호의가 오히려 짐이 됨을 말한다.

0485. 새삼스럽게 그런 말 하지 말아요.

今さらそんなこと言わないでよ。

이마사라 손나 고또 유와나이데요

Unit 03

비난할 때

0486. 부끄러운 줄 알아.

恥を知りなさい。

하지오 시리나사이

> 恥をかく 창피를 당하다,
> 恥をかかせる 창피를 주다

0487. 그의 말을 믿다니 미친 짓이야.

彼の言葉を信じるなんて、狂気の沙汰だ。

가레노 고또바오 신지루난떼 교-끼노 사따다

> 狂気の沙汰 미친 짓

0488. 그건 비겁한 행동입니다.

それは 卑怯なふるまいです。

소레와 히쿄-나 후루마이데스

0489. 거짓말쟁이!

嘘つき!

우소쯔끼

0490. 거짓말을 하지 마.

嘘をつくな。

우소오 쯔꾸나

0491. 농담 좀 작작 해라!

冗談もいい加減にしろ!

죠-단모 이-까겐니 시로

0492. 바보 같은 소리 집어치워!

バカなことはやめろ!

바까나 고또와 야메로

0493. 바보 같은 소리 하지 마!

バカを言うな!

바까오 유-나

0494. 까불지 마!

ふざけるな!

후자께루나

비난할 때

0495. 거짓말은 이제 듣고 싶지 않아.

うそはもう聞(き)きたくない。
우소와 모― 끼끼따꾸나이

0496. 너는 이야기를 꾸며냈니?

君(きみ)は話(はなし)をでっちあげたのか。
기미와 하나시오 뎃찌아게따노까

0497. 속임수다.

いんちきだ。
인찌끼다

いんちきをする 속이다, 부정을 저지르다

0498. 시치미 떼지 마!

とぼけるな!
도보께루나

0499. 너는 나를 속였어.

君(きみ)はぼくをかついだだろう。
기미와 보꾸오 까쯔이다다로―

0500. 속이려고 해도 그런 수법엔 넘어가지 않아.

だまそうったって、その手(て)には乗(の)らないよ。
다마소웃닷떼 소노 떼니와 노라나이요

だまそうったって=だまそうとしても, 手に乗る 남의 꾀에 속다

0501. 난 쉽게 속지 않아.

私(わたし)は簡単(かんたん)にだまされないの。
와따시와 간딴니 다마사레나이노

Unit 04

말싸움을 할 때

0502. 제멋대로 말하지 마.

わがまま言(い)うなよ。
와가마마 유―나요

0503. 그건 내가 할 말이야.

それはこっちのセリフだ。
소레와 곳찌노 세리후다

台詞(せりふ) 대사, 언사. へまをする 바보스런 짓을 하다, 경솔한 실수를 하다

A 君(きみ)にこの仕事(しごと)ができるのかな。
네가 이 일을 할 수 있을까?

B それはこっちのセリフだ。へまをするなよ。
그건 내가 할말이야. 실수하지 마.

말싸움을 할 때

0504. 잘난 척하지 마.

偉(えら)そうなことを言(い)うなよ。

에라소-나 고또오 유-나요

0505. 싸움을 거는 거야?

喧嘩(けんか)を売(う)っているのか?

겐까오 웃떼이루노까

> 喧嘩を売る 싸움을 걸다, 喧嘩を買(か)う 걸어온 싸움에 상대하다, 남의 싸움을 떠맡다

0506. 화풀이하지 말아요.

八(や)つ当(あ)たりしないでよ。

야쯔아따리시나이데요

0507. 넌 믿을 수 없어.

あなたって信用(しんよう)できないわ。

아나땃떼 신요-데끼나이와

Unit 05

욕설과 험담을 할 때

0508. 겁쟁이!

臆病(おくびょう)もの!

오꾸뵤-모노

> もの는 활용어의 종지형에 접속하여 이유를 설명하는 뜻을 나타내고, 자신의 입장을 이해해 주기를 바라는 경우에 쓰인다.

0509. 짠돌이!

けち!

께치

> けち 구두쇠, 자린고비, 속이 좁음, 비열함

0510. 이 녀석!

この野郎(やろう)!

고노 야로-

0511. 이 바보!

このバカ!

고노 바까

0512. 이 개자식!

こんちくしょう!

곤찌꾸쇼-

0513. 이런 짐승!

このけだものめ!

고노 께다모노메

0514. 이 왈가닥!

このおてんば娘(むすめ)め!

고노 오텐바 무스메메-

욕설과 험담을 할 때

0515. 교활한 녀석!

ずるいやつめ!
주루이야쯔메

0516. 이런 호박!

このぶす!
고노 부스

0517. 뚱보!

でぶ!
데부

0518. 정말 은혜도 모르는 놈이다!

何て恩知らずな奴だ!（なん・おんし・やつ）
난떼 온시라즈나 야쯔다

0519. 이 저질 같은 놈!

この最低のやつめ!（さいてい）
고노 사이테-노 야쯔메

め는 체언에 접속하여 한층 낮추어 보는 뜻을 나타내거나, 자신에 대한 겸양의 뜻을 나타내는 말로 우리말의 「놈」에 해당한다.

0520. 똥이나 처먹어라!

くそ食らえ!（く）
꾸소꾸라에

Chapter 11 질문과 의문에 대한 응답

상대의 질문이나 의문에 대한 긍정의 감탄사로는 はい→ええ→うん이 있으며, 부정의 감탄사로는 いいえ→いや→ううん이 있다. 이것은 화살표 순으로 존경의 경중을 나타낸 것이다. 또한 다른 사람의 말을 긍정할 때는 そうです, 부정할 때는 ちがいます라고 한다. 흔히 そうです의 부정형인 そうではありません이라고 하기 쉬우나 そうではありません은 좀 더 구체적으로 지적해서 부정할 때 쓰며, 단순히 사실과 다르다고 할 때는 ちがいます라고 한다.

A 날생선은 안 좋아하죠?
B 응, 별로.
A 조리된 생선도 안 좋아하겠네요?
B 아냐, 좋아해. 날것만 아니면 고기보다 생선을 좋아해.

A それなら、私(わたし)はおさしみ、あなたには焼(や)きサバ、ひと皿(さら)ずつ注文(ちゅうもん)してもいい?
B うん、それがいい。君(きみ)の分(ぶん)もちょっと試食(ししょく)してみるかも。

A 그렇다면, 나는 생선회, 당신은 구운 고등어 한 접시씩 주문해도 되겠어요?
B 응, 그게 좋겠어. 네 것도 조금 먹어 볼게.

❶ あんまり는 あまり를 강조한 형태로 뒤에 부정어가 오면 「그다지, 별로」의 뜻이 된다.
❷ …なけりゃ=…なければ
❸ …より…のほうが好きだ …보다 …을 좋아하다

Unit 01

긍정적인 응답

0521. 네, 그렇습니다.

はい、そうです。
하이 소-데스

> はい는 호출에 대답하거나 질문이나 부탁 등에 긍정하거나 대답할 때 쓰인다.

0522. 네, 알겠습니다.

はい、分(わ)かりました。
하이 와까리마시다

0523. 네, 본 적이 있습니다.

はい、見(み)たことがあります。
하이 미따 고또가 아리마스

0524. 네, 정말입니다.

はい、本当(ほんとう)です。
하이 혼또-데스

0525. 예, 전부 알아요.

ええ。全部(ぜんぶ)分(わ)かりますよ。
에-젠부 와까리마스요

> ええ는 긍정이나 승낙을 나타낼 때 쓰이는 말로 はい보다 다소 가벼운 말이다.

0526. 네, 스스로도 그렇게 생각하고 있는 것 같습니다.

ええ、自分(じぶん)でもそう思(おも)ってるようです。
에- 지분데모 소- 오못떼루요-데스

0527. 네, 거기에 도착하는 대로 전화할게요.

ええ、向(む)こうへ着(つ)きしだい、電話(でんわ)します。
에- 무꼬-에 쯔끼시다이 뎅와시마스

> しだい는 동사의 중지형에 접속하여 「…하는 대로, …하자마자」의 뜻을 나타낸다.

0528. 응, 그래!

うん、そうだ!
웅 소-다

> うん은 아랫사람이나 동등한 사람에 대해 긍정이나 승낙을 나타낸다.

0529. 응, 그렇게 할게.

うん、そうするよ。
웅 소-스루요

0530. 응, 괜찮아.

うん、大丈夫(だいじょうぶ)だよ。
웅 다이죠-부다요

0531. 응, 할게.

うん、するよ。
웅 스루요

긍정적인 응답

0532. 그럴 걸.

そう思(おも)うけど。

소- 오모우께도

Unit 02

그 밖의 긍정 응답

0533. 그렇고말고요.

そうですとも。

소-데스또모

…ともは 「…고말고」의 뜻으로 의문이나 반대의 여지가 없음을 나타낸다.

0534. 한마디로 말해서, 그래.

一口(ひとくち)で言(い)って、そうだよ。

히또꾸찌데 잇떼 소-다요

0535. 전적으로 말씀하신 대로입니다.

まったくおっしゃるとおりです。

맛따꾸 옷샤류토-리데스

とおりは 「대로」의 뜻으로 같은 방법과 상태임을 나타낸다.

0536. 맞아.

そのとおり。

소노토-리

0537. 네가 그렇게 말한다면, 그럴 거야.

君(きみ)がそう言(い)うのなら、そうだろう。

기미가 소- 유-노나라 소-다로-

0538. 그런 것 같아.

そうみたい。

소-미따이

みたい는 잘 모르는 것을 아마 그럴 것이라고 생각하는 뜻을 나타낸다.

Unit 03

긍정에 해당하는 부정 응답

0539. 예, 아닙니다.

ええ、違(ちが)います。

에- 찌가이마스

단순히 사실과 다르다고 할 때는 ちがいます라고 한다.

A 中国(ちゅうごく)の方(かた)ではありませんね。
중국 분이 아니시죠?

B ええ、違(ちが)います。韓国人(かんこくじん)です。
예, 아닙니다. 한국인입니다.

0540. 네, 모릅니다.

はい、知(し)りません。

하이 시리마센

わかる는 이해를 나타낼 때 쓰이고, 知る는 사실의 인지를 나타낼 때 쓰인다.

긍정에 해당하는 부정 응답

A 彼の名前を知らないんですか。
그의 이름을 모릅니까?

B ええ、忘れてしまいました。
예, 잊어버렸습니다.

0541. 예, 이제 됐습니다.

ええ、もう結構です。
에- 모-겟꼬-데스

정중히 거절할 때 結構는 「괜찮음」을 나타낸다.

A もう一杯いかが?
한 잔 더 드시겠습니까?

B ええ、もう結構です。十分いただきました。
예, 이제 됐습니다. 많이 마셨습니다.

0542. 안 되겠죠?

だめでしょうね。
다메데쇼-네

Unit 04

부정 응답

0543. 아뇨, 아직입니다.

いいえ、まだです。
이-에 마다데스

いいえ는 はい에 대응하는 말로 いや보다 정중한 표현이다.

0544. 아뇨, 다릅니다.

いいえ、違います。
이-에 찌가이마스

0545. 아뇨, 이제 됐습니다.

いいえ、もう結構です。
이-에 모- 갯꼬데스

0546. 아뇨, 그렇지 않습니다.

いいえ、そうじゃありません。
이-에 소-쟈 아리마센

0547. 아뇨, 모릅니다.

いいえ、分かりません。
이-에 와까리마센

0548. 아냐, 달라.

いや、違うよ。
이야 찌가우요

いや는 질문에 부정할 때 쓰일 뿐만 아니라 자신이 한 말을 바로 부정할 때도 쓰인다.

부정 응답

0549. 아니.

ううん。
우웅

부정 응답 정중의 정도에 따라 いいえ→いや→ううん으로 쓰인다.

Unit 05

그 밖의 부정 응답

0550. 그렇게는 말하고 있지 않아.

そうは言(い)ってないよ。
소-와 잇떼나이요

0551. 당치도 않아.

とんでもない。
돈데모나이

とんでもない는 상대의 말 등에 강하게 부정할 때 쓰인다.

0552. 예, 조금도.

ええ、ちっとも。
에- 칫또모

ちっとも는 뒤에 부정의 말이 붙어 「조금도, 전혀」의 뜻을 나타낸다.

0553. 절대로 아냐.

絶対(ぜったい)に違(ちが)うよ。
젯따이니 찌가우요

0554. 결코 그렇지 않아.

決(けっ)してそうではない。
겟시떼 소-데와나이

0555. 그렇다면 안 되겠네.

それじゃだめだよね。
소레쟈 다메다요네

0556. 내가 아냐.

私(わたし)じゃないよ。
와따시쟈나이요

0557. 저는 말하지 않았습니다.

私(わたし)は言(い)っておりません。
와따시와 잇떼 오리마센

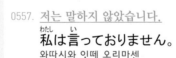

…ておりません은 …ていません의 겸양표현이다.

0558. 저는 부정합니다.

私(わたし)は否定(ひてい)します。
와따시와 히떼-시마스

Unit 06

부정에 해당하는 긍정 응답

0559. 아뇨, 좋아합니다.

いいえ、好(す)きです。
이-에 스끼데스

大好きだ(무척 좋아하다)↔大嫌いだ(무척 싫어하다)

A 生(なま)の魚(さかな)は食(た)べないでしょう?
날생선은 먹지 않겠죠?

B いいえ、寿司(すし)やさしみは大好(だいす)きです。
아뇨, 초밥이나 회는 무척 좋아합니다.

0560. 아뇨, 가고 싶습니다.

いいえ、行(い)きたいです。
이-에 이끼따이데스

A 私(わたし)と一緒(いっしょ)に行(い)きたくないですか。
나와 함께 가고 싶지 않습니까?

B いいえ、行(い)きたいです。
아뇨, 가고 싶습니다.

0561. 아뇨, 바쁩니다.

いいえ、忙(いそが)しいです。
이-에 이소가시-데스

0562. 아직입니까?

まだですか。
마다데스까

Chapter 12

되물음

일본어로 상대와 대화를 하다 보면 말이 빨라서, 혹은 모르는 단어가 있거나, 여러 가지 이유로 인해 제대로 이해하지 못할 경우가 있기 마련이다. 이럴 때는 되물음에 관한 표현을 잘 익혀두면 상대의 말을 보다 정확하게 이해할 수 있을 것이다. 따라서 모르는 말이 나왔을 때는 何と言いましたか(뭐라고 했습니까?), 상대의 말을 이해하지 못할 때는 よくわかりません(잘 모르겠습니다), 다시 말해 달라고 할 때는 もう一度おっしゃってくださいかいう라고 하면 된다.

A すみません。現代デパート❶へは、この出口でいいですか。
B え、何ですか。
A 現代デパートを探しているんです。この出口でいいですか。
B ごめんなさい。日本語はあまりできないんです。もうちょっとゆっくり話してくれませんか。

A 실례합니다. 현대백화점으로 가려면 이 출구가 맞나요?
A 현대백화점을 찾고 있습니다. 이 출구가 맞습니까?
B 에, 뭐라고요?
B 미안합니다. 일본어는 잘 못합니다. 좀 더 천천히 말해 주겠어요?

A ああ、失礼。現代デパートへの出口はここですか。
B ああ、現代デパートですね。そう、階段を上がって右に曲がればいいんです❷。
A どうもありがとう。

A 아, 실례했습니다. 현대백화점 출구는 여기입니까?
B 아, 현대백화점 말씀이군요. 그래요, 계단을 올라가 오른쪽으로 돌면 됩니다.
A 감사합니다.

❶ デパート는 department store를 줄여서 표현한 것으로 지금은 百貨店이라는 말을 쓰지 않는다.

❷ …ばいいんです …면 됩니다

Unit 01

되물을 때

0563. 뭐?

何(なに)?

나니

> 의문을 나타낼 때 쓰이는 말이다.

0564. 뭡니까?

何(なん)ですか?

난데스까

> た·な·ら行 및 반탁음으로 시작되는 단어에 붙어서 쓰일 때는 보통 なん으로 읽는다.

0565. 무슨 말 했니?

何(なん)か言(い)った?

난까 잇따?

A 何(なん)か言(い)った?
무슨 말 했니?

B いや、何(なん)でもないよ。
아니, 아무 것도 아냐.

0566. 무슨 얘깁니까?

何(なん)の話(はなし)ですか。

난노 하나시데스까

A おめでとう! よくやったね。
축하해! 잘했어.

B 何(なん)の話(はなし)?
무슨 말이야?

0567. 무엇 때문에?

何(なん)のために?

난노타메니

> ために는 원인과 이유를 나타낼 때는 「때문에」의 뜻이 된다.

0568. 뭐라고 했니?

何(なん)て言(い)ったの?

난떼 잇따노

0569. 뭐라고요?

何(なん)ですって?

난데슷떼

> …って는 상대의 말을 반문하면서 「그 따위 일은 있을 수 없다」는 뜻을 나타낸다.

Unit 02

잘 알아듣지 못했을 때

0570. 미안합니다. 뭐라고 했습니까?

すみません、何(なん)と言(い)ったのですか。

스미마센 난또 잇따노데스까

0571. 무슨 말을 하고 싶나요?

何(なに)か言(い)いたいんですか。

나니까 이-타인데스까

0572. 엣? 뭐라고 하셨습니까?

えっ、何(なん)とおっしゃいましたか。

엣 난또 옷샤이마시다까

えっ은 의외의 일로 놀라거나 의심할 때 내는 소리이다.

0573. 잘 모르겠는데요.

よくわからないのですが。

요꾸 와까라나이노데스가

0574. 잘 몰랐습니다.

よくわかりませんでした。

요꾸 와까리마센데시다

0575. 그건 무슨 뜻입니까?

それはどういう意味(いみ)ですか。

소레와 도- 유-이미데스까

Unit 03

다시 한번 말해달라고 할 때

0576. 다시 한번 말해 주겠어요?

もう一度(いちど)言(い)ってくれますか。

모- 이찌도 잇떼 꾸레마스까

0577. 죄송합니다. 다시 한번 말씀해 주시지 않겠습니까?

すみません、もう一度(いちど)言(い)ってくださいませんか。

스미마센 모- 이찌도 잇떼 구다사이마센까

0578. 다시 한번 설명해 주시지 않겠습니까?

もう一度(いちど)説明(せつめい)してくださいませんか。

모- 이찌도 세쯔메-시떼 구다사이마센까

Unit 04

천천히 말해달라고 할 때

0579. 천천히 말해 주세요.

ゆっくり話(はな)してください。

윳꾸리 하나시떼 구다사이

천천히 말해달라고 할 때

0580. 좀 더 천천히 말해 주시겠습니까?

もう少(すこ)しゆっくり話(はな)していただけますか。

모- 스꼬시 윳꾸리 하나시떼 이따다께마스까

0581. 천천히 말씀해 주시겠습니까?

ゆっくりおっしゃっていただけますか。

윳꾸리 옷샷떼 이따다께마스까

> おっしゃる는 言う의 존경어로 「말씀하시다」의 뜻이다.

0582. 너무 빨라서 모르겠습니다. 천천히 말해 줄래요?

速(はや)すぎてわかりません。ゆっくり話(はな)してくれませんか。

하야스기떼 와까리마센 윳꾸리 하나시떼 꾸레마센까

> すぎる는 형용사의 어간에 접속하여 「너무 … 하다」의 뜻을 나타낸다.

0583. 더 천천히 설명해 주시겠어요?

もっとゆっくり説明(せつめい)していただけますか。

못또 윳꾸리 세쯔메-시떼 이따다께마스까

0584. 좀 더 알기 쉽게 말해 주시겠어요?

もう少(すこ)し分(わ)かりやすく言(い)っていただけますか。

모- 스꼬시 와까리야스꾸 잇떼 이따다께마스까

> やすい는 동사의 중지형에 접속하여 「…하기 쉽다, 편하다」의 뜻을 나타낸다.

Unit 05

상대의 목소리가 분명하지 않을 때

0585. 말씀이 잘 들리지 않는데요.

お話(はなし)がよく聞(きこ)えないんですが。

오하나시가 요꾸 끼꼬에나인데스가

0586. 말씀이 또렷이 들리지 않는데요.

お話(はなし)がはっきり聞(き)こえませんが。

오하나시가 핫끼리 끼꼬에마센가

> はっきり(분명히, 똑똑히, 확실히, 틀림없이)

0587. 못 알아듣겠습니다. 다시 한번 부탁합니다.

聞(き)き取(と)れません。もう一度(いちど)お願(ねが)いします。

끼끼또레마센 모-이찌도 오네가이시마스

0588. 더 확실히 말해 줄래요?

もっとはっきり話(はな)してくれますか。

못또 핫끼리 하나시떼 꾸레마스까

0589. 미안하지만, 그 말을 잘 알아들을 수 없습니다.

すみませんが、その言葉(ことば)がよく聞(き)き取(と)れません。

스미마센가 소노 고또바가 요꾸 끼끼또레마센

0590. 안 들립니다. 더 큰 소리로 말씀해 주시겠어요?

聞(き)こえません。もっと大(おお)きな声(こえ)でお願(ねが)いできますか。

끼꼬에마센 못또 오-끼나 고에데 오네가이데끼마스까

Unit 06

특정한 말을 알아듣지 못했을 때

0591. 무슨 뜻입니까?

どういう意味(いみ)ですか。

도-유- 이미데스까

0592. … 다음은 뭡니까?

…の次(つぎ)は何(なん)ですか。

…노 쯔기와 난데스까

0593. …라는 뜻입니까?

…だということですか。

…다또 유- 고또데스까

> …ということだ …라는 이야기(내용)이다

0594. 하나 물어봐도 됩니까?

一(ひと)つ、聞(き)いてもいいですか。

히또쯔 끼-떼모 이-데스까

0595. …란 무슨 뜻입니까?

…って何(なん)の意味(いみ)ですか。

…떼 난노 이미데스까

Chapter 13

설명의 요구와 이해

상대에게 알기 쉽게 설명을 요구할 때는 보통 わかりやすく説明してくださいい라고 하며, 자세한 설명을 원할 때는 くわしく説明してください라고 하면 된다. 이처럼 상대의 설명을 잘 이해하지 못하거나 구체적인 설명이 필요할 때는 상대에게 분명하게 의뢰하여 의사소통에 오해의 소지가 없도록 해야 한다. 상대의 설명을 이해했을 때는 わかりました를 쓰지만, 보다 정중하게 承知しました나 かしこまりました를 쓰는 것이 좋으며, 이해하지 못했을 때도 わかりません보다는 わかりかねます로 하는 게 좋다.

A たった今(いま)ロンドンから届(とど)いたこの手紙(てがみ)のことでちょっとお尋(たず)ねしてもいいですか。
B どうぞ。何(なん)ですか、聞(き)きたいことって❶。

A 방금 런던에서 도착한 이 편지에 대해 좀 여쭤봐도 되겠습니까?
B 좋아요. 뭡니까? 묻고 싶은 게.

A ええと、まずこの言葉(ことば)なんですけど。読(よ)めますか。私(わたし)にはさっぱりわからないんです。
B どれ、ちょっと見(み)せて。「彼(かれ)は少(すこ)し…maverick」。ああ、このmaverickですね。
A どういう意味(いみ)ですか。
B maverickな人(ひと)っていうのは❷、周(まわ)りの人(ひと)たちがどう思(おも)っているかあまり気(き)にしない人(ひと)を言(い)うんですよ。

A 저, 먼저 이 말인데요. 읽을 수 있습니까? 저는 도무지 모르겠습니다.
B 어디 좀 보여 주세요. 「그는 조금 …maverick」. 아, 이 maverick 말이군요.
A 무슨 뜻입니까?
B maverick한 사람이란 주위 사람들이 어떻게 생각하는지 별로 개의치 않는 사람을 말해요.

❶ …って =…というは …란, …라는 것은

❷ …っていうのは = …というのは …라고 하는 것은

Unit 01

말을 재촉할 때

0596. 말해 줘요.

話してよ。

하나시떼요

> …じゃう는 완료를 나타내는 …でしまう의 회화체이다.

A 落ち込んじゃうなぁ。
마음이 착잡한데.

B 何があったの? 話してよ。
무슨 일 있었니? 말해 봐.

0597. 더 자세히 말해 줘.

もっと詳しく話して。

못또 구와시꾸 하나시떼

> 요구나 의뢰를 나타내는 …てください는 줄여서 …て(よ)의 형태로 쓰인다.

0598. 그 이야기 듣고 싶군.

その話、聞きたいな。

소노 하나시 끼끼따이나

0599. 무슨 말 좀 해봐.

何か言ってよ。

난까 잇떼요

0600. 어땠니?

どうだった?

도-닷따

0601. 어떻게 됐니?

どうなった?

도-낫따

A 昇給の件で上司と話をしたよ。
승진 건으로 상사와 이야기를 했어.

B どうなった?
어떻게 됐니?

0602. 마음에 들었니?

気に入った?

기니 잇따

Unit 02

설명을 요구할 때

0603. 질문해도 되겠습니까?

しつもん
質問してもいいですか。
시쯔몬시떼모 이-데스까

> …てもいいは「…해도 된다」의 뜻으로 허가나 허락의 표현으로 쓰인다.

0604. 좀 더 자세히 설명해 주세요.

くわ せつめい
もっと詳しく説明してください。
못또 구와시꾸 세쯔메-시떼 구다사이

0605. 알기 쉽게 설명해 주겠어요?

わ せつめい
分かりやすく説明してくれますか。
와까리야스꾸 세쯔메-시떼 꾸레마스까

0606. 다른 표현으로 설명해 주시겠어요?

べつ い かた せつめい
別の言い方で説明していただけますか。
베쯔노 이-가따데 세쯔메-시떼 이타다께마스까

0607. 이 점을 해명해 주셨으면 합니다만.

てん かいめい
この点を解明していただきたいのですが。
고노 텐오 까이메-시떼 이따다끼따이노데스가

> …ていただきたいは「…해 받고 싶다」의 뜻으로 완곡하게 의뢰할 때 쓰인다.

0608. 초보자도 알 수 있도록 말해 줄래요?

しろうと い
素人にもわかるように言ってくれますか。
시로-또니모 와까루요-니 잇떼 꾸레마스까

> …ようには 가능동사에 접속하여「…할 수 있도록」의 뜻을 나타낸다.

0609. 이 글은 정확히 무슨 뜻입니까?

ぶん せいかく い み
この文は正確にはどういう意味ですか。
고노 분와 세-까꾸니와 도-유- 이미데스까

0610. 일본어로는 뭐라고 합니까?

に ほん ご なん い
日本語では何と言いますか。
니혼고데와 난또 이-마스까

0611. 자주 쓰는 표현입니까?

つか い かた
よく使う言い方ですか。
요꾸 쯔까우 이-가따데스까

0612. 구체적으로 설명해 주시겠습니까?

ぐ たいてき せつめい
具体的に説明していただけますか。
구따이떼끼니 세쯔메-시떼 이따다께마스까

0613. 설명해 봅시다.

せつめい
説明してみましょう。
세쯔메-시떼미마쇼-

설명을 요구할 때

A 説明(せつめい)してくれませんか。
설명해 주겠어요?

B そうですね、ちょっと説明(せつめい)しにくいんですが、やってみましょう。
글쎄요, 좀 설명하기 힘들지만, 해 봅시다.

Unit 03

이해 여부를 확인할 때

0614. 말하는 것을 알겠습니까?

言(い)っていることがわかりますか。
잇떼이루 고또가 와까리마스까

0615. 들립니까?

聞(き)こえてますか。
끼꼬에떼마스까

0616. 목소리를 크게 할까요?

声(こえ)を大(おお)きくしましょうか。
고에오 오-끼꾸시마쇼-까

> 형용사…くする
> …하게 하다

A 先生(せんせい)、よく聞(き)こえません。
선생님, 잘 안 들려요.

B 声(こえ)を大(おお)きくしましょうか。
목소리를 크게 할까요?

0617. 말이 너무 빠릅니까?

話(はな)し方(かた)が速(はや)すぎますか。
하나시가따가 하야스기마스까

> 동사의 중지형에 方가 접속하면 「…하는 방법」을 뜻한다.

0618. 이상하게 들립니까?

変(へん)に聞(き)こえますか。
헨니 끼꼬에마스까

0619. 이제 알겠습니까?

これで分(わ)かりますか。
고레데 와까리마스까

0620. 여러 가지 이야기했는데, 알아들었습니까?

いろいろ話(はな)しましたが、分(わ)かってもらえましたか。
이로이로 하나시마시다가 와깟떼 모라에마시다까

Unit 04

이해를 했을 때

0621. 그렇군요, 알겠습니다.

なるほど、分(わ)かります。
나루호도 와까리마스

なるほど는 남의 주장을 긍정할 때나 상대방 말에 맞장구 칠 때 쓰인다.

0622. 그렇군요, 잘 알았습니다.

なるほど、よく分(わ)かりました。
나루호도 요꾸 와까리마시다

0623. 잘 알았어.

よくわかったよ。
요꾸 와깟따요

0624. 알 것 같아.

わかったと思(おも)うよ。
와깟따또 오모우요

0625. 말씀하시는 것을 알겠습니다.

おっしゃることがわかりました。
옷샤루 고또가 와까리마시다

0626. 그런 것은 충분히 알고 있어.

そんなことは十分承知(じゅうぶんしょうち)している。
손나 고또와 쥬-분쇼-치시떼이루

0627. 네가 말한 취지는 알겠어.

君(きみ)の言(い)い分(ぶん)はわかる。
기미노 이-분와 와까루

0628. 과연, 그런가?

なるほど、そうなのか。
나루호도 소-나노까

0629. 그 정도는 알고 있어.

それくらいは知(し)っているよ。
소레구라이와 싯떼이루요

0630. 아, 그건 들었어.

ああ、そのことは耳(みみ)にしたよ。
아- 소노 고또와 미미니시따요

耳にする=聞く 듣다

흔히 「알겠습니다」의 표현으로 わかりました를 쓰지만, 상사나 고객에게는 承知(しょうち)しました나 かしこまりました를 쓰는 것이 좋다. 또한 그 반대 표현인 「모르겠습니다」도 わかりません이 아니라 わかりかねます라고 하는 것이 좋다.

A きのう木村(きむら)がソウルへ行(い)ったって。
어제 기무라가 서울에 갔대.

B ああ、そのことは耳(みみ)にしたよ。
아, 그건 들었어.

이해를 했을 때

0631. 이해하고 있습니다.

理解(りかい)しています。

리까이시떼이마스

Unit 05

이해를 못했을 때

0632. 모르겠습니다.

分(わ)かりません。

와까리마센

0633. 정말로 모르겠어요.

本当(ほんとう)に知(し)らないんです。

혼또-니 시라나인데스

0634. 도무지 모르겠습니다.

さっぱり分(わ)かりません。

삿빠리 와까리마센

0635. 저도 모르겠습니다.

わたしも知(し)らないんです。

와따시모 시라나인데스

0636. 확실히는 모르겠어.

はっきりとはわからないよ。

핫끼리또와 와까라나이요

0637. 말씀하시는 것을 모르겠습니다.

おっしゃっていることがわかりません。

옷샤떼이루 고또가 와까리마센

0638. 네가 말하는 것을 이해했는지 모르겠어.

君(きみ)の言(い)っていることが理解(りかい)できたかわからないよ。

기미노 잇떼이루 고또가 리까이데끼따까 와까라나이요

0639. 뭐가 뭔지 도무지 모르겠어.

何(なに)が何(なん)だかさっぱりわからない。

나니가 난다까 삿빠리 와까라나이

> さっぱり는 뒤에 부정어가 오면 「도무지, 전혀, 조금도, 통」의 뜻으로 쓰인다.

0640. 확실한 것은 아무도 몰라.

確(たし)かなことは誰(だれ)にもわからないんだ。

다시까나 고또와 다레니모 와까라나인다

0641. 조사해 봐야 알겠습니다.

調(しら)べてみないと分(わ)かりません。

시라베떼미나이또 와까리마센

이해를 못했을 때

0642. 들은 적도 없습니다.

聞(き)いたこともありません。

끼―따 고또모 아리마센

…たことがない는 「…한 적이 없다」의 뜻으로 미경험을 나타낸다.

0643. 그건 금시초문인데요.

それは初耳(はつみみ)ですね。

소레와 하쯔미미데스네

初耳는 처음 듣는 것, 즉 금시초문을 나타낸다.

A 先月(せんげつ)、吉村先生(よしむらせんせい)が亡(な)くなったそうですね。
지난달 요시무라 선생님이 돌아가셨다더군요.

B それは初耳(はつみみ)ですね。
그건 처음 듣는데요.

0644. 잘 모르겠어요.

よく分(わ)からないのです。

요꾸 와까라나이노데스

0645. 어렴풋이 밖에 모르겠습니다.

ぼんやりとしか分(わ)かりません。

본야리또시까 와까리마센

0646. 그게 그다지 잘 모르겠어.

それがあまりよく分(わ)からないんだ。

소레가 아마리 요꾸 와까라나인다

Chapter 14 자연스런 맞장구

대화는 반드시 상대가 있기 마련이다. 상대와의 호흡을 맞추기 위해서는 상대방의 의견을 존중하며 그에 동의를 표시하는 것이 맞장구이다. 맞장구는 상대의 이야기를 잘 듣고 있으니 계속하라는 의사 표현이기 때문이다. 주로 쓰이는 자연스런 맞장구로는 そうですか, なるほど, そのとおりです 등이 있으며, 의문을 갖거나 믿어지지 않을 때 사용하는 맞장구로는 ほんと?와 うそ? 등이 있다.

A ぼくたちこの夏(なつ)はほとんどマレーシアで過(す)ごしたんだ。
B ほんと? 私(わたし)たち❶もよ。

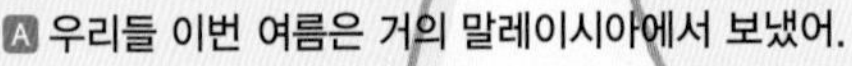

A 우리들 이번 여름은 거의 말레이시아에서 보냈어. B 정말? 우리들도 그랬어.

A ウソみたいな話(はなし)だね。マレーシアのどちら辺(へん)にいたの?
B ペナン。西海岸沖(にしかいがんおき)の島(しま)よ。
A 知(し)ってる。ホントかよ! ぼくたちがいたところだよ。
B びっくりしちゃう❷わね。ホテルはどこだったの?

A 거짓말 같은 이야기군. 말레이시아 어디에 있었니?
B 페낭. 서해안에서 멀리 떨어진 섬이야.
A 알아. 정말! 우리들이 있었던 곳이야.
B 놀라운 일이야. 호텔은 어디였니?

❶ たち(들)는 사람이나 생물이 복수임을 나타내며, ら·ども보다 어감이 좋다.
❷ 동작의 완료를 나타내는 …てしまう는 회화체에서 흔히 …ちゃう로 줄여서 표현한다.

Unit 01

긍정도 부정도 아닌 맞장구

0647. 그랬어요?

そうでしたか。
소-데시다까

A 先週(せんしゅう)ディズニーランドに行(い)ったんだ。
지난 주 디즈니랜드에 갔었어.

B そう、どうだったんだ?
그래. 어땠는데?

0648. 그렇습니까? 과연.

そうですか。なるほど。
소-데스까 나루호도

0649. 어머, 그래.

あら、そう?
아라 소-

あら는 놀라거나 감동했을 때 내는 소리로 우리말의 「어머(나)」에 해당한다.

0650. 그렇습니까?

そうですか。
소-데스까

A この夏両親(なつりょうしん)に会(あ)いにソウルへ帰(かえ)る予定(よてい)なの。
이번 여름에 부모님을 뵈러 서울에 갈 예정이야.

B そう。ご両親(りょうしん)がさぞかしお待(ま)ちかねでしょう。
그래요. 부모님이 틀림없이 기다리실 거예요.

0651. 정말이세요?

本当(ほんとう)ですか。
혼또-데스까

동사의 중지형에 に를 접속하고 이어 이동을 나타내는 동사가 오면 「…하러」의 뜻으로 동작의 목적을 나타낸다.

0652. 그러니?

そうなの?
소-나노

0653. 그렇습니까?

そうなんですか。
소-난데스까

0654. 어, 그러세요?

えっ、そうですか。
엣 소-데스까

긍정도 부정도 아닌 맞장구

0655. 그렇겠군요.

そうでしょうね。
소-데쇼-네

Unit 02

의문의 맞장구

0656. 엣, 정말이세요?

えっ、本当(ほんとう)ですか。
엣 혼또-데스까

회화에서는 흔히 줄여서 ほんと라고도 한다.

0657. 정말이세요?

本当(ほんとう)ですか。
혼또-데스까

0658. 그러세요. 안 됐군요.

そうですか、いけませんね。
소-데스까 이께마센네

いけない는 「나쁘다」의 완곡한 표현으로 공손하게는 いけません이라고 한다. 또한 여기서처럼 「안 됐다, 딱하다」의 뜻으로 동정할 때도 쓰인다.

A ひどい風邪(かぜ)をひきました。
감기가 심하게 걸렸습니다.

B そうですか。それはいけませんね。
그렇습니까, 그거 안 됐군요.

0659. 그래?

そう?
소-

0660. 어머, 그래?

あら、そう?
아라 소-

0661. 그래요, 몰랐습니다.

そうですか、知(し)りませんでした。
소-데스까 시리마센데시다

コピーを取る
복사를 하다

A 事務所(じむしょ)へ行(い)けばコピーがとれますよ。
사무실에 가면 복사를 할 수 있어요.

B そうですか、知(し)りませんでした。
그래요, 몰랐습니다.

의문의 맞장구

0662. 정말로?

本当(ほんとう)に?
혼또-니

0663. 그래요?

そうですか?
소-데스까

Unit 03

자연스런 맞장구

0664. 그렇고 말고.

なるほど。
나루호도

なるほど는 「그렇고 말고, 아무렴」의 뜻으로 상대의 말에 동감을 나타낸다.

0665. 아, 그런 거로군요.

なるほど、そういうことですね。
나루호도 소-유- 고또데스

0666. 바로 그겁니다.

そのとおりですね。
소노 도-리데스네

とおり는 「대로」의 뜻으로 같은 방법과 상태임을 나타낸다.

0667. 말씀하신 대로입니다!

おっしゃるとおりです!
옷샤루 도-리데스

0668. 그렇게 생각하세요?

そう思(おも)いますか。
소- 오모이마스까

0669. 저도 그렇게 생각해요.

わたしもそう思(おも)いますね。
와따시모 소- 오모이마스네

0670. 글쎄, 그렇게도 말할 수 있겠군요.

まあ、そうも言(い)えるでしょうね。
마- 소-모 이에루데쇼-네

まあ는 만족스럽지 못하나 「그런대로, 아쉬운 대로, 그럭저럭」의 뜻이다.

0671. 그렇게 생각하세요?

そう思(おも)いますか。
소- 오모이마스까

0672. 알고 있었어요.

知(し)ってましたよ。
싯떼마시다요

자연스런 맞장구

0673. 별로 상관없어.

別にかまわないね。
베쯔니 가마와나이네

0674. 역시.

やっぱりね。
얏빠리네

やはり는 회화에서 그 뜻을 강조하기 위해서 やっぱり, やっぱし라고 한다.

0675. 그거 봐!

ほら、ねえ。
호라 네-

ほら는 주위를 환기시킬 때 내는 소리로 「저 말이야, 이봐, 자」의 뜻이다.

0676. 그래서?

それで?
소레데

0677. 그렇군요.

そうなんですよね。
소-난데스요네

0678. 확실히 그렇지.

確かにそうだよね。
다시까니 소-다요네

0679. 그러면 좋겠어.

そうだといいね。
소-다또 이-네

Unit 04

동의의 맞장구

0680. 나도.

私も。
와따시모

0681. 나도 그래요.

私もそうなんです。
와따시모 소-난데스

0682. 나 역시 마찬가지입니다.

私だって同じです。
와따시닷떼 오나지데스

だって는 「…라도, …일지라도」의 뜻으로 강조의 뜻을 나타낸다.

동의의 맞장구

A 日本(にほん)のことをもっといろいろと知(し)らなくては。
일본에 대해 여러 가지로 더 알아야겠어.

B 私(わたし)だって同(おな)じです。
나 역시 마찬가지입니다.

0683. 저도 못합니다.

私(わたし)にもできません。
와따시니모 데끼마센

0684. 그래요, 저도요.

そうですか、私(わたし)もです。
소–데스까 와따시모데스

A ゴルフはまったく興味(きょうみ)がありません。
골프는 전혀 흥미가 없어요.

B そうですか、私(わたし)もです。
그래요. 저도요.

0685. 저도 모르겠어요.

私(わたし)にもわかりません。
와따시니모 와까리마센

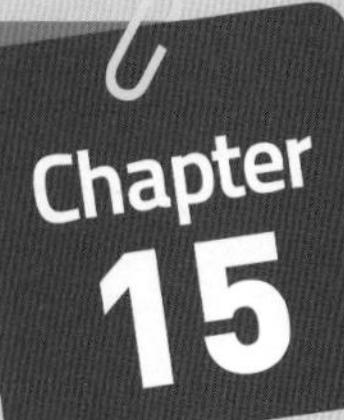

Chapter 15 긍정과 동의의 의지 표현

상황에 맞는 적절한 맞장구로 대화를 전개시켜나가는 것은 일본어 회화에서 빠뜨릴 수 없는 기본적인 대화술이다. 여기서는 가벼운 맞장구에서 한걸음 더 나아가 まったくですね, 本当ですね, 大賛成ですよ 등으로 적극적인 긍정의 의지 표현을 하는 경우의 요령을 익힌다.

일본인은 상대의 입장을 고려하여 자신의 의지를 적극적으로 표현하지는 않지만, 필요에 따라서는 정확하게 또는 적극적으로 긍정의 의지 표현을 해야 한다.

Ⓐ すてきな映画(えいが)だったね。

Ⓑ ほんとだね。今(いま)まで見(み)たうちで❶最高(さいこう)っていう部類(ぶるい)だと思(おも)うよ。

Ⓐ 멋진 영화였어.　Ⓑ 정말이야. 지금까지 본 것 중에서 최고인 것 같아.

Ⓐ そうね。特撮(とくさつ)もすごかったけど、いちばんよかったのは演技(えんぎ)だと思(おも)う。
Ⓑ うん、言(い)えてる。特殊効果(とくしゅこうか)に頼(たよ)りきっちゃって❷いて俳優(はいゆう)がどうしようもない❸演技(えんぎ)は気(き)にくわないからね。
Ⓐ 私(わたし)もよ。でも、とにかくこの映画(えいが)には当(あ)てはまらないわね。
Ⓑ うん、確(たし)かに。

Ⓐ 그래. 특수촬영도 대단했지만, 가장 좋았던 것은 연기인 것 같아.
Ⓑ 음, 맞아. 특수효과에 지나치게 의지한 나머지 배우가 묻혀버리는 영화는 마음에 안 드니까.
Ⓐ 나도. 하지만 아무튼 이 영화는 그렇지 않아.
Ⓑ 응, 맞아.

❶ …たうちで …한 것 중에서
❷ きる는 동사의 중지형에 접속하여 「너무…하다」의 뜻을 나타낸다. 頼りきっちゃって=頼りきってしまって
❸ どうしようもない 어쩔 도리(방법)가 없다

Unit 01

동의를 구할 때

0686. 알겠습니까?

分(わ)かりますか。
와까리마스까

0687. 알았어요?

分(わ)かりましたか。
와까리마시다까

0688. 내가 말하는 걸 알겠니?

私(わたし)の言(い)っていることが分(わ)かる?
와따시노 잇떼이루 고또가 와까루

0689. 대충 이해되었나요?

だいたい飲(の)み込(こ)みましたか。
다이따이 노미꼬미마시다까

> 飲み込みがはやい 이해가 빠르다

0690. 저희들과 함께 찬성해 주시겠습니까?

私(わたし)どもにご賛成(さんせい)いただけますか。
와따시도모니 고산세－이따다께마스까

> …ども는 복수를 나타내지만, 특정의 1인칭대명사에 붙어 겸양의 뜻을 나타낸다.

0691. 당신은 찬성입니까, 아니면 반대입니까?

あなたは賛成(さんせい)ですか、それとも反対(はんたい)ですか。
아나따와 산세－데스까 소레또모 한따이데스까

Unit 02

전적으로 동의할 때

0692. 그렇군요.

そのとおりですね。
소노 도－리데스네

0693. 예, 정말 그렇군요.

ええ、まったくですね。
에－ 맛따꾸데스네

> まったく는 상대의 말에 전적으로 동감할 때도 쓰이며, 뒤에 부정어가 오면「전혀, 조금도」의 뜻을 나타낸다.

A それはきれいだ。
그거 예쁜데.

B ええ、まったくですね。
예, 정말 그래요.

0694. 예, 확실히.

ええ、確(たし)かに。
에－ 다시까니

전적으로 동의할 때

0695. 맞아요.

まったくですね。
맛따꾸데스네

0696. 예, 정말로.

ええ、本当(ほんとう)に。
에- 혼또-니

0697. 앗, 그렇군요.

あっ、そうですね。
앗 소-데스네

0698. 어머, 그렇군요.

あれっ、そうですね。
아렛 소-데스네

あれっ는 놀라거나 의외로 여길 때 내는 소리이다.

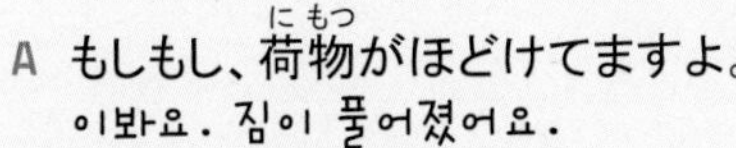

A もしもし、荷物(にもつ)がほどけてますよ。
이봐요. 짐이 풀어졌어요.

B あっ、そうですか。どうも。
앗, 그렇습니까? 감사합니다.

0699. 정말이군요.

本当(ほんとう)ですね。
혼또-데스네

0700. 과연 그렇군요.

なるほど、そうですね。
나루호도 소-데스네

Unit 03

가볍게 동의할 때

0701. 말씀하신 대로입니다.

おっしゃるとおりです。
옷샤루도-리데스

0702. 물론이지.

もちろん。
모찌론

0703. 물론이고말고요.

もちろんですとも。
모찌론데스또모

가볍게 동의할 때

A 本気(ほんき)ですか。
본심이세요?

B もちろんです。
물론입니다.

0704. 당연하지요.
当然(とうぜん)ですよ。
도-젠데스요

0705. 그래그래, 바로 그거예요.
そうそう、まさにそれですよ。
소-소- 마사니 소레데스요

まさに 틀림없이, 확실히, 정말로

0706. 그래 맞아.
それそれ。
소레소레

흔히 それはそれは의 꼴로 「아이고 저런, 어쩌면」 등의 뜻으로 감동을 나타낸다.

0707. 그래, 정말 그래요.
そうそう、まさにそれですよ。
소-소 마사니 소레데스요

0708. 그래, 그거예요.
そう、それです。
소- 소레데스

Unit 04

동감·찬성을 나타낼 때

0709. 예, 저도 그렇게 생각합니다.
ええ、私(わたし)もそう思(おも)います。
에- 와따시모 소- 오모이마스

A 紅茶(こうちゃ)よりコーヒーのほうがうまいと思(おも)います。
홍차보다 커피가 맛있을 것 같습니다.

B ええ、私(わたし)もそう思(おも)います。
예, 저도 그렇게 생각합니다.

0710. 동감입니다.
同感(どうかん)です。
도-깐데스

0711. 제안에 찬성입니다.
ご提案(ていあん)に賛成(さんせい)します。
고테-안니 산세-시마스

동감·찬성을 나타낼 때

0712. 이 점에 대해서는 동감입니다.
この点(てん)については同感(どうかん)です。
고노 텐니 쯔이떼와 도-깐데스

…については …에 대해서는, …에 관해서는

0713. 의견에 찬성입니다.
ご意見(いけん)に賛成(さんせい)ですよ。
고이껜니 산세-데스요

0714. 계획에 대찬성입니다.
計画(けいかく)に大賛成(だいさんせい)ですよ。
게-까꾸니 다이산세-데스요

0715. 제가 말하고 싶은 것이 바로 그겁니다.
私(わたし)の言(い)いたいことはまさにそのとおりです。
와따시노 이-따이 고또와 마사니 소노 도-리데스

0716. 저도 그렇게 생각하고 있었어요.
私(わたし)もそう考(かんが)えていたんですよ。
와따시모 소- 강가에떼 이딴데스요

0717. 마침 그렇게 생각하고 있었습니다.
ちょうどそう思(おも)っていました。
쵸-도 소- 오못떼이마시다

ちょうど 마침, 알맞게 = おりよく

A コーヒーはいかがですか。
커피는 어떠세요?

B ちょうどそう思(おも)っていました。
마침 마시고 싶었습니다.

0718. 마침 그렇게 말하려고 하던 참입니다.
ちょうどそう言(い)おうと思(おも)っていたところです。
쵸-도 소- 유오-또 오못떼이따 도꼬로데스

Unit 05

부분적으로 동의할 때

0719. 당신 말에도 일리가 있어요.
あなたの言(い)うことにも一理(いちり)があります。
아나따노 유- 고또니모 이찌리가 아리마스

0720. 그렇게도 생각할 수 있겠네요.
そうとも考(かんが)えられますね。
소-또모 강가에라레마스네

부분적으로 동의할 때

0721. 별로 마음은 내키지 않지만, 동의합니다.

あまり気が向きませんが、同意します。

아마리 기가 무끼마센가 도-이시마스

気が向く 마음이 내키다

A 彼の計画はどう思いますか。
그의 계획은 어떻게 생각하세요?

B あまり気が向きませんが、同意します。
별로 마음은 내키지 않지만, 동의합니다.

0722. 경우에 따라서는 옳다고 말할 수 있습니다.

場合によっては、正しいとも言えます。

바-이니 욧떼와 다다시-또모 이에마스

0723. 과히 나쁘지는 않군요.

まんざら悪くはないですね。

만자라 와루꾸와나이데스네

0724. 아마 그럴지도 모르겠네요.

たぶん、そうかもしれません。

다분 소-까모시레마센

Chapter 16

부정과 반대의 의지 표현

대개 일본인은 No라고 분명하게 말하지 않는 경향이 있다. 따라서 상대의 말의 진의를 잘 파악하는 게 중요하다. 예를 들면 そうですね는 어감에 따라 「그렇군요」라는 긍정의 의미가 되기도 하고, 「글쎄요」라는 부정의 의미가 되기도 한다. 아무튼 분명하게 부정을 할 필요가 있을 때는 だめです, 또는 反対です라고 해야 하고, 상대의 감정을 거슬리지 않게 부정할 때는 먼저 残念ですが를 쓰는 게 좋다.

A ちょっとこれに塩(しお)、入(い)れ❶すぎじゃない?

B いや、料理(りょうり)の本(ほん)に書(か)いてある量(りょう)を入(い)れた❷だけだよ。

A そう? 間違(まちが)ってるんじゃない?

B 見(み)てよ。50グラムって書(か)いてあるから、50グラム入(い)れたんだ。

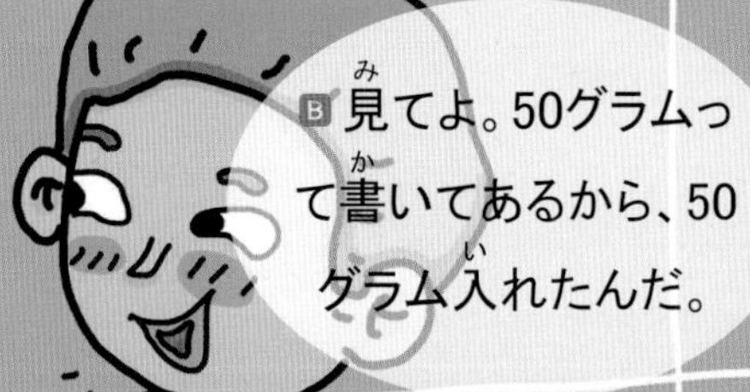

A 이거 소금을 너무 많이 넣은 게 아냐?
A 그래? 틀린 거 아냐?
B 아냐, 요리책에 나온 대로 양을 넣었을 뿐이야.
B 봐, 50그램이라고 적혀 있어서 50그램을 넣었어.

A ちょっと、その本見(ほんみ)せてみて。…ほうら、50グラムなんて書(か)いてないわよ。5グラムよ。10倍(ばい)も入(い)れちゃったんだ。

B まさか。ほんとかい?

A 잠깐, 그 책을 보여줘. …거봐, 50그램이라고 안 쓰였잖아. 5그램이야. 10배나 넣어버렸잖아.
B 설마. 정말이야?

❶ …すぎじゃない? 너무 …한 거 아냐?

❷ …ただけだ …했을 뿐이야

Unit 01

강하게 부정할 때

0725. 안 됩니다.

だめです。
다메데스

> だめ는 해서는 안 되는 것으로 강한 부정을 할 때 쓰인다.

0726. 전혀 다릅니다.

まったく違(ちが)います。
맛따꾸 찌가이마스

0727. 아마 다르겠죠.

たぶん違(ちが)うでしょう。
다분 찌가우데쇼-

0728. 당치도 않아.

とんでもない。
돈데모나이

> とんでもない「천만의 말씀」의 뜻으로 상대의 말 등을 강하게 부정할 때 쓰인다.

0729. 아니, 당치도 않습니다.

いや、とんでもありません。
이야 돈데모아리마센

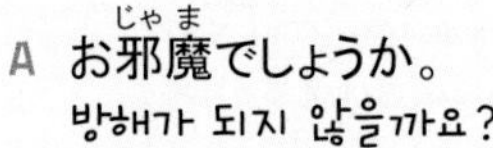

A お邪魔(じゃま)でしょうか。
방해가 되지 않을까요?

B いや、とんでもありません。
아니, 당치도 않습니다.

0730. 설마 그럴 리야 없겠죠.

まさかそんなことないでしょう。
마사까 손나 고또나이데쇼-

> まさか는 뒤에 부정어가 붙으면 「설마, 아무리 그렇더라도」의 뜻이다.

0731. 설마 믿을 수 없어요.

まさか信(しん)じられません。
마사까 신지라레마센

0732. 설마, 농담이겠죠?

まさか、冗談(じょうだん)でしょう?
마사까 죠-단데쇼-

> 冗談を言う(とばす) 농담을 하다

A 信(しん)じられるかい。あの娘(むすめ)はまだ10代(だい)なんだってよ。
믿겨지니? 저 아가씨가 아직 10대라니.

B まさか、冗談(じょうだん)でしょう?
설마, 농담이겠죠?

강하게 부정할 때

0733. 그런 엉터리. 농담이겠지요.

そんなバカな。冗談(じょうだん)でしょう。

손나 바카나 죠-단데쇼-

0734. 엉터리, 그런 짓을 해서는 안 돼.

バカな、そんなことしてはいけないよ。

바카나 손나 고또시떼와 이께나이요

0735. 아니요, 그렇게는 생각하지 않습니다.

いいえ、そうは思(おも)いません。

이-에 소-와 오모이마센

0736. 정말로 그렇게는 생각하지 않습니다.

本当(ほんとう)にそうは思(おも)いません。

혼또-니 소-와 오모이마센

0737. 그렇지 않으면 좋겠습니다만.

そうでなければいいのですが。

소-데나께레바 이-노데스가

> …なければいい…
> 하지 않으면 좋겠다

0738. 다르지 않을까요?

違(ちが)うんではないでしょうか。

찌가운데와나이데쇼-까

0739. 동의하기 어렵습니다.

同意(どうい)しかねます。

도-이시까네마스

> …かねる는 동사의 중지형에 접속하여 「…하려고 해도 할 수 없다, …하기 어렵다」의 뜻을 나타낸다.

Unit 02

동의하지 않거나 반대할 때

0740. 아쉽게도 동의하기 힘들겠는데요.

あいにく同意(どうい)しかねますが。

아이니꾸 도-이시까네마스가

0741. 생각에 동의할 수 없습니다.

お考(かんが)えには同意(どうい)できません。

오강가에니와 도-이데끼마센

0742. 아무래도 당신이 틀린 것 같습니다.

どうもあなたが間違(まちが)っていると思(おも)います。

도-모 아나따가 마찌갓떼이루또 오모이마스

0743. 그 점에서는 동의할 수 없습니다.

その点(てん)では同意(どうい)できません。

소노 텐데와 도-이데끼마센

동의하지 않거나 반대할 때

0744. 글쎄요, 찬성할 수는 없습니다.

そうですね。賛成(さんせい)というわけにはいきません。

소-데스네 산-세-또 유-와께니와이끼마센

…わけにはいかない… 할 수는 없다

0745. 그건 안 되겠어요.

それはだめでしょう。

소레와 다메데쇼-

0746. 저의 생각과는 다릅니다.

私(わたし)の考(かんが)えとは違(ちが)います。

와따시노 강가에또와 찌가이마스

0747. 좋은 생각이 아닌 것 같은데요.

いい考(かんが)えではないように思(おも)いますが。

이- 강가에데와나이요-니 오모이마스가

0748. 왜 그래? 그만둬.

どうして? 止(や)めなさい。

도-시떼 야메나사이

どうして는 이유를 물을 때 쓰는 말로 なぜ와 같은 뜻이다.

A 私(わたし)、ダイエットしようと思(おも)うの。
나, 다이어트하려고 해.

B なんでまたそんなことを? 止(や)めときなさい。
왜 또 그런 짓을? 그만 둬.

Unit 03

동의를 보류할 때

0749. 그 문제는 잠시 보류합시다.

その問題(もんだい)はしばらく保留(ほりゅう)にしましょう。

소노 몬다이와 시바라꾸 호류-니시마쇼-

0750. 말씀하시는 것은 이해하겠습니다만.

おっしゃることは理解(りかい)できますが。

옷샤루 고또와 리까이데끼마스가

0751. 지금으로서는 분명한 대답을 할 수 없습니다.

今(いま)のところ、はっきりした返事(へんじ)はできません。

이마노 도꼬로 핫끼리시따 헨지와 데끼마센

0752. 지금 당장 찬성할 수는 없습니다.

今(いま)すぐ賛成(さんせい)するわけにはいきません。

이마 스구 산세-스루와께니와 이끼마센

…わけにはいかない는 가볍게 부정할 때 쓰인다.

동의를 보류할 때

0753. 다시 한번 검토해봅시다.

もう一度検討してみましょう。
모- 이찌도 겐또-시떼미마쇼-

0754. 생각할 시간을 갖도록 합시다.

考える時間を持つようにしましょう。
강가에루 지깐오 모쯔요-니 시마쇼-

> 동사의 기본형에 …ようにする가 접속하면 「…하도록 하다」의 뜻이 된다.

0755. 물론, 그 의견은 틀리지는 않습니다만.

もちろん、その意見は間違いではないのですが。
모찌론 소노 이겐와 마찌가이데와나이노데스가

0756. 당신의 견해는 옳다고 생각합니다만.

あなたの見解は正しいと思いますが。
아나따노 겐까이와 다다시-또 오모이마스가

Unit 04

그 밖의 여러 부정 표현

0757. 아직 안 돼요.

まだだめです。
마다 다메데스

A 散歩に行かない?
산책을 안 갈래?

B まだだめよ。支度をしなくては。
아직 안 돼. 준비를 해야 해.

0758. 전적으로 그런 건 아냐.

まったくそのとおりというわけじゃない。
맛따꾸 소노 도-리또 유-와께쟈나이

> わけじゃない는 부드러운 부정을 나타낸다.

0759. 특별히 그런 건 아닙니다.

特にそういうわけではありません。
도꾸니 소- 유-와께데와 아리마센

0760. 전혀(…이 아닙니다).

全然(…ではありません)。
젠젠 …데와 아리마센

0761. 조금도(…이 아닙니다).

ちょっとも(…じゃありません)。
촛또모 …쟈아리마센

그 밖의 여러 부정 표현

0762. 항상 그런 건 아닙니다.

いつもというわけではありません。
이쯔모또 유-와께데와 아리마셴

0763. 전혀 모르겠습니다.

ちょっともわかりません。
촛또모 와까리마셴

> ちょっともは すこしも의 강조된 표현이다.

A わかりますか?
알겠습니까?

B いいえ、あの人が何を言っているのかちょっともわかりません。
아뇨, 저 사람이 무엇을 말하는지 전혀 모르겠습니다.

0764. 모르겠어요.

わかりませんよ。
와까리마셴요

0765. 그에게 부탁해도 소용없어.

彼に頼んでもしようがないよ。
가레니 다논데모 시요-가나이요

0766. 아무도 안 믿어.

誰も信じないよ。
다레모 신지나이요

A 彼はこれから約束を守ると言ったわ。
그는 이제부터 약속을 지킨다고 했어.

B まさか、誰も信じないよ。
설마, 아무도 안 믿어.

0767. 그런 거 할 수 없어요.

そんなことできませんよ。
손나 고또 데끼마센요

0768. 이상하군요.

おかしいですね。
오까시-데스네

Chapter 17

확답을 피하는 응답

상대의 질문에 언제나 딱 부러지게 확답만은 할 수 없다. まあそうでしょう라든가 何とか言えませんね 등으로 얼버무리는 것도 대화의 중요한 요령이다. 여기서는 확실한 긍정과 부정의 중간에 해당하는 응답의 표현을 배운다. 또한 즉석에서 확실한 응답을 피할 때는 考えておきます라든가 検討してみます라고 하면 된다.

A 10月(がつ)に試験(しけん)あると思(おも)う?

B さあ、どうかな。でも、あるんじゃないの。

A 山中先生(やまなかせんせい)って、ふつう学期(がっき)のまん中(なか)に試験(しけん)するんじゃない?

B 場合(ばあい)によるさ。やるときもあるし、やらないときもある。決(き)まってないよ。

A 10월에 시험 있을 것 같니?
A 야마나카 선생님은 보통 학기 중에 시험을 치르지 않니?

B 글쎄, 어떨지. 하지만 있지 않겠니?
B 경우에 따라 달라. 치를 때도 있고 안 치를 때도 있어. 정해진 건 아냐.

A あの先生(せんせい)って、少(すこ)しも学生(がくせい)のこと考(かんが)えてないんじゃない? あるかないか知(し)りたいだけなのに。❶

B そんなこと僕(ぼく)にはわからないよ。わからないほうがかえって油断(ゆだん)しないでいられるんじゃないかな。❷

A 그 선생님, 조금도 학생들을 고려하지 않는 것 아냐? 있는지 없는지 알고 싶을 뿐인데.
B 그런 건 나는 몰라. 모르는 게 오히려 방심하지 않고 있을 수 있잖아.

❶ …たいだけなのに …고 싶을 뿐인데

❷ …ないでいられるんじゃない …지 않고 있을 수 없잖아

Unit 01

불확실한 추측을 나타낼 때

0769. 아마도.

たぶん。
다분

たぶん은 뒤에 추측의 말이 오면 「대개, 아마」의 뜻이 된다. =たいてい, おそらく

A あした、いい天気(てんき)だと思(おも)う?
내일, 날씨가 좋을 것 같니?

B たぶんね。
아마 그럴 거야.

0770. 혹시 말이야.

ひょっとするとね。
횻또스루또네

ひょっと는 뜻밖에 갑작스런 모양을 나타내는 말로 ひょいと의 힘줌말이다.

0771. 아무래도 그런 것 같아.

どうもそうらしい。
도-모 소-라시-

どうも는 확실히는 모르겠지만 「왠지, 어쩐지, 아무래도」의 뜻을 나타낸다.

0772. 글쎄…이겠죠.

まあ…でしょうね。
마- …데쇼-네

まあ는 만족스럽지는 못하나 「그런대로, 아쉬운 대로, 그럭저럭」의 뜻을 나타낸다.

A 木村(きむら)は試験(しけん)に受(う)かると思(おも)う?
기무라는 시험에 합격할 것 같니?

B まあ、受(う)かるでしょうね。
글쎄, 합격할 거예요.

0773. 꼭 그럴 거야.

きっとね。
낏또네

0774. 아마 안 되겠군요.

たぶんだめでしょうね。
다분 다메데쇼-네

A ジャイアンツは勝(か)つと思(おも)いますか。
자이언트는 이길 것 같습니까?

B たぶんだめでしょうね。
아마 못 이길 것 같아요.

불확실한 추측을 나타낼 때

0775. 글쎄, 그렇겠군요.

まあ、そうでしょうね。
마- 소-데쇼-네

0776. 아마 안 되겠죠.

おそらくだめでしょう。
오소라꾸 다메데쇼-

おそらく는 뒤에 추측의 말이 붙어 「아마, 필시」의 뜻을 나타낸다.

0777. 글쎄요. 아마 오지 않을 거예요.

そうですね。たぶん来(こ)ないでしょう。
소-데스네 다분 고나이데쇼-

Unit 02

완곡하게 대답할 때

0778. 그렇겠군요.

そうでしょうね。
소-데쇼-네

0779. 분명 그럴 거예요.

きっとそうでしょう。
낏또 소-데쇼-

きっと 꼭, 반드시, 확실히

0780. 그렇군요.

そうですね。
소-데스네

…すぎる는 동사의 중지형에 접속하여 「너무 …하다」의 뜻을 나타낸다.

A 高(たか)すぎると思(おも)いませんか。
너무 비싼 것 같지 않아요?

B そうですね。
그렇군요.

0781. 그렇게 생각하는데요.

そう思(おも)ってるんですが。
소- 오못떼룬데스가

0782. 그렇다면 좋겠어요.

そうだといいですね。
소-다또 이-데스네

0783. 그렇지 않겠어요?

そうじゃないでしょうか。
소-쟈나이데쇼-까

완곡하게 대답할 때

0784. 그렇지 않으면 좋겠어요.

そうじゃないといいですね。
소–쟈나이또 이–데스네

0785. 그렇지 않을 거예요.

そうじゃないと思(おも)いますが。
소–쟈나이또 오모이마스가

0786. 예, 아쉽지만요.

ええ、残念(ざんねん)です。
에– 잔넨데스

A こんなに早(はや)く行(い)かなければならないんですか。
이렇게 일찍 가야 합니까?

B ええ、残念(ざんねん)ですが。
예, 아쉽지만요.

유감의 감정을 나타내는 표현에는 残念(ざんねん)과 惜(お)しいが 있지만, 두 단어의 용법이 다르니 구분해서 사용해야 한다. 残念은 바라지 않던 결과가 된 경우에 쓰이며, 惜(お)しい는 결과가 이루어지지 않은 경우에 쓰인다.

0787. 괜찮을 거예요.

大丈夫(だいじょうぶ)だと思(おも)いますよ。
다이죠–부다또 오모이마스요

0788. 유감스럽지만 안 됩니다.

残念(ざんねん)ながらだめです。
잔넨나가라 다메데스

…ながら는 「…면서도, …지만」의 뜻으로 앞의 사실과 모순됨을 나타낸다.

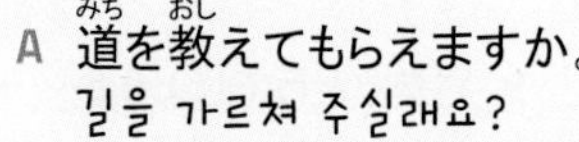

A 道(みち)を教(おし)えてもらえますか。
길을 가르쳐 주실래요?

B 残念(ざんねん)ながらだめです。私(わたし)もここははじめてですので。
유감스럽지만 안 됩니다. 저도 여기는 처음이라서요.

Unit 03

추측을 나타낼 때

0789. …라고 생각해요.

…と思(おも)いますよ。
…또 오모이마스요

0790. …이겠죠.

…でしょうね。
…데쇼–네

0791. …일 것 같군요.

…らしいですね。
…라시–데스네

추측을 나타낼 때

0792. 억측입니다만….

憶測(おくそく)ですけれど…。

오꾸소꾸데스께레도…

0793. 별로 좋은 사람은 아닌 것 같아요.

あまりいい人(ひと)ではないと思(おも)いますよ。

아마리 이– 히또데와나이또 오모이마스요

0794. 예, …라고 생각해요.

ええ、…と思(おも)いますよ。

에– …또 오모이마스요

A 午後(ごご)、天気(てんき)は晴(は)れるでしょうか。
오후에 날씨는 갤까요?

B ええ、晴(は)れると思(おも)いますよ。
예, 갤 거예요.

Unit 04

확답을 피할 때

0795. 글쎄, 어떨까요?

さあ、どうでしょうか。

사– 도–데쇼–까

さあ는 분명하게 대답할 수 없거나 대답을 주저할 때 하는 말이다.

A 中華料理(ちゅうかりょうり)がいちばんだと思(おも)うけど、あなたは?
중국요리가 제일인 것 같은데, 너는?

B さあ、どうでしょうか。
글쎄, 어떨까요?

0796. 그렇게 생각합니까, 저는 잘 모르겠는데요.

そう思(おも)いますか。私(わたし)にはよく分(わ)かりませんが。

소– 오모이마스까 와따시니와 요꾸 와까리마센가

0797. 글쎄요, 의심스럽군.

そうですね、疑(うたが)わしいな。

소–데스네 우따가와시–나

0798. 모르겠군요.

分(わ)かりませんね。

와까리마센네

0799. 그것은 말하고 싶지 않군요.

そのことは言(い)いたくありませんね。

소노 고또와 이–따꾸 아리마센네

확답을 피할 때

0800. 그저 그렇군요.

まあまあですね。
마-마-데스네

まあまあ(그럭저럭임)는 그런대로 만족할 만한 정도인 모양을 나타낸다.

A 満足(まんぞく)してますか。
만족합니까?

B そうですね。まあまあです。
글쎄요. 그저 그렇습니다.

0801. 어느 쪽이라고도 말할 수 없군요.

どちらとも言(い)えませんね。
도찌라또모 이에마센네

0802. 글쎄요, 실제로는 그럴지도 모르겠군요.

そうですね、実際(じっさい)はそうかもしれませんね。
소-데스네 짓사이와 소-까모시레마센네

…かもしれない …일지도 모른다

0803. 경우에 따라 다르겠군요.

場合(ばあい)によりけりでしょうね。
바-이니 요리께리데쇼-네

…によりけりだ …에 따라 다르다(달렸다), 통틀어 말할 수 없다, 나름이다

A どのくらいデートしますか。
어느 정도 데이트합니까?

B 場合(ばあい)によります。
경우에 따라서요.

0804. 예, 하지만 의심스럽군요.

ええ、でも疑(うたが)わしいですね。
에- 데모 우따가와시-데스네

0805. 상관없습니다.

かまいません。
가마이마센

かまう는 흔히 뒤에 부정어가 붙어 「상관없다, 지장이 없다, 괜찮다」의 뜻을 나타낸다.

Unit 05

애매하게 대답할 때

0806. 그렇다고 말할 수 없지만.

そうとも言(い)えないけどね。
소-또모 이에나이께도네

0807. 그런 것 같아.

そうみたいだね。
소-미따이다네

애매하게 대답할 때

0808. 그렇지 않겠나.

そうじゃないかな。
소－쟈나이까나

0809. 그럴지도 몰라.

そうかもしれない。
소－까모시레나이

0810. 확실히는 모르겠습니다.

はっきりとはわかりません。
핫끼리또와 와까리마센

0811. 그렇다면 좋겠는데.

そうだといいんだけどね。
소－다또 이인다께도네

0812. 글쎄, 크다면 크지.

まあ、大(おお)きいって言(い)えば大(おお)きいね。
마－ 오－끼잇떼 이에바 오－끼－네

…って言えば = …と言えば …라고 하면

0813. 응, 아마 그럴 거야.

うん、まあそんなところだよ。
웅 마－ 손나 도꼬로다요

ところ는 그러한 정도나 사항의 뜻을 나타낸다.

0814. 그럴지도 모르겠지만, 그렇지 않을지도 모르겠어.

そうかもしれないが、そうでないかもしれない。
소－까모시레나이가 소－데나이까모시레나이

0815. 그렇게 되면 좋겠어.

そうなるといいね。
소－나루또 이－네

0816. 보장은 없지만.

保証(ほしょう)はないけれどね。
호쇼－와나이께레도네

0817. 그렇다고 생각해.

そうだと思(おも)うよ。
소－다또 오모우요

0818. 뭐라고 말할 수 없군요.

何(なん)とも言(い)えませんね。
난또모 이에마센네

0819. 한마디로는 말할 수 없군요.

一口(ひとくち)には言(い)えませんね。
히또구찌니와 이에마센네

애매하게 대답할 때

0820. 글쎄, 애매한데.

まあ、どっちつかずだ。
마– 돗찌 쯔까즈다

どっちつかず는 애매하거나 모호함을 나타낸다.

0821. 노력은 해볼게.

努力(どりょく)はしてみるよ。
도료꾸와 시떼미루요

0822. 대답하기가 곤란한데.

返事(へんじ)に困(こま)るな。
헨지니 고마루나

0823. 어려운데.

むずかしいな。
무즈까시–나

Unit 06

대답을 유보할 때

0824. 생각 좀 하겠습니다.

考(かんが)えさせてください。
강가에사세떼 구다사이

…させてください는 직역하면 「…시켜 주세요」라는 뜻이지만, 자신의 의지를 나타낼 때는 「…하겠습니다」의 뜻이 적합하다.

0825. 좀 생각할 시간을 주세요.

ちょっと考(かんが)える時間(じかん)をください。
춋또 강가에루 지깐오 구다사이

0826. 잘 생각해 보겠습니다.

よく考(かんが)えておきます。
요꾸 강가에떼 오끼마스

…ておく …해두다(놓다)

A この仕事(しごと)を引(ひ)き受(う)けてくれないか?
이 일을 맡아주지 않겠나?

B 考(かんが)えておくよ。
생각해 볼게.

0827. 생각해 볼게.

考(かんが)えてみるよ。
강가에떼미루요

0828. 검토할게요.

検討(けんとう)しましょう。
겐또–시마쇼–

대답을 유보할 때

0829. 하룻밤 생각하게 해 줄래.

一晩(ひとばん)、考(かんが)えさせてくれ。

히또방 강가에사세떼꾸레

A この車(くるま)を買(か)いませんか。
이 차를 안 살래요?

B そうですね。一晩考(ひとばんかんが)えさせてください。
글쎄요. 하룻밤 생각해 보고요.

0830. 검토해 보겠습니다.

検討(けんとう)してみます。

겐또—시떼미마스

A 一層(いっそう)の値引(ねび)きを考(かんが)えていただきたいのですが。
더 할인을 해 주셨으면 하는데요.

B どうしたらいいかを検討(けんとう)してみます。
어떻게 하면 좋을지 검토해 보겠습니다.

Chapter 18

놀라움과 두려움

놀랐을 때 외마디 외치는 감탄사로는 わあ!가 있으며, 구체적으로 표현할 때는 びっくりした!나 驚いた! 등이 있다. 또한 여성은 あら, まあ를 쓰며, 남성은 おやまあ로 놀라움을 표현한다. 두렵거나 무서울 때 쓰이는 형용사로는 おそろしい! こわい! 등이 있다. 이처럼 감정 표현을 풍부하게 하는 수단의 하나로 놀라움이나 두려움에 대한 감정을 적절히 표현하는 것도 회화의 중요한 양념이 될 수 있다.

A チェック・インしたほうが❶いいですね。パスポートと航空券(こうくうけん)を出(だ)してくれる?

B ぼくは持(も)ってないぜ。きみが持(も)ってたんじゃないの。

A 체크인하는 게 좋겠어. 여권과 항공권을 꺼내줄래?
B 내가 안 가지고 있는데. 네가 안 갖고 있었어?

A ええっ? ちゃんと見(み)といてねって❷言(い)ったじゃない?
B 冗談(じょうだん)だよ。あるさ、ほら。
A そんな真似(まね)しないでよ。ほんとにびっくりしたわ。あなたっていつもふざけてばっかり❸なんだから。
B ごめんよ。ほんの冗談(じょうだん)だったんだ。

A 뭐? 잘 챙기라고 했잖아?
B 농담이야. 있어, 봐.
A 그런 짓 하지 마. 정말 놀랐어. 너는 늘 장난만 치니까.
B 미안. 그저 농담이었어.

❶ …たほうがいいですね …하는 게 좋겠군요
❷ …見といてねって = …見ておいてねと
❸ …てばっかり(いる)는 「…기만 하다」의 뜻으로 그것뿐이고 다른 것은 없다는 것을 나타낸다.

Unit 01

깜짝 놀랄 때

0831. 와!

わあ!
와-

> わあ는 뜻밖의 경우 또는 기쁘거나 놀란 경우에 내는 소리이다.

0832. 아, 깜짝이야!

ああ、びっくりした。
아- 빗꾸리시따

> びっくりする 깜짝 놀라다, びっくり仰天(ぎょうてん) 깜짝 놀람

0833. 깜짝 놀랐잖아!

びっくりするじゃないか!
빗꾸리스루쟈나이까

0834. 야, 그 소식을 듣고 깜짝 놀랐어.

いやあ、その知(し)らせにはびっくりした。
이야- 소노 시라세니와 빗꾸리시따

0835. 그것을 듣고 깜짝 놀랐어요.

それを聞(き)いてびっくりしました。
소레오 끼-떼 빗꾸리시마시다

0836. 좀 놀랐을 뿐입니다.

ちょっとびっくりしただけです。
춋또 빗꾸리시따다께데스

0837. 깜짝 놀라게 하지 말아요.

びっくりさせないでよ。
빗꾸리사세나이데요

0838. 이거 놀랍군요.

これは、驚(おどろ)きですね。
고레와 오도로끼데스네

0839. 이거 놀랐어요.

これは驚(おどろ)きましたね。
고레와 오도로끼마시다네

0840. 놀랄 만한 일입니다.

驚(おどろ)くべきことです。
오도로꾸베끼 고또데스

> …べき는 동사나 일부 조동사의 기본형에 접속하여 「…해야 할, …하기 적절한, …이 온당한」의 뜻을 나타낸다.

0841. 야, 너를 만나다니 놀랍군.

やあ、君(きみ)に会(あ)うとは驚(おどろ)いたね。
야- 기미니 아우또와 오도로이따네

깜짝 놀랄 때

0842. 놀라서 말도 안 나와.

おどろ　ことば　で
驚いて言葉も出ないよ。
오도로이떼 고또바모 데나이요

0843. 쇼크야!

ショック!
숏꾸

0844. 아뿔싸!

しまった!
시맛따

> しまった는 실패하여 몹시 분해할 때 내는 말로 「아차, 아뿔싸, 큰일났다」의 뜻이다.

0845. 저런, 저런!

やれやれ!
야레야레

> やれやれ는 매우 감동하여 내는 소리로도 쓰이며, 안도하거나 실망 또는 피로했을 때 내는 소리로도 쓰인다. 아이고 맙소사!

0846. 이거, 큰일 났군!

たいへん
こりゃあ、大変だ!
고랴- 다이헨다

> こりゃ는 これは를 줄여서 표현한 것이다.

0847. 대단하군!

たい
大したもんだ!
다이시따몬다

Unit 02

믿겨지지 않을 때

0848. 정말!

ほんとう
本当!
혼또-

0849. 정말이세요!

ほんとう
本当ですか!
혼또-데스까

0850. 에, 정말로?

ほんとう
えっ、本当に?
엣 혼또-니

0851. 거짓말!

うそ!
우소

0852. 진심이야!

ほんき
本気!
혼끼

믿겨지지 않을 때

0853. 설마!

まさか!
마사까

0854. 설마, 그런 일 없겠죠.

まさか、そんなことないでしょう。
마사까 손나 고또나이데쇼–

0855. 정말 의외였어.

まったく意外(いがい)だったよ。
맛따꾸 이가이닷따요

なんて는 뜻밖이거나 어처구니없음 등의 기분을 나타낼 때도 쓰인다.

0856. 네가 그런 짓을 하다니 정말 의외야.

君(きみ)がそんなことをするなんて、まったく意外(いがい)だね。
기미가 손나 고또오 스루난떼 맛따꾸 이가이다네

0857. 못 믿겠어.

信(しん)じられない。
신지라레나이

A テレビは大嫌(だいきら)いなんだ。
텔레비전은 무척 싫어해.

B え、本当(ほんとう)? 信(しん)じられないよ。
에, 정말? 못 믿겠어.

0858. 설마 믿을 수 없어요.

まさか信(しん)じられませんよ。
마사까 신지라레마센요

0859. 농담이죠?

冗談(じょうだん)でしょう?
죠–단데쇼–

0860. 설마! 농담이죠?

まさか! ご冗談(じょうだん)でしょう?
마사까 고죠–단데쇼–

まさか는 뒤에 부정어가 붙어 「설마, 아무리 그렇더라도」의 뜻을 나타낸다.

0861. 생각도 안 해봤어.

考(かんが)えてもみなかったね。
강가에떼모미나깟따네

0862. 이상하군요.

変(へん)ですね。
헨데스네

회화체에서는 変てて로 표현할 경우도 있다.

믿겨지지 않을 때

0863. 귀를 의심했어.

耳(みみ)を疑(うたが)ったよ。

미미오 우따갓따요

0864. 그건 처음 듣습니다.

それは初耳(はつみみ)です。

소레와 하쯔미미데스

0865. 그렇게 될 리가 없어요.

そうなるはずがないですよ。

소-나루 하즈가나이데스요

> …はずがない는 동사의 기본형에 접속하여 「…리가 없다」의 뜻을 나타낸다.

0866. 아니 그럴 수가!

そんなバカな!

손나 바까나

Unit 03

두려울 때

0867. 무서워.

恐(おそ)ろしいねえ。

오소로시-네-

0868. 그 광경은 보기에도 무서워요.

その光景(こうけい)は見(み)るにも恐(おそ)ろしいです。

소노 고-께-와 미루니모 오소로시-데스

0869. 아, 무서워!

ああ、怖(こわ)い!

아- 고와이

0870. 그걸 생각하면 두려워요.

それを思(おも)うと怖(こわ)いです。

소레오 오모우또 고와이데스

0871. 왠지 으스스하군요.

何(なん)となくぞっとしますね。

난또나꾸 좃또시마스네

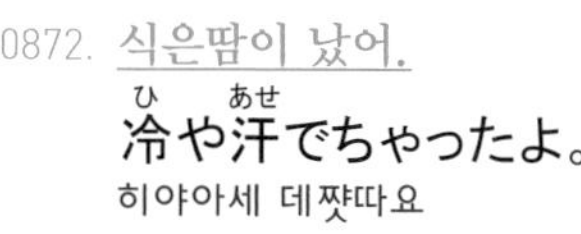

0872. 식은땀이 났어.

冷(ひ)や汗(あせ)でちゃったよ。

히야아세 데쨧따요

> でちゃった는 出てしまった를 줄여서 표현한 것으로 회화체이다.

0873. 두려워서 소름이 끼쳤어요.

怖(こわ)くて鳥肌(とりはだ)が立(た)ちました。

고와꾸떼 도리하다가 다찌마시다

두려울 때

0874. 등골이 오싹했어요.

背筋が寒かったです。

세스지가 사무깟따데스

0875. 무서워서 움직일 수조차 없었어요.

怖くて動くことすらできませんでした。

고와꾸떼 우고꾸 고또스라 데끼마센데시다

> …ことすらできない는 동사의 기본형에 접속하여 「…조차 할 수 없다」의 뜻을 나타낸다.

0876. 그녀는 피를 보고 벌벌 떨고 있어.

彼女は血を見て、ぶるぶる震えているよ。

가노죠와 치오 미떼 부루부루 후루에떼 이루요

0877. 유령 영화는 무섭지만, 재미있어.

幽霊の映画は怖いけど、面白いよ。

류-레-노 에-가와 고와이께도 오모시로이요

0878. 그건 생각만 해도 등골이 오싹합니다

それは思っただけでも、背筋がぞっとします。

소레와 오못따다께데모 세즈지가 좃또시마스

0879. 무서운 표정을 짓지 마.

恐ろしい顔付きをするなよ。

오소로시- 가오쯔끼오스루나요

0880. 담력이 대단하군요.

大した肝の持ち主ですね。

다이시따 기모노 모찌누시데스네

0881. 배짱이 있군요.

度胸がありますね。

도꾜-가 아리마스네

> 度胸 담력, 배짱
> 度胸だめし 담력시험

A ゆうべ、一人で山道を歩いて来たよ。
어젯밤, 혼자서 산길을 걸어왔어.

B 大した度胸ですね。
대단한 담력이군요.

Chapter 19

부탁과 의뢰의 응답

여기서는 부탁이나 의뢰를 받았을 때 응답하는 요령을 익힌다. 특히 부탁이나 의뢰를 거절할 때는 상대의 마음을 배려해야 하므로 일정한 기술이 필요하다. 우리는 외국인에게 약한 면이 있으나 때와 장소에 따라 확실하게 거절해야 하는 경우도 있다. 쾌히 승낙할 때는 いいですとも나 喜んで를 사용하며, 거절할 때는 ごめんなさい를 쓰며, 상대를 배려하여 残念ですが라고 말을 꺼낸 뒤 거절을 하는 이유를 설명하면 된다.

A ちょっと頼(たの)みがあるんだけど。

B できることなら。何(なん)だい?

A 生物(せいぶつ)のノートを貸(か)してくれないかな。ここ3回(かい)、❶講義(こうぎ)に出(で)られなかったんだ。

B 残念(ざんねん)だけど、❷そりゃ勘弁(かんべん)してくれ。来週(らいしゅう)のテストの準備(じゅんび)に必要(ひつよう)なんだ。

A 부탁이 좀 있는데.
B 가능한 일이라면, 뭔데?
A 생물 노트를 빌려 주지 않을래? 요전 3번 강의를 듣지 못했어.
B 유감스럽지만, 그건 용서해 줘. 다음 주 시험 준비에 필요해.

A そうか。数学(すうがく)のノートはどう? 最近(さいきん)、数学(すうがく)の授業(じゅぎょう)にも出(で)られないんだ。

B ああ、それはいいよ。だけど、なくさ❸ないようにしろよ。

A 그래. 수학 노트는 어때? 요즘 수학 수업을 들을 수 없어.
B 아, 그건 돼. 하지만 잃어버리지 않도록 해.

❶ 講義に出る 강의를 듣다, 출석하다

❷ そりゃ=それは, 勘弁する 용서하다, 참다

❸ …ないようにしろ …지 않도록 해

Unit 01

쾌히 승낙할 때

0882. 좋고말고요.

いいですとも。
이-데스또모

ともは「…고말고」의 뜻으로 의문이나 반대의 여지가 없음을 나타낸다.

A 貸(か)してくれる?
빌려 줄래?

B いいとも。
좋고말고.

0883. 가능한 한 해봅시다.

できるだけやってみましょう。
데끼루다께 얏떼미마쇼-

0884. 물론이고말고요.

もちろんですとも。
모찌론데스또모

0885. 좋아요. 자 보세요.

いいですよ。はい、どうぞ。
이-데스요 하이 도-조

どうぞ는 남에게 매우 정중하게 부탁할 때나 바랄 때도 쓰이지만, 남에게 권유하거나 허락할 때도 쓰인다.

A それを見(み)せてくださいませんか。
그걸 보여 주시겠어요?

B いいですよ。はい、どうぞ。
좋아요. 자 보세요.

0886. 기꺼이.

よろこんで。
요로꼰데

0887. 좋아요. 아주 쉬운 일입니다.

いいですよ。お安(やす)いご用(よう)です。
이-데스요 오야스이고요-데스

0888. 뭘 하면 되겠니?

何(なに)をすればいいの?
나니오 스레바 이-노

0889. 네가 말하는 대로 할게.

君(きみ)の言(い)うとおりにするよ。
기미노 유-도-리니스루요

とおり는 활용어에 접속하여 「…하는 대로」의 뜻으로 같은 방법과 상태임을 나타낸다.

쾌히 승낙할 때

0890. 물론 좋고말고.

もちろんいいとも。
모찌론 이-또모

0891. 알았어요.

わかりました。
와까리마시다

0892. 무얼 해주길 바라니?

何(なに)をしてほしい?
나니오 시떼호시-

0893. 내가 해놓을게.

私(わたし)がやっておくわ。
와따시가 얏떼 오꾸와

0894. 나에게 맡겨.

僕(ぼく)に任(まか)せて。
보꾸니 마까세떼

0895. 간단한 일이야.

簡単(かんたん)なことさ。
간딴나 고또사

さ는 가볍게 단정해서 단언하는 뜻을 나타낸다.

0896. 어쩔 수 없지.

しようがないな。
쇼-가나이나

しようがない=しかたがない 어쩔 수 없다, 어쩔 도리, 방법이 없다

A デパートまで車(くるま)で連(つ)れていってくれる?
백화점까지 차로 데려다 줄래?

B しようがないな。
어쩔 수 없지.

0897. 전혀 문제없습니다.

まったくかまいません。
맛따꾸 가마이마센

Unit 02

조건부로 승낙할 때

0898. 가능한 일이라면,

できることならば、
데끼루 고또나라바

조건부로 승낙할 때

0899. 가능한 일이라면 뭐든지 할게.

できることなら、何(なん)でもするよ。
데끼루 고또나라 난데모 스루요

0900. 네, 무슨 일이죠?

はい。何(なん)のご用(よう)でしょうか。
하이 난노 고요-데쇼-까

0901. 무엇이건 가능한 일이라면.

何(なん)なりと、できることなら。
난나리또 데끼루 고또나라

なり(と)는 「…든지, …라도」의 뜻으로 긍정을 나타낸다.

0902. 가능한 일이라면 하겠습니다만, 자 말씀하세요.

できることならいたしますが、どうぞ話(はな)してください。
데끼루 고또나라 이따시마스가 도-조 하나시떼 구다사이

0903. 급한 일이 아니라면 좋겠는데요.

急(いそ)ぎじゃなければいいんですが。
이소기쟈나께레바 이인데스가

0904. 너무 길지 않으면 좋겠어요.

あまり長(なが)くなければいいですよ。
아마리 나가꾸나께레바 이-데스요

0905. 무슨 일이죠? 가능한 일이라면 하겠어요.

何(なん)でしょうか。できることならいたしましょう。
난데쇼-까 데끼루 고또나라 이따시마쇼-

Unit 03

거절할 때

0906. 유감스럽지만, 할 수 없습니다.

残念(ざんねん)ですが、できません。
잔넨데스가 데끼마센

A お金(かね)を貸(か)してくれる?
돈을 빌려 줄래?

B 残念(ざんねん)だけど、それはできないよ。
유감스럽지만, 그건 할 수 없어.

0907. 미안하지만 도와줄 수 없어.

悪(わる)いけれど力(ちから)になれないわ。
와루이께레도 찌까라니 나레나이와

力になる 힘이 되다, 도움이 되다

거절할 때

0908. 인수해 드리고 싶습니다만, 이번에는 안 됩니다.

お引(ひ)き受(う)けしたいんですが、今回(こんかい)はだめです。

오히끼우께시따인데스가 곤까이와 다메데스

0909. 미안하지만, 지금은 바빠서요.

すみませんが、今(いま)は忙(いそが)しいので。

스미마센가 이마와 이소가시―노데

0910. 다른 사람에게 부탁하세요.

ほかの人(ひと)に頼(たの)んでください。

호까노 히또니 다논데 구다사이

0911. 하고 싶지 않아.

やりたくないよ。

야리따꾸나이요

0912. 유감스럽지만, 지금 몹시 바쁩니다.

残念(ざんねん)ながら、今手(いまて)が離(はな)せないんです。

잔넨나가라 이마 데가 하나세나인데스

手が離せない 손을 놓을 수 없다, 몹시 바쁘다 ↔ 手が空く 손이 비다, 한가하다

0913. 시간이 없을 것 같습니다.

時間(じかん)がないんじゃないかと思(おも)います。

지깐가 나인쟈나이까또 오모이마스

0914. 미안해요. 그럴 마음이 생기지 않습니다.

ごめんなさい。その気(き)にならないんです。

고멘나사이 소노 기니 나라나인데스

0915. 그건 내 일이 아냐.

それは私(わたし)の仕事(しごと)じゃないわ。

소레와 와따시노 시고또쟈나이와

0916. 실은 그다지 마음이 내키지 않습니다.

実(じつ)はあまり気(き)がのらないのです。

지쯔와 아마리 기가 노라나이노데스

あまり가 뒤에 부정어가 동반되면「그다지, 별로」의 뜻이 된다.

0917. 다음 기회로 하지.

またの機会(きかい)ということで。

마따노 기까이또 유― 고또데

0918. 아니오, 그건 할 수 없습니다.

いいえ、それはできません。

이―에 소레와 데끼마센

0919. 안 됩니다. 그건 무리한 요구입니다.

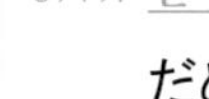

だめです。それは無理(むり)な要求(ようきゅう)です。

다메데스 소레와 무리나 요큐―데스

거절할 때

0920. 적당히 해라.

いい加減(かげん)にしろよ。

이– 까겐니 시로요

A クリスマスパーティーで歌(うた)ってほしいんだけど。
크리스마스 파티에서 노래를 불러 주었으면 하는데.

B いい加減(かげん)にしろよ。嫌(いや)だって言(い)っただろう。
적당히 해라. 싫다고 했잖아.

0921. 안 된다고 했죠?

だめだって言(い)ったでしょ。

다메닷떼 잇따데쇼

0922. 용서해줘요.

勘弁(かんべん)してよ。

간벤시떼요

0923. 너무 난처하게 하지 말아요.

そんなに困(こま)らせないでよ。

손나니 고마라세나이데요

Chapter 20

승낙과 거절

상대방이 허락이나 허가를 요구할 때 흔쾌히 승낙한다면 ええ, よろこんで, いいですとも라고 대답하고, 상대방이 양해를 구해 올 때는 どうぞ라고 대답하면 된다. 반대로 딱 잘라서 거절할 때는 いや, だめです, いけません이라고 하고, 부득이 거절하고 싶을 때는 상대의 기분을 상하지 않도록 残念ながら, だめです나 考えておきます 등과 같은 완곡한 표현을 써서 거절하는 것이 좋다.

A 木村先生、今日の午後、LL教室を使ってもいいでしょうか。

B 私にはその許可はあげられないんだ。中村先生に頼んで。

A 기무라 선생님, 오늘 오후에 LL교실을 사용해도 되겠어요?

B 나는 그 허가를 할 수 없어. 나카무라 선생님께 부탁해.

A お部屋にうかがってきたんですけど、いらっしゃらなかったんです。

B ああ、そうそう。思い出した。先生は会議があったんだった。そういうことなら❶、私が許可してもいいだろう。使いたい時間は?

A できたら5時にお願いします。あそこに入っているリスニング用テープを使ってもいいでしょうか。

B ああ、もちろん。

A 방에 찾아갔는데, 안 계셨습니다.
B 아, 그래그래. 생각났다. 선생님은 회의가 있었어. 그렇다면 내가 허가해도 되겠군? 사용하고 싶은 시간은?
A 가능하면 5시에 쓰고 싶습니다. 거기에 들어 있는 리스닝 테이프를 사용해도 될까요?
B 아, 물론.

❶ なら는 단정을 나타낸 だ의 가정형으로 「…이면」으로 뜻으로 주로 조사 ば를 생략해서 사용한다.

Unit 01

흔쾌히 승낙할 때

0924. 좋아요.

いいですよ。
이-데스요

0925. 좋고말고요.

いいですとも。
이-데스또모

A お宅(たく)の電話(でんわ)を使(つか)ってもいいですか。
댁 전화를 써도 되겠습니까?

B いいですとも。
좋고말고요.

0926. 네, 알았습니다.

はい、承知(しょうち)しました。
하이 쇼-치시마시다

> 고객을 대상으로 하거나 윗사람의 부탁을 승낙할 때는 わかりました보다는 承知しました나 かしこまりました로 하는 게 좋다.

A これ、ちょっと見(み)てもいいですか。
이거 좀 봐도 되겠습니까?

B はい。
네.

0927. 예, 그렇게 하세요.

もちろん、どうぞ。
모찌론 도-조

0928. 예, 그렇게 하세요.

ええ、どうぞ。
에- 도-조

> …について …에 대해서, …에 관해서

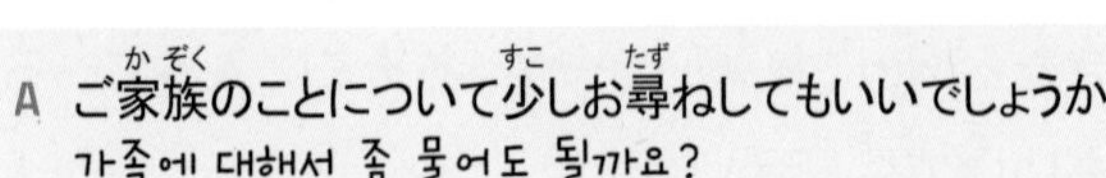

A ご家族(かぞく)のことについて少(すこ)しお尋(たず)ねしてもいいでしょうか。
가족에 대해서 좀 물어도 될까요?

B ええ、どうぞ。
예, 그렇게 하세요.

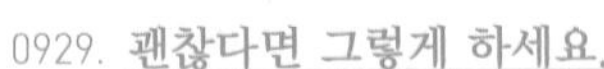

0929. 괜찮다면 그렇게 하세요.

よかったらどうぞ。
요깟따라 도-조

Unit 02

개의치 않고 승낙할 때

0930. 상관없어요.

かまいませんよ。
가마이마센요

0931. 상관없고말고요.

かまいませんとも。
가마이마센또모

0932. 그렇게 해 주시면 고맙겠습니다.

そうしていただくとありがたいです。
소– 시떼이따다꾸또 아리가따이데스

…ていただくとありがたい …해 주시면 고맙겠다

A あなたの誤り(あやま)を直(なお)してよろしいですか。
당신의 잘못을 지적해도 될까요?

B ええ、どうぞ。そうしていただくとありがたいです。
예, 말씀하세요. 그렇게 해 주시면 고맙겠습니다.

0933. 네가 괜찮다면.

君(きみ)がかまわなければ。
기미가 가마와나께레바

…なければならない …지 않으면 안 된다, …해야 한다

0934. 응, 이제 가도 돼.

うん、もう帰(かえ)ってもいいよ。
웅 모– 가엣떼모 이–요

0935. 조금도 개의치 않습니다.

少(すこ)しも気(き)にしません。
스꼬시모 기니시마센

0936. 허가를 해줄 입장은 아니지만, 괜찮을 겁니다.

許可(きょか)を与(あた)える立場(たちば)ではないのですが、大丈夫(だいじょうぶ)だと思(おも)いますよ。
쿄까오 아따에루 다찌바데와나이노데스가 다이죠–부다또 오모이마스요

0937. 그런 것이라면 내가 허가해도 될 거야.

そういうことなら、私(わたし)が許可(きょか)してもいいだろう。
소– 유– 고또나라 와따시가 쿄까시떼모 이–다로–

0938. 꼭 그렇게 하세요.

ぜひどうぞ。
제히 도–조

ぜひ 반드시, 꼭

개의치 않고 승낙할 때

0939. 신경 쓰지 말고, 그렇게 하세요.

気(き)にしないで、どうぞ。
기니시나이데 도-조

Unit 03

거절할 때

0940. 안 됩니다.

いけません。
이께마센

0941. 안 됩니다.

だめです。
다메데스

0942. 곤란합니다.

困(こま)ります。
고마리마스

0943. 아니요, 그건 곤란합니다.

いや、それは困(こま)ります。
이야 소레와 고마리마스

A もうちょっと速(はや)く話(はな)していいでしょうか。
좀 더 빨리 말해도 될까요?

B いや、それは困(こま)ります。
아뇨, 그건 곤란합니다.

0944. 그건 곤란하겠네요.

それはまずいでしょう。
소레와 마즈이데쇼-

まずい 거북하다, 난처하다, 좋지 않다

A ここに駐車(ちゅうしゃ)していいかな。
여기에 주차해도 될까?

B いや、まずいんじゃなかと思(おも)いますよ。
아니, 안 될 것 같은데요.

0945. 가능하면 그만두세요.

できれば止(や)めてください。
데끼레바 야메떼 구다사이

0946. 될 수 있으면 오지 않았으면 합니다만.

できれば来(き)てほしくないのですが。
데끼레바 끼떼호시꾸나이노데스가

거절할 때

0947. 안 될 것 같습니다.

だめだと思(おも)います。
다메다또 오모이마스

0948. 가능하면 그만두었으면 하는데요.

できればやめてほしいのですが。
데끼레바 야메떼호시–노데스가

A タバコを吸(す)ってもいいですか。
담배를 피워도 될까요?

B できればやめてほしいのですが。
가능하면 그만 두었으면 하는데요.

0949. 그렇게 할 수 있으면, 좋겠지만.

そうできれば、いいんだけれど。
소–데끼레바 이인다께레도

0950. 지금은 무척 바쁜 용무가 있어서요.

今(いま)は手(て)が離(はな)せない用事(ようじ)があってね。
이마와 데가 하나세나이 요–지가 앗떼네

0951. 미안해요. 지금은 다른 일로 바쁩니다.

ごめんなさい。今(いま)はほかの事(こと)で急(いそ)いでいます。
고멘나사이 이마와 호까노 고또데 이소이데 이마스

0952. 삼가주세요.

遠慮(えんりょ)してください。
엔료시떼 구다사이

遠慮는 타인에 대한 배려의 뉘앙스가 들어 있다.

A この書類(しょるい)、コピーしてもいいでしょうか。
이 서류 복사해도 될까요?

B それはちょっと困(こま)るのですが。
그건 좀 곤란하겠는데요.

0953. 유감스럽지만, 지금은 할 수 없습니다.

残念(ざんねん)ですが。今(いま)はできません。
잔넨데스가 이마와 데끼마센

0954. 제 입장으로서는 받아들일 수 없습니다.

私(わたし)の立場(たちば)としては、受(う)け入(い)れることができません。
와따시노 다찌바또 시떼와 우께이레루 고또가 데끼마센

거절할 때

0955. 삼가주었으면 하는데요.
ご遠慮願いたいのですが。
고엔료네가이따이노데스가

0956. 유감스럽지만 안 됩니다.
残念ながらだめです。
잔넨나가라 다메데스

0957. 저에게는 무리일 것 같습니다.
私には無理だと思います。
와따시니와 무리다또 오모이마스

0958. 생각해 보겠습니다.
考えてみます。
강가에떼미마스

…てみる는 「…해 보다」의 뜻으로 시도를 나타낸다.

0959. 다음 기회에 다시 한번 이야기합시다.
次の機会に、もう一度話しましょう。
쯔기노 기까이니 모― 이찌도 하나시마쇼―

0960. 절대로 안 돼.
絶対にだめだよ!
젯따이니 다메다요

0961. 지금은 안 돼. 나중에.
今はだめだ。あとでね。
이마와 다메다 아또데네

Unit 04

❶ 제안할 때
「…はどう?」

0962. 이건 어때요?
これはどうですか。
고레와 도―데스까

0963. …은 어때?
…はどう?
…와 도―

A 誰か心当たりはありますか。
누군가 짐작이 갑니까?

B 木村はどう?
기무라는 어때?

❶ 제안할 때
「…はどう?」

0964. 내일은 어때요?

あすは、どうですか。
아스와 도-데스까

0965. 커피는 어때?

コーヒーはどう?
고-히-와 도-

A コーヒーはどう?
커피는 어때?

B いいとも。
좋고말고.

どう는 どのように의 줄임 말로 상대편의 마음이나 상태를 물을 때「어때」의 뜻이 된다. 정중하게 말할 때는 どうですか라고 한다. どうですか보다 더 정중하게 표현하려면 いかがですか라고 말하는데, 이는 권유할 때 주로 쓰이는 표현이다.

0966. 어디 피서지에 가서 며칠 보내는 게 어때요?

どこか避暑地(ひしょち)へ行(い)って数日(すうじつ)過(す)ごすのはどうですか。
도꼬까 히쇼치에 잇떼 수-지쯔 스고스노와 도-데스까

0967. 내가 너에게 전화를 거는 건 어때?

ぼくが君(きみ)に電話(でんわ)をかけるのはどう?
보꾸가 기미니 뎅와오 가께루노와 도-

0968. 네가 나에게 전화를 거는 게 어때?

君(きみ)からぼくに電話(でんわ)をかけるのはどうだい。
기미까라 보꾸니 뎅와오 가께루노와 도-다이

どうだい의 い는 긍정·의문·명령 등의 문말에 붙어서 문세를 강조하는 데 쓰인다.

0969. 온천에 가는 게 어때요?

温泉(おんせん)へ行(い)くのはどうです?
온센에 이꾸노와 도-데스

0970. 차라도 한잔 마시겠습니까?

お茶(ちゃ)でも一杯(いっぱい)いかがですか。
오챠데모 잇빠이 이까가데스까

0971. 함께 식사라도 하시겠습니까?

ご一緒(いっしょ)にお食事(しょくじ)でもいかがですか。
고잇쇼니 오쇼꾸지데모 이까가데스까

…でもいかがですか「…라도 하시겠습니까」의 뜻으로 상대에게 정중하게 권유할 때 많이 쓰이는 표현이다.

Unit 05

❷ 제안할 때
「…たらどう?」

0972. 기무라가 올 때까지 기다려 보면 어때?

木村(きむら)が来(く)るまで待(ま)ってみたらどう?
기무라가 꾸루마데 맛떼미따라 도-

…たらどう
…하면 어때?

❷ 제안할 때
「…たらどう?」

0973. 5분 후에 다시 걸면 어떻겠니?

5分後(ふんご)にかけなおしてみたら?
고훈고니 가께나오시떼미따라

A この電話(でんわ)は話(はな)し中(ちゅう)のようだ。
이 전화는 통화중인 것 같아.

B 5分後(ふんご)にかけなおしてみたら?
5분 후에 다시 걸면 어떻겠니?

0974. 전화로 뭐라도 주문하면 어떨까요?

電話(でんわ)で何(なん)か注文(ちゅうもん)したらどうですか。
뎅와데 난까 츄몬시따라 도-데스까

0975. 테니스라도 하면 어떨까요?

テニスでもやったらどうでしょうか。
테니스데모 얏따라 도-데쇼-까

0976. 머리를 깎으면 어떻겠니?

髪(かみ)を切(き)ってもらったら?
가미오 깃떼모랏따라

0977. 이건 어때? 지금부터 우리 집에 오면 어때?

これはどう? 今(いま)からぼくの家(いえ)に来(き)たらどうだい?
고레와 도- 이마까라 보꾸노 이에니 끼따라 도-다이

Unit 06

❸ 제안할 때
「…ませんか?」

0978. 왜 직접 그녀에게 말하지 않니?

どうして直接(ちょくせつ)彼女(かのじょ)に言(い)わないの?
도-시떼 쵸꾸세쯔 가노죠니 이와나이노

> 상대에게 제안을 할 때 부정형을 사용하여 표현하면 다소 정중하고 완곡한 느낌을 준다.

0979. 주말에 드라이브 안 갈래?

週末(しゅうまつ)にドライブに行(い)かない?
슈-마쯔니 도라이부니 이까나이

0980. 오늘 밤 마작을 하는데, 함께 안 할래?

今晩(こんばん)マージャンやるけど、一緒(いっしょ)にやらない?
곤방 마-쟝 야루께도 잇쇼니 야라나이

0981. 영화를 보러 안 갈래요?

映画(えいが)を見(み)に行(い)きませんか。
에-가오 미니이끼마센까

❸ 제안할 때
「…ませんか?」

0982. 언제 우리 집에 저녁 식사하러 오시지 않겠습니까?
いつか私の家に夕食にいらっしゃいませんか。
이쯔까 와따시노 이에니 유-쇼꾸니 이랏샤이마센까

0983. 산책하러 안 갈래요?
散歩に行きませんか。
산뽀니 이끼마센까

0984. 커피를 마시러 안 갈래요?
コーヒーを飲みに行きませんか。
고-히-오 노미니 이끼마센까

> 동작성 명사나 동사의 명사형에 …に行く를 접속하면 「…하러 가다」의 뜻으로 동작의 목적을 나타낸다.

0985. 오늘 밤 한잔하러 안 갈래요?
今晩、一杯やりに行きませんか。
곤방 잇빠이야리니 이끼마센까

A 今晩、一杯やりに行きませんか。
오늘 밤 한잔하러 안 갈래요?

B いいんだが、早く帰らなくちゃ。
좋은데, 일찍 가야 해.

0986. 기분전환으로 맥주라도 마시러 안 갈래요?
気分転換にビールでも飲みに行きませんか。
기분텐깐니 비-루데모 노미니 이끼마센까

0987. 오늘 밤은 밖에서 식사를 하지 않겠어요?
今夜は外で食事をしませんか。
곤야와 소또데 쇼꾸지오 시마센까

Unit 07

❶ 권유할 때
「…ようじゃない?」

0988. 모두 함께 의논하지 않겠나?
みんなで相談しようじゃないか。
민나데 소-당시요-쟈나이까

0989. 다시 한번 생각해 보지 않겠어요?
もう一度考えてみようじゃありませんか。
모- 이찌도 강가에떼미요-쟈 아리마센까

> …ようじゃないか는 「…하지 않을래」의 뜻으로 완곡하게 권유하는 표현이다.

0990. 함께 영화라도 보지 않겠어요?
一緒に映画でも見ようじゃありませんか。
잇쇼니 에-가데모 미요-쟈 아리마센까

❶ 권유할 때
「…ようじゃない?」

0991. 오늘은 함께 돌아가지 않겠나?
今日は一緒に帰ろうじゃないか。
교-와 잇쑈니 가에로-쟈나이까

0992. 기무라 씨, 한잔하지 않겠어요?
木村さん、一杯やろうじゃありませんか。
기무라상 잇빠이야로-쟈 아리마센까

Unit 08

❷ 권유할 때
「…ましょう」

0993. 그럼, 일을 그만두고 빨리 가자.
じゃ、仕事をやめて早く行こう。
쟈 시고또오 야메떼 하야꾸 이꼬-

う(よう)는 동작이나 행동의 의지(…하겠다)나 권유(…하자)를 나타낼 뿐만 아니라 추측(…할 것이다)을 나타내는 경우도 있다.

0994. 회사가 끝나면 맥주 한잔 마시자.
会社が終わったらビール一杯飲もう。
가이샤가 오왓따라 비-루 잇빠이 노모-

0995. 시간이 없으니까, 여기서 그만두자.
時間がないから、ここで止めよう。
지깐가 나이까라 고꼬데 야메요-

0996. 더 싸게 팔면, 그때 사자.
もっと 安売りしたら、そのとき買おう。
못또 야스우리시따라 소노 도끼 가오-

0997. 함께 테니스라도 할까?
一緒にテニスでもやろうか。
잇쇼니 테니스데모 야로-까

0998. 나중에 다시 전화할까요?
あとでまた電話しましょうか。
아또데 마따 뎅와시마쇼-까

0999. 무슨 마실 것을 가져다 드릴까요?
何か飲み物をお持ちしましょうか。
나니까 노미모노오 오모찌시마쇼-까

1000. 말을 놓고 이야기합시다.
呼び捨てにして話しましょう。
요비스떼니시떼 하나시마쇼-

1001. 제가 안내해 드릴까요? 아니면 지도를 그려 드릴까요?
私がご案内しましょうか、それとも地図を書いてあげましょうか。
와따시가 고안나이시마쇼-까 소레또모 지즈오 가이떼 아게마쇼-까

❷ 권유할 때 「…ましょう」

1002. 방해가 됩니까? 비킬까요?
お邪魔(じゃま)ですか。どきましょうか。
오쟈마데스까 도끼마쇼—까

1003. 그걸 보내 드릴까요?
それをお送(おく)りしましょうか。
소레오 오—꾸리시마쇼—까

1004. 적어도 1년에 한 번은 모입시다.
少(すく)なくとも一年(いちねん)に一度(いちど)は集(あつ)まりましょう。
스꾸나꾸또모 이찌넨니 이찌도와 아쯔마리마쇼—

1005. 그럼, 늘 가던 곳으로 갑시다.
それじゃ、いつもの所(ところ)へ行(い)きましょうよ。
소레쟈 이쯔모노 도꼬로에 이끼마쇼—요—

1006. 그 건을 의논하기로 합시다.
その件(けん)を話(はな)し合(あ)うことにしましょう。
소노 껜오 하나시아우 고또니 시마쇼—

…ことにする는 동사의 기본형에 접속하여 「…하기로 하다」의 뜻으로 말하는 사람의 의지를 나타낸다.

1007. 소란스럽군요. 밖으로 나갑시다.
騒(さわ)がしいですね。外(そと)へ出(で)ましょう。
사와가시—데스네 소또에 데마쇼—

1008. 거들어 드릴까요?
お手伝(てつだ)いしましょうか。
오데쯔다이시마쇼—까

1009. 들어 드릴까요?
お持(も)ちしましょうか。
오모찌시마쇼—까

Chapter 21

제안과 권유의 응답

제안이나 권유를 흔쾌히 받아들일 때는 そうしましょう, どうもお願いします 등으로 표현한다. 반대로 거절할 때는 ありがとうございます, でもよろしいです라고 정중하게 표현하면 된다. 상대의 호의에 대한 배려를 일언지하에 だめです나 とんでもない로 거절하는 것은 상대에게 불쾌감을 줄 수도 있다. 따라서 같은 거절을 하더라도 부드러운 표현을 사용한다거나 이유를 설명하는 것이 바람직하다.

A 夏休みにどこへ行くか決めたほうがいいね。
B そうね。あまり遅くまでほうっておきたくないわよね。
A うん。青森のあそこ❶へ出かけるのはどう?
B うーん。あそこは2年前に行ったばかり❷じゃない? どこか違うところにしてみたら?

A 여름휴가 때 어디로 갈지 정하는 게 좋겠어.
A 응. 아오모리 거기로 가는 건 어때?
B 그래. 너무 늦게까지 내버려두고 싶지 않아.
B 음. 거기는 2년 전에 갔었잖아? 어디 다른 곳으로 하면 어때?

A わかった。なるべくたくさん違ったところへ行ってみるのは大賛成だよ。吉村に聞いてみようか。
B そう。吉村が勧めるってそんなに確かかしらね。

A 알았어. 가능하면 많이 다른 곳으로 가보는 것은 대찬성이야. 요시무라에게 물어볼까?
B 글쎄. 요시무라가 권하는 게 그렇게 확실할까.

❶ あの, あそこ, あちら 등은 쌍방이 잘 알고 있는 어떤 일(사항), 장소, 방향 등을 가리킨다.

❷ …たばかりだ는 「막…했다」의 뜻으로 동작이 완료된 지 얼마 되지 않았음을 나타낸다.

Unit 01

제안 · 권유에 응할 때

1010. 네, 부탁드려요.

はい、お願(ねが)いします。
하이 오네가이시마스

1011. 네, 마시(먹)겠습니다.

はい、いただきます。
하이 이따다끼마스

いただく는 もらう(받다)의 겸양어로 いただきます로 쓰일 때는 식사를 시작하기 전에 하는 인사 표현이다.

A もう少(すこ)し紅茶(こうちゃ)はいかが?
홍차를 좀 더 들래요?

B はい、いただきます。
네, 마시겠습니다.

1012. 그거 무척 좋습니다.

それは大変結構(たいへんけっこう)です。
소레와 다이헨겟꼬-데스

結構です는 여기서처럼 승낙을 나타내기도 하지만, 반대로 정중히 거절하는 뜻으로도 쓰인다.

1013. 그렇게 합시다.

そうしましょう。
소-시마쇼-

1014. 그거 좋겠군요.

それはいいですね。
소레와 이-데스네

1015. 예, 좋아요.

ええ、結構(けっこう)ですよ。
에- 겟꼬-데스요

A あしたは3時(じ)に会(あ)いましょう。それでいいですか。
내일 3시에 만납시다. 괜찮겠어요?

B ええ、結構(けっこう)ですよ。
예, 좋아요.

1016. 재미있을 것 같네요.

面白(おもしろ)そうですね。
오모시로소-데스네

1017. 기뻐라!

うれしい!
우레시-

제안 · 권유에 응할 때

1018. 생각해 봅시다.

考(かんが)えてみましょう。

강가에떼미마쇼–

1019. 가고 싶은데….

行(い)きたいけど…。

이끼따이께도

A どう、泳(およ)ぎに行(い)かない?

어때, 수영하러 안 갈래?

B ええ、行(い)きたいけど。でもどこへ行(い)くの?

응, 가고 싶지만, 근데 어디에 가는데?

Unit 02

제안 · 권유에 거절할 때

1020. 아니오, 됐습니다.

いいえ、結構(けっこう)です。

이–에 겟꼬–데스

> 여기서의 結構です는 정중히 거절하는 뜻이다.

A 紅茶(こうちゃ)をもう少(すこ)しいかがですか。

홍차를 좀 더 드시겠어요?

B いや、結構(けっこう)です。もう十分(じゅうぶん)いただきました。

아뇨, 됐습니다. 이미 충분히 마셨습니다.

1021. 아뇨, 괜찮습니다.

いいえ、大丈夫(だいじょうぶ)です。

이–에 다이죠–부데스

> 大丈夫 괜찮음, 걱정 없음, 끄떡없음

1022. 미안하지만….

悪(わる)いけど…。

와루이께도…

1023. 그렇게 할 수 있으면 좋겠지만….

そうできればいいんだけど…。

소–데끼레바 이인다께도..

1024. 그렇게 하고 싶은데.

そうしたいんですが。

소–시따인데스가

제안 · 권유에 거절할 때

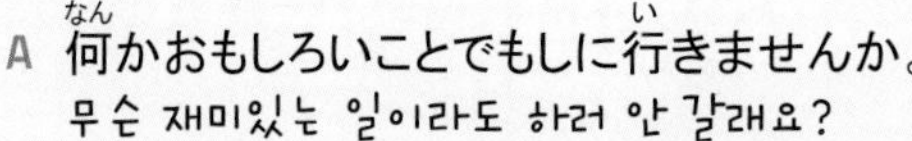

A 何(なん)かおもしろいことでもしに行(い)きませんか。
무슨 재미있는 일이라도 하러 안 갈래요?

B そうですね、行(い)きたいのは山々(やまやま)なんですが、誰(だれ)か帰(かえ)るまでいなければならないんですよ。
글쎄요. 가고 싶은 마음은 굴뚝같지만, 누가 돌아올 때까지 있어야 해요.

やまやま는 어떤 일을 하고 싶은 마음이 태산 같다는 것을 나타낸다.

1025. 그의 제안에 저는 반대입니다.
彼(かれ)の提案(ていあん)には私(わたし)は反対(はんたい)です。
가레노 테-안니와 와따시와 한따이데스

1026. 그럴 기분이 아니야.
そんな気分(きぶん)じゃないんだ。
손나 기분쟈나인다

1027. 글쎄, 다음 기회로 할까?
そうだな、また次(つぎ)の機会(きかい)にしようか。
소-다나 마따 쯔기노 기까이니 시요-까

1028. 아쉽지만, 할 수 없어.
残念(ざんねん)だけど、できないんだ。
잔넨다께도 데끼나인다

1029. 다른 용무가 있어서.
ほかに用事(ようじ)があるので。
호까니 요-지가 아루노데

1030. 미안합니다, 지금 바빠서.
すみません、今急(いまいそ)いでいるので。
스미마센 이마 이소이데 이루노데

1031. 가능하면 마시러 가고 싶지 않습니다만.
できれば飲(の)みに行(い)きたくないのですが。
데끼레바 노미니 이끼따꾸나이노데스가

1032. 재미있을 것 같은데, 아쉽게도 지금 시간이 없어.
面白(おもしろ)そうだけど、残念(ざんねん)ながら今時間(いまじかん)がないんだ。
오모시로소-다께도 잔넨나가라 이마 지깐가 나인다

1033. 그렇게 하고 싶은데, 녹초가 되었어. 나중에 다시 하자.
そうしたいんだが、くたびれちゃった。また後(あと)で。
소-시따인다가 구따비레쨧따 마따 아또데

Chapter 22

조언과 충고

조언이나 충고를 하는 표현에는 …なさい처럼 명령조로 하는 것부터 …するほうがいいのではないでしょうか처럼 완곡하게 표현하는 경우에 이르기까지 여러 가지 표현이 가능하다.

충고나 주의는 충고를 받는 사람의 입장에 따라서 언짢게 들릴 수도 있으므로 주의나 충고를 할 때는 상대의 입장을 충분히 파악한 다음 가능하면 직접적으로 충고나 조언을 하는 것보다 우회적으로 하는 것이 좋다.

Ⓐ 彼がよこした手紙どうすればいいと思う?

Ⓑ ぼくだったら、無視するね。やつ❶だって、きっと送ら❷なきゃよかったと後悔してるさ。

Ⓐ 그가 보낸 편지 어떻게 하면 좋겠니?

Ⓑ 나라면 무시하겠어. 그 녀석도 분명 안 보냈으면 좋았을 거라고 후회하고 있을 걸.

Ⓐ でも、書いてあることがほんとに失礼なのよ。謝ってもらいたいわ。

Ⓑ 気持はわかるよ。だけど、騒ぎ立てる価値はないと思うな。一番いいのは忘れちまうことさ。むりやり謝らせようとしても、やつはぜったい謝らないぜ。だけど、何事もなかったような顔をしてれば、多分しまいには頭を下げるさ。

Ⓐ 하지만 적혀 있는 게 거의 무례한 내용이야. 사과를 받고 싶어.

Ⓑ 마음은 알겠어. 하지만 소란 피울 가치가 없을 것 같아. 가장 좋은 것은 잊어버리는 것이야. 억지로 사과시키려고 해도 녀석은 절대로 사과를 안 해. 하지만 아무 일도 없었던 듯한 표정을 하면, 아마 결국에는 머리를 숙일 거야.

❶ …だって는 「…라도, …일지라도」의 뜻으로 강조를 나타낸다.

❷ …なきゃよかった = …なければよかった …지 않았으면 좋았다

Unit 01

조언을 할 때

1034. 쉬면 좋겠어요.

休(やす)むといいですよ。
야스무또 이-데스요

A 気分(きぶん)がすぐれないんだ。
기분이 안 좋아져.

B じゃあ、寝(ね)るほうがいいよ。
그럼, 자는 게 좋겠어.

1035. 레슨을 받아보는 게 어때?

レッスン受(う)けてみたら?
레슨 우께떼미따라

A まあ、もっと英語(えいご)がうまく話(はな)せればいいのになあ。
아, 영어를 더 잘 했으면 좋겠는데.

B 英会話(えいかいわ)の個人(こじん)レッスンを受(う)けてみなさいよ。
영어회화 개인지도를 받아보거라.

1036. 의사에게 진찰을 받는 게 좋겠어.

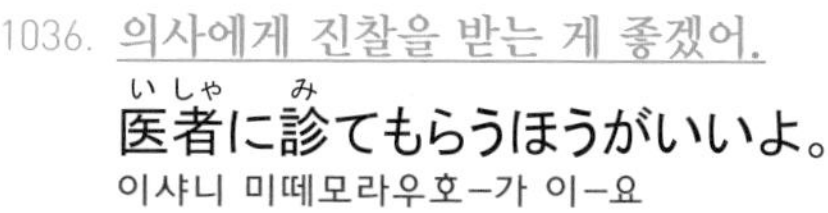

医者(いしゃ)に診(み)てもらうほうがいいよ。
이샤니 미떼모라우호-가 이-요

> 医者に診てもらう
> 의사에게 진찰을 받다

1037. 중지하지 않는 게 좋겠어.

中止(ちゅうし)しないほうがいいね。
츄시시나이호-가 이-네

> …ないほうがいい
> …하지 않는 게 좋다

1038. 검사를 받으러 가는 게 좋을 것 같습니다.

検査(けんさ)を受(う)けに行(い)ったほうがいいと思(おも)います。
켄사오 우께니 잇따호-가 이-또 오모이마스

> …たほうがいいは「…하는 게 좋다」의 뜻으로 어떤 행동을 하는 것을 권할 때 주로 쓰이는 표현이다.

1039. 일을 쉬는 게 좋겠어요.

仕事(しごと)を休(やす)むほうがいいですよ。
시고또오 야스무호-가 이-데스요

1040. 잘 생각하고 나서 해보는 게 좋겠어요.

よく考(かんが)えてからやってみるほうがいいですよ。
요꾸 강가에떼까라 얏떼미루호-가 이-데스요

1041. 혼자서 해보는 게 좋겠어요.

一人(ひとり)でやってみるのがいいですよ。
히또리데 얏떼미루노가 이-데스요

조언을 할 때

1042. 너무 과음하지 않는 게 좋겠어요.

あまり飲(の)みすぎないほうがいいですよ。
아마리 노미스기나이호-가 이-데스요

1043. 그만두는 게 좋겠어요.

止(や)めたほうがいいですよ。
야메따호-가 이-데스요

> だって는 「그러나, 그렇지만, 왜냐하면」의 뜻으로 반론하거나 이유를 나타낸다.

A ハンググライダーに乗(の)ってみようと思(おも)ってるんだ。
행글라이더를 타보려고 해.

B 止(や)めておいたほうがいいじゃないの?
그만두는 게 좋지 않겠니?

A どうして?
왜?

B だって危険(きけん)だもの。
왜냐하면 위험하잖아.

Unit 02

주의를 줄 때

1044. 주의 좀 주겠는데.

ちょっと注意(ちゅうい)しておきますけど。
촛또 츄-이시떼 오끼마스께도

1045. 조심해요!

気(き)をつけて!
끼오 쯔게떼

> 気をつける 조심하다, 주의를 하다

1046. 그를 조심해요.

彼(かれ)には用心(ようじん)して。
가레니와 요-진시떼

> 火(ひ)の用心 불조심

1047. 여기에는 함정이 있어.

これには落(お)とし穴(あな)があるんだ。
고레니와 오또시아나가 아룬다

1048. 잘 생각하고 행동해라.

よく考(かんが)えて行動(こうどう)しなさい。
요꾸 강가에떼 고-도-시나사이

1049. 처음 하는 거야. 적당히 해.

初(はじ)めてするんだ。手加減(てかげん)してよ。
하지메떼 스룬다 데까겐시떼요

주의를 줄 때

1050. 너무 지나치지 않도록 해.

行(ゆ)き過(す)ぎないようにしようぜ。

이끼스기나이요-니 시요-제

> …ないように …하지 않도록. ぜ는 말끝에 붙여서 가볍게 다짐을 나타낸다.

1051. 좀 더 모습을 살피자.

もう少(すこ)しようすをうかがおう。

모- 스꼬시 요-스오 우까가오-

1052. 지레짐작하지 말아요!

早(はや)とちりしないでよ!

하야또치리시나이데요

> 早とちり 지레짐작하여 실수함

A 木村(きむら)は今回(こんかい)も試験(しけん)にしくじるだろう。
기무라는 이번 시험도 실패할 거야.

B 早(はや)とちりしないでよ!
지레짐작하지 말아요!

1053. 제멋대로 말하지 마.

自分勝手(じぶんかって)なことを言(い)うな。

지분 갓떼나 고또오 유-나

1054. 너는 태도가 나빠.

君(きみ)は態度(たいど)が悪(わる)いよ。

기미와 타이도가 와루이요

1055. 버릇없는 짓을 그만두어라.

行儀(ぎょうぎ)の悪(わる)いことをやめなさい。

교-기노 와루이 고또오 야메나사이

1056. 시끄러워! 조용히 해!

うるさい! 静(しず)かにしろ!

우루사이 시즈까니 시로

1057. 바보 같은 짓은 그만두어라.

バカな真似(まね)はよしなさい。

바까나 마네와 요시나사이

1058. 장소를 가려서 해라.

場所柄(ばしょがら)をわきまえなさい。

바쇼가라오 와끼마에나사이

1059. 나이를 생각해라.

年(とし)を考(かんが)えなさい。

토시오 강가에나사이

주의를 줄 때

A この色、僕に似合うかしら。
이 색깔, 나에게 어울릴까?

B 年を考えなさい。
나이를 생각해라.

1060. 사소한 실수를 반복하지 마라.

くだらない間違いを繰り返すな。
구다라나이 마찌가이오 구리까에스나

1061. 그렇게 우쭐대지 마.

そんなにうぬぼれるな。
손나니 우누보레루나

1062. 겉모습으로 판단하지 마.

外見で判断するな。
가이켄데 한단스루나

な는 동사의 기본형에 접속하여 강한 금지를 나타낸다.

A あの女はきっと頭も悪いだろう。
저 여자는 분명 머리도 나쁠 거야.

B 外見で判断するな。
겉모습으로 판단하지 마.

1063. 말조심해요.

口の聞き方に気をつけて。
구찌노 끼끼까따니 끼오 쯔께떼

1064. 더러운 말을 입에 담지 말아요.

きたない言葉をつかわないで。
기따나이 고또바오 쯔까와나이데

1065. 어른답게 행동해라!

大人になりなさい。
오또나니 나리나사이

なさい는 なさる(하시다)의 명령형으로 가벼운 의뢰나 명령을 나타낸다.

1066. 언제까지 어린애처럼 굴 거야!

いつまで子供でいるつもり!
이쯔마데 고도모데 이루쯔모리

1067. 말한 대로 행동해라.

言ったとおりに行動しろ。
잇따또오리니 고-도-시로

주의를 줄 때

1068. 남의 욕을 하지 마.
人の悪口を言うな。
히또노 와루구찌오 유-나

1069. 말한 것을 지켜라!
言ったことは守れ!
잇따 고또와 마모레

1070. 무례한 행동을 하지 마라.
無作法なふるまいをするな。
부사호-나 후루마이오 스루나

1071. 잘난 체 하는 게 아냐.
偉そうなことを言うんじゃない。
에라소-나 고또오 윤쟈나이

Unit 03

충고할 때

1072. 가네무라, 그녀에게 사과해라.
金村、彼女にあやまりなさい。
가네무라 가노죠니 아야마리나사이

1073. 사토, 말을 들어라!
佐藤、言うことを聞きなさい!
사또- 유- 고또오 끼끼나사이

1074. 위험해! 장난은 안 돼.
危ない! いたずらはだめだ。
아부나이 이타즈라와 다메다

1075. 스스로 해라.
自分でやりなさい。
지분데 야리나사이

A お母ちゃん、宿題を助けてください。
엄마, 숙제를 도와주세요.

B 自分でやりなさい。
스스로 해라.

1076. 중도에 포기하지 마라.
中途半端でやめるな。
츄-토한빠데 야메루나

충고할 때

1077. 그것을 하는 것은 너의 의무야.

それをするのが君(きみ)の義務(ぎむ)だ。

소레오 스루노가 기미노 기무다

1078. 그건 네 책임이야.

それは君(きみ)の責任(せきにん)だ。

소레와 기미노 세끼닌다

> 責任を負う 책임을 지다,
> 責任をつくす 책임을 다하다

1079. 남에게 잘 해라.

人(ひと)にはよくしなさい。

히또니와 요꾸시나사이

1080. 주의에 주의를 거듭해라.

念(ねん)には念(ねん)を入(い)れなさい。

넨니와 넨오 이레나사이

> 念を入れる 주의를 기울이다

1081. 잘 생각하고 결심해라.

よくよく考(かんが)えて決心(けっしん)しなさい。

요꾸요꾸 강가에떼 겟신시나사이

1082. 냉정하게 잘 생각해라.

頭(あたま)を冷(ひ)やしてよく考(かんが)えなさい。

아타마오 히야시떼 요꾸 강가에나사이

1083. 좀 더 노력을 해야 해.

もう少(すこ)し努力(どりょく)をするべきだ。

모- 스꼬시 도료꾸오 스루베끼다

> …べきだ는 동사의 기본형에 접속하여 「…해야 한다」의 뜻으로 의무나 당연·필연을 나타낸다.

1084. 좀 더 분발해야 해.

もう少(すこ)し頑張(がんば)るべきだ。

모- 스꼬시 간바루베끼다

1085. 모든 일에 더 적극적으로 하길 바란다.

すべてのことにもっと積極的(せっきょくてき)になってもらいたい。

스베떼노 고또니 옷또 셋쿄꾸떼끼니 낫떼모라이따이

1086. 내 경험을 바탕으로 이렇게 말하는 거야.

私(わたし)の経験(けいけん)をふまえてこう言(い)ってるんだ。

와따시노 케-켄오 후마에떼 고- 잇떼룬다

1087. 섣불리 믿으면 안 돼.

簡単(かんたん)に信用(しんよう)したらだめだ。

간딴니 신요-시따라 다메다

충고할 때

1088. 신중히 해라.

慎重(しんちょう)にやりなさい。
신츄-니 야리나사이

1089. 주의 깊게 행동해라.

注意深(ちゅういぶか)く行動(こうどう)しなさい。
츄-이부까꾸 고-도-시나사이

1090. 저 남자를 가볍게 봐서는 안 돼.

あの男(おとこ)を甘(あま)く見(み)てはいけない。
아노 오또꼬오 아마꾸 미떼와 이께나이

甘く見る 가볍게 보다, 쉽게 여기다

1091. 머리를 써! 할 수 있으니까.

頭(あたま)を使(つか)え! できるから。
아타마오 쯔까에 데끼루까라

1092. 자업자득이야!

自業自得(じごうじとく)だ!
지고-지또꾸다

自業自得는 발음에 주의

Unit 04

꾸짖을 때

1093. 모든 것은 네 잘못이야.

すべては君(きみ)が悪(わる)いんだよ。
스베떼와 기미가 와루인다요

1094. 네 책임이야.

君(きみ)の責任(せきにん)だよ。
기미노 세끼닌다요

1095. 부끄럽지 않나?

恥(は)ずかしくないのか。
하즈까시꾸나이노까

1096. 한번 그를 야단쳐야겠어.

ひとつ彼(かれ)を叱(しか)りつけてやらなければならん。
히또쯔 가레오 시까리쯔께떼 야라나께레바나란

…なければならん은 …なければならない의 구어적인 표현이다.

1097. 나를 끌어들이지 말아요!

私(わたし)を巻(ま)き込(こ)まないで!
와따시오 마끼꼬마나이데

嘘をつく 거짓말을 하다, 嘘つき 거짓말쟁이

1098. 그래서 말했잖아. 거짓말을 해서는 안 된다고.

だから言(い)ったじゃないの。嘘(うそ)はつくべきではないって。
다까라 잇따쟈나이노 우소와 쯔꾸베끼데와나잇떼

꾸짖을 때

1099. 알고 있었죠?

知(し)っていたんでしょう?

싯떼 이딴데쇼-

1100. 나에게 화풀이하지 말아요.

私(わたし)に八(や)つ当(あ)たりしないで。

와따시니 야쯔아따리시나이데

1101. 그런 말을 하면 안 돼.

そんなこと、言(い)っちゃだめだよ。

손나 고또 잇쨔 다메다요

1102. 왜 나를 씹는 거야?

どうして僕(ぼく)のあらさがしをするんだ?

도-시떼 보꾸노 아라사가시오 스룬다

1103. 그는 언제나 내 일에 트집을 잡아.

> けちをつける 트집을 잡다, 탈잡다

彼(かれ)っていつも私(わたし)の仕事(しごと)にけちをつけるのよ。

가렛떼 이쯔모 와따시노 시고또니 께치오 쯔께루노요

Part
2

실용회화 [Advanced편]

기본적인 표현을 철저하게 익힌 다음 일본인과 대화를 나누고자 할 때 어느 정도 자신감을 가지는 것이 매우 중요합니다. 일본인과 교제하거나 비즈니스 활동을 할 때 인간적인 친분 못지 않게 일정 수준의 실용회화에 능숙해야만 합니다. 그러기 위해서는 체계적으로 표현력을 확충하는 수밖에 없습니다. 따라서 Part 2에서는 하루에 일어나는 일상적인 대화에서 인사 표현, 쇼핑, 식사, 전화 등 일상생활은 물론 상황별 31개의 Chapter로 분류하여 여러 가지 장면과 상황을 의도적으로 설정하였습니다. Part 1에서 공부한 기본회화를 바탕으로 Part 2의 실용회화를 익히면 일본인과의 일상 커뮤니케이션에 충분히 대비할 수 있을 것입니다.

Chapter 01 초대면의 인사와 소개

처음 만났을 때 상대에게 하는 인사로는 はじめまして가 있다. 이것은 「처음으로」라는 뜻이지만 관용적인 표현이다. 이에 상대방도 마찬가지로 자신의 이름을 말하고 특별히 부탁할 것이 없어도 습관적으로 どうぞよろしく라고 한다. 이에 대한 응답으로는 こちらこそ가 쓰인다.
남에게 소개할 때는 보통 동성일 경우에는 아랫사람을 윗사람에게, 이성 간일 경우에는 남성을 여성에게 소개하는 것이 원칙이다.

A はじめまして。
B はじめまして。
A 実(じつ)は、お目(め)にかかるのをずっと楽(たの)しみにしてたんですよ。
B あら、本当(ほんとう)に?

A 처음 뵙겠습니다.
A 실은 뵙기를 줄곧 고대하고 있었습니다.
B 처음 뵙겠습니다.
B 어머, 정말요?

A ええ、木村(きむら)からいろいろ聞(き)いてるものですから、もう知(し)り合(あ)いのような❶感(かん)じがします。
B まあ、木村(きむら)さんのお友(とも)だちにお会(あ)いするなんてとってもうれしいわ。

A 예, 기무라한테 많이 들어서 벌써 아는 사이 같은 느낌이 듭니다.
B 어머, 기무라 씨 친구를 뵙다니 무척 반가워요.

❶ 불확실한 단정을 나타내는 ようだ가 명사에 접속할 때는 …のようだ의 형태를 취하며, 활용은 형용동사와 동일하다.

Unit 01

처음 만났을 때

1104. 처음 뵙겠습니다.

はじめまして。
하지메마시떼

はじめて는 「처음」이라는 뜻으로 はじめまして로 쓰이면 처음 만났을 때 하는 인사 표현이 된다.

A こんにちは。木村（きむら）と言（い）います。
안녕하세요. 기무라라고 합니다.

B はじめまして。木村（きむら）さん。
처음 뵙겠습니다. 기무라 씨.

1105. 잘 부탁합니다.

どうぞよろしく。
도-조 요로시꾸

뒤에 お願いします를 생략한 형태로 간단하게 하는 첫대면의 인사이다.

1106. 저야말로.

こちらこそ。
고찌라꼬소

1107. 야마모토 히로유키라고 합니다.

山本浩之（やまもとひろゆき）と言（い）います。
야마모또 히로유끼또 이-마스

1108. 김이라고 불러 주세요.

キムと呼（よ）んでください。
키무또 욘데 구다사이

1109. 만나서 반갑습니다.

お会（あ）いできてうれしいです。
오아이 데끼떼 우레시-데스

1110. 뵙게 되어 매우 기쁩니다.

お目（め）にかかれて、とてもうれしいです。
오메니 가까레떼 도떼모 우레시-데스

1111. 알게 되어 기쁘게 생각합니다.

お知（し）り合（あ）いになれて、うれしく思（おも）います。
오시리아이니 나레떼 우레시꾸 오모이마스

1112. 기무라 선생님, 뵙게 되어 영광입니다.

木村先生（きむらせんせい）、お目（め）にかかれて光栄（こうえい）です。
기무라 센세- 오메니 가까레떼 고-에-데스

처음 만났을 때

1113. 미우라 씨, 잘 부탁해요.

三浦(みうら)さん、よろしく。
미우라상 요로시꾸

1114. 저야말로 잘 부탁합니다.

こちらこそよろしく。
고찌라꼬소 요로시꾸

1115. 저야말로 잘 부탁드립니다.

こちらこそ、どうぞよろしくお願(ねが)いします。
고찌라꼬소 도-조 요로시꾸 오네가이시마스

1116. 늘 가까이 하고 싶었습니다.

いつもお近(ちか)づきになりたいと思(おも)っていました。
이쯔모 오찌까즈끼니 나리따이또 오못떼 이마시다

1117. 뵙기를 고대하고 있었습니다.

お目(め)にかかるのを楽(たの)しみにしていました。
오메니 가까루노오 다노시미니 시떼 이마시다

楽しみにする 기대(고대)하다

1118. 말씀은 그전부터 많이 들었습니다.

お噂(うわさ)はかねがねうかがっておりました。
오우와사와 가네가네 우까갓떼 오리마시다

うかがう는 「듣다, 묻다, 찾다」의 겸양어이다.

A お噂(うわさ)はかねがねうかがっておりました。
말씀은 그전부터 많이 들었습니다.

B よい噂(うわさ)だけだといいのですが。
좋은 소문뿐이라면 좋겠는데.

1119. 요시무라에게 말씀은 들었습니다.

吉村(よしむら)からうわさを聞(き)いてました。
요시무라까라 우와사오 끼-떼마시다

1120. 성함은 알고 있었습니다.

お名前(なまえ)だけは知(し)っておりました。
오나마에다께와 싯떼 오리마시다

存じる는 知(し)る의 겸양어로 「알고 있다」의 뜻이다.

A こんにちは。木村(きむら)です。
안녕하세요. 기무라입니다.

B お名前(なまえ)だけは存(ぞん)じておりました。お会(あ)いできてうれしいです。
성함은 알고 있었습니다. 만나서 반갑습니다.

처음 만났을 때

1121. 아마 3년 전에 서울에서 만난 적이 있습니다.

たぶん3年前にソウルで会ったことがあります。

다분 산넨마에니 소우루데 앗따 고또가 아리마스

1122. 이전에 뵌 적이 있습니까?

以前にお会いしたことがありますか。

이젠니 오아이시따 고또가 아리마스까

1123. 전에 뵌 적이 있는 것 같은데요.

前にお会いしたことがあるように思うのですが。

마에니 오아이시따 고또가 아루요-니 오모우노데스가

1124. 당신과는 전화로 통화한 적이 있습니다.

あなたとは電話でお話ししたことがあります。

아나따또와 뎅와데 오하나시시따 고또가 아리마스

1125. 이렇게 만나서 무척 반갑습니다.

やっとお会いできてとてもうれしいです。

얏또 오아이데끼떼 도떼모 우레시-데스

お会いできる는 お会いする의 가능 표현이다.

1126. 제 소개를 하겠습니다.

自己紹介させてください。

지꼬쇼-까이사세떼 구다사이

…させてください는 허락을 받아서 하는 자신의 의지 표현이다.

Unit 02

타인을 소개할 때

1127. 다나카 씨를 소개할게요.

田中さんを紹介しましょう。

다나까상오 쇼-까이시마쇼-

1128. 이쪽은 여동생 유키코입니다.

こちらは妹の由紀子です。

고찌라와 이모-또노 유끼꼬데스

A 木村さん、こちらは妹の由紀子です。
기무라 씨, 이쪽은 여동생 유키코입니다.

B こんにちは、由紀子さん。はじめまして。
안녕하세요. 유키코 양, 처음 뵙겠습니다.

1129. 친구 기무라 씨를 소개하겠습니다.

友人の木村さんを紹介します。

유-진노 기무라상오 쇼-까이시마스

타인을 소개할 때

1130. <u>내 친구를 소개할게.</u>

僕(ぼく)の友(とも)だちを紹介(しょうかい)しよう。

보꾸노 도모다찌오 쇼-까이시요-

1131. <u>기무라, 내 아내야.</u>

木村(きむら)、僕(ぼく)の妻(つま)だよ。

기무라 보꾸노 쯔마다요

> 자신의 아내를 상대에게 말할 때는 妻, 家内(かない)라고 한다.

1132. <u>미우라를 만난 적 있니?</u>

三浦(みうら)に会(あ)ったことがある?

미우라니 앗따 고또가 아루

1133. <u>만난 적이 없으면 소개해 드리지요.</u>

会(あ)ったことがなければ、紹介(しょうかい)しておきましょう。

앗따 고또가 나께레바 쇼-까이시떼 오끼마쇼-

1134. <u>김 씨, 사토 씨를 만난 것은 처음이지요?</u>

キムさん、佐藤(さとう)さんに会(あ)うのは初(はじ)めてですね。

키무상 사또-상니 아우노와 하지메떼데스네

1135. <u>김 씨, 이쪽은 다나카 씨입니다.</u>

キムさん、こちらは田中(たなか)さんです。

키무상 고찌라와 다나까상데스

> こちら는 말하는 사람과 가까이 있는 사람을 공손하게 가리키는 말이다.

1136. <u>네 오빠를 소개해 주었으면 하는데.</u>

あなたのお兄(にい)さんを紹介(しょうかい)してほしいのだけど。

아나따노 오니-상오 쇼-까이시떼호시-노다께도

1137. <u>너희들은 좋은 친구가 될 거야.</u>

君(きみ)たちはいい友(とも)だちになると思(おも)うんだ。

기미다찌와 이-도모다찌니 나루또 오모운다

> …になる …이(가) 되다

1138. <u>김 씨, 동료 후지카와를 소개해 드리겠습니다.</u>

キムさん、同僚(どうりょう)の藤川君(ふじかわくん)をご紹介(しょうかい)します。

키무상 도-료-노 후지까와꾼오 고쇼-까이시마스

1139. <u>마리코와 저는 초등학교부터 아는 사이입니다.</u>

真利子(まりこ)と私(わたし)は小学校(しょうがっこう)からの知(し)り合(あ)いです。

마리꼬또 와따시와 쇼-갓꼬까라노 시리아이데스

1140. <u>오른쪽부터 왼쪽으로 김 씨, 이 씨, 박 군입니다.</u>

右(みぎ)から左(ひだり)へ、金(キム)さん、李(リ)さん、朴君(パクくん)です。

미기까라 히다리에 키무상, 리상, 바꾸꾼데스

1141. <u>여러분, 기무라 교수님을 소개해 드리겠습니다.</u>

皆(みな)さん、木村教授(きむらきょうじゅ)をご紹介申(しょうかいもう)し上(あ)げます。

미나상 기무라교-쥬오 고쇼-까이 모-시아게마스

타인을 소개할 때

1142. 동생을 소개해 줄 수 있을까?

妹さんを紹介してもらえるかしら。

이모–또상오 쇼–까이시떼모라에루까시라

かしら는 자신을 재촉하거나 상대편의 동의를 구하는 기분을 나타낸다.

1143. 기무라와 이야기하고 있는 여자를 소개해 주겠나?

木村と話している女の子を紹介してくれるかい?

기무라또 하나시떼 이루 온나노꼬오 쇼–까이시떼 꾸레루까이

1144. 너희들 마음이 맞을 거야.

あなたたち、気が合うと思うわ。

아나따따찌 기가 아우또 오모우와

1145. 기무라 씨 소개로 찾아왔습니다.

木村さんのご紹介でうかがいました。

기무라상노 고쇼–까이데 우까가이마시다

1146. 너희 둘은 공통점이 많이 있어.

君たちふたりには共通点がたくさんあるんだよ。

기미따찌 후따리니와 교–추–뗀가 다꾸상 아룬다요

Unit 03

헤어질 때

1147. 만나서 기뻤습니다.

お会いしてうれしかったです。

오아이시떼 우레시깟따데스

1148. 만나 뵙게 되어 기뻤습니다.

お目にかかれてうれしかったです。

오메니 가까레떼 우레시깟따데스

1149. 이야기, 즐거웠습니다.

お話、楽しかったです。

오하나시 다노시깟따데스

1150. 가까운 시일 내에 또 뵙시다.

また、近いうちにお目にかかりましょう。

마따 찌까이 우찌니 오메니 가까리마쇼–

1151. 그럼, 또 만납시다.

じゃ、また会いましょう。

쟈– 마따 아이마쇼–

1152. 기회가 있으면 또 만나지요.

また機会があったら、会いましょう。

마따 기까이가 앗따라 아이마쇼–

Chapter 02 자기소개

다른 사람에게 자신을 소개할 때는 自己紹介させてくださいい라고 먼저 상대의 양해를 구하고 이름을 말한다. 상대의 이름을 물을 때는 お名前をうかがえますか로 표현하며, 이름을 말할 때는 私は○○です라고 하면 된다. 자기소개가 끝나면 본격적으로 お生まれはどこですか라든가 どちらへお勤めですか, お仕事は? 등으로 상대를 알기 위한 질문을 하면서 대화를 유도해나가면 쉽게 친해지기 마련이다.

Ⓐ こんにちは。お会(あ)いしたことないですね。森下健一(もりしたけんいち)です。

Ⓑ やあ、森下(もりした)さん。ホンギルドンです。

Ⓐ 안녕하세요. 뵌 적이 없죠. 모리시타 겐이치입니다. Ⓑ 아, 모리시타 씨. 홍길동입니다.

Ⓐ この町(まち)は来(こ)られたばかり❶なんでしょ?

Ⓑ ええ、日本(にほん)に来(き)てまだほんの2、3週間(しゅうかん)ですから。あなたは、ここは長(なが)いんでしょう?

Ⓐ ああ、日本(にほん)ということならね。本当(ほんとう)は函館(はこだて)の出身(しゅっしん)なんですよ。北海道(ほっかいどう)です。あなたはどちらから?

Ⓑ インチョンです。首都(しゅと)のほうじゃなくてね。

Ⓐ 이 도시에는 오신지 얼마 안 됐죠?
Ⓑ 예, 일본에 온지 약 2, 3주일이라서요. 당신은 여기서 오래 사셨죠?
Ⓐ 아, 일본이라면요. 실은 홋카이도의 하코다테 출신입니다. 당신은 어디에서?
Ⓑ 인천입니다. 수도가 아니고요.

❶ ばかり는 여러 가지 용법으로 쓰이지만, 동사의 과거형에 접속하면 무언가를 한 후 시간이 얼마 경과되지 않음을 나타낸다.

Unit 01

자기소개를 할 때

1153. 잠깐 제 소개를 하겠습니다.

ちょっと自己紹介(じこしょうかい)させてください。

촛또 지꼬쇼-까이사세떼 구다사이

1154. 이름은 스즈키입니다.

名前(なまえ)は鈴木(すずき)です。

나마에와 스즈끼데스

1155. 뵌 적이 없는 것 같은데요.

お目(め)にかかったことはないと思(おも)いますが。

오메니 가깟따 고또와나이또 오모이마스가

お目にかかる는 会う(만나다)의 겸양어이다.

A お目(め)にかかったことはないと思(おも)いますが。
뵌 적이 없는 것 같은데요.

B ええ、たぶん。私(わたし)はここは初(はじ)めてですから。
예, 아마도. 저는 여기는 처음이라서요.

A じゃ、よろしく。木村(きむら)です。
그럼, 잘 부탁합니다. 기무라입니다.

B 私(わたし)はキムです。どうぞよろしく。
저는 김입니다. 잘 부탁합니다.

자기소개 시에 자신의 이름을 상대에게 말할 때는 보통「이름+です」로도 충분하지만, 상대에 따라「이름+と申します」라고도 한다.

1156. 당신과는 처음인 것 같은데요.

あなたとは初(はじ)めてだと思(おも)いますが。

아나따또와 하지메떼다또 오모이마스가

1157. 어디서 뵈었지요?

どこかでお目(め)にかかりましたね。

도꼬까데 오메니 가까리마시다네

1158. 실례합니다. 어디서 뵌 적이 있지요?

失礼(しつれい)、どこかでお会(あ)いしたことがありますね。

시쯔레이 도꼬까데 오아이시따 고또가 아리마스네

A 失礼(しつれい)、どこかでお会(あ)いしたことがありますね。
실례합니다. 어디서 뵌 적이 있지요?

B ええ、もちろんです。ミチコの結婚披露宴(けっこんひろうえん)でしたね。
예, 물론입니다. 미치코 결혼 피로연이었죠.

A 私(わたし)、サチコです。あなたはキムですね。
저, 사치코입니다. 당신은 김이죠?

B そのとおり。また会(あ)えてうれしいです。
맞아요. 다시 만나서 반가워요.

1159. 죄송합니다. 다른 사람으로 착각했습니다.
すみません、別(べつ)の人(ひと)と間違(まちが)えてしまいました。
스미마센 베쯔노 히또또 마찌가에떼시마이마시다

1160. 안녕하세요, 저를 기억하겠습니까?
こんにちは、私(わたし)のこと覚(おぼ)えてます?
곤니찌와 와따시노 고또 오보에떼마스

1161. 가야마 유조입니다. 당신은?
加山雄三(かやまゆうぞう)です。あなたは?
가야마유-조-데스 아나따와

1162. 아리요시입니다만, 줄여서 아리입니다.
有吉(ありよし)ですが、縮(ち)めてアリーです。
아리요시데스가 찌지메떼 아리-데스

ニックネーム (nickname) = あだな 별명

1163. 저는 홍길동입니다. 별명은 고양이입니다.
私(わたし)はホンギルドンです。ニックネームはネコです。
와따시와 홍기루동데스 닉꾸네-무와 네꼬데스

1164. 제 명함입니다. 당신 것도 받을 수 있을까요?
名刺(めいし)をどうぞ。あなたのもいただけますか。
메-시오 도-조 아나따노모 이따다께마스까

1165. 제 이름은 김… 아 그래요, 명함을 드릴게요.
私(わたし)の名前(なまえ)は金(キム)…そうそう、名刺(めいし)をさしあげましょう。
와따시노 나마에와 키무.. 소-소 메-시오 사시아게마쇼-

남에게 뭔가를 줄 때는 상대에 따라 やる→あげる→差し上げる로 표현한다.

1166. 이름은 미우라 시게코이고, 도쿄에서 왔습니다.
名前(なまえ)は三浦茂子(みうらしげこ)、東京(とうきょう)から来(き)ました。
나마에와 미우라시게꼬 도-쿄-까라 끼마시다

1167. 아이는 둘 있습니다.
子供(こども)は二人(ふたり)います。
고도모와 후따리이마스

1168. 골프에 흥미가 있습니까?
ゴルフに興味(きょうみ)がありますか。
고루후니 교-미가 아리마스까

자기소개를 할 때

1169. <u>무역회사에 근무하는 회사원입니다.</u>

ぼうえきがいしゃ　つと　かいしゃいん
貿易会社に勤める会社員です。
보-에끼가이샤니 쯔또메루 가이샤인데스

…に勤める
…에 근무하다

Unit 02

이름을 물을 때

1170. <u>성함을 여쭤도 될까요?</u>

なまえ
お名前をうかがえますか。
오나마에오 우까가에마스까

1171. <u>성함은?</u>

なまえ
お名前は?
오나마에와

A なまえ
お名前は?
성함은?

B ホンギルドンです。
홍길동입니다.

1172. <u>성은 어떻게 됩니까?</u>

せい　なん
姓は何というのですか。
세-와 난또 유-노데스까

A せい　なん
姓は何というのですか。
성은 어떻게 됩니까?

B キム
金です。
김입니다.

1173. <u>미안합니다. 성함을 알아듣지 못했습니다.</u>

なまえ　き　と
すみません、お名前が聞き取れませんでした。
스미마센 오나마에가 끼끼또레마센데시다

1174. <u>(이름) 읽는 법을 말해 주겠어요?</u>

よ　かた　い
読み方を言ってくれますか。
요미까따오 잇떼 구레마스까

読み方 읽기, 書(か)き方 쓰기, 書き取(と)り 받아쓰기

1175. <u>이름을 잘 못 외웁니다.</u>

なまえ　おぼ　にが て
名前を覚えるのが苦手なんです。
나마에오 오보에루노가 니가떼난데스

苦手 잘 못함, 서투름 ↔ 得意(とくい)

1176. <u>무척 이름이 길군요.</u>

なが　なまえ
ずいぶん長いお名前ですね。
즈이분 나가이 오나마에데스네

이름을 물을 때

1177. 기억하기 쉽군요.

覚(おぼ)えやすいですね。

오보에야스이데스네

> …やすい …하기 쉽다(편하다) ↔ …にくい … 하기 어렵다(힘들다)

1178. 일본에서는 일반적인 이름입니까?

日本(にほん)では一般的(いっぱんてき)な名前(なまえ)でしょうか。

니혼데와 잇빤떼끼나 나마에데쇼-까

A 日本(にほん)では一般的(いっぱんてき)な名前(なまえ)でしょうか。
일본에서는 일반적인 이름입니까?

B いいえ。実際(じっさい)、どちかというとめずらしい名前(なまえ)ですね。
아뇨. 실제로는 매우 희귀한 이름입니다.

Unit 03

상대를 알기 위한 질문

1179. 어디 출신입니까?

どこのお生(う)まれですか。

도꼬노 오우마레데스까

A 木村(きむら)さん、どこの生(う)まれですか。
기무라 씨, 어디 출신이세요?

B 横浜(よこはま)に近(ちか)い小田原(おだわら)の小(ち)さな町(まち)です。
요코하마에서 가까운 오다와라의 작은 도시입니다.

상대가 어디에서 온 사람인지 물을 때는 生(う)まれ라는 표현을 사용한다. 生まれは 生まれる(태어나다)의 명사형으로「출생, 출신」을 나타낸다.

1180. 태어난 고향은 어디입니까?

生(う)まれ故郷(こきょう)はどこですか。

우마레 고쿄-와 도꼬데스까

1181. 일본 어디 출신입니까?

日本(にほん)のどこの生(う)まれですか。

니혼노 도꼬노 우마레데스까

1182. 같은 곳에서 자랐습니까?

同(おな)じところで育(そだ)ったのですか。

오나지 도꼬로데 소닷따노데스까

1183. 이곳 생활은 어떻습니까?

こちらの生活(せいかつ)はどうですか。

고찌라노 세-까쯔와 도-데스까

1184. 어느 학교에 다닙니까?

学校(がっこう)はどちらですか。

각꼬-와 도찌라데스까

상대를 알기 위한 질문

1185. <u>어느 대학을 다녔습니까?</u>

大学はどこでしたか。

다이가꾸와 도꼬데시다까

1186. <u>어디에 근무하십니까?</u>

どちらへお勤めですか。

도찌라에 오쯔또메데스까

1187. <u>무슨 일을 하세요?</u>

お仕事は?

오시고또와

A お仕事は?
무슨 일을 하세요?

B 東京でファッション・デザインを勉強しています。
도쿄에서 패션 디자인을 공부하고 있습니다.

1188. <u>이곳에는 자주 오십니까?</u>

こちらへはよくいらっしゃるのですか。

고찌라에와 요꾸 이랏샤루노데스까

1189. <u>무슨 흥미를 갖고 있습니까?</u>

ご興味は何ですか。

고쿄−미와 난데스까

1190. <u>가족은 몇 분입니까?</u>

ご家族は何人ですか。

고가조꾸와 난닌데스까

1191. <u>앞으로도 서로 연락을 취합시다.</u>

これからも連絡を取り合いましょうね。

고레까라모 렌라꾸오 도리아이마쇼−네

1192. <u>어떻게 하면 연락이 됩니까?</u>

どうしたら連絡がつきますか。

도−시따라 렌라꾸가 쯔끼마스까

1193. <u>연락처는?</u>

ご連絡先は?

고렌라꾸사끼와

先는 동작이 미치는 상대나 행선지를 나타낸다.

식사·가정·파티에 초대

일단 알게 된 사람이나 친구와 한층 더 친해지기 위해서는 …しませんか라고 권하는 것이다. 특히 자신의 집이나 파티에 초대해서 대화를 나누는 것은 서로의 거리낌 없는 친분을 쌓는 데 매우 중요한 의미를 갖는다. 아무리 친한 친구라 하더라도 집으로 초대하지 않는다는 일본인도 많다. 이것은 집이 좁기 때문이기도 하지만 대개 자기 집안을 남에게 보이는 것을 꺼리기 때문이다. 그러므로 일본인 집에 초대받는 것은 관계가 상당히 깊어졌다고 볼 수 있다.

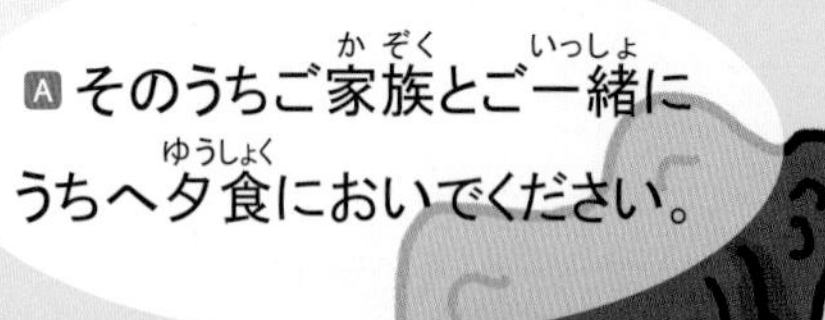

A そのうちご家族とご一緒に
うちへ夕食においでください。

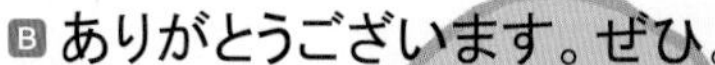

B ありがとうございます。ぜひ。

A 근간 가족과 함께 우리 집에 저녁 식사하러 오십시오.　B 감사합니다. 꼭 가겠습니다.

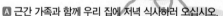

A そういうことなら、先のことにしないで日取り❶を決めましょうか。土曜日の晩はいかがですか。

B ごめんなさい。土曜日は先約があるんです。

A じゃあ、日曜日は?

B 日曜日は一日中❷ひまです。何をお持ちしましょうか。

A 그렇다면, 우선 날짜를 정할까요? 토요일 밤은 어떠세요?
B 미안합니다. 토요일은 선약이 있습니다.
A 그럼, 일요일은?
B 일요일은 하루 종일 시간이 있습니다. 무얼 가지고 갈까요?

❶ 日取り 날짜를 정함, 일정

❷ 中는 じゅう로 읽으면「온통 전체」를 나타내고, ちゅう로 읽으면 어떤 범위의 한가운데를 말한다.

Unit 01

초대를 할 때

1194. 우리 집에 오지 않겠어요?

わたしの家に来ませんか。

와따시노 이에니 끼마센까

1195. 들어와서 커피라도 마시고 안 갈래?

あがってコーヒーでも飲んで行かない?

아갓떼 고-히-데모 논데 이까나이

1196. 이번 일요일 저녁에 식사하러 오시지 않겠습니까?

今度の日曜の夕方、お食事にいらっしゃいませんか。

곤도노 니찌요-노 유-가따 오쇼꾸지니 이랏샤이마센까

동작성 명사 …にいらっしゃる …하러 오시다(가시다)

1197. 오늘 밤에 나와 식사는 어때?

今晩、わたしと食事はどう?

곤방 와따시또 쇼꾸지와 도-

1198. 함께 밖으로 식사하러 나가지 않을래요?

いっしょに外へ食事に出ませんか。

잇쇼니 소또에 쇼꾸지니 데마센까

1199. 가끔은 함께 모이는 것도 좋지.

たまにはみんなで集まるのもいいね。

다마니와 민나데 아쯔마루노모 이-네

1200. 언제 놀러 오세요.

いつか遊びに来てください。

이쯔까 아소비니 끼떼 구다사이

동사의 중지형 …に来る …하러 오다

1201. 기분이 내킬 때는 언제든지 들르십시오.

気の向いたときはいつでもお立ち寄りください。

기노 무이따 도끼와 이쯔데모 오다찌요리 구다사이

A 気の向いたときはいつでもお立ち寄りください。

기분이 내킬 때는 언제든지 들르십시오.

B ありがとう。ご親切に。

친절을 베풀어줘서 고마워요.

1202. 집에 와서 이야기라도 하지 않겠어요?

うちへ来ておしゃべりをしませんか。

우찌에 끼떼 오샤베리오 시마센까

お…ください(…해 주십시오)는 …てください의 존경 표현이다.

1203. 생일 파티에 와요?

誕生パーティーに来てね。

단조-파-티-니 끼떼네

초대를 할 때

1204. <u>오늘 밤, 집에서 파티를 하는데, 안 올래?</u>

今晩、うちでパーティーをやるんだけど、来ない?

곤방 우찌데 파–티–오 야룬다께도 고나이

1205. <u>일요일 밤에 조촐한 파티를 하는데, 와 주면 좋겠어요.</u>

日曜日の夜、ちょっとしたパーティーをやるので、来てくれるといいですね。

니찌요–비노 요루 춋또시따 파–티–오 야루노데 끼떼 구레루또 이–데스네

1206. <u>6시 반경에 와줄래?</u>

6時半頃来てくれる?

로꾸지항고로 기떼 꾸레루

> ちょっと는 少(すこ)し의 구어적인 표현이다.

A 何時に行けばいいかな?
몇 시에 가면 되나?

B 6時半頃来てくれる?
6시 반경에 와줄래?

1207. <u>빈손으로 와.</u>

手ぶらで来てね。

데부라데 끼떼네

A 何か持って行こうか。
뭐라도 가지고 갈까?

B いいのよ。手ぶらで来てね。
괜찮아. 빈손으로 와.

1208. <u>일본 가정 요리를 대접할게.</u>

日本の家庭料理をごちそうするよ。

니혼노 가떼–료–리오 고치소–스루요

> ごちそうする (음식을) 대접하다, 한턱내다

1209. <u>집은 신주쿠역에서 걸어서 10분 정도에 있어.</u>

家は新宿駅から歩いて10分ぐらいのところなんだ。

이에와 신쥬꾸에끼까라 아루이떼 쥿뿐구라이노 도꼬로난다

1210. <u>역까지 마중 나갈게.</u>

駅まで迎えに行くよ。

에끼마데 무까에니 이꾸요

1211. <u>역에 도착하면 전화해.</u>

駅に着いたら電話してね。

에끼니 쯔이따라 뎅와시떼네

Unit 02

초대에 응할 때

1212. 기꺼이 가겠습니다.

よろこ
喜んでうかがいます。
요로꼰데 우까가이마스

> 喜んでは 喜ぶ(기뻐하다)에서 파생되어 「기꺼이」라는 뜻으로 부사처럼 쓰인다.

1213. 물론 가겠습니다.

い
もちろん行きます。
모찌론 이끼마스

1214. 꼭 가겠습니다.

い
きっと行きます。
낏또 이끼마스

1215. 좋지요.

いいですねえ。
이-데스네-

1216. 나 말고 누가 오니?

わたし　く
私のほかにだれが来るの。
와따시노 호까니 다레가 꾸루노

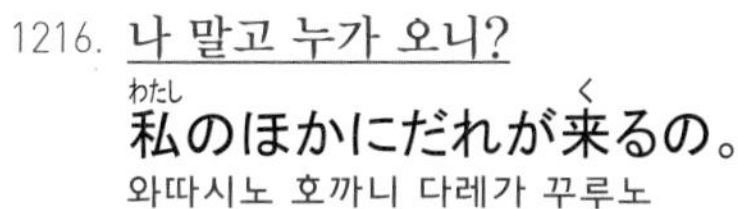

1217. 뭐라도 가지고 갈까?

なん　も
何か持っていこうか?
난까 못떼 이꼬-까?

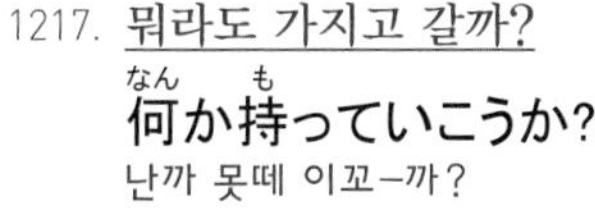

1218. 초대해 줘서 고마워.

まね
招いてくれてありがとう。
마네이떼 꾸레떼 아리가또-

> …てくれてありがとう
> …해 줘서 고맙다

1219. 초대 고마워.

しょうたい
ご招待ありがとう。
고쇼-따이 아리가또-

Unit 03

초대에 응할 수 없을 때

1220. 유감스럽지만 갈 수 없습니다.

ざんねん　い
残念ながら行けません。
잔넨나가라 이께마센

> ながらは 「…면서도, …지만」의 뜻으로 앞의 사실과 모순됨을 나타내기도 한다.

1221. 그날은 갈 수 없을 것 같은데요.

ひ　い
その日は行けないようですが。
소노 히와 이께나이요-데스가

> …ようだは 「…인(한) 것 같다)」의 뜻으로 불확실한 단정을 나타낸다.

1222. 공교롭게 그때는 바쁩니다.

とき　いそが
あいにくその時は忙しいんです。
아이니꾸 소노 도끼와 이소가시인데스

초대에 응할 수 없을 때

1223. 미안하지만, 그날은 안 됩니다.

すまないけど、その日はだめです。
스마나이께도 소노 히와다메데스

1224. 꼭 그렇게 하고 싶은데, 아쉽지만 안 되겠어요.

ぜひそうしたいのですが、残念ながらだめなんです。
제히 소–시따이노데스가 잔넨나가라 다메난데스

1225. 가고 싶은 마음은 태산 같은데….

行きたいのはやまやまですが…。
이끼따이노와 야마야마데스가

どうも 다음에 부정어가 이어지면 「아무래도, 도저히」 라는 뜻이 된다.

A 来ませんか。
안 올래요?

B できればそうしたいのですが、どうも行けそうもないんです。今やらなくてはいけないことがたくさんありまして。
가능하면 그렇게 하고 싶습니다만, 아무래도 갈 수 없을 것 같습니다. 지금 해야 할 일이 많이 있어서요.

1226. 불러 주셔서 기쁩니다만, 아무래도 안 될 것 같습니다.

誘っていただいて嬉しいですが、どうもだめそうなんです。
사솟떼 이따다이떼 우레시이데스가 도–모 다메소–난데스

1227. 고맙지만, 지금은 너무 바빠서 말이야.

ありがたいけど、今のところ手が離せないんだ。
아리가따이께도 이마노 도꼬로 데가 하나세나인다

1228. 재미있을 것 같은데, 지금 시간이 없어요

おもしろそうだけど、今時間がないんです。
오모시로소–다께도 이마 지깐가나인데스

1229. 재미있을 것 같은데, 오늘 밤은 올 손님이 있어.

おもしろそうだが、今晩は来客があるんだ。
오모시로소–다가 곤방와 라이꺄꾸가 아룬다

A あなたは来られる?
너는 올 수 있니?

B おもしろそうだが、今晩は来客があるんだ。
재미있을 것 같은데, 오늘 밤은 올 손님이 있어.

초대에 응할 수 없을 때

1230. 언제 다른 날로 하는 게 좋을 것 같군요.

いつか別(べつ)の日(ひ)のほうがよさそうですね。

이쯔까 베쯔노 히노 호-가 요사소-데스네

1231. 다시 불러 주세요.

また誘(さそ)ってみてください。

마따 사솟떼미떼 구다사이

1232. 아쉽지만, 오늘 밤은 선약이 있어.

残念(ざんねん)ながら、今晩(こんばん)は先約(せんやく)があるんだ。

잔넨나가라 곤방와 센야꾸가 아룬다

1233. 모처럼인데, 오늘은 사정이 안 좋습니다.

せっかくですが、今日(きょう)は都合(つごう)が悪(わる)いんです。

셋까꾸데스가 교-와 쯔고-가 와루인데스

せっかく는 노력이 허사가 되는 것에 대한 유감을 나타내며, わざわざ는 그 일만을 위해서 노력함을 뜻한다.

Part 2 실용회화 [Advanced편]

가정 방문

여기서는 집에 처음으로 방문하는 것을 상정하여 필요한 표현을 익히게 된다. 약속하고 나서 방문하는 것이 일반적이지만, 아무런 예고도 없이 찾아가 만날 상대가 없을 때에 도움이 되는 표현도 함께 익힌다. 집을 방문할 때는 ごめんくださいㅣ라고 상대를 부른 다음 집주인이 나올 때까지 현관에서 기다린다. 주인이 どちらさまですか라면서 나오면, こんにちは, 今日はお招きくださってありがとうございます, お世話になります 등의 인사말을 하고 상대의 안내에 따라 집 안으로 들어선다.

A あら、木村(きむら)じゃない。珍(めずら)しい。

B お邪魔(じゃま)じゃないといいけど。

A 全然(ぜんぜん)。テレビを見(み)てただけよ。❶

B ちょっと通(とお)りかかったので、皆(みな)さんどうされてる❷かお寄(よ)りしてみようかと思(おも)って。

A 어머, 기무라 아냐. 웬일이야.
B 방해가 안 되었으면 좋겠는데.
A 전혀. 텔레비전을 보고 있었을 뿐이야.
B 잠깐 지나가는 길에 모두 어떻게 지내는지 들러볼까 해서요.

A それはうれしいわ。さあ、入(はい)って。東京(とうきょう)へ帰(かえ)る途中(とちゅう)なんでしょう。

B ええ、静岡(しずおか)に行(い)ってたんです。今晩(こんばん)には東京(とうきょう)に戻(もど)らないといけないから、長居(ながい)❸はできないけど。

A 그거 반가운데. 자, 들어와. 도쿄로 가는 길이지?
B 예, 시즈오카에 가 있었어요. 오늘 밤에는 도쿄로 가야 하니까 오래 앉아 있을 수 없어요.

❶ …ただけだ …했을 뿐이다. だけ는 긍정의 형태로 쓰이고, しか는 부정의 말과 함께 쓰인다.

❷ 여기서 されてる는 して(い)る의 존경 표현으로 쓰였다.

❸ 長居 궁둥이가 무거움, 오랫동안 가지 않고 머무름

Unit 01

방문한 곳의 현관에서

1234. 기무라 씨 댁이 맞습니까?

木村(きむら)さんのお宅(たく)はこちらでしょうか。

기무라상노 오타꾸와 고찌라데쇼-까

どなたさまでしょうか는 방문한 사람의 신원을 확인할 때 쓰는 말이다.

A 木村(きむら)さんのお宅(たく)はこちらでしょうか。
기무라 씨 댁이 맞습니까?

B はい、どなたさまでしょうか。
네, 누구신가요?

1235. 요시다 씨는 댁에 계십니까?

吉田(よしだ)さんはご在宅(ざいたく)ですか。

요시다상와 고자이타꾸데스까

A 吉田(よしだ)さんはご在宅(ざいたく)ですか。
요시다 씨는 댁에 계십니까?

B いいえ、外(そと)に出(で)ていまはおりませんが。
아뇨, 밖에 나가고 지금은 없는데요.

1236. 김입니다. 야마자키 씨를 뵙고 싶습니다만.

キムです。山崎(やまざき)さんにお目(め)にかかりたいんですが。

키무데스 야마자끼상니 오메니 가까리따인데스가

1237. 기무라 씨와 3시에 만나기로 약속을 했는데요.

木村(きむら)さんと3時(じ)に約束(やくそく)してありますが。

기무라상또 산지니 야꾸소꾸시떼 아리마스가

…てある …해 두다(놓다)

1238. 남편께서 전화가 있었을 텐데요.

ご主人(しゅじん)から電話(でんわ)があったと思(おも)いますが。

고슈진까라 뎅와가 앗따또 오모이마스가

1239. 지나가다가 잠깐 들렀습니다.

通(とお)りかかったので、ちょっとお立(た)ち寄(よ)りしました。

도-리까깟따노데 촛또 오다찌요리시마시다

1240. 잠깐 인사를 하러 들렀습니다.

ちょっとごあいさつに立(た)ち寄(よ)らせてもらいました。

촛또 고아이사쯔니 다찌요라세떼 모라이마시다

1241. 괘념치 마십시오. 나중에 다시 뵙겠습니다.

ご心配(しんぱい)なく。あとでまたうかがいます。

고신빠이나꾸 아또데 마따 우까가이마스

방문한 곳의 현관에서

1242. 다시 찾아뵙겠습니다.

改めてご訪問いたします。

아라따메떼 고호-몬이따시마스

改めて 다른 기회에, 다시, 정식으로

1243. 제가 왔다고 전해 주십시오.

わたしが来たとお伝えください。

와따시가 끼따또 오쯔따에 구다사이

1244. 그럼 전화번호를 두고 가겠습니다.

それでは電話番号を置いて参ります。

소레데와 뎅와방고-오 오이떼 마이리마스

1245. 전화번호는 알고 있으리라 생각합니다만, 만약을 몰라 제 명함을 드리겠습니다.

電話番号はわかると思いますが、念のため私の名刺です。

뎅와방고-와 와까루또 오모이마스가 넨노다메 와따시노 메-시데스

A どなたとお伝えしましょうか。
누구라고 전해드릴까요?

B 木村です。念のため私の名刺です。
기무라입니다. 만약을 위해 제 명함을 드리겠습니다.

Unit 02

방문한 곳에서의 배려

1246. 너무 일찍 왔습니까?

ちょっと来るのが早すぎましたか。

춋또 꾸루노가 하야스기마시다까

…すぎる는 형용사의 어간에 접속하여 「너무 …하다」의 뜻을 가진 동사를 만든다.

A ちょっと来るのが早すぎましたか。
너무 일찍 왔습니까?

B いや、木村はもう来てますよ。
아뇨, 기무라는 벌써 와 있어요.

1247. 늦어서 죄송합니다.

遅くなってすみません。

오소꾸낫떼 스미마센

1248. 이거 선물이야.

これお土産だよ。

고레 오미야게다요

お土産 방문할 때나 여행지에서 가져온 선물

방문한 곳에서의 배려

1249. 이걸 (선물) 받으십시오

これをどうぞ。
고레오 도-조

1250. 집이 좋군요.

いいお住(す)まいですね。
이- 오스마이데스네

1251. 자, 저는 괘념치 마십시오.

どうぞ私(わたし)のことはおかまいなく。
도-조 와따시노 고또와 오까마이나꾸

> どうぞおかまいなく 조금도 괘념(걱정) 마시고 마음대로 하십시오

1252. 일하시는데 방해가 되지 않았으면 좋겠는데요.

お仕事(しごと)のお邪魔(じゃま)にならなければいいのですが。
오시고또노 쟈마니 나라나께레바 이-노데스가

> 邪魔になる 방해가 되다, 폐가 되다

1253. 고맙습니다. 편히 하고 있습니다.

どうも。もうくつろいでいます。
도-모 모- 구쯔로이데이마스

A どうぞお楽(らく)に。
자, 편히 하십시오.

B どうも。もうくつろいでいます。
고맙습니다. 편히 하고 있습니다.

1254. 밝고 멋진 집이군요.

明(あか)るくてすてきなお住(す)まいですね。
아까루꾸떼 스떼끼나 오스마이데스네

1255. 여기는 상당히 살기 좋을 것 같지 않습니까?

ここはなかなか住(す)み心地(ごこち)が良(よ)さそうじゃないですか。
고꼬와 나까나까 스미 고꼬찌가 요사소-쟈나이데스까

> ここち(마음의 상태, 기분)는 접미어적으로 복합명사를 만들 때는 ごこち꼴로 쓰인다. 寝(ね)ごこち 잘 때의 느낌, 乗(の)りごこち 승차감, 酔(よ)いごこち 취한 기분

1256. 이 방은 아늑하군요.

この部屋(へや)は居心地(いごこち)がいいですね。
고노 헤야와 이고꼬찌가 이-데스네

1257. 담배를 피워도 될까요?

タバコを吸(す)ってもいいでしょうか。
타바꼬오 숫떼모 이-데쇼-까

방문한 곳에서의 배려

1258. 실례합니다만, 화장실은?

失礼ですが、トイレは?

시쯔레-데스가 토이레와

Unit 03

방문을 마치고 돌아갈 때

1259. 슬슬 일어나겠습니다.

そろそろおいとまします。

소로소로 오이또마시마스

1260. 이만 가야 할 시간인 것 같군요.

ぼちぼち失礼する時間のようですね。

보찌보찌 시쯔레-스루 지깐노요-데스네

ぼちぼち는 ぼつぼつ라고도 하며 느리게 일을 행하는 모양을 나타낸다.

A もう一杯いかがですか。
한 잔 더 하시겠어요?

B いや、もう結構。ぼちぼち失礼する時間のようですね。
아뇨, 됐습니다. 이만 가야 할 시간인 것 같군요.

1261. 너무 시간이 늦어서요.

もう時間が遅いですから。

모- 지깐가 오소이데스까라

1262. 이렇게 늦은 줄은 몰랐습니다.

こんなに遅くなったとは知りませんでした。

곤나니 오소꾸낫따또와 시리마센데시다

1263. 그만 너무 오래 있었습니다.

つい長居をしてしまいました。

쯔이 나가이오 시떼시마이마시다

1264. 5시에 약속이 있어서요.

5時に約束がありますので。

고지니 야꾸소꾸가 아리마스노데

1265. 일하러 돌아갈 시간이라서요.

仕事にもどる時間ですので。

시고또니 모도루 지깐데스노데

1266. 더 오래 있었으면 좋겠는데.

もっと長くいられたらいいのだけど。

못또 나가꾸 이라레따라 이-노다께도

방문을 마치고 돌아갈 때

1267. 아쉽지만, 더 이상 폐를 끼치고 있을 수 없습니다.

残念ですが、これ以上お邪魔していられません。

잔넨데스가 고레이죠- 오쟈마시떼 이라레마센

1268. 더 있고 싶습니다만, 볼일이 있어서요.

もっといたいのですが、用事がありますので。

못또 이따이노데스가 요-지가 아리마스노데

1269. 무척 즐거웠어. 정말로 고마워.

とても楽しかった。ほんとうにありがとう。

도떼모 다노시깟따 혼또-니 아리가또-

1270. 말씀 정말로 즐거웠습니다.

本当に楽しくお話しできました。

혼또-니 다노시꾸 오하나시데끼마시다

1271. 오늘은 만나서 즐거웠습니다.

今日は会えてうれしかったです。

교-와 아에떼 우레시깟따데스

A 今日は会えてうれしかったです。
오늘은 만나서 즐거웠습니다.

B こちらもおかげで楽しかったです。また来てくださいね。
저도 덕분에 즐거웠습니다. 또 오세요.

1272. 친절한 대접을 해주셔서 고마웠습니다.

親切なおもてなしをどうもありがとうございました。

신세쯔나 오모떼나시오 도-모 아리가또- 고자이마시다

1273. 저희 집에도 꼭 오십시오.

私の方にもぜひ来てください。

와따시노 호-니모 제히 끼떼 꾸다사이

1274. 여러 가지로 신세가 많았습니다.

どうもいろいろとお世話になりました。

도-모 이로이로 오세와니 나리마시다

> お世話になる 신세를 지다, 世話をする 보살피다, 돌보다

1275. 덕분에 정말 즐겁게 지냈습니다.

お陰さまで本当に楽しく過ごさせていただきました。

오까게마사데 혼또-니 다노시꾸 스고사세떼 이따다끼마시다

1276. 한국에 오셔서 저의 집을 방문해 주지 않겠어요?

韓国へいらして私のところを訪ねてくれませんか。

간꼬꾸에 이라시떼 와따시노 도꼬로오 다즈네떼 구레마센까

Chapter 05 방문객의 안내와 대접

방문을 받았을 때 현관에서의 응대에서부터 전송할 때까지 주로 쓰이는 표현을 순서대로 배운다. 먼저 손님이 찾아오면 いらっしゃい, どうぞ라고 맞이한 다음 どうぞお入りください라고 하며 안으로 안내를 한다. 안내한 곳까지 손님이 들어오면 何か飲み物はいかがですか로 마실 것을 권유한 다음 식사를 한다. 상대가 일찍 가려고 하면 もうお帰りですか라고 만류한다. 방문을 마치고 돌아가는 손님에게 ぜひまたいらしてください라고 다시 방문할 것을 부탁한다.

A 入(はい)っておかけなさい。❶
B ありがとう。きれいなお住(す)まいですね。ここはいつも居心地(いごこち)がよくて。

A 들어와 앉아요.

B 고마워요. 멋진 집이군요. 여기는 늘 있기에 편해서 좋아요.

A それは嬉(うれ)しいね。実(じつ)はこの部屋(へや)、改装(かいそう)したばかりなんだ。だから、ペンキがまだにおうんじゃないかな。

B 気(き)がつきませんでした。でも、本当(ほんとう)にすてきですね。

A ありがとう。紅茶(こうちゃ)はいかが?

B いいですね。いただきます。

A 그거 반갑군. 실은 이 방 개조한 지 얼마 안 되었어. 그래서 아직 페인트 냄새가 나지 않아?

B 몰랐습니다. 하지만 정말 멋지군요.

A 고마워요. 홍차 어때?

B 좋지요. 주세요.

❶ 가벼운 의뢰나 명령을 나타내는 なさい는 お…なさい로 쓰이면 더욱 부드러운 느낌을 준다.

방문객을 맞이할 때

1277. 자, 어서 오세요.

いらっしゃい、どうぞ。
이랏샤이 도−조

1278. 와 줘서 기뻐.

来てくれてうれしいわ。
끼떼 꾸레떼 우레시−와

わ는 주장·판단이나 가벼운 감동의 뜻을 나타낸다.

A お招きありがとう。
초대 고마워.

B 来てくれてうれしいわ。
와 줘서 기뻐.

1279. 잘 오셨습니다.

ようこそいらっしゃいました。
요−꼬소 이랏샤이마시다

1280. 어머, 기무라 씨, 오랜만이에요.

まあ、木村さん! しばらくですね。
마− 기무라상 시바라꾸데스네

1281. 이렇게 찾아오리라고는 꿈에도 생각하지 않았어.

こんなに訪ねてくるとは夢にも思ってなかった。
곤나니 다즈네떼 꾸루또와 유메니모 오못떼나깟따

방문한 사람을 맞이하는 인사말을 하고 싶을 때는 ようこそ에 いらっしゃいました 또는 おいでくださいました를 붙여서 사용한다. 하지만 이를 생략하고 간단하게 ようこそ 라고만 말하더라도 환영의 인사로 쓸 수 있다.

1282. 어서 오세요. 무척 기다리고 있었습니다.

ようこそ。楽しみにお待ちしてました。
요−꼬소 다노시미니 오마찌시떼마시다

1283. 누구십니까?

どちら様でしょうか。
도찌라사마데쇼−까

1284. 잠깐 기다려 주십시오.

ちょっとお待ちください。
춋또 오마찌 구다사이

1285. 곧 만나실 수 있는지 없는지 보고 오겠습니다.

すぐお会いになれるかどうかみて参ります。
수구 오아이니 나레루까 도−까 미떼 마이리마스

…かどうか …일(할)지 아닐지, …일(할)지 어떨지

1286. 지금 손님이 와 계십니다. 잠시 기다려 주시겠습니까?

ただいま来客中です。少々お待ちいただけますか。
다다이마 라이캬꾸츄−데스 쇼−쇼− 오마찌 이따다께마스까

방문객을 맞이할 때

1287. 기다려 주시면 기꺼이 뵌다고 합니다.

お待(ま)ちいただければ、喜(よろこ)んでお目(め)にかかるそうです。

오마찌 이따다께레바 요로꼰데 오메니 가까루소-데스

> そうだ는 양태를 나타낼 뿐만 아니라 전문을 나타내기도 한다.

1288. 죄송합니다만, 지금 외출 중입니다.

申(もう)し訳(わけ)ありませんが、ただいま外出中(がいしゅつちゅう)でございます。

모-시와께 아리마센가 다다이마 가이슛쯔츄-데 고자이마스

> …でございます는 …です의 정중어이다.

1289. 지금은 없습니다만, 오후 4시까지 돌아옵니다.

今(いま)はおりませんが、午後(ごご)4時(じ)までに帰(かえ)ります。

이마와 오리마센가 고고 요지마데니 가에리마스

Unit 02

방문객을 안으로 안내할 때

1290. 자 들어오십시오.

どうぞお入(はい)りください。

도-조 오하이리 구다사이

1291. 이쪽으로 오십시오.

こちらへどうぞ。

고찌라에 도-조

> どうぞ는 남에게 권유할 때, 허락할 때 하는 말이다.

1292. 길은 금방 알았습니까?

道(みち)はすぐわかりましたか。

미찌와 수구 와까리마시다까

1293. 이런 건 가지고 오시지 않아도 되는데, 고마워요.

そんなことなさらなくても良(よ)かったのに。ありがとう。

손나 고또나사라나꾸떼모 요깟따노니 아리가또-

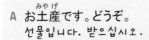

A お土産(みやげ)です。どうぞ。
선물입니다. 받으십시오.

B そんなことなさらなくても良(よ)かったのに。ありがとう。
이런 건 가지고 오시지 않아도 되는데. 고마워요.

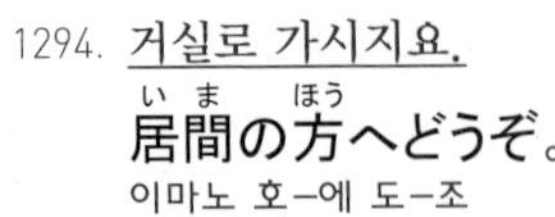

1294. 거실로 가시지요.

居間(いま)の方(ほう)へどうぞ。

이마노 호-에 도-조

1295. 서재로 갑시다.

書齋(しょさい)へまいりましょう。

쇼사이에 마이리마쇼-

> 参る(まいる)는 行く(가다) 来る(오다)의 겸양어이다.

방문객을 안으로 안내할 때

1296. 집 안을 안내해드릴까요?

いえ なか あんない
家の中をご案内しましょうか。
이에노 나까오 고안나이시마쇼-까

> ご+한자어+する는 겸양 표현으로 「…해 드리다」의 뜻을 나타낸다.

1297. 어때요? 창문에서 본 전망이 멋지죠?

まど なが
どうです? 窓からの眺めがすばらしいでしょう?
도-데스 마도까라노 나가메가 스바라시-데쇼-

1298. 방이 멋진데.

へや
すてきなお部屋ね。
스테끼나 오헤야네

1299. 가족사진이 많이 있네.

かぞく しゃしん
ご家族の写真がたくさんあるわね。
고가조꾸노 샤신가 다꾸상 아루와네

1300. 이 사진 어디서 찍었니?

しゃしん と
この写真はどこで撮ったの?
고노 샤신와 도꼬데 돗따노

> の는 문말에 접속하여 가벼운 질문을 나타낸다.

1301. 사진에 찍힌 이 사람은 누구야?

しゃしん うつ ひと だれ
写真に写っているこの人は誰?
샤신니 우쯧떼이루 고노 히또와 다레

Unit 03

방문객을 대접할 때

1302. 무슨 마실 건 어때요?

なん の もの
何か飲み物はいかが?
난까 노미모노와 이까가

> いかが는 どう의 정중한 표현으로 상대방에게 뭔가를 권유하는 말로 쓰인다.

なん の もの
A 何か飲み物はいかが?
무슨 마실 건 어때요?

B ええ、ビールをもらえますか。
예, 맥주를 주겠어요?

1303. 무얼 마실래?

なに の
何を飲む?
나니오 노무

1304. 맥주 한 잔 더 어때?

いっぱい
ビールをもう一杯どう?
비-루오 모- 잇빠이 도-

방문객을 대접할 때

1305. 이건 전형적인 일본 가정요리야.

これは典型的な日本の家庭料理よ。
고레와 덴께-떼끼나 니혼노 가떼-료-리요

1306. 맛있어 보이네.

おいしそうだね。
오이시소-다네

1307. 이거 전부 만드느라고 힘들었겠군요.

これを全部つくるのは大変だったでしょうね。
고레오 젠부 쯔꾸루노와 다이헨닷따데쇼-네

1308. 자 마음껏 드십시오.

どうぞご自由に召し上がってください。
도-조 고지유-니 메시아갓떼 구다사이

1309. 아무거나 좋아하시는 것을 드십시오.

どれでもお好きな物をどうぞ。
도레데모 오스끼나 모노오 도-조

1310. 이렇게 먹는 거야.

こうやって食べるんだよ。
고- 얏떼 다베룬다요

1311. 좀 더 드실래요?

もう少しいかが?
모- 스꼬시 이까가

A もう少しいかが?
좀 더 드실래요?

B ええ、いただきます。
예, 주세요.

1312. 일본 음식 중에서 무얼 가장 좋아하니?

日本の食べ物では、何がいちばん好き?
니혼노 다베모노데와 나니가 이찌방 스끼

1313. 무슨 못 먹는 것은 있니?

何か食べられないものはある?
나니까 다베라레나이 모노와 아루

1314. 만드는 법을 가르쳐줄게.

作り方を教えてあげるわ。
쯔꾸리 가따오 오시에떼 아게루와

방문객을 대접할 때

A この料理はどうやって作るの?
이 요리는 어떻게 만드니?

B 作り方を教えてあげるわ。
만드는 법을 가르쳐줄게.

1315. 만드는 법을 써줄게.
作り方を書いてあげよう。
쯔꾸리 가따오 가이떼 아게요-

1316. 많이 먹었니?
十分に食べた?
쥬-분니 다베따

A 十分に食べた?
많이 먹었니?

B うん、お腹いっぱいだよ。
응, 배가 불러.

1317. 디저트는 어때?
デザートはいかが?
데자-또와 이까가

Unit 04

방문객이 돌아갈 때

1318. 벌써 가시겠습니까?
もうお帰りですか。
모- 오가에리데스까

1319. 차 마실 시간은 있잖아요?
お茶の時間までいいじゃありませんか。
오챠노 지깐마데 이-쟈 아리마센까

1320. 저녁을 드시고 가지 않겠습니까?
夕食を召し上がって行きませんか。
유-쇼꾸오 메시아갓떼 이끼마센까

召し上がる는 食べる(먹다), 飲む(마시다)의 존경어로 「드시다」의 뜻이다.

1321. 저야 괜찮습니다.
わたしの方はかまわないんですよ。
와따시노 호-와 가마와나인데스요

1322. 그럼, 만류하지는 않겠습니다.
それじゃ、お引き留めはいたしません。
소레쟈 오히끼도메와 이따시마센

방문객이 돌아갈 때

1323. 그럼, 자주 찾아와 주십시오.

でも、もっと何度(なんど)も訪(たず)ねて来(き)てくださいよ。
데모 못또 난도모 다즈네떼 끼떼 구다사이요

1324. 와 주셔서 저야말로 즐거웠습니다.

来(き)ていただいて、こちらこそ楽(たの)しかったです。
끼떼 이따다이떼 고찌라꼬소 다노시깟따데스

1325. 와 줘서 고마워요. 다시 만나서 즐거웠습니다.

来(き)てくれてありがとう。再会(さいかい)できてうれしかったです。
끼떼 꾸레떼 아리가또– 자이까이데끼떼 우레시깟따데스

1326. 꼭 다시 오십시오.

ぜひまたいらしてください。
제히 마따 이라시떼 구다사이

1327. 가까운 시일 내에 또 오십시오.

また近(ちか)いうちにどうぞ。
마따 찌까이우찌니 도–조

1328. 언제든지 또 오십시오.

いつでもまた来(き)てください。
이쯔데모 마따 끼떼 구다사이

1329. 역까지 차로 보내드릴까요?

駅(えき)まで車(くるま)で送(おく)りましょうか。
에끼마데 구루마데 오꾸리마쇼–까

1330. 택시를 부를까요?

タクシーを呼(よ)びましょうか。
타쿠시–오 요비마쇼–까

1331. 안녕히 가세요. 잘 와 주셨습니다.

さようなら、よくいらしてくださいました。
사요–나라 요꾸 이라시떼 구다사이마시다

いらっしゃって는 흔히 줄여서 いらして로 표현한다.

시간과 연·월·일

시각, 요일, 연월일 등 시간에 관한 표현은 일상생활에서 언제 어디서든 입에서 술술 나올 때까지 익혀두어야 한다. 시간을 물을 때는 何時ですか라고 하며, 이에 대한 응답으로는 정각이면 ちょうど를 쓰고 정각을 지났을 때는 すぎ를 써서 표현한다.
월이나 요일 또는 날짜를 물을 때는 의문의 뜻을 나타내는 조수사 何을 써서 何月(なんがつ), 何曜日(なんようび), 何日(なんにち)라고 묻고, 연도를 물을 때는 何年(なんねん)이라고 하면 된다.

A 木村は何時にここに来ることになってる?
B 3時半。もう20分遅刻だよ。

A 기무라는 몇 시에 여기로 오기로 되어 있니?　　B 3시 반, 벌써 20분 지각이야.

A いつものとおりだと、5時前に着いたら御の字①ってとこ②ね。
B ああ、そんなとこだね。はじめちゃったほうがいいな。高橋さんはいつソウルに発つんだった?
A あさってよ。29日。
B じゃあ、来月三日の打ち合わせ③には戻ってくるんだね?

A 평소대로라면 5시 전에 도착하면 감지덕지이겠는데.
B 아, 그런 거로군. 시작해버리는 게 좋을까. 다카하시 씨는 언제 서울에 간댔지?
A 모레야. 29일.
B 그럼, 다음 달 3일 협의에는 돌아오겠네?

① 御の字 특별한 것, 극상품. (예상보다) 괜찮음, 감지덕지함
② とこ는 ところ의 회화체 표현이다.
③ 打ち合わせ 협의, 상의, 의논

Unit 01

시각을 묻고 답할 때

일본어로 시(時)와 분(分)을 말할 때는 발음을 주의해야 하는 단어들이 있다. 시간을 말할 때 四時(よじ)와 九時(くじ)의 발음에 주의하고, 분을 말할 때는 一分(いっぷん)·三分(さんぷん)·六分(ろっぷん)·八分(はっぷん)·十分(じっ·じゅっぷん)의 발음에 주의한다.

1332. 지금 몇 시입니까?

いま なんじ
今、何時ですか。
이마 난지데스까

> **A** いま なんじ
> 今、何時ですか。
> 지금 몇 시입니까?
>
> **B** じ ぷん
> 9時10分です。
> 9시 10분입니다.

1333. 12시 15분 전입니다.

じ ふんまえ
12時15分前です。
쥬-니지 쥬-고훈마에데스

1334. 정확한 시간은?

せいかく じかん
正確な時間は?
세-까꾸나 지깐와

1335. 벌써 12시가 지났어요.

じ す
もう12時を過ぎてますよ。
모- 쥬-니지오 스기떼마스요

1336. 2시가 좀 넘었습니다.

じ
2時をちょっとまわりました。
니지오 춋또 마와리마시다

1337. 시계는 3시 15분을 가리키고 있습니다.

とけい じ ふん さ
時計は3時15分を指しています。
도께-와 산지 쥬-고훈오 사시떼 이마스

1338. 4시 무렵에는 돌아오겠습니다.

じごろ もど き
4時頃には戻って来ます。
요지고로니와 모돗떼 끼마스

1339. 몇 시에 약속이 있습니까?

なんじ やくそく
何時に約束がありますか。
난지니 야꾸소꾸가 아리마스까

1340. 15분만 일찍 가도 되겠어요?

ふん そうたい
15分だけ早退していいでしょうか。
쥬-고훈다께 소-따이시떼 이-데쇼-까

早退는 早引くはや びけ라고도 한다.

1341. 이제 갈 시간입니다.

い じかん
もう行く時間ですよ。
모- 이꾸 지깐데스요

시각을 묻고 답할 때

1342. 10시까지 들어가야 해요.

門限(もんげん)が10時(じ)なんです。

몬겡가 쥬-지난데스

門限은 가정이나 기숙사 등에서의 폐문 시각이나 귀가 시간을 말한다.

1343. 시간이 없어요.

時間(じかん)がありませんよ。

지깐가 아리마센요

1344. 아침에는 몇 시경에 일어납니까?

朝(あさ)は何時(なんじ)ごろ起(お)きますか。

아사와 난지고로 오끼마스까

1345. 어젯밤은 몇 시에 잤습니까?

昨夜(さくや)は何時(なんじ)に寝(ね)ましたか。

사꾸야와 난지니 네마시다까

1346. 일은 9시부터 시작됩니다.

仕事(しごと)は9時(じ)から始(はじ)まります。

시고또와 구지까라 하지마리마스

1347. 언제쯤 집에 가십니까?

いつごろうちへお帰(かえ)りですか。

이쯔고로 우찌에 오가에리데스까

우리말에서는 「집에 가다」라고 표현하지만 일본어에서는 帰る라는 동사를 사용한다.

1348. 통근은 어느 정도 걸립니까?

通勤(つうきん)にはどのくらいかかりますか。

쯔-낀니와 도노구라이 가까리마스까

1349. 벌써 9시야? 이제 돌아갈 시간이다.

もう9時(じ)なの? そろそろ帰(かえ)る時間(じかん)だ。

모- 구지나노 소로소로 가에루 지깐다

1350. 시간은 어떻습니까?

時間(じかん)はどうですか。

지깐와 도-데스까

1351. 서둘러요. 시간이 없어.

急(いそ)いでよ。時間(じかん)がないんだ。

이소이데요 지깐가 나인다

1352. 왜 그렇게 시간이 걸리니?

どうして そんなに時間(じかん)がかかるの?

도-시떼 손나니 지깐가 가까루노

1353. 드디어 때가 왔다.

いよいよ時(とき)が来(き)た。

이요이요 도끼가 끼따

시각을 묻고 답할 때

1354. 기다리고 기다리던 시간이 왔어.
待ちに待った時間が来た。
마찌니 맛따 지깐가 끼따

1355. 시간은 돈이다.
時は金なり。
도끼와 가네나리

なり는 「…이다」의 뜻을 가진 조동사로 …だ의 예스런 표현이다.

1356. 텔레비전을 보며 시간을 허비했어.
テレビを見てひまをつぶしたんだ。
테레비오 미떼 히마오 쯔부시딴다

暇潰(ひまつぶ)し 심심풀이

1357. 남은 시간이 없어.
残り時間はないよ。
노꼬리 지깐와 나이요

Unit 02

시계에 대해서 말할 때

1358. 내 시계는 11시입니다.
わたしの時計では11時です。
와따시노 도께-데와 쥬-이찌지데스

1359. 내 시계는 정확합니다.
わたしの時計は正確です。
와따시노 도께-와 세-까꾸데스

1360. 좀처럼 멈추는 일이 없습니다.
めったに止まることはありません。
멧따니 도마루 고또와 아리마센

めったに는 뒤에 부정어가 이어져 「좀처럼, 거의」의 뜻을 나타낸다.

1361. 그 시계는 5분 빨라.
その時計は5分進んでいるよ。
소노 도께-와 고훈 스슨데 이루요

時計が進んでいる 시계가 빠르다

1362. 그 시계는 5분 늦어.
その時計は2～3分遅れているよ。
소노 도께-와 니~산뿐 오꾸레떼 이루요

時計が遅れている 시계가 늦다

1363. 저 시계는 맞니?
あの時計は合ってる?
아노 도께-와 앗떼루

1364. 자명종을 7시에 맞춰놨는데 울리지 않았습니다.
目覚ましを7時にセットしたのに、鳴りませんでした。
메자마시오 시찌지니 셋또시따노니 나리마센데시다

시계에 대해서 말할 때

1365. 당신 것은 좀 빠른 것 같습니다.
あなたのはちょっと進(すす)んでいると思(おも)います。
아나따노와 춋또 스슨데 이루또 오모이마스

1366. 이 시계는 몇 초밖에 늦지 않습니다.
この時計(とけい)は数秒(すうびょう)しか遅(おく)れていません。
고노 도께-와 쑤-뵤-시까 오꾸레떼 이마센

1367. 내 시계는 어딘가 상태가 이상한 것 같습니다.
私(わたし)の時計(とけい)はどこか調子(ちょうし)がおかしいようです。
와따시노 도께-와 도꼬까 쵸-시가 오까시-요-데스

1368. 시계를 가지고 있지 않습니다.
時計(とけい)は持(も)っていません。
도께-와 못떼 이마센

Unit 03

년(年)에 대해서 말할 때

1369. 올해는 서기 몇 년입니까?
今年(ことし)は西暦(せいれき)で何年(なんねん)ですか。
고토시와 세-레끼데 난넨데스까

西暦(せいれき) 서력, 양력 ↔ 旧暦(きゅうれき) 구력, 음력

1370. 올해는 헤이세이 몇 년입니까?
今年(ことし)は平成何年(へいせいなんねん)ですか。
고토시와 헤-세- 난넨데스까

平成는 昭和(しょうわ) 다음 천황의 연호로 서기 1989년이 平成 1년이다.

1371. 몇 년 생입니까?
何年(なんねん)の生(う)まれですか。
난넨노 우마레데스까

1372. 딸의 생일은 2000년 3월 3일입니다.
娘(むすめ)の誕生日(たんじょうび)は2000年(ねん)3月(がつ)3日(か)です。
무스메노 단죠-비와 니센넨 산가쯔 밋까데스

1373. 나는 1992년에 대학을 졸업했습니다.
私(わたし)は1992年(ねん)に大学(だいがく)を卒業(そつぎょう)しました。
와따시와 센규햐꾸규-쥬-니넨니 다이가꾸오 소쯔교-시마시다

1374. 무슨 띠입니까?
何(なん)の年(とし)ですか。
난노 토시데스까

년(年)에 대해서 말할 때

A 何の年ですか。
무슨 띠입니까?

B 馬の年です。
말띠입니다.

1375. 내년에 일본으로 유학을 갈 예정입니다.
来年日本へ留学する予定です。
라이넨 니혼에 류–가꾸스루 요떼–데스

Unit 04

월(月)에 대해서 말할 때

1376. 이번 달은 몇 월입니까?
今月は何月ですか。
곤게쯔와 난가쯔데스까

四月(しがつ)와 九月(くがつ)의 발음에 주의한다.

A 今月は何月ですか。
이번 달은 몇 월입니까?

B 4月です。
4월입니다.

1377. 생일은 몇 월에 있습니까?
お誕生日は何月にありますか。
오단죠–비와 난가쯔니 아리마스까

1378. 지난달 도쿄에서 기무라 씨를 만났습니다.
先月に東京で木村さんに会いました。
센게쯔니 도–쿄–데 기무라상니 아이마시다

1379. 다음 달에는 중간고사가 있습니다.
来月には中間テストがあります。
라이게쯔니와 츄–깐테스토가 아리마스

1380. 마감은 6월 말입니다.
締め切りは6月末です。
시메끼리와 로꾸가쯔마쯔데스

1381. 중순이라면 시간이 있어.
中旬なら時間があるよ。
츄–쥰나라 지깐가 아루요

월(月)에 대해서 말할 때

1382. 6월 하순에 오사카에 갑니다.
がつ げじゅん おおさか い
6月下旬に大阪へ行きます。
로꾸가쯔 게쥰니 오-사까에 이끼마스

Unit 05

요일(曜日)에 대해서 말할 때

1383. 오늘은 무슨 요일입니까?
きょう なんようび
今日は何曜日ですか。
교-와 난요-비데스까

A きょう なんようび
今日は何曜日ですか。
오늘은 무슨 요일입니까?

B きょう もくようび
今日は木曜日です。
오늘은 목요일입니다.

1384. 이번 일요일에는 하루 종일 집에 있어.
こんど にちようび いちにちじゅういえ
今度の日曜日は、一日中家にいるよ。
곤도노 니찌요-비와 이찌니찌쥬- 이에니 이루요

1385. 1주일 후 목요일입니다.
しゅうかんご もくようび
1週間後の木曜日です。
잇슈-깐고노 모꾸요-비데스

A しけん
試験はいつからですか。
시험은 언제부터입니까?

B しゅうかんご もくようび
1週間後の木曜日です。
1주일 후 목요일입니다.

각 요일은 일본어로 다음과 같이 읽는다.
月曜日(げつようび)
火曜日(かようび)
水曜日(すいようび)
木曜日(もくようび)
金曜日(きんようび)
土曜日(どようび)
日曜日(にちようび)

1386. 토요일 아침에 테니스 안 할래?
どようび あさ
土曜日の朝、テニスをしない?
도요-비노 아사 테니스오 시나이

1387. 수요일 오후에 시간 있니?
すいようび ごご じかん
水曜日の午後、時間ある?
스이요-비노 고고 지깐 아루

1388. 다음 모임은 금요일입니다.
つぎ かいごう きんようび
次の会合は金曜日です。
쯔기노 가이고-와 깅요-비데스

Unit 06

일(日)에 대해서 말할 때

1389. 오늘은 며칠입니까?

今日(きょう)は何日(なんにち)ですか。

교-와 난니찌데스까

1390. 오늘은 며칠이었지?

今日(きょう)は何日(なんにち)だったけ?

교-와 난니찌닷따께

一日(ついたち) 二日(ふつか) 三日(みっか) 四日(よっか) 五日(いつか) 六日(むいか) 七日(なのか) 八日(ようか) 九日(ここのか) 十日(とおか)와 十四日(じゅうよっか) 二十日(はつか) 二十四日(にじゅうよっか)는 고유어로 읽는다.

A 今日(きょう)は何日(なんにち)だったけ?

오늘은 며칠이었지?

B 25日(にち)だよ。

25일이야.

1391. 모레는 돌아오겠습니다.

明後日(あさって)には帰(かえ)ってきます。

아삿떼니와 가엣떼 끼마스

1392. 모의고사는 며칠입니까?

模擬(もぎ)テストは何日(なんにち)ですか。

모기테스토와 난니찌데스까

1393. 시험은 언제부터입니까?

試験(しけん)はいつからですか。

시껭와 이쯔까라데스까

Chapter 07

약속의 표현

상대와 약속을 할 때는 우선 상대방의 형편이나 사정을 물어본 다음 용건을 말하고 시간과 장소를 말하는 것이 순서이다. 상대방의 사정이나 형편을 고려하지 않고 일방적으로 결정해서는 안 된다. 그리고 착오가 없도록 확인할 필요가 있으며, 가능하면 장소와 시간은 상대방이 정하는 게 좋다. 이럴 때 쓰이는 일본어 표현이 ご都合はよろしいですか이다. 시간을 정할 때는 …に会いましょう라고 하며, 약속 장소를 정할 때는 …で会いましょう라고 표현하면 된다.

A 日にちと時間を決めよう。ちょうど手帳を持ってるから。

B いいわ。次の金曜日は、私は都合がいいわ。夜は何にも予定はないし。

A 날짜와 시간을 정하자. 마침 수첩을 가지고 있으니까.

B 좋아. 다음 금요일은 나는 괜찮아. 밤에는 아무런 예정도 없고.

A ぼくも大丈夫❶。どこで待ち合わせ❷ようか。

B 原宿はどう?あなたの上司の方と一緒に行ったあそこはよかったわ。

A ああ、そうだったね。でも、また見つけられるか自信がないな。

B 私はわかるわ。駅で待ち合わせましょう。地下鉄の入り口に一番近い出口のところ。7時でどう?

A 나도 괜찮아. 어디서 만날까?

B 하라주쿠는 어때? 네 상사분과 함께 간 거기가 괜찮았어.

A 아, 그랬었군. 하지만 다시 찾을 수 있을지 자신이 없어.

B 나는 알아. 역에서 만나자. 지하철 입구에서 가장 가까운 출구에서. 7시에 어때?

❶ 大丈夫 걱정 없음, 괜찮음, 끄떡없음

❷ 待ち合わせる 시간·장소를 정하고 만나기로 하다

Unit 01

만날 약속을 할 때

1394. 지금 방문해도 될까요?

これからお邪魔(じゃま)してもいいでしょうか。

고레까라 오쟈마시떼모 이-데쇼-까

> お邪魔するは 「방해하다」의 뜻이지만, 남을 찾는 것은 방해되는 일이므로 「방문하다」의 뜻으로도 쓰인다.

1395. 말씀드리러 찾아뵈어도 될까요?

お話(はな)ししにうかがってもいいですか。

오하나시시니 우까갓떼모 이-데스까

1396. 잠깐 말씀드리고 싶습니다만.

ちょっとお話(はな)ししたいのですが。

춋또 오하나시시따이노데스가

1397. 말씀드릴 게 있습니다.

お話(はな)ししたいことがあります。

오하나시시따이 고또가 아리마스

1398. 좀 이야기해도 될까? (여성)

ちょっとお話(はなし)していいかしら。

춋또 오하나시시떼 이-까시라

> かしら는 자신을 재촉하거나 상대편의 동의를 구하는 기분을 나타낸다.

A ちょっとお話(はなし)していいかしら。
좀 이야기해도 될까?

B いいですよ。昼休(ひるやす)みはあいてます。
좋아요. 점심시간은 비어 있습니다.

1399. 언제 시간이 있으면 뵙고 싶습니다만.

いつかお時間(じかん)があればお目(め)にかかりたいのですが。

이쯔까 오지깐가 아레바 오메니 가까리따이노데스가

1400. 오늘, 있다가 뵐 수 있을까요?

今日(きょう)、のちほどお目(め)にかかれますでしょうか。

교- 노찌호도 오메니 가까레마스데쇼-까

1401. 내일 언제 찾아봐도 될까요?

あしたのいつかうかがってもいいですか。

아시따노 이쯔까 우까갓떼모 이-데스까

1402. 앞으로 30분 정도 있다가 들러도 되겠습니까?

あと30分(ぷん)くらいしたら立(た)ち寄(よ)ってもいいですか。

아또 산쥬-뿐구라이시따라 다찌욧떼모 이-데스까

1403. 기무라 선생님을 뵙고자 약속을 하고 싶은데요.

木村先生(きむらせんせい)とお会(あ)いする約束(やくそく)をしたいのですが。

기무라센세-또 오아이스루 야꾸소꾸오 시따이노데스가

만날 약속을 할 때

A 木村先生(きむらせんせい)とお会(あ)いする約束(やくそく)をしたいのですが。
기무라 선생님을 뵙고자 약속을 하고 싶은데요.

B かしこまりました。ちょっとお待(ま)ちください。明日(あした)の3時(じ)はいかがですか。
알겠습니다. 잠시 기다려 주십시오. 내일 3시는 어떠십니까?

Unit 02

만날 시간을 정할 때

1404. <u>언제가 가장 좋습니까?</u>
いつがいちばん都合(つごう)がいいですか。
이쯔가 이찌방 쯔고—가 이—데스까

> 都合 형편, 상황, 상태, 사정

1405. <u>이제 시간이 됩니까?</u>
これで都合(つごう)がいいですか。
고레데 쯔고—가 이—데스까

> 都合がいい ↔ 都合が悪(わる)い

1406. <u>당신은 시간이 됩니까?</u>
あなたは都合(つごう)がつきますか。
아나따와 쯔고—가 쯔끼마스까

A いつお暇(ひま)ですか。
언제 한가하십니까?

B 金曜(きんよう)の夜(よる)なら好都合(こうつごう)ですが、あなたは都合(つごう)がつけられますか。
금요일 밤이라면 괜찮습니다만, 당신은 시간을 낼 수 있습니까?

A ええ、いいですよ。問題(もんだい)ありません。どこで会(あ)いましょうか。
예, 좋아요. 문제없습니다. 어디서 만날까요?

1407. <u>금요일 밤은 시간이 됩니까?</u>
金曜(きんよう)の夜(よる)は都合(つごう)がいいですか。
깅요—노 요루와 쯔고—가 이—데스까

1408. <u>이번 일요일에 무슨 약속이 있습니까?</u>
今度(こんど)の日曜日(にちようび)、何(なに)か約束(やくそく)がありますか。
곤도노 니찌요—비 나니까 야꾸소꾸가 아리마스까

1409. <u>몇 시까지 시간이 비어 있습니까?</u>
何時(なんじ)まで時間(じかん)があいてますか。
난지마데 지깐가 아이떼마스까

만날 시간을 정할 때

1410. 이번 주말 예정은 있습니까?

こんしゅうまつ　よてい
今週末の予定はありますか。
곤슈-마쯔노 요떼-와 아리마스까

1411. 다음 주 월요일에는 몇 시에 찾아뵈면 될까요?

らいしゅう　げつようび　なんじ
来週の月曜日には何時にうかがったらいいでしょうか。
라이슈-노 게쯔요-비니와 난지니 우까갓따라 이-데쇼-까

Unit 03

만날 장소를 정할 때

1412. 어디서 만날까요?

あ
どこで会いましょうか。
도꼬데 아이마쇼-까

1413. 어디서 만나는 게 가장 좋을까요?

つごう
どこがいちばん都合がいいですか。
도꼬가 이찌방 쯔고-가 이-데스까

1414. 5시에 사무실 앞에서 만날까요?

じ　じむしょ　まえ　あ
5時に事務所の前で会いましょうか。
고지니 지무쇼노 마에데 아이마쇼-까

A しごと　お　じ　じむしょ　まえ　あ
仕事が終わってから5時に事務所の前で会いましょうか。
일이 끝나고 나서 5시에 사무실 앞에서 만날까요?

B じ　ぷんまえごろ　い
いいですね。5時10分前頃そこへ行っています。
좋아요. 5시 10분전 무렵에 거기에 가 있겠습니다.

1415. 정문 밖은 어떨까요?

せいもん　そと
正門の外はどうですか。
세-몬노 소또와 도-데스까

1416. 교차로 모퉁이에서 만납시다.

こうさてん　かど　あ
交差点の角で会いましょう。
고-사텐노 까도데 아이마쇼-

1417. 공원 광장에서 기다리겠습니다.

こうえん　ひろば　ま
公園の広場でお待ちします。
고-엔노 히로바데 오마찌시마스

1418. 알겠습니다. 그런데 어느 부근이죠?

あた
わかりました。でもどの辺りでしょう?
와까리마시다 데모 도노 아따리데쇼-

Chapter 08

약속 제의에 대한 응답

상대에게 약속을 제의받았을 때 사정이 좋지 않으면 別の日にしてもらえませんか라고 부탁한다. 경우에 따라서 약속을 취소할 때는 本当にすみませんが, お約束が果たせません이라고 하면 된다. 또한 약속을 연기하고 싶을 때는 来月まで延ばしていただけませんか라고 한다. 여기서는 자연스럽게 약속의 제의에 대처하기 위한 표현과 요령을 익힌다. 참고로 약속을 지키는 것을 約束を守(まも)る라고 하며, 시간을 어기는 것을 約束を破(やぶ)る라고 한다.

B 来週はちょっと都合が悪いわ。金曜日までに月次報告を出さないといけないの。❶

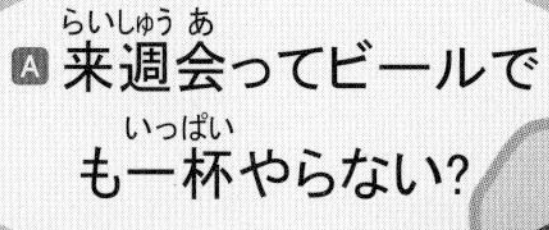

A 来週会ってビールでも一杯やらない?

A 다음 주에 만나서 맥주라도 한잔 안 할래?

B 다음 주는 좀 사정이 안 좋아. 금요일까지 월차보고를 제출해야 해.

A じゃあ、再来週は?

B ええ、そのほうがずっといい。手帳をチェックさせて。…火曜日はどう?

A 火曜日は…。ぼくも手帳を見るよ。ダメだ。火曜日は都合が悪いよ。母親の誕生日なんだ。水曜日は?

B 水曜日でいいわ。十四日ね。

A 그럼, 다다음 주는?

B 응, 그게 훨씬 좋겠어. 수첩을 볼게, …화요일은 어때?

A 화요일은…. 나도 수첩을 볼게. 안 돼. 화요일은 사정이 안 좋아. 어머니 생일이야. 수요일은?

B 수요일도 괜찮아. 14일이군.

❶ …ないといけない=なければいけない …지 않으면 안 된다, …해야 한다
금지의 표현으로 쓰이는 いけない는 주관적인 사실을 말할 때 쓰고, ならない는 객관적인 사실을 말할 때 쓰인다.

Unit 01

약속을 승낙할 때

1419. 내일 정오죠? 알겠습니다.

明日の正午ですね。わかりました。

아스노 쇼-고데스네 와까리마시다

1420. 좋아요. 그럼 그때 만납시다.

いいですよ。じゃ、その時に会いましょう。

이-데스요 쟈 소노 도끼니 아이마쇼-

1421. 그 시간이면 좋겠습니다.

それで好都合です。

소레데 고-쯔고-데스

> 好都合 안성맞춤, 사정이 좋음 ↔ 不都合(ふつごう)

A 5時でいい?
5시는 괜찮아?

B もちろん。私もそれで都合がいいですよ。
물론이죠. 나도 그 시간이면 좋겠습니다.

1422. 언제든지 좋으실 때 하십시오.

いつでもお好きな時にどうぞ。

이쯔데모 오스끼나 도끼니 도-조

> でも는 なに, だれ, どこ, どれ, いつ에 접속하여 전부의 의미를 나타낸다.

1423. 3시 이후라면 언제든지 좋아요.

3時以後ならいつでもいいですよ。

산지이고나라 이쯔데모 이-데스요

> なら는 단정의 조동사 だ의 가정형으로 「…이면, …다면」의 뜻이다.

1424. 저는 언제든지 좋아요. 당신은?

私はどちらでも都合がいいですよ。あなたは?

와따시와 도찌라데모 쯔고-가 이-데스요 아나따와

1425. 그럼, 그 시간에 기다리겠습니다.

では、その時間にお待ちします。

데와 소노 지깐니 오마찌시마스

1426. 그때 뵙기를 기대하겠습니다.

その時、お目にかかるのを楽しみにしています。

소노 도끼 오메니 가까루노오 다노시미니 시떼이마스

Unit 02

약속하기에 사정이 안 좋을 때

1427. 유감스럽지만 오늘 오후는 안 되겠습니다.

残念ながら今日の午後はだめなんです。

잔넨나가라 교-노 고고와 다메난데스

약속하기에 사정이 안 좋을 때

1428. 미안하지만, 오늘은 하루 종일 바쁩니다.

すみませんが、今日は一日中忙しいのです。

스미마센가 쿄-와 이찌니찌쥬- 이소가시-노데스

1429. 정말로 미안하지만, 이번 주에는 시간이 없습니다.

本当にすまないけど、今週は時間がないんです。

혼또-니 스마나이께도 곤슈-와 지깐가나인데스

すまない는 남성이 주로 쓰는 말투로 정중한 표현은 すみません이다.

1430. 아쉽게도 약속이 있습니다.

あいにく約束があります。

아이니꾸 야꾸소꾸가 아리마스

1431. 2시부터 3시까지밖에 비어 있지 않습니다.

2時から3時までしかあいていないんです。

니지까라 산지마데시까 아이떼 이나인데스

1432. 그렇게 하고 싶은데, 내일 밤은 안 됩니다.

そうしたいんですが、明晩はだめなんです。

소-시따인데스가 묘-방와 다메난데스

1433. 낮에는 손님이 옵니다. 저녁은 어떨까요?

昼はお客さんが見えるんです。夕方はどうですか。

히루와 오꺄꾸상가 미에룬데스 유-가따와 도-데스까

A 昼休みはご都合よろしいでしょうか。
점심때는 괜찮으십니까?

B いや、あまり良くないですね。昼食にお客さんが見えるんです。夕方はどうですか。
아뇨, 별로 좋지 않아요. 점심때 손님이 옵니다. 저녁은 어떨까요?

1434. 지금은 바빠. 낮에는 어때?

今は忙しい。昼はどう?

이마와 이소가시- 히루와 도-

見える(보이다)는 来る(오다)의 높임말로 「오시다」의 뜻으로도 쓰인다.

1435. 6시는 안 되지만, 7시라면 괜찮은데요.

6時はだめだけど、7時ならいいんですが。

로꾸지와 다메다께도 시찌지나라 이인데스가

Unit 03

예정이 분명하지 않을 때

1436. 그걸 잘 모르겠어. 별로 생각하지 않았어.

それがよくわからない。あまり考(かんが)えてないんだ。

소레까 요꾸 와까라나이 아마리 강가에떼나인다

A 今週末(こんしゅうまつ)は何(なに)をする予定(よてい)?
이번 주말에 무얼 할 예정이니?

B それがよくわからない。あまり考(かんが)えてないんだ。どうして?
그걸 잘 모르겠어. 별로 생각하지 않았어. 왜?

1437. 아마 예정이 없겠지만, 나중에 전화할게요.

たぶん予定(よてい)がないでしょうが、あとで電話(でんわ)しましょう。

다분 요떼-가나이데쇼-가 아또데 뎅와시마쇼-

1438. 가기는 하겠지만, 장담은 할 수 없습니다.

行(い)こうとは思(おも)いますが、保証(ほしょう)はできません。

이꼬-또와 오모이마스가 호쇼-와데끼마센

Unit 04

약속의 변경 및 취소를 할 때

일본어로 약속은 約束(やくそく)이다. 「약속을 지키다」는 約束を守(まも)る, 「약속을 어기다」는 約束を破(やぶ)る라고 표현하다.

1439. 오늘 약속시간을 조금 앞당겼으면 하는데요.

今日(きょう)の約束時間(やくそくじかん)を少(すこ)し早(はや)めたいんですが。

교-노 야꾸소꾸지깐오 스꼬시 하야메따인데스가

1440. 다음 달까지 연기해 주실 수 없습니까?

来月(らいげつ)まで延(の)ばしていただけませんか。

라이게쯔마데 노바시떼 이따다께마센까

1441. 미안하지만, 약속을 하루 정도 늦출 수 없나요?

すみませんが、約束(やくそく)を一日(いちにち)ぐらい遅(おく)らせませんか。

스미마센가 야꾸소꾸오 이찌니찌구라이 오꾸라세마센까

1442. 미안합니다만, 오늘 약속을 지킬 수 없게 되어서….

すみませんが、今日(きょう)の約束(やくそく)が守(まも)れなくなりまして…。

스미마센가 교-노 야꾸소꾸가 마모레나꾸나리마시떼..

1443. 정말로 미안합니다만, 약속을 지킬 수 없습니다.

本当(ほんとう)にすみませんが、お約束(やくそく)が果(は)たせません。

혼또-니 스미마센가 오야꾸소꾸가 하따세마센

1444. 폐가 되지 않았으면 좋겠습니다만.

ご迷惑(めいわく)にならなければよろしいのですが。

고메-와꾸니 나라나께레바 요로시-노데스가

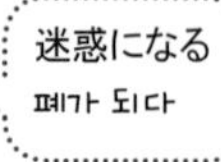

날씨와 기후

대화에 가장 무난한 화제는 날씨와 기후이다. 친한 사람이나 모르는 사람을 만났을 때 いいお天気ですね라고 말을 걸면 ええ, まったくですね라고 응답한다. 매우 자연스런 대화의 첫걸음이다. 날씨에 관한 화제는 매우 다양하다. 예를 들면, 비가 올 것 같을 때는 雨が降りそうですね, 비가 심하게 쏟아질 때는 雨がひどいですね, 비가 개였을 때는 晴れてきましたねね라고 하고, 날씨를 물을 때는 今日の天気はどうですか라고 하면 된다.

A 土曜日の子供たちの運動会、天気はどう? 天気予報、見た?

B 新聞で週間予報を見ただけよ。

A 토요일 어린이 운동회 때 날씨는 어때? 일기예보 봤니?

B 신문에서 주간예보를 보았을 뿐이야.

A どうだった?

B よさそうだったわ。晴れ、ときどき曇り。降水確率は20%だったみたい。

A 去年よりはだいぶよさそうだ❶な。あのときは風が強くて、ほとんど立っていられないくらいだったけ。

B おまけに、最後の競走が始まろうってときに❷、どしゃぶりになったのよ。覚えてる?

A 어땠니?
B 좋은 것 같았어. 맑았다가 차츰 흐려진다고 했어. 비가 올 확률은 20%였던 것 같아.
A 작년보다는 꽤 좋은 것 같군. 그때는 바람이 세차서 거의 서 있을 수 없을 정도였지.
B 게다가 마지막 달리기를 시작하려고 할 때 비가 엄청 왔지. 기억나니?

❶ 양태를 나타내는 そうだ가 2음절로 된 형용사에 접속할 때는 さ를 붙여 표현한다.

❷ …う(よう)ってときに = …う(よう)とときに …하려고 할 때에

Unit 01

날씨에 관한 인사

1445. 날씨가 좋군요.

いい天気(てんき)ですね。

이-덴끼데스네

> A いい天気(てんき)だね。
> 날씨가 좋군.
>
> B ええ、本当(ほんとう)に。
> 응, 정말로.

1446. 정말 날씨가 좋구나!

なんていい天気(てんき)だろう!

난떼 이- 덴끼다로-

なんて는 「무어라고, 어째면」의 뜻으로 의문이나 영탄의 뜻을 나타낸다.

1447. 날씨가 너무 안 좋아.

ひどい天気(てんき)だな。

히도이 덴끼다나

1448. 날씨가 우중충하군요.

いやな日(ひ)ですね。

이야나 히데스네

> A いやな日(ひ)ですね。
> 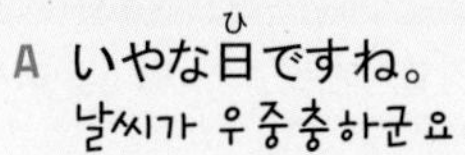
> 날씨가 우중충하군요.
>
> B まったくひどいですね。
> 정말 심하네요.

1449. 날씨가 훌륭하군요.

すばらしい日(ひ)ですね。

스바라시- 히데스네

1450. 아름다운 아침이군요.

美(うつく)しい朝(あさ)ですね。

우쯔꾸시- 아사데스네

1451. 정말 좋은 날이죠?

なんといい日(ひ)なんでしょう。

난또 이- 히난데쇼-

1452. 날씨가 좋아져서 기쁩니다.

いい天気(てんき)になってうれしいです。

이- 덴끼니 낫떼 우레시-데스

날씨에 관한 인사

1453. 이런 날씨가 계속되면 좋겠군요.

こんな天気(てんき)が続(つづ)くといいですね。

곤나 덴끼가 쯔즈꾸또 이-데스네

1454. 기분전환하기에는 아주 좋은 날씨이군요.

気分転換(きぶんてんかん)には絶好(ぜっこう)の天気(てんき)ですね。

기분뗀깐니와 젯꼬-노 덴끼데스네

気分은 추상적이며 어렴풋한 상태를 말하며, 気持(きも)ち는 구체적인 생각을 말한다.

1455. 무척 조용한 저녁이지요?

なんて静(しず)かな夕(ゆう)べなんでしょう。

난떼 시즈까나 유-베난데쇼-

1456. 오늘 밤은 별이 아름답다고 생각하지 않습니까?

今夜(こんや)は星(ほし)がきれいだと思(おも)いませんか。

곤야와 호시가 기레-다또 오모이마센까

1457. 별로 날씨가 좋지 않군요.

あまり天気(てんき)が良(よ)くないですね。

아마리 덴끼가 요구나이데스네

1458. 오후에는 갤 거야.

午後(ごご)には晴(は)れるよ。

고고니와 하레루요

晴れる 개다, 맑아지다 ↔ 曇(くも)る 흐려지다

1459. 오늘 비가 올까?

今日(きょう)、雨(あめ)が降(ふ)るかな?

교- 아메가 후루까나

A 今日(きょう)、雨(あめ)が降(ふ)るかな?
오늘 비가 올까?

B 降(ふ)るかもね。傘(かさ)を持(も)って行(い)きなさい。
내릴지도 모르겠다. 우산을 가지고 가거라.

1460. 또 비가 올 것 같군요.

また雨(あめ)になりそうですね。

마따 아메니 나리소-데스네

雨になりそうだ = 雨が降りそうだ 비가 올 것 같다

1461. 이런 날씨는 짜증이 나요.

こういう天気(てんき)にはうんざりしちゃいますよ。

고- 유- 덴끼니와 운자리시쨔이마스요

うんざり 진절머리 남, 몹시 싫증이 남, 지긋지긋함

1462. 무척 흐리군요.

ずいぶん曇(くも)っていますね。

주이분 구못떼 이마스네

날씨에 관한 인사

1463. 제법 바람이 있군요.

かなり風(かぜ)がありますね。

가나리 가제가 아리마스네

1464. 비가 심하게 오네요.

ひどい雨(あめ)ですね。

히도이 아메데스네

Unit 02

일기를 물을 때

1465. 그곳 날씨는 어때?

そちらの天気(てんき)はどう?

소찌라노 덴끼와 도-

A そちらの天気(てんき)はどう?
그곳 날씨는 어때?

B とてもいい天気(てんき)だよ。
무척 좋은 날씨야.

1466. 오늘은 어떤 날씨입니까?

今日(きょう)はどんな天気(てんき)ですか。

교-와 돈나 덴끼데스까

1467. 오늘 날씨는 어떻습니까?

今日(きょう)の天気(てんき)はどうですか。

교-노 덴끼와 도-데스까

1468. 내일 날씨는 어떻습니까?

あすの天気(てんき)はどうですか。

아스노 덴끼와 도-데스까

1469. 내일은 날씨가 좋아질까요?

あしたはよい天気(てんき)になるでしょうか。

아시따와 요이 덴끼니 나루데쇼-까

1470. 당신 나라의 기후는 어떻습니까?

あなたのお国(くに)の気候(きこう)はどうですか。

아나따노 오꾸니노 기꼬-와 도-데스까

1471. 요즘 날씨가 변덕스러운 것 같지 않습니까?

このところ天気(てんき)が変(か)わりやすいと思(おも)いませんか。

고노 도꼬로 덴끼가 가와리야스이또 오모이마센까

> 동사의 중지형에 やすい가 접속하면 「…하기 쉽다(편하다)」의 뜻을 가진 형용사가 된다.

일기를 물을 때

1472. 날씨를 봐서.

てんきしだい
天気次第だよ。
덴끼시다이다요

> 次第는 명사에 접속하여 「…여하에 따라」의 뜻을 나타낸다.

A あした うみ い
明日、海に行くの?
내일 바다에 갈래?

B てんきしだい
天気次第だよ。
날씨를 봐서.

Unit 03

일기예보

1473. 일기예보를 보자.

てんきよほう み
天気予報を見てみよう。
덴끼요호-오 미떼미요-

> 우리말로 직역하여 日気予報라고 하지 않도록 주의한다.

1474. 오늘 일기예보는?

きょう てんきよほう
今日の天気予報は?
교-노 덴끼요호-와

A きょう てんきよほう
今日の天気予報は?
오늘 일기예보는?

B ごぜんちゅう くも ごご あめ
午前中は曇り、午後は雨だそうだね。
오전 중에는 흐리고 오후에는 비가 내린다던데.

1475. 신문의 예보는 어떻게 되어 있습니까?

しんぶん よほう
新聞の予報はどうなっていますか。
신분노 요호-와 도-낫떼 이마스까

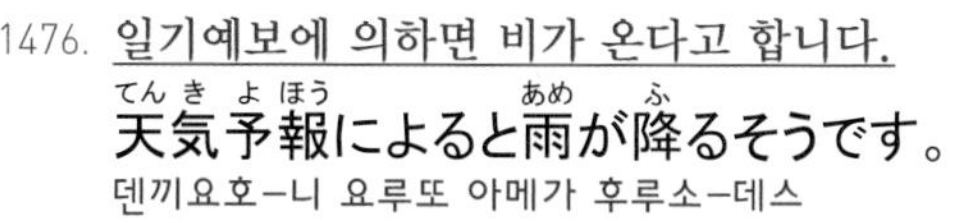

1476. 일기예보에 의하면 비가 온다고 합니다.

てんきよほう あめ ふ
天気予報によると雨が降るそうです。
덴끼요호-니 요루또 아메가 후루소-데스

> …によると
> …에 의하면

1477. 봐, 일기예보를 하고 있어요. 들어 봅시다.

てんきよほう き
ほら、天気予報をやってる。聞いてみましょう。
호라 덴끼요호-오 얏떼루 끼-떼미마쇼-

1478. 예보로는 맑고 가끔 흐린답니다.

よほう は くも
予報だと晴れ、ときどき曇りだそうです。
요호-다또 하레 도끼도끼 구모리다소-데스

1479. 일기예보로는 오전 중에는 흐리고, 오후에는 비가 내립니다.

てんきよほう ごぜんちゅう くも ごご あめ
天気予報では午前中は曇り、午後は雨です。
덴끼요호-데와 고젠츄-와 구모리 고고와 아메데스

일기예보

1480. 일기예보가 빗나갔어.

天気(てんき)予報(よほう)がはずれたわ。

덴끼요호-가 하즈레따와

Unit 04

맑음·비·바람·기타

1481. 날씨가 개었어요.

晴(は)れてきましたよ。

하레떼 끼마시다요

> …てくる는 어떤 상태가 점점 변해오는 것을 나타낸다.

1482. 오늘은 날씨가 좋아질 것 같은데.

今日(きょう)はいい天気(てんき)になりそうだ。

교-와 이-덴끼니 나리소-다

1483. 이런 좋은 날씨가 되리라고는 생각도 못했습니다.

こんないい天気(てんき)になるとは思(おも)ってもみませんでした。

곤나 이-덴끼니 나루또와 오못떼모 미마센데시다

1484. 요즘 날씨가 계속해서 좋군요.

このところ、すばらしい天気(てんき)が続(つづ)いてますね。

고노 도꼬로 스바라시- 덴끼가 쯔즈이떼마스네

1485. 이런 날씨가 2, 3일 계속되었으며 좋겠군요.

このまま 2、3日(にち)続(つづ)いてくれるといいですね。

고노마마 니 산니찌 쯔즈이떼 꾸레루또 이-데스네

1486. 점점 흐려지네요.

だんだん曇(くも)ってきましたよ。

단단 구못떼 끼마시다요

1487. 비는 내리지 않을 것 같아요.

雨(あめ)にはならないと思(おも)いますよ。

아메니와 나라나이또 오모이마스요

> 雨になる = 雨が降る
> 비가 오다

1488. 이제 햇빛이 나도 좋을 때이군요.

そろそろ日(ひ)が照(て)ってもいい頃(ころ)ですね。

소로소로 히가 뎃떼모 이-고로데스네

1489. 오늘도 비가 내릴까요?

今日(きょう)も雨(あめ)でしょうか。

교-모 아메데쇼-까

1490. 비가 몹시 와.

土砂降(どしゃぶ)りだ。

도샤부리다

> 土砂降り 비가 억수같이 쏟아짐

맑음·비·바람·기타

1491. 소나기가 올 것 같아.
夕立(ゆうだち)になりそうだ。
유-다찌니 나리소-다

> 夕立ちが上(あ)がる
> 소나기가 그치다

1492. 밖에는 바람이 세차겠죠?
外(そと)は風(かぜ)が強(つよ)いでしょう?
소또와 가제가 쯔요이데쇼-

1493. 바람이 심하게 불고 있군요.
風(かぜ)がひどく吹(ふ)いていますね。
가제가 히도꾸 후이떼 이마스네

1494. 태풍이 접근하고 있어.
台風(たいふう)が接近(せっきん)しているんだ。
타이후-가 셋낀시떼 이룬다

1495. 저녁에는 폭풍이 가라앉겠지요.
夕方(ゆうがた)には嵐(あらし)がおさまるでしょう。
유-가따니와 아라시가 오사마루데쇼-

> あらし(폭풍, 폭풍우) 격한 감정이나 행동을 비유해서 말하기도 한다.

1496. 바람이 완전히 가라앉았습니다.
風(かぜ)がすっかりおさまりました。
가제가 슷까리 오사마리마시다

> 風が吹(ふ)く
> 바람이 불다

1497. 정말 기분이 좋은 바람이죠.
なんて気持(きも)ちのいい風(かぜ)でしょう。
난떼 기모찌노 이- 가제데쇼-

1498. 안개가 짙어졌어요.
霧(きり)が深(ふか)くなってきましたよ。
기리가 후까꾸 낫떼 끼마시다요

1499. 안개가 자욱한데.
霧(きり)が立(た)ち込(こ)めているんだ。
기리가 다찌꼬메떼 이룬다

1500. 서리가 내리고 있어.
霜(しも)が降(お)りている。
시모가 오리떼 이루

Unit 05

비가 올 때 도움이 되는 말

1501. 나랑 같이 우산을 쓸래요?
私(わたし)の傘(かさ)にお入(はい)りなりませんか。
와따시노 가사니 오하이리나리마센까

비가 올 때
도움이 되는 말

1502. 우산을 빌려도 될까요?

傘をお借りしてもいいですか。

가사오 오까리시떼모 이-데스까

A 傘を貸してくれませんか。雨が降りそうですから。
우산을 빌려 줄래요? 비가 내릴 것 같아서요.

B いいですよ。でも私が帰るときまでには返してください。
좋아요. 하지만 내가 돌아올 때까지는 돌려주세요.

1503. 여기서 비를 피합시다.

ここで雨やどりしましょう。

고꼬데 아마야도리시마쇼-

…たほうがいい
…하는 게 좋다

1504. 만약을 위해 우산을 가지고 가는 게 좋겠어요.

念のため傘は持って行ったほうがいいですよ。

넨노따메 가사와 못떼 잇따 호-가 이-데쇼-

Unit 06

따뜻함을 나타낼 때

1505. 따뜻해졌네.

暖かくなってきたね。

아따다까꾸 낫떼 끼따네

1506. 따뜻해서 기분이 좋군요.

暖かくて気持ちがいいですね。

아따다까꾸떼 기모찌가 이-데스네

1507. 따뜻하고 날씨가 좋아.

暖かくていい天気だ。

아따다까꾸떼 이- 덴끼다

1508. 이제 곧 봄이군.

もうすぐ春だね。

모- 스구 하루다네

やっぱり는 やはり(역시)를 강하게 발음한 형태로 やっぱし라고도 한다.

A もうすぐ春だね。
이제 곧 봄이군.

B そうだね。やっぱり暖かい春がいいよ。
그래. 역시 따뜻한 봄이 좋아.

따뜻함을 나타낼 때

1509. 오늘은 코트가 필요 없어.

今日(きょう)はコートはいらないよ。

교-와 코-토와 이라나이요

Unit 07

무더움을 나타낼 때

1510. 무척 덥군.

すごく暑(あつ)いね。

스고꾸 아쯔이네

1511. 무더워.

蒸(む)し暑(あつ)いよ。

무시아쯔이요

1512. 오늘도 더워질 것 같아.

今日(きょう)も暑(あつ)くなりそうだ。

교-모 아쯔꾸 나리소-다

형용사에 なる가 접속할 때는 …くなる의 형태로 「…하게 되다」의 뜻이다.

A 日差(ひざ)しがすごく強(つよ)いわ。
햇살이 무척 따가워.

B 今日(きょう)も暑(あつ)くなりそうだ。
오늘도 더워질 것 같아.

1513. 더운 건 싫어.

暑(あつ)いのは苦手(にがて)なの。

아쯔이노와 니가떼나노

苦手 몹시 싫음

1514. 더위를 못 견디겠어.

この暑(あつ)さには耐(た)えられないよ。

고노 아쯔사니와 타에라레나이요

형용사나 형용동사의 어간에 さ를 붙이면 성질·상태·정도를 나타내는 명사가 된다.

1515. 더위가 언제까지 계속될까?

この暑(あつ)さ、いつまで続(つづ)くんだろう。

고노 아쯔사 이쯔마데 쯔즈꾼다로-

Unit 08

시원함을 나타낼 때

1516. 시원해져서 기뻐.

涼(すず)しくなってきてうれしいわ。

스즈시꾸 낫떼 끼떼 우레시-와

1517. 오늘은 조금 으스스한데.

今日(きょう)は少(すこ)し肌寒(はださむ)いね。

교-와 스꼬시 하다사무이네

肌寒い 으스스 춥다, 쌀쌀하다

Unit 09

추위를 나타낼 때

1518. 4월인데도 무척 춥군.

4月(がつ)だというのに、すごく寒(さむ)いね。

시가쯔다또 유-노니 스고꾸 사무이네

1519. 추워서 얼어붙을 것 같아.

凍(こご)えそうに寒(さむ)いよ。

고고에소-니 사무이요

そうに 동사의 중지형에 접속하면 「…처럼, …와 같이」의 뜻으로 양태를 나타낸다.

A 寒(さむ)くないの?
안 춥니?

B 凍(こご)えそうに寒(さむ)いよ。
추워서 얼어붙을 것 같아.

1520. 올 겨울은 여느 때보다 추워.

今年(ことし)の冬(ふゆ)は、いつもより寒(さむ)いよ。

고토시노 후유와 이쯔모요리 사무이요

1521. 그런 차림으로 안 춥니?

そんな恰好(かっこう)で寒(さむ)くないの?

손나 갓꼬-데 사무꾸나이노

1522. 도쿄의 겨울은 춥니?

東京(とうきょう)の冬(ふゆ)は寒(さむ)いの?

도-쿄-노 후유와 사무이노

Unit 10

기온을 나타낼 때

1523. 기온은 몇 도야?

気温(きおん)は何度(なんど)?

기온와 난도

A 気温(きおん)は何度(なんど)?
기온은 몇 도야?

B 10度(ど)だよ。
10도야.

1524. 기온이 영하가 되는 경우도 있어.

気温(きおん)が氷点下(ひょうてんか)になることもあるんだ。

기온가 효-텐까니 나루 고또모 아룬다

氷点下になる
영하로 내려가다

기온을 나타낼 때

A 12月のソウルはどれくらい寒いの?
12월에 서울은 어느 정도 춥니?

B 気温が氷点下になることもあるんだ。
기온이 영하로 내려가는 경우도 있어.

1525. 장마가 들었습니다.
梅雨に入りました。
쯔유니 하이리마시다

1526. 장마가 개였습니다.
梅雨が開けました。
쯔유가 아께마시다

1527. 환절기에는 날씨가 불안정해.
季節の変わり目は天気が不安定だね。
끼세쯔노 가와리메와 덴끼가 후안떼-다네

1528. 여기는 겨울에 눈이 많아.
このあたりは冬に雪が多いんだ。
고노 아따리와 후유니 유끼다 오-인다

일본어로 장마는 梅雨라고 하는데, 보통 つゆ라고 읽지만 ばいう라고도 읽는다. 梅雨는 매실의 열매가 맺힐 즈음에 내린다는 뜻에서 나온 말이다.
「장마철에 접어들다」는 梅雨に入(はい)る, 「장마가 개다」는 梅雨が 開(あ)ける라고 표현한다.

Chapter 10 가족과 친척

처음 만난 사람과는 너무 사적인 질문은 피하는 게 좋지만, 조금 친해지면 ご兄弟はおありですか라든가 何人家族ですか라는 형제자매나 가족에 대한 화제가 시작된다. 일본어에서 자신의 가족을 상대에게 말할 때는 윗사람이건 아랫사람이건 모두 낮추어서 말하고 상대방의 가족을 말할 때는 비록 어린애라도 존경의 의미를 나타내는 접두어 ご(お)나 접미어 さん을 붙여서 높여 말하는 것이 우리와 큰 차이점이다. 단 가족끼리 부를 때는 윗사람은 높여서 말한다.

A ご両親(りょうしん)はどちらにお住(す)まいなんですか。

B 母(はは)はもう亡(な)くなりましたけど、父(ちち)は青森県(あおもりけん)に住(す)んでいます。

A 부모님은 어디에 살고 계십니까?

B 어머니는 돌아가셨지만, 아버지는 아오모리현에 살고 계십니다.

A おひとりで?

B ええ、でも叔母(おば)が近(ちか)くに住(す)んでいて、ちょくちょく立(た)ち寄(よ)って様子(ようす)を見(み)てくれるんです。いとこたちにもかなり会(あ)っているし、まあ幸(しあわ)せだと思(おも)いますが。

A よく会(あ)いに行(い)かれる❶んですか。

B ほとんど行(い)ってないんです。一番最近(いちばんさいきん)行(い)ったのは3年前(ねんまえ)になるかな、でも、父(ちち)のほうが一年(いちねん)に3回(かい)はぼくと妹(いもうと)に会(あ)いに上京(じょうきょう)してくるんです。

A 혼자서요?

B 예, 하지만 숙모님이 가까이 살고 계셔서 가끔 들러서 보살펴 줍니다. 조카들도 많이 만나고, 글쎄 행복하실 겁니다.

A 자주 만나러 가십니까?

B 거의 못 가고 있습니다. 가장 최근에 간 것이 3년 전이 될까? 하지만 아버지가 1년에 3번은 나와 여동생을 만나러 상경하십니다.

❶ 동작성을 나타내는 명사나 동사의 중지형에 …に行く가 접속하면 「…하러 가다」의 뜻으로 동작의 목적을 나타낸다. 行かれる는 수동형이지만, 여기서는 존경의 뜻으로 쓰였다.

Unit 01

형제자매에 대해서 말할 때

1529. <u>형제자매는 있으십니까?</u>

兄弟姉妹(きょうだいしまい)はおありですか。

교-다이시마이와 오아리데스까

> おありですかは ありますかの 존경 표현이다.

A 兄弟姉妹(きょうだいしまい)はおありですか。
형제자매는 있으십니까?

B いいえ、おりません。一人(ひとり)っ子(こ)です。
아뇨, 없습니다. 외아들(외동딸)입니다.

1530. <u>형제는 몇 분입니까?</u>

ご兄弟(きょうだい)は何人(なんにん)ですか。

고쿄-다이와 난닌데스까

A ご兄弟(きょうだい)は何人(なんにん)ですか。
형제는 몇 분입니까?

B 兄(あに)が二人(ふたり)、妹(いもうと)が一人(ひとり)です。
형이 둘, 여동생이 한 명입니다.

> 일본어의 존경 표현이 우리와 다른 점은 상대에게 자신의 가족을 말할 때는 자신보다 윗사람일지라도 반드시 낮추어 말하고, 반대로 상대의 가족에 대해서 말할 때는 자신보다 아랫사람일지라도 존경의 의미를 나타내는 접두어 ご나 접미어 さん을 붙여서 말한다.

1531. <u>형제나 자매 중에 누가 근무하십니까?</u>

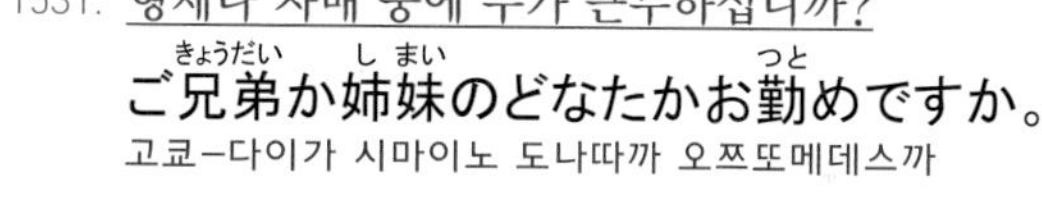

ご兄弟(きょうだい)か姉妹(しまい)のどなたかお勤(つと)めですか。

고쿄-다이가 시마이노 도나따까 오쯔또메데스까

1532. <u>동생은 몇 살입니까?</u>

弟(おとうと)さんはいくつですか。

오또-또상와 이꾸쯔데스까

1533. <u>대개 형과 놀았습니다. 쌍둥이라서요.</u>

たいていは兄(あに)と遊(あそ)んでいました。双子(ふたご)ですから。

다이떼이와 아니또 아손데 이마시다 후따고데스까라

1534. <u>여동생은 무엇을 하고 있습니까?</u>

妹(いもうと)さんは何(なに)をしていますか。

이모-또상와 나니오 시떼 이마스까

1535. <u>어렸을 때는 자주 형제간에 싸움을 했습니다.</u>

幼(おさな)いときよく兄弟喧嘩(きょうだいげんか)をしました。

오사나이 도끼 요꾸 교-다이겡까오 시마시다

> 夫婦(ふうふ)喧嘩 부부싸움

1536. <u>형은 무역회사에 근무하고 있습니다.</u>

兄(あに)は貿易会社(ぼうえきがいしゃ)に勤(つと)めています。

아니와 보-에끼가이샤니 쯔또메떼 이마스

> …に勤める …에 근무하다

형제자매에 대해서 말할 때

1537. 누나는 은행에서 일하고 있습니다.
姉は銀行で働いています。
아네와 깅꼬-데 하따라이떼 이마스

Unit 02

가족에 대해서 말할 때

1538. 가족 모두 잘 지내십니까?
ご家族はお元気ですか。
고까조꾸와 오겡끼데스까

1539. 가족은 몇 명입니까?
何人家族ですか。
난닌 가조꾸데스까

> **A** 何人家族ですか。
> 가족은 몇 명입니까?
>
> **B** 5人家族です。
> 5인 가족입니다.

1540. 우리 집은 대가족입니다.
うちは大家族です。
우찌와 다이까조꾸데스

> 大家族 ↔ 小家族(しょうかぞく), 核家族(かくかぞく)

남의 부인을 말할 때는 奥さん(さま)라고 하며, 자신의 아내를 상대에게 말할 때는 家内(かない), 妻(つま)라고 한다. 또한 상대의 남편을 말할 때는 ご主人(しゅじん), 자신의 남편을 말할 때는 主人이라고 한다.

1541. 7인 가족으로 부모님, 할아버지, 형제가 두 명, 여동생이 한 명, 그리고 접니다.
7人家族で、両親、祖父、兄弟が二人、妹が一人、それに私です。
시찌닌 까조꾸데 료-신 소후 교-다이가 후따리 이모-또가 히또리 소레니 와따시데스

1542. 이 개도 가족의 일원입니다
この犬も家族の一員です。
고노 이누모 가조꾸노 이찌인데스

1543. 가족과 함께 자주 외출하십니까?
よく家族でお出掛けですか。
요꾸 가조꾸데 오데까께데스까

> 年上 연상 ↔ 年下(としした) 연하 결혼과 자녀에 대해서 말할 때

1544. 당신이 형제자매 중에서 제일 위입니까?
あなたが兄弟姉妹でいちばん年上ですか。
아나따가 교-다이시마이데 이찌방 토시우에데스까

1545. 부인의 성함을 물어도 되겠습니까?
奥様のお名前をお聞きしてもいいですか。
오꾸사마노 오나마에오 오끼끼시떼모 이-데스까

Unit 03

결혼과 자녀에 대해서 말할 때

1546. 자녀분은 있습니까?

お子(こ)さんはいらっしゃいますか。

오꼬상와 이랏샤이마스까

1547. 약혼자가 있습니까?

婚約者(こんやくしゃ)がいますか。

곤야꾸샤가 이마스까

1548. 결혼했습니까?

結婚(けっこん)していますか。

겟꼰시떼 이마스까

일본어에서는 結婚しましたと라고 하면 과거에 결혼한 적이 있고 현재는 이혼한 상태를 말한다.

A 結婚(けっこん)していますか。

결혼했습니까?

B いいえ、まだ結婚(けっこん)していません。

아니요, 아직 결혼하지 않았습니다.

1549. 나는 결혼했습니다.

私(わたし)は結婚(けっこん)しています。

와따시와 겟꼰시떼 이마스

1550. 결혼한 지 3년이 됩니다.

結婚(けっこん)して3年(ねん)になります。

겟꼰시떼 산넨니 나리마스

1551. 이제 곧 아이가 태어납니다.

もうすぐ子供(こども)が生(う)まれるんです。

모-스구 고도모가 우마레룬데스

1552. 4월에 태어날 예정입니다.

4月(がつ)に生(う)まれる予定(よてい)です。

시가쯔니 우마레루 요떼-데스

1553. 아들은 몇 살입니까?

息子(むすこ)さんはおいくつですか。

무스꼬상와 오이꾸쯔데스까

1554. 아들은 초등학생입니다.

息子(むすこ)は小学生(しょうがくせい)です。

무스꼬와 쇼-가꾸세-데스

Unit 04

부모·조부모·친척에 대해 말할 때

1555. 부모님과 함께 살고 있습니까?

ご両親といっしょに住んでいるんですか。

고료-신또 잇쑈니 슨데이룬데스까

1556. 부모님 연세는 몇입니까?

ご両親はおいくつですか。

고료-신와 오이꾸쯔데스까

> **A** ご両親はおいくつですか。
> 부모님 연세는 몇입니까?
>
> **B** 父は60、母より2歳だけ年上です。
> 아버지는 60살로 어머니보다 두 살 위입니다.

1557. 내일 부모님이 고향에서 제 아파트를 보러 오십니다.

明日、両親が故郷から私のアパートを見に来ます。

아시따 료-신가 고쿄-까라 와따시노 아파-토오 미니 끼마스

1558. 어머니와 나는 마치 친구처럼 지냅니다.

母と私はまるで友達みたいなんです。

하하또 와따시와 마루데 도모다찌미따이난데스

1559. 가족을 보러 몇 번 정도 고향에 갑니까?

ご家族に会いに何回くらい帰省しますか。

고까조꾸니 아이니 난까이구라이 끼세-시마스까

> 面倒をみる
> 보살피다

1560. 어머니는 미망인으로, 제가 노후를 보살필 입장에 있습니다.

母は未亡人で私が老後の面倒をみる立場にいます。

하하와 미보-진데 와따시가 로-고노 멘도-오 미루 다찌바니 이마스

1561. 할아버지와 할머니는 건재하십니까?

おじいさんとおばあさんはご健在ですか。

오지-상또 오바-상와 고겐자이데스까

1562. 할아버지는 다음달에 미수(88세)를 치릅니다.

祖父は来月、米寿を祝います。

소후와 라이게쯔 베-쥬오 이와이마스

> 還暦を祝う
> 환갑을 축하하다

1563. 일본에 친척분이라도 계십니까?

日本にどなたか親戚の人がおありですか。

니혼니 도나따까 신세끼노 히또가 오아리데스까

외모와 신체의 특징

…はどんな人ですか라고 사람에 대한 질문을 상대로부터 받았을 경우에 특징을 한마디로 표현할 수 있는지 등에 관해서 다양한 표현을 익히도록 하자.
신장을 물을 때는 背はどのくらいありますか, 체중을 물을 때는 体重はどのくらいですか라고 한다. 다만, 상대의 신체에 관련된 질문을 할 때는 경우에 따라서는 약점을 건드릴 수도 있으므로 신중하게 질문할 필요가 있다.

A きのうの夜、明子が私に❶ブラインド・デートをしたててくれたこと知ってた?

B いや。すてきな男だった?

A うーん、いわゆる魅力的って感じじゃなかった。

B つまり、背は1メートル60センチ、ウェストも45インチで、頭ははげてるなんていう男だったってこと?

A 어젯밤 아키코가 나에게 블라인드 데이트를 마련해 준 거 알고 있었니?
B 아니. 멋진 남자였니?
A 아냐. 이른바 매력적인 느낌은 아니었어.
B 그럼 키는 1미터 60센티미터, 허리도 45인치로 머리가 벗겨진 남자였단 말이지?

A そんなんじゃないの。実はそんなに見栄えは悪くないのよ。背は中くらい、ちょっと太り気味だけどデブってほどじゃない。髪はきれいにウェーブがかかってるの。

B またデートするの?

A 그런 건 아냐. 실은 그다지 외모는 나쁘지 않아. 키는 적당하고 좀 살이 찐 느낌이지만 뚱뚱한 정도는 아냐. 머리는 깨끗하게 웨이브를 넣었어.
B 또 데이트할 거니?

❶ ブラインド・デート(blind date) 만날 때까지 상대를 모르는 한국에서 말하는 미팅

Unit 01

신장에 대해서 말할 때

1564. 키는 어느 정도 됩니까?

背(せ)はどのくらいありますか。
세와 도노구라이 아리마스까

> ある는 수량을 나타내는 말에 붙어 그만한 수량이 된다는 뜻을 나타낸다.

A 背(せ)はどのくらいありますか。
키는 어느 정도 됩니까?

B 身長(しんちょう)は175センチです。
신장은 175센티미터입니다.

1565. 키는 어느 정도입니까?

身長(しんちょう)はどのくらいですか。
신쵸-와 도노구라이데스까

> 身長 = 背丈(せたけ) 신장, 키

1566. 키는 큰 편입니다.

背(せ)は高(たか)いほうです。
세와 다까이호-데스

1567. 그녀는 키가 크고 날씬합니다.

彼女(かのじょ)は背(せ)が高(たか)く、すらっとしています。
가노죠와 세가 다까꾸 스랏또시떼 이마스

1568. 그는 키가 크고 껑충한 사람입니다.

彼(かれ)は背(せ)が高(たか)くてひょろっとした人(ひと)です。
가레와 세가 다까꾸떼 효롯또시따 히또데스

1569. 저 사람은 체격도 적당하고 키도 적당합니다.

あの人(ひと)は中肉中背(ちゅうにくちゅうぜい)です。
아노 히또와 츄-니꾸츄-제-데스

> 中肉中背 중키에 살이 알맞게 찜

Unit 02

체중에 대해서 말할 때

1570. 체중은 어느 정도입니까?

体重(たいじゅう)はどのくらいですか。
타이쥬-와 도노구라이데스까

A 体重(たいじゅう)はどのくらいですか。
체중은 어느 정도입니까?

B 体重(たいじゅう)は62キロです。
체중은 62킬로그램입니다.

체중에 대해서 말할 때

1571. 약간 체중이 늘어났습니다.

いくらか体重(たいじゅう)が増(ふ)えました。

이꾸라까 타이쥬-가 후에마시다

1572. 좀 살쪘습니다.

ちょっと太(ふと)りました。

춋또 후또리마시다

1573. 3킬로그램 줄었습니다.

3キロ減(へ)りました。

산키로 헤리마시다

1574. 5킬로그램 빠졌습니다.

5キロ痩(や)せました。

고키로 야세마시다

> 痩せる ↔ 太(ふと)る

1575. 금연을 하고 나서 5킬로그램은 늘었습니다.

禁煙(きんえん)してから5キロは太(ふと)りました。

낑엔시떼까라 고키로와 후토리마시다

A 体重(たいじゅう)は?
체중은?

B そうだなあ、65キロだったのが、タバコをやめてから少(すく)なくとも5キロは太(ふと)ったと思(おも)うよ。
글쎄, 65킬로그램이었는데, 담배를 끊고 나서 적어도 5킬로그램은 쪘을 거야.

1576. 너무 살이 찐 것 같습니다.

ちょっと太(ふと)りすぎてるようです。

춋또 후또리스기떼루요-데스

> …すぎる는 동사의 중지형에 접속하여 「너무 … 하다」의 뜻을 나타낸다.

1577. 운동부족으로 좀 살이 쪘습니다.

運動不足(うんどうぶそく)で少々(しょうしょう)太(ふと)りました。

운도-부소꾸데 쇼-쇼- 후또리마시다

> 少々는 少(すこ)し보다 정중한 표현이다.

1578. 조금 야위셨군요.

少(すこ)しお痩(や)せになりましたね。

스꼬시 오야세니 나리마시다네

1579. 그는 야위어서 뼈와 살가죽뿐입니다.

彼(かれ)は痩(や)せて、骨(ほね)と皮(かわ)だけです。

가레와 야세떼 호네또 가와다께데스

체중에 대해서 말할 때

1580. 우리 여동생은 통통하게 살이 쪘지만, 귀여워요.

うちの妹(いもうと)はまるまる太(ふと)ってますが、可愛(かわい)らしいですよ。

우찌노 이모-또와 마루마루 후똣떼마스가 가와이라시-데스요

1581. 다이어트를 해서 날씬해지려고 해요.

ダイエットしてスマートになろうと思(おも)いますの。

다이엣또시떼 스마-또니 나로-또 오모이마스노

> スマート (smart) 스마트, 말쑥함, 단정하고 멋스러움

Unit 03

얼굴이나 용모에 대해 말할 때

1582. 그의 얼굴은 계란형입니다.

彼(かれ)の顔(かお)は卵型(たまごがた)です。

가레노 가오와 다마고가따데스

1583. 그녀는 얼굴이 둥근형에 속합니다.

彼女(かのじょ)はどちらかというと丸顔(まるがお)です。

가노죠와 도찌라까또 유-또 마루가오데스

1584. 그는 미남입니다.

彼(かれ)はハンサムです。

가레와 한사무데스

1585. 그녀는 매우 매력적인 여성입니다.

彼女(かのじょ)はとても魅力的(みりょくてき)な女性(じょせい)です。

가노죠와 도떼모 미료꾸떼끼나 죠세-데스

1586. 저 아가씨는 귀엽군요.

あの娘(むすめ)は可愛(かわい)らしいですね。

아노 무스메와 가와이라시-데스네

1587. 화장은 거의 하지 않습니다.

お化粧(けしょう)はほとんどしていません。

오께쇼-와 호똔도 시떼이마센

> ほとんど …ない 거의 …않다

1588. 그녀는 늘 화장을 두텁게 합니다.

彼女(かのじょ)はいつも厚化粧(あつげしょう)をしています。

가노죠와 이쯔모 아쯔게쇼오 시떼이마스

> 厚化粧 ↔ 薄化粧(うすげしょう)

1589. 그녀는 얼굴색이 하얗습니다.

彼女(かのじょ)は顔(かお)の色(いろ)が白(しろ)いです。

가노죠와 가오노 이로가 시로이데스

1590. 그는 얼굴이 큽니다.

彼(かれ)は顔(かお)が大(おお)きいです。

가레와 가오가 오-끼데스

> 顔が広(ひろ)い 발이 넓다, 아는 사람이 많다

얼굴이나 용모에 대해 말할 때

1591. 나는 단발머리를 하고 있습니다.

わたし
私はおかっぱにしています。
와따시와 오깟빠니 시떼이마스

A　きむら
木村さんはどんなヘアスタイルしていますか。
기무라 양은 어떤 헤어스타일을 하고 있습니까?

B　おかっぱにしています。
단발머리를 하고 있습니다.

1592. 그녀의 긴 검은머리가 부러워.

かのじょ　なが　くろがみ
彼女の長い黒髪がうらやましいわ。
가노죠노 나가이 구로가미가 우라야마시―와

1593. 머리는 깁니다.

がみ　なが
髪は長いです。
가미와 나가이데스

1594. 그녀는 짧은 고수머리의 금발입니다.

かのじょ　みじか　きんぱつ
彼女は短いカールの金髪です。
가노죠와 미지까이 카―루노 깅빠쯔데스

1595. 동생은 머리가 흩어져 있습니다.

おとうと　がみ
弟はぼさぼさの髪をしています。
오또―또와 보사보사노 가미오 시떼이마스

背(せ)는 일본어로 신체의 등을 의미하지만, 사람의 키를 나타내는 단어로 쓰이기도 한다.
「키가 크다」는 背が高(たか)い, 「키가 작다」는 背が低(ひく)い 라고 표현한다.

1596. 헤어스타일을 바꿔 보았습니다.

か
ヘアスタイルを変えてみました。
헤아스타이루오 가에떼미마시다

…始める가 동사의 중지형에 접속하면 「…하기 시작하다」의 뜻을 나타낸다.

1597. 요즘 흰머리가 나기 시작했습니다.

ちかごろ　かみ　しろ　ま　はじ
近頃、髪に白いものが混じり始めました。
찌까고로 가미니 시로이모노가 마지리하지메마시다

1598. 저 키가 크고 수염이 긴 신사는 누구입니까?

せ　たか　なが　しんし
あの背の高いひげの長い紳士はどなたですか。
아노 세노 다까이 히게노 나가이 신시와 도나따데스까

1599. 당신은 어머니를 닮았습니까, 아니면 아버지입니까?

ははおや　に　ちちおや
あなたは母親に似ていますか、それとも父親ですか。
아나따와 하하오야니 니떼 이마스까 소레또모 찌찌오야데스까

…に似る
…을 닮다

얼굴이나 용모에 대해 말할 때

A あなたは母親(ははおや)に似(に)ていますか、それとも父親(ちちおや)ですか。
당신은 어머니를 닮았습니까, 아니면 아버지입니까?

B どちらにもあまり似(に)ていないと思(おも)います。
어느 쪽도 별로 안 닮은 것 같아요.

1600. 아무도 닮지 않았습니다.
誰(だれ)にも似(に)ていません。
다레니모 니떼 이마센

1601. 여동생은 입가가 어머니를 꼭 닮았습니다.
妹(いもうと)は口元(くちもと)が母(はは)とそっくりです。
이모-또와 구찌모또가 하하또 솟꾸리데스

そっくり
꼭 닮은 모양

1602. 저는 어머니를 많이 닮았습니다.
私(わたし)は母(はは)によく似(に)ています。
와따시와 하하니 요꾸 니떼 이마스

Unit 04

신체의 특징에 대해 말할 때

1603. 그녀의 허리선은 아름답습니다.
彼女(かのじょ)の腰(こし)の線(せん)は美(うつく)しいです。
가노죠노 고시노 센와 우쯔꾸시-데스

1604. 나는 허리가 날씬한 여자를 좋아합니다.
私(わたし)は腰(こし)のほっそりした女性(じょせい)が好(す)きです。
와따시와 고시노 홋소리시따 죠세가 스끼데스

1605. 아버지는 어떤 분이십니까?
お父(とう)さんはどんなふうな方(かた)ですか。
오또-상와 돈나 후-나 가따데스까

A お父(とう)さんはどんなふうな方(かた)ですか。
아버지는 어떤 분이십니까?

B 眼鏡(めがね)をかけていて、典型的(てんけいてき)な大学教授(だいがくきょうじゅ)ふうに見(み)えます。
안경을 쓰고 있어 전형적인 대학교수처럼 보입니다.

1606. 아버지는 어깨가 넓고 다부집니다.
父(ちち)は肩幅(かたはば)が広(ひろ)くてがっしりしています。
찌찌와 가따하바가 히로꾸떼 갓시리시떼 이마스

신체의 특징에 대해 말할 때

1607. 나는 오른손잡이입니다.

私(わたし)は右利(みぎき)きです。

와따시와 미기끼데스

右利き 오른손잡이 ↔ 左利(ひだりき)き 왼손잡이

1608. 그녀는 손발이 비교적 작은 편입니다.

彼女(かのじょ)は手足(てあし)が比較的(ひかくてき)小(ち)さいほうです。

가노죠와 데아시가 히까꾸떼끼 찌-사이호-데스

1609. 내 팔은 꽤 긴 편입니다.

私(わたし)の腕(うで)はかなり長(なが)いほうです。

와따시노 우데와 가나리 나가이호-데스

1610. 그녀는 각선미가 멋져서, 미니스커트가 잘 어울립니다.

彼女(かのじょ)は見事(みごと)な脚線美(きゃくせんび)だから、ミニスカートがよく似合(にあ)います。

가노죠와 미고또나 갸꾸센비다까라 미니스카-토가 요꾸 니아이마스

1611. 실제 나이보다 젊어 보이는 것 같습니다.

実際(じっさい)の年(とし)より若(わか)く見(み)えるようです。

짓사이노 토시요리 와까꾸 미에루요-데스

Chapter 12

사람의 성격

얼굴이 사람마다 다르듯이 성격 또한 모두 다르다. 따라서 마음에 맞는 사람을 사귄다는 것은 곧 성격이 비슷하기 때문이며, 이때 쓰이는 표현이 彼とは気が合いますpl이다. 다른 사람의 성격에 대해 あの人はどんな人ですか라고 물으면, 상대는 どちらかと言うとおとなしい人ですね 따위로 대답한다. 여기서는 자신을 포함해서 사람의 성격에 대해서 표현할 수 있는 실력을 기르도록 한다.

A あなたの上司(じょうし)ってどんな人(ひと)?

B 自分(じぶん)の思(おも)いどおりに相手(あいて)がふるまってくれさえすれば❶、まったくごきげんさ。

A 思(おも)いどおりじゃなかったら?

B 自分(じぶん)がいつでも正(ただ)しいと思(おも)ってて、他人(たにん)の意見(いけん)には耳(みみ)を貸(か)さないタイプだよ。頑固者(がんこもの)ってとこだ。

A 네 상사는 어떤 사람이야?
A 뜻대로 하지 않으면?
B 자신의 뜻대로 상대가 행동하기만 하면 괜찮아.
B 자신이 늘 옳다고 생각하고 있어서 다른 사람의 의견에는 귀를 기울이지 않는 타입이야. 완고한 사람이지.

A 冗談(じょうだん)を笑(わら)って受(う)け流(なが)せる?

B ああ、ただし、自分(じぶん)に向(む)かって言(い)われたのでなければね。実際(じっさい)、気(き)が向(む)けば、けっこう面白(おもしろ)いことも言(い)うんだぜ❷。気(き)が短(みじか)いのは実際(じっさい)だけど、あっさり許(ゆる)しちゃうところがある。性格(せいかく)は悪(わる)くない男(おとこ)だと思(おも)うよ。

A 농담을 웃어넘기니?
B 아, 단 자신을 향해 말하지 않는다면. 실제로 마음이 내키면 상당히 재미있는 말도 해. 성격이 급한 것은 사실이지만, 깨끗하게 허락하는 경우도 있어. 마음은 나쁘지 않은 남자라고 생각해.

❶ …さえ…ば는 「…하기만 …하면」의 뜻으로 조건이 충족됨을 나타낸다.

❷ ぜ는 말끝에 붙어 주로 남성들이 친한 사이에서 가볍게 다짐하거나, 상대를 무시할 때 쓴다.

Unit 01

자신의 성격을 말할 때

1612. 당신은 어떤 성격입니까?

あなたはどのような性格(せいかく)ですか。
아나따와 도노요―나 세―까꾸데스까

A あなたはどのような性格(せいかく)ですか。
당신은 어떤 성격입니까?

B 明(あか)るくて社交的(しゃこうてき)です。
밝고 사교적입니다.

1613. 그다지 사교적이지 못합니다.

あまり社交的(しゃこうてき)ではありません。
아마리 샤꼬―떼끼데와 아리마셍

1614. 이전에 비해 많이 사교적이 되었습니다.

以前(いぜん)に比(くら)べればずいぶん社交的(しゃこうてき)になりました。
이젠니 구라베레바 즈이분 샤꼬―떼끼니 나리마시다

…に比べると(比べれば) …에 비(교)하면

1615. 자신의 성격이 어떻다고 생각합니까?

自分(じぶん)の性格(せいかく)はどんなだと思(おも)いますか。
지분노 세―까꾸와 돈나다또 오모이마스까

1616. 무슨 일에 대해서도 낙천적입니다.

何事(なにごと)につけても楽天的(らくてんてき)です。
나니고또니 쯔께떼모 라꾸뗀떼끼데스

…につけても = …について も …에 대해서도

1617. 다소 비관적인 성격입니다.

いくぶん悲観的(ひかんてき)な性格(せいかく)です。
이꾸분 히깐떼끼나 세―까꾸데스

いくぶん 얼마쯤, 얼마 정도, 조금

1618. 친구는 쉽게 사귀는 편입니까?

友達(ともだち)はすぐできるほうですか。
도모다찌와 스구 데끼루호―데스까

1619. 모르는 사람에게도 말을 잘 거는 편입니다.

知(し)らない人(ひと)にも話(はな)しかけるのはうまいほうです。
시라나이 히또니모 하나시까께루노와 우마이호―데스

1620. 소극적인 편입니다.

ひっこみ思案(じあん)のほうです。
힛꼬미 지안노 호―데스

일본어로 「소극적」이라는 표현에는 引っ込み思案(ひっこみじあん)·消極的(しょうきょくてき)이 쓰이고, 이와 반대로 「적극적」이라는 표현에는 積極的(せっきょくてき)라는 단어가 쓰인다. 성격을 묘사할 때 활용할 수 있다.

자신의 성격을 말할 때

1621. 나는 성격이 자매와는 전혀 다릅니다.

私は性格が姉妹とはまるで違います。

와따시와 세-까꾸가 시마이또와 마루데 찌가이마스

1622. 자신이 외향적이라고 생각합니까, 내성적이라고 생각합니까?

ご自分が外向的だと思いますか、内向的だと思いますか。

고지분가 가이꼬-떼끼다또 오모이마스까 나이꼬-떼끼다또 오모이마스까

A ご自分が外向的だと思いますか、内向的だと思いますか。

자신이 외향적이라고 생각합니까, 내성적이라고 생각합니까?

B 私は外向的だと思われてますが、実は人見知りするんです。

나는 외향적이라고 생각하고 있습니다만, 실은 낯가림을 합니다.

1623. 사람 만나는 것을 좋아합니다.

人に会うことが好きです。

히또니 아우 꼬또가 스끼데스

1624. 독립심이 강합니다.

独立心が強いです。

도꾸리쯔신가 쯔요이데스

1625. 끈기가 강한 성격입니다.

粘り強い性格です。

네바리쯔요이 세-까꾸데스

Unit 02

다른 사람의 성격을 물을 때

1626. 그는 어떤 사람입니까?

彼はどんな人ですか。

가레와 돈나 히또데스까

A 彼はどんな人ですか。

그는 어떤 사람입니까?

B とても心の暖かい男ですよ。

매우 마음이 따뜻한 남자이에요.

다른 사람의 성격을 물을 때

1627. 성실한 여자입니다.
誠実(せいじつ)な女性(じょせい)です。
세-지쯔나 죠세-데스

1628. 그는 유머가 있어서 함께 있으면 즐거워요.
彼(かれ)はユーモアがあって一緒(いっしょ)にいると楽(たの)しいですよ。
가레와 유-모아가 앗떼 잇쇼니 이루또 다노시-데스요

1629. 동료들은 좀 유별나도 좋은 녀석들입니다.
連中(れんちゅう)はちょっと変(か)わっているけど、いいやつらですよ。
렌츄-와 춋또 가왓떼 이루께도 이-야쯔라데스요

連中 한 패, 동아리, 일당

1630. 그녀를 어떻게 생각합니까?
彼女(かのじょ)のこと、どう思(おも)いますか。
가노죠노 고또 도- 오모이마스까

1631. 매우 머리가 좋은 아가씨이지만, 게으름을 피우는 경우도 있어.
とても頭(あたま)のいい娘(むすめ)なんだが、怠(なま)けることもある。
도떼모 아따마가 이- 무스메난다가 나마께루 고또모 아루

1632. 자상하다고는 할 수 없지만, 무척 근면한 사람입니다.
気(き)がきくとは言(い)えませんが、きわめて勤勉(きんべん)な人(ひと)です。
기가 끼꾸또와 이에마센가 끼와메떼 긴벤나 히또데스

1633. 게이코를 알고 있다면서? 어떤 아가씨야?
恵子(けいこ)ちゃんを知(し)ってるんだって? どんな娘(むすめ)?
게이꼬쨩오 싯떼룬닷떼 돈나 무스메

1634. 기무라 씨는 어떤 사람이야?
木村(きむら)さんてどんな人(ひと)?
기무라상떼 돈나 히또

…て는 체언에 접속하여 「…이라는 것은, …이란」의 뜻을 나타낸다.

A 木村(きむら)さんてどんな人(ひと)?
기무라 씨는 어떤 사람이야?

B そうですね、少(すこ)し退屈(たいくつ)な人(ひと)ですね。
글쎄요, 좀 지루한 사람이에요.

1635. 그이는 활발하고 마음도 넓고 머리가 좋은 사람이에요.
彼(かれ)は活発(かっぱつ)で、心(こころ)の広(ひろ)い、頭(あたま)のいい人(ひと)ですよ。
가레와 갓빠쯔데 고꼬로노 히로이 아따마노 이- 히또데스요

Unit 03

바람직한 성격을 말할 때

1636. 자신에게 자신이 있습니다.

自分(じぶん)に自信(じしん)があります。

지분니 지신가 아리마스

1637. 그의 장점은 유머 센스라고 생각합니다.

彼(かれ)の長所(ちょうしょ)はユーモアのセンスだと思(おも)います。

가레노 쵸–쇼와 유–모아노 센스다또 오모이마스

1638. 나는 붙임성이 좋은 편이라고 생각하고 있습니다.

自分(じぶん)は愛想(あいそ)のいいほうだと思(おも)っています。

지분와 아이소노 이–호–다또 오못떼 이마스

1639. 저는 남을 잘 웃깁니다.

私(わたし)は笑(わら)わせるのが得意(とくい)です。

와따시와 와라와세루노가 토꾸이데스

1640. 시간을 지키는 편입니다.

時間(じかん)を守(まも)るほうです。

지깐오 마모루호–데스

1641. 친구는 나를 언제나 밝다고 말해 줍니다.

友達(ともだち)は私(わたし)のことをいつも明(あか)るいと言(い)ってくれます。

도모다찌와 와따시노 고또오 이쯔모 아까루이또 잇떼 꾸레마스

1642. 우호적이고 배려하는 마음이 있다고 들을 때도 있습니다.

友好的(ゆうこうてき)で思(おも)いやりがあると言(い)われることもあります。

유–꼬–떼끼데 오모이야리가 아루또 이와레루 고또모 아리마스

1643. 섬세하기도 하지만 동시에 대범하기도 하다고 생각하고 있습니다.

繊細(せんさい)であると同時(どうじ)におおらかでもあると思(おも)っています。

센사이데 아루또 도–지니 오–라까데모 아루또 오못떼 이마스

Unit 04

바람직하지 못한 성격을 말할 때

1644. 덜렁댑니다. 그게 약점이라고 알고 있습니다.

そそっかしいんです。それが弱点(じゃくてん)だとわかっています。

소솟까시인데스 소레가 쟈꾸텐다또 와깟떼 이마스

1645. 너무 잘 잊어버립니다.

とても忘(わす)れっぽいんです。

도떼모 와스렛뽀인데스

…っぽい는 명사나 동사의 중지형에 접속하여 「…의 경향·성질이 있다, …스럽다, …스름하다, …답다」의 뜻을 가진 형용사를 만든다.

바람직하지 못한 성격을 말할 때

1646. 무엇이든 느릿느릿 하는 좋지 않는 버릇이 있습니다.
物事をするのがゆっくりしているきらいがあります。
모노고또오 스루노가 윳꾸리시떼 이루 끼라이가 아리마스

1647. 말주변이 없다고 생각합니다.
口下手だと思います。
구찌헤타다또 오모이마스

> 口下手 말이 서투름, 눌변 ↔ 口上手(くちじょうず) 말을 잘함, 달변

1648. 가끔 말을 너무 많이 하는 경우도 있습니다.
時々しゃべりすぎることがあります。
도끼도끼 샤베리스기루 고또가 아리마스

1649. 그는 수다쟁이에다가 자신의 말밖에 하지 않습니다.
彼はおしゃべりで、その上、自分のことしか話しません。
가레와 오샤베리데 소노 우에 지분노 고또시까 하나시마센

1650. 그는 사소한 것에 상당히 까다로운 사람입니다.
彼は細かいことになかなか口うるさい人です。
가레와 고마까이 고또니 나까나까 구찌우루사이 히또데스

1651. 그녀는 마음이 좁고 완고한 것이 결점입니다.
彼女は心が狭くて頑固なところが欠点です。
가노죠와 고꼬로가 세마꾸떼 강꼬나 도꼬로가 겟텐데스

1652. 사람에 따라서는 나를 우유부단하다고 생각하는 것 같습니다.
人によっては私のことを優柔不断だと思うようです。
히또니 욧떼와 와따시노 고또오 유-쥬-후단다또 오모우요-데스

1653. 저는 성격이 급한 편이어서 하찮은 일에 울컥 화를 내는 경우가 있습니다.
私は気が短いほうで、つまらないことにかっとしてしまうことがあります。
와따시와 기가 미지까이 호-데 쯔마라나이 고또니 갓또시떼시마우 고또가 아리마스

1654. 좀 장난기가 있습니다.
ちょっといたずらっ気があります。
춋또 이타즈랏께가 아리마스

1655. 그는 장난꾸러기입니다.
彼はわんぱく坊主です。
가레와 완빠꾸보-즈데스

1656. 그녀는 말괄량이입니다.
彼女はおてんばです。
가노죠와 오뗀바데스

Chapter 13

친구·사랑과 연애

여기서는 지인, 친구에서 연인에 이르기까지를 화제로 한다. 이성을 보고 한눈에 반할 때는 一目惚(ひとめぼ)れる, 연애 중일 때는 恋愛中(れんあいちゅう), 헤어질 때는 別(わか)れる, 이성에게 차였을 때는 ふられる라는 표현을 쓴다. 또한 상대에게 이성의 친구가 있느냐고 물을 때는 異性の友だちはいますか라고 하며, 데이트에 관해서 물을 때는 デートはどうでしたか, 이성과 헤어지고 싶을 때는 もう会わないほうがいいね라고 하면 된다.

A 藤森(ふじもり)とまだデートしてる?
B とんでもない。何(なん)か月(げつ)も前(まえ)に別(わか)れたわ。後(あと)でわかったんだけど、あんな卑劣(ひれつ)なやつ見(み)❶たことないわ。いまは木村(きむら)と付(つ)き合(あ)ってるの。

A 후지모리와 아직 만나고 있니?

B 무슨 소리야. 몇 개월 전에 헤어졌어. 나중에 알았는데 그런 비열한 녀석 본 적도 없어. 지금은 기무라와 사귀고 있어.

A 木村(きむら)? 森沢(もりさわ)と付(つ)き合(あ)ってるんじゃなかった?

B 森沢(もりさわ)が池田(いけだ)とふたまたかけてるってわかって、❷おじゃんよ。どっちにしろ、そうなって私(わたし)は嬉(うれ)しいわ。ずっと木村(きむら)のこと好(す)きだったもの。高校(こうこう)のときから友(とも)だちだったし。

A 기무라? 모리사와와 사귀지 않았니?

B 모리사와가 이케다와 양다리 걸치고 있다는 걸 알고 깨졌어. 아무튼 그렇게 되어 나는 기뻐. 줄곧 기무라를 좋아했는걸. 고등학교 때부터 친구였고.

❶ …たことない …한 적 없다, 과거의 미경험을 나타낸다.

❷ おじゃん 모처럼의 계획·예정·기대가 깨짐 = あてはずれ

Unit 01

지인·친구와의 교제

1657. 우리들은 단짝입니다.

私たちは仲よしです。

와따시따찌와 나까요시데스

> 仲よし 친한 사이, 친구, 단짝 仲よく 사이좋게

1658. 기무라는 제 친구입니다.

木村は私の親友です。

기무라와 와따시노 신유-데스

1659. 요시다는 당신 친구이죠?

吉田はあなたの親友でしょ?

요시다와 아나따노 신유-데쇼

1660. 그녀는 단지 친구예요.

彼女はただの友達ですよ。

가노죠와 다다노 도모다찌데스요

> 友(とも)는 회화체에서는 쓰지 않고, 대신 ともだち를 쓴다.

1661. 아키코 양은 언제부터 아는 사이였습니까?

明子さんはいつからの知り合いですか。

아끼꼬상와 이쯔까라노 시리아이데스까

> 知り合い 서로 앎, 또는 아는 사이, 친지 = 知人(ちじん)

A 明子さんはいつからの知り合いですか。
아키코 양은 언제부터 아는 사이였습니까?

B 小学校の時からです。家族を除けば誰よりも長い知り合いです。
초등학교 시절부터입니다. 가족을 제외하면 누구보다 오래 알고 지냅니다.

1662. 이케다 씨는 제 동료입니다.

池田さんは私の同僚です。

이께다상와 와따시노 도-료-데스

1663. 당신 이외에 외국인 친구가 없습니다.

あなた以外に外国人の友人がいないんです。

아나따 이가이니 가이꼬꾸진노 유-진가 이나인데스

1664. 이 회사에서 가장 친한 사람은 누구입니까?

この会社でいちばん親しい人は誰ですか。

고노 가이샤데 이찌방 시따시- 히또와 다레데스까

1665. 그는 이른바 술친구입니다.

彼はいわゆる飲み友達です。

가레와 이와유루 노미도모다찌데스

지인·친구와의 교제

1666. 이성 친구는 있습니까?

異性(いせい)の友達(ともだち)はいますか。

이세-노 도모다찌와 이마스까

1667. 기무라 양은 남자 친구가 있습니까?

木村(きむら)さんはボーイフレンドがいますか。

기무라상와 보-이후란도가 이마스까

> ボーイフレンド(boy friend) ↔ ガールフレンド(girl friend)

A 木村(きむら)さんはボーイフレンドがいますか。
기무라 양은 남자 친구가 있습니까?

B あいにく、今(いま)のところいないんです。
아쉽게도 지금은 없습니다.

1668. 누군가 특별히 한 사람하고만 사귀고 있습니까?

誰(だれ)か特(とく)に一人(ひとり)だけと付(つ)き合(あ)っていますか。

다레까 토꾸니 히또리다께또 쯔끼앗떼 이마스까

1669. 특별히 교제하고 있는 여자는 없습니다.

特別(とくべつ)に交際(こうさい)している女性(じょせい)はおりません。

토꾸베쯔니 고-사이시떼이루 죠세-와 오리마센

> 交際する = 付(つ)き合(あ)う 사귀다, 교제하다

1670. 여동생과 데이트할 수 있도록 주선해 주지 않겠나?

妹(いもうと)さんとデートできるように計(はか)らってくれないかな。

이모-또상또 데-또데끼루요-니 하까랏떼 꾸레나이까나

1671. 요코에게 식사를 청하고 싶어서 못 견디겠어.

洋子(ようこ)を食事(しょくじ)に誘(さそ)いたくてたまらないな。

요-꼬오 쇼꾸지니 사소이따꾸떼 다마라나이나

1672. 태어나서 처음으로 일본인 여자와 데이트를 했습니다.

生(う)まれて初(はじ)めて日本人(にほんじん)の女(おんな)の子(こ)とデートしました。

우마레떼 하지메떼 니혼진노 온나노꼬또 데-또시마시다

1673. 어느 정도 만나니?

どのくらいデートするの?

도노구라이 데-또스루노

A どのくらいデートするの?
어느 정도 만나니?

B 週(しゅう)に1、2回(かい)です。でもいくら持(も)っているお金(かね)しだいです。
주에 1, 2번입니다. 하지만 돈을 얼마나 갖고 있느냐에 따라 달라요.

지인·친구와의 교제

1674. 이번에는 월요일에 그녀와 데이트합니다.

こんど げつようび かのじょ
今度は月曜日に彼女とデートします。
곤도와 게쯔요-비니 가노죠또 데-또시마스

1675. 데이트 비용은 전부 남자가 내야 한다고 생각합니까?

ひよう ぜんぶ おとこ おも
デートの費用は全部男がもつべきだと思いますか。
데-또노 히요-와 젠부 오또꼬가 모쯔베끼다또 오모이마스까

ひよう ぜんぶ おとこ おも
A デートの費用は全部男がもつべきだと思いますか。
데이트 비용은 전부 남자가 내야 한다고 생각합니까?

ひつよう おも じょせい だんせい おな かね も
B いいえ、その必要はあまりないと思いますよ。女性も男性も同じくらいお金を持ってますからね。
아뇨, 그럴 필요는 그다지 없다고 생각해요. 여자도 남자와 동일한 정도의 돈을 갖고 있으니까요.

1676. 데이트는 어땠어?

デートはどうだった?
데-또와 도-닷따

Unit 02 연애에 대해 말할 때

1677. 첫사랑은 12살 때였습니다.

はつこい さい とき
初恋は12歳の時でした。
하쯔코이와 쥬-니사이노 도끼데시다

1678. 그녀와 연애 중입니다.

かのじょ れんあいちゅう
彼女と恋愛中です。
가노죠또 렌아이츄-데스

사랑을 나타내는 단어로는 愛(あい)와 恋(こい)가 있다. 愛する는 일반적인 사랑을 의미하고 恋する는 남녀 간의 사랑을 말한다.

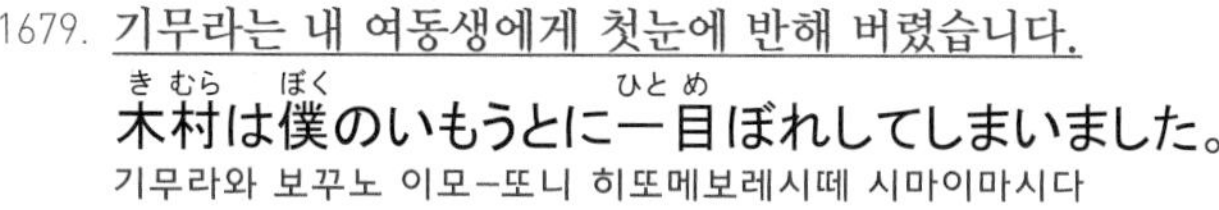

1679. 기무라는 내 여동생에게 첫눈에 반해 버렸습니다.

きむら ぼく ひとめ
木村は僕のいもうとに一目ぼれしてしまいました。
기무라와 보꾸노 이모-또니 히또메보레시떼 시마이마시다

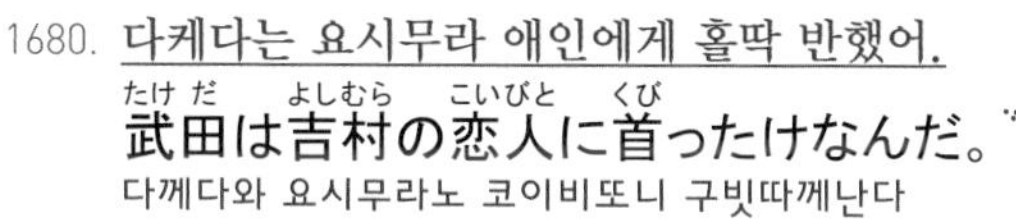

1680. 다케다는 요시무라 애인에게 홀딱 반했어.

たけだ よしむら こいびと くび
武田は吉村の恋人に首ったけなんだ。
다께다와 요시무라노 코이비또니 구빗따께난다

> 愛人(あいじん) 정부

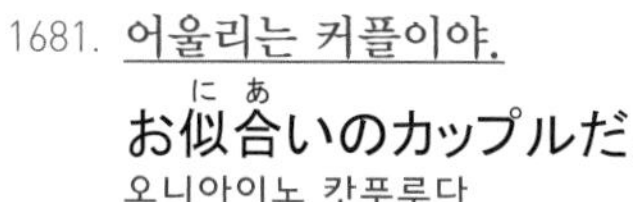

1681. 어울리는 커플이야.

にあ
お似合いのカップルだ。
오니아이노 캇푸루다

연애에 대해 말할 때

A 木村と吉岡はお互いに夢中らしいですよ。きのうもデートしてました。
기무라와 요시오카는 서로 푹 빠져 있는 것 같아요. 어제도 데이트했어요.

B 知ってますよ。あの二人はお互いにお似合いのカップルだ。
알고 있어. 그 두 사람은 서로 어울리는 커플이야.

1682. 우리들은 사이좋게 잘 지내고 있습니다.
私たちの仲はかなりうまく行っています。
와따시따찌노 나까와 가나리 우마꾸 잇떼 이마스

1683. 그 사람과는 인연을 끊었어요.
あの人とは縁を切りましたわ。
아노 히또또와 엔오 기리마시다와

縁を切る (인)연을 끊다

1684. 우리 사이도 이걸로 끝이군.
私たちの仲もこれで終りね。
와따시따찌노 나까모 고레데 오와리네

1685. 두 사람은 최근에 헤어진 것 같아.
二人は最近別れたらしいよ。
후따리와 사이낀 와까레따라시-요

分かれる 나뉘다, 別れる 헤어지다

1686. 마츠모토 씨와는 아직 사귀고 있니?
松本さんとはまだ付き合ってるの?
마쯔모또상또와 마다 쯔끼앗떼루노

1687. 이제 안 만나는 게 좋겠어.
もう会わないほうがいいね。
모- 아와나이 호-가 이-네

…ないほうがいい …지 않는 게 좋다

A もう会わないほうがいいね。
이제 안 만나는 게 좋겠어.

B それ別れたいということ?
그게 헤어지고 싶다는 거야?

1688. 기무라와 헤어졌다니 정말이니?
木村と別れたってほんと?
기무라또 와까레땃떼 혼또

연애에 대해 말할 때

1689. 그녀와 화해하려고 했는데 안 되었습니다.

彼女(かのじょ)と仲直(なかなお)りしようとしたが、だめでした。

가노죠또 나까나오리시요-또시따가 다메데시다

仲直りする
화해하다

1690. 요코에게 프러포즈를 했는데 거절당했어.

洋子(ようこ)にプロポーズしたのに、ふられちゃった。

요-꼬니 푸로포-즈시따노니 후라레쨔따

1691. 그녀는 너에게 전혀 관심이 없어.

彼女(かのじょ)、きみにはまったく気(き)がないよ。

가노죠 기미니와 맛따꾸 기가 나이요

1692. 아키코가 다른 남자와 결혼했을 때는 정말로 실망했습니다.

明子(あきこ)が他(ほか)の男(おとこ)と結婚(けっこん)した時(とき)は本当(ほんとう)にがっかりしました。

아끼꼬가 호까노 오또꼬또 겟꼰시따 도끼와 혼또-니 갓까리시마시다

1693. 나는 지금 실연 중이야.

僕(ぼく)は今(いま)、失恋中(しつれんちゅう)だよ。

보꾸와 이마 시쯔렌츄-다요

Unit 03

데이트를 신청할 때

1694. 오늘 밤 바쁘니?

今晩(こんばん)、いそがしいの?

곤방 이소가시-노

1695. 오늘 밤 시간 있으면 함께 어때?

今晩(こんばん)、暇(ひま)だったら一緒(いっしょ)にどう?

곤방 히마닷따라 잇쇼니 도-

1696. 데이트 신청해도 되겠니?

デートに誘(さそ)ってもいい?

데-또니 사솟떼모 이-

A デートに誘(さそ)ってもいい?
데이트 신청해도 되겠니?

B ごめんなさい。私(わたし)ボーイフレンドがいるの。
미안해. 나 남자친구가 있어.

1697. 함께 영화를 보러 가지 않을래요?

一緒(いっしょ)に映画(えいが)を見(み)に行(い)きませんか。

잇쇼니 에-가오 미니 이끼마센까

동사의 중지형에 …に 行く를 접속하면 「…하러 가다」의 뜻이다.

데이트를 신청할 때

1698. 좀 사귀지 않을래?

ちょっと付(つ)き合(あ)ってくれない?

춋또 쯔끼앗떼 꾸레나이

1699. 커피라도 마시지 않을래요?

コーヒーでも飲(の)みませんか。

고-히-데모 노미마센까

…でも…ませんか는 「…라도 …지 않을래요?」의 뜻으로 상대에게 뭔가를 권유할 때 많이 쓰이는 표현이다.

1700. 함께 저녁이라도 할까요?

一緒(いっしょ)に夕食(ゆうしょく)でもしましょうか。

잇쇼니 유-쇼꾸데모 시마쇼-까

1701. 어디서 만날까요?

どこで会(あ)いましょうか。

도꼬데 아이마쇼-까

A どこで会(あ)いましょうか。
어디서 만날까요?

B あなたの都合(つごう)のいいところでいいですよ。
당신이 괜찮은 곳이면 돼요.

Unit 04

사랑을 고백할 때

1702. 너에게 할 말이 있어.

君(きみ)に話(はなし)があるんだ。

기미니 하나시가 아룬다

1703. 지금, 누구랑 사귀고 있니?

いま、誰(だれ)かと付(つ)き合(あ)ってる?

이마 다레까또 쯔끼앗떼루

1704. 나, 어떻게 생각해?

私(わたし)のこと、どう思(おも)う?

와따시노 고또 도- 오모우

A 私(わたし)のこと、どう思(おも)う?
나, 어떻게 생각해?

B あなたはすばらしい人(ひと)だと思(おも)うよ。
넌 멋진 사람이라고 생각해.

1705. 사랑해.

愛(あい)してるよ。

아이시떼루요

愛する는 恋(こい)する보다 넓은 의미로 쓰인다.

사랑을 고백할 때

1706. 나도 사랑해.

わたし　あい
私も愛してるわよ。
와따시모 아이시떼루와요

1707. 넌 내가 알고 있는 여자 중에 가장 아름다워.

きみ　ぼく　し　なか　もっと　うつく　じょせい
君は僕の知っている中で最も美しい女性だ。
기미와 보꾸노 싯떼이루 나까데 못또모 우쯔꾸시– 죠–세–다

1708. 너에게 빠졌어.

きみ　むちゅう
君に夢中なんだ。
기미니 무츄–난다

夢中 열심, 열중해 있음, 몰두해 있음. 熱中(ねっちゅう)는 집중하고 있음을 말하나 夢中는 다른 일은 염두에 두지 않는다는 점에 차이가 있다.

1709. 너를 우리 부모님께 소개하고 싶어.

きみ　りょうしん　あ
君にぼくの両親に会ってほしい。
기미니 보꾸노 료–신니 앗떼 호시–

1710. 첫눈에 반했어.

ひとめぼ
一目惚れだったんだ。
히또메보레닷딴다

一目惚れをする
첫눈에 반하다

1711. 왜 나를 좋아하니?

わたし　す
なぜ私が好きなの?
나제 와따시가 스끼나노

1712. 너를 알게 되어서 행복해.

きみ　し　あ　しあわ
君と知り合えて幸せだよ。
기미또 시리아에떼 시아와세다요

1713. 너를 위해서라면 아무 것도 아깝지 않아.

きみ　なに　お
君のためなら何も惜しくないよ。
기미노타메나라 나니모 오시꾸나이요

1714. 나를 유혹하는 거니?

わたし　ゆうわく
私を誘惑しているの?
와따시오 유–와꾸시떼 이루노

1715. 너를 좋아하지 않을 수 없어.

きみ　す
君を好きにならずにいられないんだ。
기미오 스키니나라즈니 이라레나인다

…ずにいられない
…않고 있을 수 없다, …지 않을 수 없다

1716. 영원히 너를 사랑할게.

えいえん　きみ　あい
永遠に君を愛するよ。
에이엔니 기미오 아이스루요

결혼에 관한 화제

결혼 상대에 관해서 どんな人が好き?, どういうタイプが理想ですか는 자주 하는 질문이다. 여기서는 자신의 취향이나 타입을 일본어로 어떻게 표현하는지 그 요령을 익히도록 한다.

또한 일본어에서는 결혼은 현재도 진행 중이므로 과거형으로 말하지 않고 結婚しています로 말을 한다. 만약 우리말로 직역하여 結婚しました로 말한다면 일본인은 과거에 결혼한 적이 있고 지금은 이혼해서 혼자 살고 있는 것처럼 여기게 된다.

A ちょっとお知(し)らせがあるんだ。木村(きむら)と婚約(こんやく)したよ。

B ビッグニュースね。でも驚(おどろ)かないわ。❶あたしたちみんな、❷いつかないつかなって首(くび)を長(なが)くして待(ま)ってたんだもの。

A そうかい?

B だって、6年(ねん)も付(つ)き合(あ)ってるんでしょ?

A 잠깐 알릴 게 있어. 기무라와 약혼했어.
B 빅뉴스군. 하지만 안 놀라워. 우리 모두 언제 이루어질까 학수고대한걸.
A 그래?
B 하지만 6년이나 사귀고 있는 거잖아?

A 実際(じっさい)は2年(ねん)ってとこだよ。
B 6年(ねん)って感(かん)じだわ。結婚(けっこん)はいつ?
A 6月(がつ)、準備(じゅんび)はできてる。新婚旅行(しんこんりょこう)までね。来(き)てくれるよね? もちろん式(しき)にだよ。新婚旅行(しんこんりょこう)じゃなくて。

A 실제로는 2년이야.
B 6년이나 된 느낌이야. 결혼은 언제?
A 6월. 준비는 되어 있어. 신혼여행까지. 와 줘? 물론 결혼식에만. 신혼여행은 말고.

❶ あたし는 わたし의 여성어투이다.

❷ …いつかないつかなって 이제나저제나

Unit 01

좋아하는 타입의 배우자를 말할 때

1717. 어떤 남자를 좋아합니까?

どんな男性が好きですか。

돈나 단세-가 스끼데스까

1718. 피부가 까맣고 남성적인 사람을 좋아해.

色が黒くて男性的な人が好きよ。

이로가 구로꾸떼 단세-떼끼나 히또가 스키요

> わ는 주장·판단이나 가벼운 감동의 뜻을 나타낸다.

1719. 스포츠를 좋아하고 나를 지켜 줄 만한 사람이 좋아.

スポーツ好きで私を守ってくれるような人がいいわ。

스포-츠 스키데 와따시오 마못떼 꾸레루요-나 히또가 이-와

1720. 유머가 있는 사람을 좋아해.

ユーモアのある人が好きなの。

유-모아노 아루 히또가 스키나노

> の는 가벼운 단정을 나타낸다.

1721. 포용력이 있고 융통성이 있는 사람을 좋아해.

包容力があって融通のきく人が好きですわ。

호-요-료꾸가 앗떼 유-즈-노 끼꾸 히또가 스키데스와

> 融通が利く 융통성이 있다 ↔ 融通が利かない 융통성이 없다

1722. 로맨틱하고 야심 있는 남자를 좋아합니다.

ロマンチックで野心的な男性が好きです。

로만칫쿠데 야신떼끼나 단세-가 스키데스

1723. 지적이고 온화한 사람과 있으면 가장 편해.

知的で穏やかな人といるといちばんほっとするの。

치떼끼데 오다야까나 히또또 이루또 이찌방 홋또스루노

1724. 그는 내 취향의 타입이 아냐.

彼は私の好みのタイプじゃないわ。

가레와 와따시노 코노미노 타이푸쟈나이와

1725. 어떤 사람과 결혼하고 싶습니까?

どんな人と結婚したいですか。

돈나 히또또 겟꼰시따이데스까

A どんな人と結婚したいですか。
어떤 사람과 결혼하고 싶습니까?

B 親切で思いやりがあって、禿げてなければ誰でもいいわ。
친절하고 배려가 있고, 대머리만 아니면 아무나 좋아.

좋아하는 타입의 배우자를 말할 때

1726. 눈이 크고 머리카락이 긴 여자를 좋아합니다.
目(め)が大(おお)きくて髪(かみ)の長(なが)い女性(じょせい)が好(す)きです。
메가 오—끼꾸떼 가미노 나가이 죠세—가 스키데스

1727. 어떤 여자를 좋아해?
どんな女(おんな)の子(こ)が好(す)き?
돈나 온나노꼬가 스키

1728. 좋아하는 타입의 여자는?
好(す)きなタイプの女性(じょせい)は?
스키나 타이푸노 죠세—와

> 女(おんな)는 성(性)으로서의 여성을 강조하는 표현이며, 부정적인 뉘앙스가 들어 있는 경우가 많다.

1729. 그녀는 내가 좋아하는 타입이 아냐.
彼女(かのじょ)は僕(ぼく)の好(す)きなタイプじゃないよ。
가노죠와 보꾸노 스키나 타이푸쟈나이요

Unit 02

청혼을 할 때

1730. 결혼해 줄래요?
結婚(けっこん)してくれますか。
겟꼰시떼 꾸레마스까

A 結婚(けっこん)してくれますか。
결혼해 줄래요?

B はい、私(わたし)あなたと結婚(けっこん)するわ。
네, 나 당신과 결혼할래요.

1731. 내 남편이 되어 주시겠어요?
私(わたし)の夫(おっと)になっていただけますか。
와따시노 옷또니 낫떼 이따다께마스까

1732. 함께 평생 같이 살자.
一緒(いっしょ)に年(とし)を取(と)ろう。
잇쑈니 토시오 도로—

> 年を取る
> 나이를 먹다

1733. 당신과 앞으로 죽을 때까지 함께 있고 싶어요.
あなたと今後(こんご)死(し)ぬまで一緒(いっしょ)にいたいです。
아나따또 곤고 시누마데 잇쇼니 이따이데스

Unit 03

청혼을 거절할 때

1734. 아직 결혼하고 싶지 않아.

まだ結婚(けっこん)したくないの。

마다 겟꼰시따꾸나이노

1735. 아직 결혼 같은 거 생각하고 있지 않아.

まだ結婚(けっこん)なんて考(かんが)えていないわ。

마다 겟꼰난떼 강가에떼 이나이와

> なんて 뜻밖임·경시함·어처구니없음 등의 기분을 나타낸다.

1736. 너를 사랑하지만 결혼은 할 수 없어.

君(きみ)を愛(あい)しているけど結婚(けっこん)はできないんだ。

기미오 아이시떼이루께도 겟꼰와 데끼나인다

1737. 그녀와의 결혼을 좀처럼 결단할 수 없어.

彼女(かのじょ)との結婚(けっこん)になかなか踏(ふ)み切(き)れないんだ。

가노죠또노 겟꼰니 나까나까 후미끼레나인다

> なかなか…ない 좀처럼…지 않다

Unit 04

결혼에 대해 말할 때

1738. 결혼했습니까, 독신입니까?

結婚(けっこん)してますか、獨身(どくしん)ですか。

겟꼰시떼마스까 도꾸신데스까

> 우리말로 직역하여 結婚しました로 표현하면 과거에 결혼한 적이 있고 지금은 이혼해서 혼자 살고 있는 것처럼 여기게 된다.

A 結婚(けっこん)してますか、獨身(どくしん)ですか。
결혼했습니까, 독신입니까?

B 独身(どくしん)ですが、ミチ子(こ)と結婚(けっこん)しました。
독신인데요, 미치코와 결혼했었습니다.

1739. 누나는 결혼했습니까?

お姉(ねえ)さんは結婚(けっこん)してるんですか。

오네-상와 겟꼰시떼룬데스까

1740. 여동생은 요전 토요일에 결혼했습니다.

妹(いもうと)はこの前(まえ)の土曜日(どようび)に結婚(けっこん)しました。

이모-또와 고노 마에노 도요-비니 겟꼰시마시다

1741. 기무라와 결혼하니?

木村(きむら)と結婚(けっこん)するの?

기무라또 겟꼰스루노

1742. 멋진 사람을 찾아서 그럴 마음이 생기면 결혼하겠습니다.

すてきな人(ひと)を見(み)つけてその気(き)になったら結婚(けっこん)します。

스떼끼나 히또오 미쯔께떼 소노 기니 낫따라 겟꼰시마스

결혼에 대해 말할 때

1743. 언제 그와 결혼하니?

いつ彼(かれ)と結婚(けっこん)するの?

이쯔 가레또 겟꼰스루노

まだ…ない 아직 …지 않았다

A いつ彼(かれ)と結婚(けっこん)するの?
언제 그와 결혼하니?

B まだ決(き)めてないの。先週(せんしゅう)、婚約(こんやく)したばかりですもの。
아직 안 정했어요. 지난주에 갓 약혼한걸요.

1744. 몇 살에 결혼하고 싶습니까?

いくつで結婚(けっこん)したいと思(おも)いますか。

이꾸쯔데 겟꼰시따이또 오모이마스까

1745. 결혼 축하해. 그런데, 상대는 누구야?

ご結婚(けっこん)、おめでとう。で、お相手(あいて)は?

고겟꼰 오메데또- 데 아이떼와

접두어 お는 존경의 뜻으로도 쓰이지만, 주로 여성들이 말을 예쁘게 하기 위해 의도적으로 단어에 붙여 쓰는 습관이 있다.

Unit 05

결혼생활에 대해 말할 때

1746. 결혼생활은 어때요?

結婚生活(けっこんせいかつ)はどうですか。

겟꼰세-까쯔와 도-데스까

1747. 우리들은 지금 행복합니다.

私(わたし)たちは今幸(いましあわ)せです。

와따시따찌와 이마 시아와세데스

일본어로 아내를 표현하는 단어로는 妻(つま), 家内(かない), 女房(にょうぼう) 등이 있다.

1748. 나는 아내를 사랑해.

ぼくは妻(つま)を愛(あい)している。

보꾸와 쯔마오 아이시떼 이루

1749. 우리 부부는 닮았어.

私(わたし)たちは似(に)たもの夫婦(ふうふ)だ。

와따시따찌와 니따모노 후-후다

1750. 난 애처가야.

ぼくは女房思(にょうぼうおも)いだ。

보꾸와 뇨-보-오모이다

1751. 부부싸움은 안 해.

夫婦(ふうふ)げんかはしないよ。

후-후겡까와 시나이요

Unit 06

임신·출산에 대해 말할 때

1752. 그녀는 아이를 갖고 싶어 해.

かのじょ　こども　つく
彼女は子供を作りたがっている。
가노죠와 고도모오 쯔꾸리따갓떼 이루

> …たがっている는 제삼자의 희망을 나타내는 표현으로 「…하고 싶어하다」의 뜻이다.

1753. 저 말이야. 나 임신했어.

わたしにんしん
あのね。私妊娠しているの。
아노네 와따시 닌신시떼 이루노

> 妊娠する = 子供(こども)を持(も)つ 아이를 갖다

1754. 곧 아내가 아이를 낳습니다.

つま　ちか　こども　う
妻に近く子供が生まれます。
쯔마니 찌까꾸 고도모가 우마레마스

1755. 예정일은 언제입니까?

よていび
予定日はいつですか。
요떼-비와 이쯔데스까

A 予定日(よていび)はいつですか。
예정일은 언제입니까?

B 8月(がつ)15日(にち)です。
8월 15일입니다.

1756. 그녀는 임신 3개월입니다.

かのじょ　にんしん　げつ
彼女は妊娠3か月です。
가노죠와 닌신 산까게쯔데스

1757. 자녀는 몇 명 갖고 싶으세요?

こ　なんにん
お子さんは何人ほしいですか。
오꼬상와 난닌호시-데스까

1758. 그녀는 화요일에 여자아이를 낳았습니다.

かのじょ　かようび　おんな　こ　う
彼女は火曜日に女の子を生みました。
가노죠와 가요-비니 온나노꼬오 우미마시다

> 女の子 여자아이 ↔ 男(おとこ)の子 남자아이

1759. 아기는 남자예요, 여자예요?

あか　ぼう　おとこ　おんな
赤ん坊は男ですか、女ですか。
아깡보-와 오또꼬데스까 온나데스까

1760. 오늘 밤 아내와 둘이서 아기 탄생을 축하합니다.

つま　わたし　あか　たんじょういわ　こんばん
妻と私で赤ちゃんの誕生祝いを今晩します。
쯔마또 와따시데 아까쨩노 탄죠-이와이오 곤방시마스

1761. 출산을 축하드려요.

しゅっさん
ご出産、おめでとうございます。
고슛산 오메데또- 고자이마스

Unit 07

부부싸움·이혼에 대해 말할 때

사람 간의 관계에 대한 표현을 나타내는 단어 중 하나가 사이(仲, なか)이다. 이와 같은 의미의 단어로는 間柄(あいだがら)가 있다. 「사이가 틀어지다」라고 말하고 싶을 때는 仲違(なかたが)いする라고 하고, 이와 반대로 「사이가 좋아지다」라고 표현하고 싶으면 仲よくなる라고 말하면 된다.

1762. 결혼생활은 어때요?

結婚生活(けっこんせいかつ)はどうですか。

겟꼰세-까쯔와 도-데스까

1763. 우리들은 사이가 틀어지기 시작했어.

ぼくらは仲(なか)たがいし始(はじ)めた。

보꾸라와 나까따가이시 하지메따

> 僕ら(우리들)의 ら는 たち와 마찬가지로 복수를 나타낼 때 쓰이는 접미어로 사람에게 쓸 때는 동격이나 손아랫사람을 가리킨다.

1764. 너희들은 싸우니?

君(きみ)たちはけんかをする?

기미따찌와 겡까오 스루

1765. 내 아내는 바람을 피우고 있어.

ぼくの妻(つま)は浮気(うわき)しているんだ。

보꾸노 쯔마와 우와끼시떼 이룬다

> 浮気をする 바람을 피우다
> 浮気者(うわきもの) 바람둥이

1766. 너희들은 행복하니?

君(きみ)たちは幸(しあわ)せなの?

기미따찌와 시아와세나노

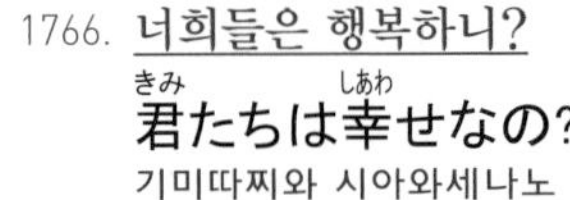

A 君(きみ)たちは幸(しあわ)せなの?
너희들은 행복하니?

B いや、もう妻(つま)を愛(あい)していないんだ。
아니, 이제 아내를 사랑하지 않아.

1767. 마음이 변했어.

気(き)が変(か)わったんだ。

기가 가왓딴다

1768. 넌 변했어.

君(きみ)は変(か)わったよ。

기미와 가왓따요

1769. 넌 이전과 같지 않아.

君(きみ)は以前(いぜん)と同(おな)じではない。

기미와 이젠또 오나지데와나이

1770. 지금 누구랑 사귀고 있니?

今(いま)誰(だれ)かと付(つ)き合(あ)ってるの?

이마 다레까또 쯔끼앗떼루노

1771. 우리들은 서로 잘 해나갈 수 없어.

私(わたし)たちはお互(たが)いにうまくやっていけないんだ。

와따시따찌와 오따가이니 우마꾸 얏떼 이께나인다

부부싸움·이혼에 대해 말할 때

1772. 난 비서와 사귀고 있었어.

ぼくは秘書(ひしょ)と恋愛関係(れんあいかんけい)にあったんだ。

보꾸와 히쇼또 렌아이깐께-니 앗딴다

1773. 이제 너를 사랑하지 않아.

もうあなたを愛(あい)していないの。

모- 아나따오 아이시떼 이나이노

> **A** もうあなたを愛(あい)していないの。
> 이제 너를 사랑하지 않아.
>
> **B** そう、離婚(りこん)しよう。
> 그래, 이혼하자.

1774. 난 지금 아내와 별거 중이야.

ぼくは今妻(いまつま)と別居(べっきょ)しているんだ。

보꾸와 이마 쯔마또 벳쿄시떼 이룬다

1775. 너를 잃다니 도저히 참을 수 없어.

君(きみ)を失(うしな)って、とても耐(た)えられない。

기미오 우시낫떼 도떼모 타에라레나이

1776. 헤어진다는 것은 괴로운 일이야.

別(わか)れるってことはつらいことだ。

와까레룻떼 고또와 쯔라이 고또다

> …ってことは = …ということは …라는 것은

1777. 너와 헤어지고 싶어.

君(きみ)と別(わか)れたい。

기미또 와까레따이

1778. 나를 버리지 말아 줘.

私(わたし)を失恋(しつれん)させないでちょうだい。

와따시오 시쯔렌사세나이데 쵸-다이

> …ないでちょうだい …하지 말아줘(요)

1779. 우리들은 몇 시간에 걸쳐 말다툼을 했어.

ぼくらは何時間(なんじかん)にもわたって言(い)い争(あらそ)ったんだよ。

보꾸라와 난지깐니모 와땃떼 이-아라솟딴다요

Chapter 15

가벼운 음료를 마시면서

일본인과 알게 되어 コーヒーでも飲みましょうか라고 마실 것을 제안하면 상대는 いいですねえ라고 응답하면 자연스럽게 친해질 수 있게 된다. 이처럼 가벼운 음료를 마시면서 허심탄회하게 대화를 즐길 수 있는 기회는 마음먹기에 따라서는 매우 많은 법이다. 다방이나 술집 등지에서 음료를 주문받을 때는 何になさいますか라고 하고, 주문이 결정되면 コーヒーにします라고 대답한다. 여기서 …にする는 어떤 사항을 선택할 때 쓰이는 표현 문형의 하나이다.

A お食事とご一緒にお飲物は何❶になさいますか。
B 何があるの?
A フルーツジュース、ミルクセーキ、コーヒー、紅茶といったところですが。
B コーヒーにしよう。

A 식사와 함께 마실 것은 무엇으로 하시겠습니까?
B 뭐가 있지?
A 과일주스, 밀크셰이크, 커피, 홍차가 있는데요.
B 커피로 하지.

A ミルクとお砂糖をおつけしましょうか。
B 砂糖だけお願いします。

A 밀크와 설탕을 넣을까요?
B 설탕만 넣어줘요.

❶ …にする(なさる)는 어떤 것을 선택할 때 쓰이는 표현으로 なさる(하시다)는 する의 존경어이다.

Unit 01

커피·차를 마실 때

1780. 커피를 한 잔 마실까요?

コーヒーを一杯(いっぱい)飲(の)みましょうか。

고-히-오 잇빠이 노미마쇼-까

1781. 잠깐 한숨 돌리고 커피나 뭘 마십시다.

> 一息入れる 한숨 돌리다 = 一息つく

ちょっと一息(ひといき)入(い)れて、コーヒーか何(なに)か飲(の)みましょう。

촛또 히또이끼 이레떼 고-히-까 나니까 노미마쇼-

1782. 커피라도 마실까요?

コーヒーでもいかが?

고-히-데모 이까가

1783. 안으로 들어갑시다. 음료라도 마시고 싶어 죽겠어요.

> …てたまらない …해서 못 견디겠다, …해서 못 참겠다

中(なか)へ入(はい)りましょう。何(なに)か飲物(のみもの)がほしくてたまらないわ。

나까에 하이리마쇼- 나니까 노미모노가 호시꾸떼 다마라나이와

A 中(なか)へ入(はい)りましょう。何(なに)か飲物(のみもの)がほしくてたまらないわ。
잠깐 한숨 돌리고 커피나 마십시다.

B 私(わたし)もよ。
저도요.

1784. 커피와 홍차 중에 어느 것을 좋아합니까?

コーヒーと紅茶(こうちゃ)とどちらが好(す)きですか。

고-히-또 고-챠또 도찌라가 스키데스까

A コーヒーと紅茶(こうちゃ)とどちらが好(す)きですか。
커피와 홍차 중에 어느 것을 좋아합니까?

B 両方(りょうほう)とも好(す)きですよ。
둘 다 좋아합니다.

1785. 커피입니다. 향기를 매우 좋아합니다.

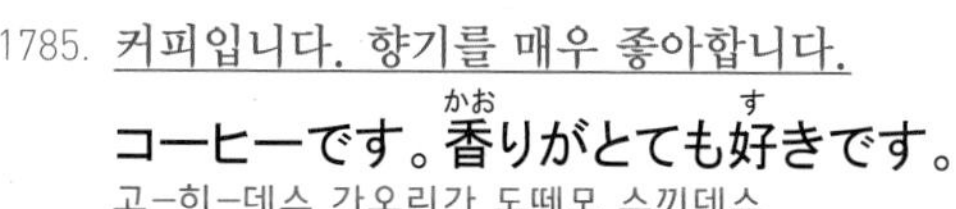

コーヒーです。香(かお)りがとても好(す)きです。

고-히-데스 가오리가 도떼모 스끼데스

1786. 둘 다 좋아하지 않습니다.

両方(りょうほう)とも好(す)きではありません。

료-호-또모 스키데와 아리마센

1787. 신선한 토마토 주스가 좋겠군요.

> …のほうがいい는 「…쪽(것)이 좋다」의 뜻으로 한쪽을 들어 권유할 때 쓰인다.

新鮮(しんせん)なトマトジュースのほうがいいですね。

신센나 토마토쥬-스노 호-가 이-데스네

커피·차를 마실 때

1788. 커피를 한 잔 사겠습니다.

コーヒーを一杯(いっぱい)おごりましょう。

고-히-오 잇빠이 오고리마쇼-

> おごる (남에게 술이나 음식 등을) 대접하다, 한턱내다

1789. 내 커피는 진하게 타 주세요.

私(わたし)のコーヒーは濃(こ)くしてください。

와따시노 고-히-와 고꾸시떼 구다사이

1790. 설탕은 몇 개?

砂糖(さとう)はおいくつ?

사또-와 오이꾸쯔

1791. 크림만 넣고 설탕은 넣지 마세요.

クリームだけで砂糖(さとう)は入(い)れないでください。

쿠리-무다께데 사또-와 이레나이데 구다사이

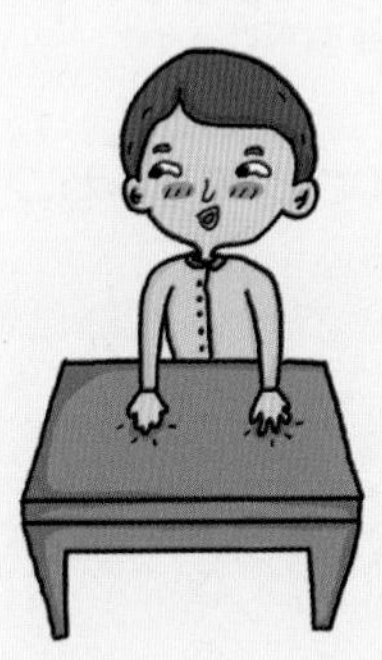

A コーヒーはブラックがいいですか、それとも砂糖(さとう)とクリームを入(い)れますか。

커피는 블랙입니까, 아니면 설탕과 크림을 넣습니까?

B クリームだけで砂糖(さとう)は入(い)れないでください。

크림만 넣고 설탕은 넣지 마세요.

1792. 커피를 좀 더 주시겠습니까?

コーヒーをもう少(すこ)しいただけますか。

고-히-오 모- 스꼬시 이따다께마스까

1793. 홍차나 커피를 하루에 몇 잔 정도 마십니까?

紅茶(こうちゃ)やコーヒーを1日何杯(いちにちなんばい)くらい飲(の)みますか。

고-챠야 고-히-오 이찌니찌 난바이구라이 노미마스까

1794. 홍차나 우롱차를 드시겠습니까?

紅茶(こうちゃ)かウーロン茶(ちゃ)をお飲(の)みになりますか。

고-챠까 우-롱챠오 오노미니 나리마스까

> お…になる …하시다

Unit 02

다방에 들어가서

1795. 빈자리는 있나요?

空(あ)いている席(せき)がありますか。

아이떼 이루 세끼가 아리마스까

1796. 뜨거운 커피 두 잔 주세요.

ホット・コーヒー2つお願(ねが)いします。

홋또 고-히- 후따쯔 오네가이시마스

> ホット・コーヒー(hot coffee) ↔ アイス・コーヒー(ice coffee)

다방에 들어가서

A 何(なに)になさいますか。
뭘 드시겠습니까?

B ホット・コーヒー2つお願(ねが)いします。
뜨거운 커피 두 잔 주세요.

1797. 홍차는 어떻게 할까요?
紅茶(こうちゃ)はどのようにいたしますか。
고-챠와 도노요-니 이따시마스까

A 紅茶(こうちゃ)はどのようにいたしますか。
홍차는 어떻게 할까요?

B 砂糖(さとう)とクリームを入(い)れてください。
설탕과 크림을 넣어 주세요.

1798. 커피에 크림을 넣을까요?
コーヒーにクリームを入(い)れましょうか。
고-히-니 쿠리-무오 이레마쇼-까

1799. 죄송합니다, 화장실은 어디입니까?
すみません、お手洗(てあら)いはどこですか。
스미마센 오떼아라이와 도꼬데스까

1800. 죄송합니다, 남성 화장실은?
すみません、男性(だんせい)トイレは?
스미마센 단세-토이레와

1801. 잠깐 실례할게요. 곧 돌아오겠습니다.
ちょっと失礼(しつれい)。すぐ戻(もど)ります。
촛또 시쯔레- 수구 모도리마스

Unit 03

다방에서의 대화

1802. 상당히 분위기가 좋군요.
なかなか雰囲気(ふんいき)がいいですね。
나까나까 훈이끼가 이-데스네

なかなか는 뒤에 긍정어가 오면「상당히, 제법, 꽤」의 뜻으로 쓰이지만, なかなか…ない처럼 부정어가 오면「좀처럼 …않다」의 뜻이 된다.

1803. 기분이 좋은 곳이군요.
気持(きも)ちのいい場所(ばしょ)ですね。
기모찌노 이- 바쇼데스네

1804. 어디 생음악을 들을 수 있는 다방을 알고 있습니까?
どこか生(なま)の音楽(おんがく)が聴(き)ける喫茶店(きっさてん)を知(し)ってますか。
도꼬까 나마노 옹가꾸가 끼께루 깃사텐오 싯떼마스까

喫茶店 다방, カフェー 카페

다방에서의 대화

1805. 일본의 다방에서는 커피는 얼마입니까?

日本(にほん)の喫茶店(きっさてん)ではコーヒーはいくらですか。

니혼노 깃사텐데와 고-히-와 이꾸라데스까

A 日本(にほん)の喫茶店(きっさてん)ではコーヒーはいくらですか。
일본의 다방에서는 커피는 얼마입니까?

B 場所(ばしょ)によってずいぶん違(ちが)います。150円(えん)から1000円(えん)まであります よ。
장소에 따라 많이 다릅니다. 150엔에서 1000까지 있어요.

1806. 오전 중에는 커피에 토스트와 삶은 달걀이나 샐러드가 무료로 나오는 경우가 있습니다.

午前中(ごぜんちゅう)はコーヒーにトーストとゆで卵(たまご)かサラダが無料(むりょう)でつくことがあります。

고젠츄-와 고-히-니 토-스토또 유데다마고까 사라다가 무료-데 쯔꾸고또가 아리마스

1807. 커피는 턱없이 비싸도 장소를 빌리는 것이니까요.

コーヒーはべらぼうに高(たか)くても、まあ場所(ばしょ)を借(か)りるようなものです。

고-히-와 베라보-니 다까꾸떼모 마- 바쇼오 가리루요-나 모노데스

1808. 커피 한 잔으로 2, 3시간 버티는 것도 드물지 않습니다.

コーヒー1杯(ぱい)で2、3時間(じかん)ねばるのも珍(めずら)しくありません。

고-히- 잇빠이데 니, 산지깐 네바루노모 메즈라시꾸 아리마셍

1809. 커피를 한 잔 마시는 것뿐이라면, 패스트푸드점에 가는 게 좋아요.

コーヒーを1杯(ぱい)飲(の)むだけなら、ファースト・フードの店(みせ)に行(い)くほうがいいですよ。

고-히-오 잇빠이 노무다께나라 화-스토후-도노 미세니 이꾸호-가 이-데스요

1810. 대학 시절에는 다방에서 많은 일을 거들곤 했습니다.

大学生(だいがくせい)の頃(ころ)は、喫茶店(きっさてん)でかなりの仕事(しごと)を片(かた)づけたものです。

다이가꾸세-노 고로와 깃사텐데 가나리노 시고또오 가따즈께따 모노데스

Unit 04

그 밖의 음료를 마실 때

1811. 마실 것 좀 주세요.

何(なん)か飲(の)み物(もの)をください。

난까 노미모노오 구다사이

그 밖의 음료를 마실 때

A 何か飲み物をください。
마실 것 좀 주세요.

B お冷やでいいですか。
냉수면 되겠어요?

1812. 마실 것은 무엇으로 하시겠습니까?
お飲み物は何になさいますか。
오노미모노와 나니니 나사이마스까

A お飲み物は何になさいますか。
마실 것은 무엇으로 하시겠습니까?

B レモネードを二つください。
레모네이드 둘 주세요.

1813. 마실 것을 준비해 드릴까요?
お飲み物をご用意いたしましょうか。
오노미모노오 고요-이이따시마쇼-까

1814. 물 좀 주세요.
お水をお願いします。
오미즈오 오네가이시마스

1815. 얼음을 더 갖다드릴까요?
氷をもっとお持ちいたしましょうか。
고-리오 못또 오모찌이따시마쇼-까

1816. 레몬티만 마셔도 됩니까?
レモンティだけ飲んでもいいですか。
레몬티다께 논데모 이-데스까

1817. 커피 한 잔 더 주세요.
コーヒーのお代わりをお願いします。
고-히-노 오까와리오 오네가이시마스

흔히 お代わり의 형태로 쓰이면 「한 잔 더, 한 그릇 더」의 뜻이 된다.

1818. 얼음으로 차게 만든 차를 주시겠어요?
氷で冷やしたお茶をいただけますか。
고-리데 히야시따 오챠오 이따다께마스까

Chapter 16

음식과 식사

함께 식사를 하는 것도 상대와의 커뮤니케이션을 깊게 하는 데 절호의 기회이다. 여기서는 배가 고플 때는 おなかがすいた, 배가 부를 때는 おなかがいっぱいだ, 식욕이 없을 때는 食欲がありません, 음식이 맛있을 때는 おいしい, 맛이 없을 때는 まずい, 음식을 먹기 전에는 いただきます, 음식을 먹고 나서는 ごちそうさま 등의 기본적인 표현에서부터, 아침, 점심, 저녁식사에 관한 모든 것을 살펴보기로 한다.

A うわぁー、たくさん並(なら)んでる。すごいごちそうですね。こんなになさらなくてもよかったですのに。❶

B いいえ、たいしたことないんですよ。いろんな種類(しゅるい)の日本(にほん)の食(た)べ物(もの)を試(ため)していただきたいと思(おも)いまして。

A 와 많이 차렸네. 대단한 요리이군요. 이렇게 하지 않으셔도 되는데.

B 아뇨, 대단한 건 아니에요. 여러 종류의 일본 음식을 맛보셨으면 해서요.

A 日本人(にほんじん)は目(め)で食(た)べるって聞(き)きましたけど、本当(ほんとう)ですね。待(ま)ちきれないや。❷ これ実(じつ)においしそうですね。何(なん)ですか。

B 日本語(にほんご)で「イカソーメン」っていうんですけど、生(なま)のイカをごく細(ほそ)く切(き)ってヌードル状(じょう)にしたものです。このソースにつけてから召(め)し上(あ)がってください。

A 일본인은 눈으로 먹는다고 들었는데, 정말이군요. 못 기다리겠네요. 이거 정말 맛있어 보이네요. 뭡니까?

B 일본어로 「이카소멘」이라고 하는데, 생오징어를 매우 가늘게 썰어서 면발처럼 만든 겁니다. 이 소스에 찍어서 드세요.

❶ …なくてもよかったですのに …지 않아도 될 텐데

❷ きれる(きれない)는 동사의 중지형에 접속하여 완전히(끝까지) 「…할 수 있다」(할 수 없다)의 뜻을 나타낸다.

Unit 01

배가 고플 때와 부를 때

1819. 아, 배고프다.

ああ、おなかがすいた。
아– 오나까가 스이따

1820. 배가 너무 고파서 참을 수 없어요.

お腹がとても空いて、耐えられないです。
오나까가 도떼모 스이떼 타에라레나이데스

A お腹がとても空いて、耐えられないです。
배가 너무 고파서 참을 수 없어요.

B ひどくお腹が空いたようですね。
무척 배가 고픈 것 같군요.

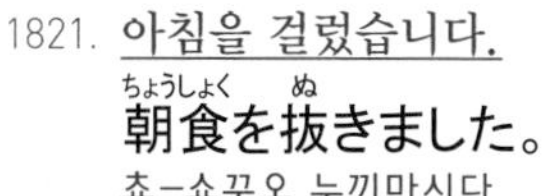

おなかがぺこぺこだ 배가 몹시 고프다 お腹(なか)는 腹(はら)의 정중한 말이다.

1821. 아침을 걸렀습니다.

朝食を抜きました。
쵸–쇼꾸오 누끼마시다

일본어로「배가 고프다」라고 말하고 싶으면 おなかがすく,「배가 부르다」라고 말하고 싶으면 おなかがいっぱいだ 라고 말하면 된다.

1822. 어젯밤부터 아무 것도 먹지 않았습니다.

昨夜から何も食べていません。
사꾸야까라 나니모 다베떼 이마센

1823. 배가 부릅니다.

お腹がいっぱいです。
오나까가 잇빠이데스

1824. 과식해서 배탈이 날 것 같습니다.

食べ過ぎて、お腹を壊しそうです。
다베스기떼 오나까오 고와시소–데스

Unit 02

식욕에 관한 표현

1825. 지금은 아무 것도 먹고 싶지 않습니다.

今は何も食べたくありません。
이마와 나니모 다베따꾸 아리마센

A 一緒に食事でもいかがですか。
함께 식사라도 하시겠습니까?

B ありがたいんですが、今は何も食べたくありません。
고맙지만, 지금은 아무 것도 먹고 싶지 않습니다.

식욕에 관한 표현

1826. 지금은 먹고 싶은 생각이 없습니다.
今は食べる気がしません。
이마와 다베루 기가 시마센

1827. 더위로 식욕을 잃었습니다.
暑さで食欲をなくしました。
아쯔사데 쇼꾸요꾸오 나꾸시마시다

1828. 요즘 식욕이 떨어졌습니다.
最近食欲が衰えました。
사이낀 쇼꾸요꾸가 오또로에마시다

1829. 식욕이 전혀 없습니다.
食欲が全然ありません。
쇼꾸요꾸가 젠젠 아리마센

1830. 좀 부족한 느낌이 드는군요.
ちょっと物足りない感じですね。
춋또 모노다리나이 간지데스네

> 物足りない 뭔지 부족하다, 뭔가 아쉽다, 어쩐지 허전하다, 어쩐지 섭섭하다

1831. 좀 과식한 것 같군요.
ちょっと食べすぎたようですね。
춋또 다베스기다요−데스네

> 食べすぎる 과식하다,
> 飲みすぎる 과음하다

1832. 과식하지 마라.
食べすぎるな。
다베스기루나

1833. 늘 그렇게 빨리 먹습니까?
いつもそんなに早く食べますか。
이쯔모 손나니 하야꾸 다베마스까

Unit 03

음식의 맛을 말할 때

1834. 아, 맛있다!
ああ、おいしい!
아− 오이시−

> うまい는 맛에 관해 말할 때는 주로 남성어로 쓰인다. 여성의 경우는 「おいしい」를 쓰는 것이 일반적이다.
> ↔ まずい(맛없다)

1835. 맛은 어때요?
味はどうですか。
아지와 도−데스까

음식의 맛을 말할 때

A 味(あじ)はどうですか。
맛은 어때요?

B とてもおいしいですよ。
무척 맛있네요.

1836. 나에게는 너무 달아요.
私(わたし)にはちょっと甘(あま)すぎます。
와따시니와 춋또 아마스기마스

1837. 맛있습니까?
おいしいですか。
오이시-데스까

Unit 04

음식의 취향을 말할 때

1838. 유감스럽지만 입에 맞지 않습니다.
残念(ざんねん)ながら口(くち)に合(あ)いません。
잔넨나가라 구찌니 아이마센

1839. 단 것을 좋아하시는군요.
甘(あま)いものがお好(す)きですね。
아마이 모노가 스키데스네

1840. 어떤 음식을 좋아하십니까?
どんな食(た)べ物(もの)がお好(この)みですか。
돈나 다베모노가 오꼬노미데스까

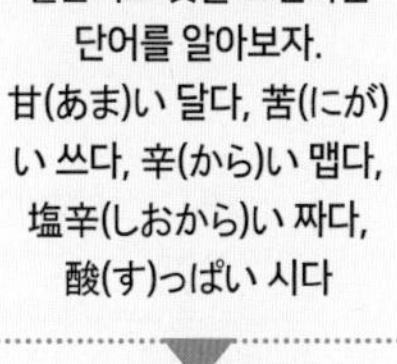

일본어로 맛을 표현하는
단어를 알아보자.
甘(あま)い 달다, 苦(にが)
い 쓰다, 辛(から)い 맵다,
塩辛(しおから)い 짜다,
酸(す)っぱい 시다

A どんな食(た)べ物(もの)がお好(この)みですか。
어떤 음식을 좋아하십니까?

B ぴりっとする辛(から)い料理(りょうり)が好(す)きです。
매콤한 음식을 좋아합니다.

1841. 담백한 음식을 좋아합니다.
あっさりした食(た)べ物(もの)が好(す)きです。
앗사리시따 다베모노가 스키데스

> あっさりした 담백한, 개운한, 산뜻한

1842. 무엇이든 먹습니다. 먹는 것에는 까다롭지 않습니다.
何(なん)でも食(た)べます。食(た)べ物(もの)にはうるさくないんです。
난데모 다베마스 다베모노니와 우루사꾸 나인데스

1843. 그녀는 음식이 매우 까다롭습니다.
彼女(かのじょ)はとても食(た)べ物(もの)にはうるさいんですよ。
가노죠와 도떼모 다베모노니와 우루사인데스요

음식의 취향을 말할 때

1844. 기무라는 불고기를 보면 정신이 없어요.

木村は焼き肉には目がないんですよ。

기무라와 야끼니꾸니와 메가 나인데스요

1845. 일본요리 중에서 어느 것을 좋아하십니까?

日本料理の中でどれがお好きですか。

니혼료-리노 나까데 도레가 오스끼데스까

1846. 초밥을 먹은 적이 있습니까?

寿司を食べたことがありますか。

스시오 다베따 고또가 아리마스까

1847. 이거 맛있는데. 누가 요리했습니까?

これはうまい。誰が料理したんですか。

고레와 우마이 다레가 료-리시딴데스까

Unit 05

음식을 권할 때

1848. 자 어서, 마음껏 먹으세요.

さあどうぞ、ご自由に食べてください。

사- 도-조 고지유-니 다베떼 구다사이

1849. 좋아하시는 것이 있으면 무엇이든 마음껏 드십시오.

お好きな物を何でも自由にお取りください。

오스끼나 모노오 난데모 지유-니 오도리 구다사이

1850. 무척 맛있어 보이죠?

とてもおいしそうでしょう?

도떼모 오이시소-데쇼

1851. 따뜻할 때 드십시오.

温かいうちに召し上がってください。

아따다까이 우찌니 메시아갓떼 구다사이

…うちに …동안에, …사이에

1852. 수프 맛은 어떠십니까?

スープの味はいかがですか。

스-푸노 아지와 이까가데스까

1853. 맛 좀 보세요.

ちょっと味見してみてよ。

춋또 아지미시떼 미떼요

味をみる 맛을 보다

1854. 많이 집으세요.

たくさん取ってくださいね。

다꾸상 돗떼 구다사이네

음식을 권할 때

A たくさん取(と)ってくださいね。
많이 집으세요.

B ありがとう。きみのサラダは本当(ほんとう)にうまい。
고마워. 당신이 만든 샐러드 정말 맛있어.

1855. 싫어하시면 남겨도 됩니다.
お嫌(きら)いでしたら、残(のこ)してもいいんですよ。
오기라이데시따라 노꼬시떼모 이인데스요

…てもいいは「…해도 좋다」의 뜻으로 허가나 허락을 나타낸다.

1856. 스테이크는 부드럽죠?
ステーキは柔(やわ)らかいでしょう?
스테-키와 야와라까이데쇼-

1857. 고기를 좀 더 드시겠습니까?
肉(にく)をもう少(すこ)しいかがですか。
니꾸오 모- 스꼬시 이까가데스까

1858. 아뇨 됐습니다. 많이 먹었습니다.
いや結構(けっこう)です。十分(じゅうぶん)いただきました。
이야 겟꼬-데스 쥬-분 이따다끼마시다

1859. 디저트는 어떠십니까?
デザートはいかがですか。
데자-토와 이까가데스까

1860. 뭐 마실래?
何(なに)か飲(の)み物(もの)は?
나니까 노미모노와

1861. 거실에서 커피를 마십시다.
居間(いま)でコーヒーを飲(の)みましょう。
이마데 고-히-오 노미마쇼-

Unit 06

식사를 마칠 때

1862. 잘 먹겠습니다.
いただきます。
이따다끼마스

1863. 잘 먹었습니다.
ごちそうさまでした。
고치소-사마데시다

식사를 마칠 때

1864. 많이 먹었습니다.

たっぷりいただきました。
탓뿌리 이따다끼마시다

A じゅうぶん た
十分食べていただけましたか。
많이 드셨습니까?

B はい、たっぷりいただきました。ごちそうさまでした。
예, 많이 먹었습니다. 잘 먹었습니다.

1865. 멋진 저녁이었습니다.

ゆうしょく
すばらしい夕食でした。
스바라시— 유—쇼꾸데시다

1866. 더 이상 한 입도 먹지 못하겠습니다.

い じょうひとくち　た
これ以上一口も食べられません。
고레이죠— 히또구찌모 다베라레마센

1867. 모두 정말로 맛있게 먹었습니다.

なに　じつ
何もかも実においしくいただきました。
나니모까모 지쯔니 오이시꾸 이따다끼마시다

1868. 지금까지 먹은 것 중에 최고로 맛있었습니다.

いま　た　さいこう
今まで食べたうちで最高においしかったです。
이마마데 다베따 우찌데 사이꼬—니 오이시깟따데스

형용사의 과거형을 정중하게 나타낼 때는 반드시 형용사의 과거형에 정중한 단정을 나타내는 です를 접속하여 표현한다. …いでした라고는 하지 않는다.

1869. 이렇게 맛있는 식사를 한 기억이 없습니다.

しょくじ　き おく
こんなおいしい食事をいただいた記憶がありません。
곤나 오이시— 쇼꾸지오 이따다이따 기오꾸가 아리마센

1870. 정말로 맛있었습니다.

ほんとう
本当においしかったです。
혼또—니 오이시깟따데스

Unit 07

아침식사 표현

1871. 아침은 매일 꼭 먹습니까?

ちょうしょく　まいにち　た
朝食は毎日ちゃんと食べますか。
쵸—쇼꾸와 마이니찌 챤또 다베마스까

A ちょうしょく　まいにち　た
朝食は毎日ちゃんと食べますか。
아침은 매일 꼭 먹습니까?

B た　た
食べますが、あまりたくさん食べません。
먹습니다만, 그다지 많이 먹지 않습니다.

아침식사 표현

1872. 시간이 없어서 토스트 한 장을 급히 먹을 뿐입니다.
時間がなくてトースト一枚を急いで食べるだけです。
지깐가 나꾸떼 토-스토 이찌마이오 이소이데 다베루다께데스

1873. 늦게 일어나면 아침은 거르고 맙니다.
遅く起きると朝食は抜きにしてしまいます。
오소꾸 오끼루또 쵸-쇼꾸와 누끼니시떼 시마이마스

抜きにする 거르다, 빼먹다

1874. 아침에는 대개 빵을 먹습니다.
朝食にはたいていパンを食べます。
쵸-쇼꾸니와 다이떼- 팡오 다베마스

1875. 저는 밥과 된장국과 야채를 조금 먹습니다.
私はご飯と味噌汁と野菜を少々食べます。
와따시와 고항또 미소시루또 야사이오 쇼-쇼- 다베마스

1876. 아침을 지을게요.
朝食を作ってあげましょう。
쵸-쇼꾸오 쯔꿋떼 아게마쇼-

Unit 08

점심식사 표현

1877. 점심은 어디서 먹습니까?
昼食はどこで食べますか。
츄-쇼꾸와 도꼬데 다베마스까

A 昼食はどこで食べますか。
점심은 어디서 먹습니까?

B たいていは社員食堂です。時々外に出ることもありますが。
대개는 사원식당입니다. 가끔 밖에서 먹는 경우도 있습니다만.

1878. 시간이 없으면 햄버거를 먹을 뿐입니다.
時間がないとハンバーガーを食べるだけです。
지깐가 나이또 한바-가-오 다베루다께데스

1879. 무척 배가 고프네. 먹으러 갈까요?
かなりおなかがすいた。食べに行きましょうか。
까나리 오나까가 스이따 다베니 이끼마쇼-까

1880. 잠깐 쉬고, 점심을 시킵시다.
一息入れて、昼食を注文しましょう。
히또이끼 이레떼 츄-쇼꾸오 츄-몬시마쇼-

점심식사 표현

1881. 오늘 정식 메뉴는?
今日(きょう)の定食(ていしょく)メニューは?
교-노 테-쇼꾸 메뉴-와

A 今日(きょう)の定食(ていしょく)メニューは?
오늘 정식 메뉴는?

B いつもと同(おな)じだと思(おも)うよ。
평소와 같을 거야.

1882. 거기 카레라이스는 질렸어요.
あそこのカレーライスには飽(あ)きましたよ。
아소꼬노 카레-라이스니와 아끼마시다요

1883. 거기서 글쎄 먹을 수 있는 건 샐러드뿐이야.
あそこでまあ食(た)べられるのはサラダだけだな。
아소꼬데 마- 다베라레루노와 사라다다께다나

1884. 점심에 초밥은 어떠세요?
昼食(ちゅうしょく)にお寿司(すし)はいかがですか。
츄-쇼꾸니 오스시와 이까가데스까

1885. 배가 무척 고프지만 점심을 먹을 시간이 없습니다.
腹(はら)ぺこだけど昼食(ちゅうしょく)を食(た)べる暇(ひま)がありません。
하라뻬꼬다께도 츄-쇼꾸오 다베루 히마가 아리마센

1886. 식사를 하기 전에 가벼운 식사는 합니까?
食事(しょくじ)の間(あいだ)に軽食(けいしょく)は取(と)りますか。
쇼꾸지노 아이다니 게-쇼꾸와 도리마스까

Unit 09

저녁식사 표현

1887. 오늘 밤 식사는 어디서 할까요?
今夜(こんや)の食事(しょくじ)はどこでしましょうか。
곤야노 쇼꾸지와 도꼬데 시마쇼-까

1888. 우리 집에서 함께 저녁을 먹지 않겠어요?
私(わたし)の家(いえ)でいっしょに夕食(ゆうしょく)を食(た)べませんか。
와따시노 이에데 잇쇼니 유-쇼꾸오 다베마센까

A 私(わたし)の家(いえ)でいっしょに夕食(ゆうしょく)を食(た)べませんか。
우리 집에서 함께 저녁을 먹지 않겠어요?

B いっしょにしたいんですが、先約(せんやく)がありましてね。
함께 하고 싶은데, 선약이 있어서요.

저녁식사 표현

1889. 저녁은 식당에서 6시부터 8시까지입니다.

夕食(ゆうしょく)は食堂(しょくどう)で6時(じ)から8時(じ)までです。

유-쇼꾸와 쇼꾸도데 로꾸지까라 하찌지마데데스

1890. 어서 오세요. 저녁이 다 됐어요.

いらっしゃい。夕食(ゆうしょく)ができましたよ。

이랏샤이 유-쇼꾸가 데끼마시다요

1891. 배고프다. 우와, 모두 맛있어 보이네.

腹(はら)ぺこだ。うわぁ、みんなおいしそうだぞ。

하라뻬꼬다 우와- 민나 오이시소-다조

1892. 뭐가 나와?

何(なに)が出(で)るの?

나니가 데루노

A 夕食(ゆうしょく)は何(なん)なの?
저녁은 뭐야?

B ご飯(はん)と味噌汁(みそしる)だよ。
밥과 된장국이야.

1893. 밖에서 식사는 자주 합니까?

よく外(そと)で食事(しょくじ)するんですか。

요꾸 소또데 쇼꾸지스룬데스까

外食(がいしょく)する
외식하다

A よく外(そと)で食事(しょくじ)するんですか。
밖에서 식사는 자주 합니까?

B いいえ。そんな余裕(よゆう)はありませんから。
아뇨 그런 여유는 없으니까요.

1894. 항상 혼자서 해 먹습니다.

いつも自炊(じすい)しています。

이쯔모 지스이시떼 이마스

自炊する
자취하다

Part 2 실용회화 [Advanced편]

식당에서의 대화

상대에게 함께 식사할 것을 권유할 때는 一緒に食事でもいかがですか라고 한다. 이에 상대가 동의를 하면 식당을 정하고 예약이 가능한지 여부를 확인한 다음 식당으로 들어선다. 종업원의 안내에 따라 테이블이 정해지면 주문을 받게 된다. 메뉴를 보고 싶을 때는 종업원에게 メニューを見せてくれますか라고 하고, 주문할 요리가 정해지면 메뉴를 가리키며 これをください라고 하면 된다.
주문한 것과는 다른 요리가 나왔을 때는 これは注文したのと違いますよ라고 한다.

A ご注文はお決まりでしょうか。

B ええ、だいたい。今日のおすすめの魚料理は何?

A 주문은 결정하셨습니까?　B 예, 대충. 오늘 추천할만한 생선 요리는 뭐죠?

A ヒラメのホワイトソース添えでございます。❶

B それじゃ、それをいただこう。最初にシーフードのテリーヌをお願いします。それからワインも。ワインリストを持って来てくれます?

A かしこまりました。❷ メインコースにサラダか調理した野菜をおつけしますか。

B 野菜をお願い。ああ、それからミネラル・ウォーターを1びんください。

A 광어에 화이트소스를 첨가한 것입니다.
B 그럼, 그걸 주세요. 먼저 바다요리 테린을 부탁해요. 그리고 와인도. 와인 목록을 가져올래요?
A 알겠습니다. 메인코스에 샐러드나 조리한 야채를 곁들이시겠습니까?
B 야채를 주세요. 아, 그리고 생수를 한 병 주세요.

❶ …でございます는 …です의 정중한 표현이다.

❷ かしこまりました는 わかりました의 정중한 표현으로 고객을 상대로 할 때 많이 쓰인다.

Unit 01

식사를 제의할 때

1895. 점심, 함께 안 할래요?

昼食(ちゅうしょく)、一緒(いっしょ)にしませんか。

츄-쇼꾸 잇쇼니시마센까

1896. 금강산도 식후경입니다. 자, 점심을 먹으러 갑시다.

花(はな)より団子(だんご)ですよ。さあ、昼食(ちゅうしょく)を食(た)べに行(い)きましょう。

하나요리 당고데스요 사- 츄-쇼꾸오 다베니 이끼마쇼-

A そろそろ昼飯時(ひるめしとき)だよ。一緒(いっしょ)に食(た)べに行(い)かないか。

이제 곧 점심시간이야. 함께 먹으러 가지 않을래?

B いいよ。どこか良(よ)いところでもあるかい。

좋아. 어디 좋은 곳이라도 있니?

1897. 자, 도시락을 먹읍시다.

さあ、お弁当(べんとう)を食(た)べましょう。

사- 오벤또-오 다베마쇼-

さあ 상대에게 권유하거나 무슨 일을 시킬 때 쓰는 말

1898. 밖에서 뭐라도 간단히 먹읍시다.

外(そと)で何(なに)か簡単(かんたん)に食(た)べましょう。

소또데 나니까 간딴니 다베마쇼-

1899. 언제 함께 식사라도 합시다.

いつか、一緒(いっしょ)に食事(しょくじ)でもしましょう。

이쯔까 이쇼니 쇼꾸지데모 시마쇼-

…でも…ましょう …라도 …ㅂ시다

1900. 어디에 들어가서 점심이라도 먹읍시다.

どこかに入(はい)って昼飯(ひるめし)でも食(た)べましょう。

도꼬까니 하잇떼 히루메시데모 다베마쇼-

1901. 이 가게에서 초밥이라도 먹읍시다.

この店(みせ)で寿司(すし)でも食(た)べましょう。

고노 미세데 스시데모 다메마쇼

1902. 저녁은 내가 대접하겠습니다.

夕食(ゆうしょく)は私(わたし)がおごりましょう。

유-쇼꾸와 와따시가 오고리마쇼-

1903. 오늘 저녁은 제가 내겠습니다.

今夜(こんや)は私(わたし)のおごりです。

곤야와 와따시가 오고리데스

식사를 제의할 때

A 今夜は私のおごりです。
오늘 저녁은 제가 내겠습니다.

B いいよ。次は僕の番だ。気前よくおごろう。
좋아. 다음은 내 차례야. 멋지게 한턱 내지.

1904. 벌써 점심을 마쳤어요?

もう昼食を済ませましたか。

모- 츄-쇼꾸오 스마세마시다까

Unit 02

식당을 찾을 때

1905. 식당은 어디에 있습니까?

食堂はどこにありますか。

쇼꾸도-와 도꼬니 아리마스까

1906. 어디 마음에 둔 곳이라도 있습니까?

どこか心当たりのところがありますか。

도꼬까 고꼬로아따리노 도꼬로가 아리마스까

心当たり 마음에 짚임, 또는 짐작이 가는 곳

A どこか心当たりのところがありますか。
어디 마음에 둔 곳이라도 있습니까?

B 特にこれといったところがあるわけではないですが、道の向こう側においしいラーメン屋があります。
특별히 이렇다 할 곳이 있는 건 아니지만, 길 건너편에 맛있는 라면집이 있어요.

1907. 별로 안 비싼 식당은 있습니까?

あまり高くないレストランはありますか。

아마리 다까꾸나이 레스토랑와 아리마스까

1908. 이 고장의 음식을 먹고 싶은데요.

地元の料理を食べたいのですが。

지모또노 료-리오 다베따이노데스가

1909. 이 주위에 한국음식점은 없나요?

このあたりに韓国レストランはありませんか。

고노 아따리니 간꼬꾸 레스토랑와 아리마센까

1910. 간단히 먹을 수 있는 곳은 없나요?

簡単に食べられるところはありませんか。

간딴니 다베라레루 도꼬로와 아리마센까

식당을 찾을 때

1911. 불고기를 전문으로 하는 식당을 아십니까?

焼肉(やきにく)を専門(せんもん)にする食堂(しょくどう)をご存(ぞん)じですか。

야끼니꾸오 센몬니스루 쇼꾸도-오 고존지데스까

存(ぞん)じる는 知(し)る의 겸사말이나, ご存(ぞん)じだ의 형태로 쓰이면 존경 표현이 된다.

1912. 점심을 배달시킬까요?

昼食(ちゅうしょく)の出前(でまえ)をとりましょうか。

츄-쇼꾸노 데마에오 도리마쇼-까

1913. 생선요리는 좋아하세요?

魚料理(さかなりょうり)はお好(す)きですか。

사까나료-리와 오스키데스까

Unit 03

식당을 예약할 때

1914. 예약이 필요합니까?

予約(よやく)は必要(ひつよう)ですか。

요야꾸와 히쯔요-데스까

1915. 미리 예약해두는 게 좋겠어요.

前(まえ)もって予約(よやく)をしておいたほうがいいでしょう。

마에못떼 요야꾸오 시떼 오이따호-가 이-데쇼-

…たほうがいい
…하는 게 좋다

1916. 오늘 밤 7시에 4인석을 예약하고 싶은데요.

今夜(こんや)の7時(じ)に4人席(にんせき)を予約(よやく)したいんですが。

곤야노 시찌지니 요닌세끼오 요야꾸시따인데스가

A 今(いま)、予約(よやく)を受(う)け付(つ)けていますか。
지금, 예약을 받고 있나요?

B はい。
네.

A 今夜(こんや)の7時(じ)に4人席(にんせき)を予約(よやく)したいんですが。
오늘 밤 7시에 4인석을 예약하고 싶은데요.

B お名前(なまえ)をどうぞ。
성함을 말씀하십시오.

1917. 오늘 밤 예약하고 싶은데요.

今晩(こんばん)、予約(よやく)したいんですが。

곤방 요야꾸시따인데스가

1918. 창가 테이블로 부탁하고 싶은데요.

窓際(まどぎわ)のテーブルをお願(ねが)いしたいのですが。

마도기와노 테-부루오 오네가이시따이노데스가

식당을 예약할 때

1919. 복장에 대한 규정은 어떻게 됩니까?

服装(ふくそう)の決(き)まりはどうなっていますか。

후꾸소-노 끼마리와 도- 낫떼이마스까

1920. 정장을 하지 않아도 괜찮습니까?

正装(せいそう)しなくてもかまいませんか。

세-소-시나꾸떼모 가마이마센까

…なくてもかまわない …지 않아도 괜찮다(상관없다)

1921. 오늘 밤 7시 예약을 취소하고 싶은데요.

今夜(こんや)7時(じ)の予約(よやく)をキャンセルしたいです。

곤야 시찌지노 요야꾸오 캰세루시따이데스

1922. 예약을 변경할 수는 있나요?

予約(よやく)を変更(へんこう)することはできますか。

요야꾸오 헨꼬-스루 고또와 데끼마스까

동사의 기본형에 …ことができる를 접속하면 「…할 수 있다」의 뜻으로 가능을 나타낸다.

1923. 오늘 예약을 내일로 변경하고 싶은데요.

今日(きょう)の予約(よやく)を明日(あす)に変更(へんこう)したいんですが。

교-노 요야꾸오 아스니 헨꼬-시따인데스가

Unit 04

식당에 들어서서 자리를 잡을 때

1924. 예약하셨습니까?

ご予約(よやく)ですか。

고요야꾸데스까

ですは 정중하게 단정을 나타내지만, 동사의 대용으로도 쓰인다.

A ご予約(よやく)ですか。
예약하셨습니까?

B はい、七時(しちじ)に予約(よやく)したキムです。
네, 7시에 예약한 김입니다.

1925. 어제 예약해 두었습니다.

きのう予約(よやく)しております。

기노- 요야꾸시떼 오리마스

1926. 조용한 자리로 주세요.

静(しず)かな席(せき)をお願(ねが)いします。

시즈까나 세끼오 오네가이시마스

1927. 예약은 하지 않았는데요.

予約(よやく)はしておりませんが。

요야꾸와 시떼 오리마센가

…てある …해 두다

식당에 들어서서 자리를 잡을 때

1928. 빈자리가 있습니까?

空(あ)いた席(せき)がありますか。

아이따 세끼가 아리마스까

> 과거·완료를 나타내는 た는 존속, 또는 현재의 상태나 성질을 나타내기도 한다.

1929. 일행은 몇 분이십니까?

お連(つ)れは何名様(なんめいさま)ですか。

오쯔레와 난메-사마데스까

A お連(つ)れは何名様(なんめいさま)ですか。
일행은 몇 분이십니까?

B みんなで5人(にん)です。
모두 다섯 명입니다.

1930. 두 사람인데 자리를 있을까요?

二人(ふたり)ですけど、席(せき)はあるでしょうか。

후따리데스께도 세끼와 아루데쇼-까

1931. 세 사람인데 자리는 비어 있습니까?

3人(にん)ですが、席(せき)は空(あ)いていますか。

산닌데스가 세끼와 이이떼 이마스까

1932. 기다리셔도 괜찮겠습니까?

待(ま)たせていただいてよろしいですか。

마따세떼 이따다이떼 요로시-데스까

1933. 어느 정도 기다려야 합니까?

どのくらい待(ま)たなければなりませんか。

도노구라이 마따나께레바 나리마센까

1934. 이제 곧 자리가 비니까 잠시 기다려 주십시오.

もうすぐ席(せき)が空(あ)きますから、少々(しょうしょう)お待(ま)ちください。

모- 스구 세끼가 이끼마스까라 쇼-쇼- 오마찌 구다사이

1935. 창가 테이블이 좋겠는데요.

窓際(まどぎわ)のテーブルがいいのですが。

마도기와노 테-부루가 이-노데스

1936. 좀 더 넓은 테이블로 옮기고 싶은데요.

もう少(すこ)し広(ひろ)いテーブルに移(うつ)りたいんですが。

모- 스꼬시 히로이 테-부루니 우쯔리따인데스가

1937. 금연석으로 바꿔도 될까요?

禁煙席(きんえんせき)に変(か)わってもいいですか。

낑엔세끼니 가왓떼모 이-데스까

Unit 05

메뉴를 보면서

1938. 메뉴를 보여 주시겠어요?

メニューを見(み)せていただけますか。

메뉴-오 미세떼 이따다께마스까

> **A** 何(なに)になさいますか。
> 무얼 드시겠습니까?
>
> **B** まず、メニューを見(み)せてください。
> 우선 메뉴를 보여 주세요.

1939. 한국어로 메뉴는 있나요?

韓国語(かんこくご)のメニューはありますか。

간꼬꾸고노 메뉴-와 아리마스까

1940. 여기는 뭐가 맛있습니까?

ここは何(なに)がおいしいですか。

고꼬와 나니가 오이시-데스까

1941. 어느 메뉴가 인기가 있습니까?

どのメニューが人気(にんき)がありますか。

도노 메뉴-가 닌끼가 아리마스까

1942. 추천 코스가 있습니까?

お勧(すす)めのコースがありますか。

오스스메노 코-스가 아리마스까

1943. 마실 것은 뭐가 있나요?

飲(の)み物(もの)は何(なに)がありますか。

노미모노와 나니가 아리마스까

1944. 빨리 되는 것은 어느 것입니까?

早(はや)くできるものはどれですか。

하야꾸 데끼루 모노와 도레데스까

1945. 이건 어떤 요리입니까?

これはどんな料理(りょうり)ですか。

고레와 돈나 료-리데스까

1946. 여기의 으뜸요리는 뭡니까?

ここの自慢料理(じまんりょうり)は何(なん)ですか。

고꼬노 지만료-리와 난데스까

메뉴를 보면서

1947. 오늘 특별요리는 뭡니까?

本日(ほんじつ)の特別料理(とくべつりょうり)は何(なん)ですか。

혼지쯔노 도꾸베쯔료-리와 난데스까

1948. 이 요리는 금방 나옵니까?

この料理(りょうり)はすぐ出(で)ますか。

고노 료-리와 스구 데마스까

Unit 06

음식을 주문하면서

1949. 주문을 받겠습니다.

ご注文(ちゅうもん)を取(と)ります。

고츄-몬오 도리마스

1950. 주문을 받아도 될까요?

ご注文(ちゅうもん)はよろしいでしょうか。

고츄몬와 요로시-데쇼-까

A ご注文(ちゅうもん)はよろしいでしょうか。
주문을 받아도 될까요?

B はい、これはどんな味(あじ)ですか。
이건 어떤 맛입니까?

A 少(すこ)し辛(から)いです。
조금 맵습니다.

B では、これにします。
그럼, 이걸로 하겠습니다.

1951. 담백한 것은 없습니까?

あっさりした物(もの)はありませんか。

앗사리시따 모노와 아리마센까

あっさり는 맛 등이 연하고 담백하다는 뜻이고, さっぱり는 불순물이 섞여 있지 않다는 뜻이다.

1952. 둘이서 먹어도 충분합니까?

二人(ふたり)で食(た)べても十分(じゅうぶん)ですか。

후따리데 다베떼모 쥬-분데센까

1953. 어떤 식으로 요리가 됩니까?

どういうふうに料理(りょうり)されるのですか。

도- 유-후-니 료-리사레루노데스까

ふうに …식으로, …방법으로

1954. 저것과 같은 것을 주겠어요?

あれと同(おな)じものをもらえますか。

아레또 오나지 모노오 모라에마스까

음식을 주문하면서

1955. 이것과 이걸 주세요.

これとこれをください。
고레또 고레오 구다사이

1956. 이것과 저것을 주세요.

これとあれをお願(ねが)いします。
고레또 아레오 오네가이시마스

1957. 스테이크는 어느 정도로 구울까요?

ステーキの焼(や)き加減(かげん)はどうなさいますか。
스테-키노 야끼까겐와 도- 나사이마스까

加減은 명사 또는 동사의 중지형에 접속하여 정도나 상태를 나타내거나 딱 좋은 정도임을 나타낸다.

1958. 너무 맵지 않게 해 주세요.

あまり辛(から)くしないでください。
아마리 가라꾸시나이데 구다사이

…ないでください
…지 말아 주세요

1959. 커피는 코스에 포함되어 있나요?

コーヒーはコースに含(ふく)まれているのですか。
고-히-와 코-스니 후꾸마레떼 이루노데스까

1960. 맛있어 보이네요.

おいしそうですね。
오이시소-데스네

1961. 디저트로 아이스크림을 부탁해요.

デザートにアイスクリームをお願(ねが)いします。
데자-토니 아이스쿠리-무오 오네가이시마스

1962. 나중에 또 주문할게요.

またあとで注文(ちゅうもん)します。
마따 아또데 츄-몬시마스

1963. 물 한 잔 주세요.

水(みず)を一杯(いっぱい)ください。
미즈오 잇빠이 구다사이

1964. 저도 같은 걸로 부탁해요.

私(わたし)も同(おな)じものをお願(ねが)いします。
와따시모 오나지 모노오 오네가이시마스

1965. 그 밖의 다른 것은?

他(ほか)に何(なに)か?
호까니 나니까

음식을 주문하면서

A 他に何か?
그 밖에 다른 것은?

B いいえ、けっこうです。それだけです。
아니요, 됐습니다. 그것뿐입니다.

1966. 나는 전혀 모르니까 이마이 씨께 맡기겠습니다.
私は全然わからないので、今井さんに任せます。
와따시와 젠젠 와까라나이노데 이마이상니 마까세마스

…に任せる
…에게 맡기다

Unit 07

주문에 문제가 있을 때

1967. 주문한 요리가 아직 안 나왔습니다.
注文した料理がまだ来ていません。
츄-몬시따 료-리가 마다 끼데 이마센

1968. 급하십니까?
お急ぎですか。
오이소기데스까

A お急ぎですか。
급하십니까?

B はい、とても急いでいますので、早くしてください。
네, 무척 급하니까 빨리 해 주세요.

1969. 여보세요, 내가 주문한 건 어떻게 된 거예요?
すみません、私の注文はどうなっちゃったんでしょう。
스미마센 와따시노 츄-몬와 도- 낫쨧딴데쇼-

1970. 이건 주문한 것과 다릅니다.
これは注文したのと違います。
고레와 츄-몬시따노또 찌가이마스

1971. 이건 주문하지 않았습니다.
これは注文してません。
고레와 츄-몬시떼마센

1972. 잘못 가지고 온 것 같군요.
間違って持ってきたようですね。
마찌갓떼 못떼 끼따요-데스네

Unit 08

음식에 문제가 있을 때

1973. 이 고기는 질겨서 먹을 수 없군요.

この肉(にく)は堅(かた)くて食(た)べられませんね。
고노 니꾸와 가따꾸떼 다베라레마센네

1974. 이건 덜 익은 것 같군요.

これはよく火(ひ)が通(とお)ってないようです。
고레와 요꾸 히가 도옷떼나이요-데스

1975. 소스를 너무 많이 뿌렸어요.

ちょっとソースがかかりすぎてますよ。
춋또 소-스가 가까리스기떼마스요

1976. 수프에 머리카락이 들어 있어요.

スープに髪(かみ)の毛(け)が入(はい)っています。
스-푸니 가미노께가 하잇떼 이마스

1977. 이 생선은 냄새가 안 좋군요.

この魚(さかな)の臭(にお)いがよくないですね。
고노 사까나노 니오이가 요꾸나이데스네

1978. 이 접시에 금이 갔습니다. 바꿔 주세요.

この皿(さら)にひびが入(はい)っています。替(か)えてください。
고노 사라니 히비가 하잇떼 이마스 가에떼 구다사이

Unit 09

무엇을 부탁할 때

1979. 냅킨을 주겠어요?

ナプキンをくれますか。
나푸킨오 꾸레마스까

1980. 빵을 좀 더 주세요.

パンをもう少(すこ)しください。
팡오 모- 스꼬시 구다사이

1981. 포크가 더럽습니다. 다른 것으로 바꿔줄래요?

このフォークは汚(よご)れてます。別(べつ)のと替(か)えてくれませんか。
고노 호-쿠와 요고레떼마스 베쯔노또 가에떼 꾸레마센까

1982. 나무젓가락이 부러졌습니다. 새 것을 주세요.

割(わ)り箸(ばし)が折(お)れました。新(あたら)しいのをください。
와리바시가 오레마시다 아따라시-노오 구다사이

1983. 미안하지만, 소금을 건네주세요.

すみませんが、お塩(しお)を回(まわ)してください。
스미마센가 오시오오 마와시떼 구다사이

무엇을 부탁할 때

1984. 테이블 위를 치워주세요.

テーブルの上を片づけてください。

테-부루노 우에오 가따즈께떼 구다사이

1985. 아직 먹고 있으니까, 치우지 마세요.

まだ食べてますから、片づけないでください。

마다 다베떼마스까라 가따즈께나이데 구다사이

1986. 필요할 때는 이 벨을 눌러 주세요.

ご用のときは、このベルを押してください。

고요-노 도끼와 고노 베루오 오시떼 구다사이

Unit 10

식비를 계산할 때

1987. 죄송합니다만, 저희 가게는 선불입니다.

すみませんが、当店は前払いでございます。

스미마센가 도-텐와 마에바라이데 고자이마스

…でございます는 …です의 정중한 표현이다.

1988. 계산을 부탁해요.

お勘定をお願いします。

오깐죠-오 오네가이시마스

1989. 전부해서 얼마입니까?

全部でおいくらですか。

젠부데 오이꾸라데스까

1990. 봉사료가 포함되었습니까?

サービス料込みですか。

사-비스료- 꼬미데스까

1991. 거스름돈은 됐습니다.

お釣りは結構です。

오쯔리와 겟꼬데스

1992. 계산이 틀린 것 같습니다.

勘定が間違ってると思います。

간죠-가 마찌갓떼루또 오모이마스

1993. 이건 무슨 대금인지 모르겠는데요.

これは何の代金なのかわかりませんが。

고레와 난노 다이킨나노까 와까리마센가

1994. 도대체 어떻게 이런 금액이 나옵니까?

いったいどうしてこんな金額になるんですか。

잇따이 도-시떼 곤나 깅가꾸니 나룬데스까

식비를 계산할 때

1995. 추가요금은 납득이 가지 않습니다.

ついかりょうきん　なっとく
追加料金は納得がいきません。

쯔이까료-낑와 낫또꾸가 이끼마센

> 納得がいかない
> 납득이 안 가다

1996. 모두 균등하게 나누는 건 어떨까?

きんとう　わ
みんなで均等に割るのはどうだろう。

민나데 깅또-니 와루노와 도-다로-

1997. 각자부담으로 할까요?

わ　かん
割り勘にしましょうか。

와리깡니 시마쇼-까

> 일본어로 더치페이는 割り勘(わりかん)이라고 한다. 割り勘은 割り前勘定(まえかんじょう)를 줄여서 쓴 것으로, 割り勘にする 라고 하면「각자부담(더치페이) 하다」라는 뜻이 된다.

1998. 제가 내겠습니다. 이번에는 제가 낼 차례이니까요.

わたし　はら　こんかい　わたし　ばん
私に払わせてください。今回は私の番ですから。

와따시니 하라와세떼 구다사이 곤까이와 와따시노 방데스까라

1999. 각자가 자신의 몫을 내는 것은 어떨까요?

ひとりひとり　じぶん　ぶん　はら
一人一人が自分の分を払うというのはどうですか。

히또리히또리가 지분노 분오 하라우또 유-노와 도-데스까

2000. 영수증을 주시겠어요?

りょうしゅうしょ
領収書をいただけませんか。

료-슈-쇼오 이따다께마센까

2001. 무척 맛있게 먹었습니다.

とてもおいしくいただきました。

도떼모 오이시꾸 이따다끼마시다

2002. 멋진 식사였습니다.

すばらしいごちそうでした。

스바라시- 고치소-데시다

> ご馳走(ちそう) 보통과는 다른 진수성찬

Chapter 18

술과 담배

무엇이든 공통의 체험을 하면 할수록 친밀감은 한층 더 깊어진다. 일을 마치고 귀가 길에 一杯いかが?라고 권하며 잠깐 한잔하는 것도 일본어를 할 수 있는 좋은 기회이다. 요즘에는 특히 금연에 대해서 이야기를 나누는 것도 일상적인 일이다. 일본은 한국과는 달리 술을 권할 때는 한 손으로 따라도 된다. 그리고 상대방이 잔에 술이 조금 남아 있을 때는 첨잔하는 것도 한국과는 크게 다른 점이다. 담배도 우리와는 달리 윗사람 앞에서도 피울 수 있다.

Ⓐ 最近はよく飲み❶に出かけるの?

Ⓑ それほどでもないよ。とにかく、勤務先では、最近みんな家に直行するみたいなんだ。失業したら困るから、お金を貯めてるんじゃないか。

Ⓐ 요즘은 자주 술 마시러 가니?

Ⓑ 그 정도는 아냐. 아무튼 근무처에서는 요즘 모두 집으로 직행하는 것 같아. 실직하면 곤란하니까, 돈을 모으는 거 아니겠어?

Ⓐ そうでしょうね。厳しい時代だもん。

Ⓑ でも、時にはまだ飲みに行ってるよ。バーの空気好きなんだ。

Ⓐ 空気❷っていうよりタバコの煙じゃないの。まだタバコ吸ってるんでしょう。

Ⓑ うん、まあね。

Ⓐ 그렇겠군. 어려운 시절이야.

Ⓑ 하지만 때로는 아직 마시러 다녀. 바의 분위기를 좋아해.

Ⓐ 분위기라기보다 담배 연기가 아냐? 아직 담배를 피우지?

Ⓑ 응, 그렇지 뭐.

❶ …に出かける …하러 나가다(외출하다)

❷ …っていうより = …というより …라고 하기보다

Unit 01

술을 마시러 가자고 할 때

2003. 한잔 어때?

一杯(いっぱい)どう?

잇빠이 도-

2004. 어디서 한잔하는 게 어때?

どこかで一杯(いっぱい)やるのはどう?

도꼬까데 잇빠이 야루노와 도-

2005. 한잔하고 싶군.

一杯(いっぱい)飲(の)みたいな。

잇빠이 노미따이나

…な는 문말에 접속하여 감동이나 영탄의 기분을 나타낸다.

2006. 일이 끝나면 한잔하러 가지 않겠어요?

仕事(しごと)が終(お)わったら一杯(いっぱい)飲(の)みに行(い)きませんか。

시고또가 오왓따라 잇빠이 노미니 이끼마센까

2007. 유감스럽지만, 오늘 밤은 바쁩니다.

残念(ざんねん)ですが、今晩(こんばん)は忙(いそが)しいんです。

잔넨데스가 곤방와 이소가시인데스

2008. 어디서 한잔하는 건 어때?

どこかで一杯(いっぱい)やるのはどう?

도꼬까데 잇빠이 야루노와 도-

2009. 맥주를 마시러 가는 건 어때?

ビールを飲(の)みに行(い)くのはどうだい?

비-루오 노미니 이꾸노와 도-다이

…い는 긍정·의문·명령 등의 문말에 붙어 문세를 강조한다.

A ビールを飲(の)みに行(い)くのはどうだい?
맥주를 마시러 가는 건 어때?

B 残念(ざんねん)ながら今日(きょう)は飲(の)む気(き)がしないんだ。
유감스럽지만 오늘은 마실 기분이 나질 않아.

2010. 가고 싶지만 그만두는 게 좋을 것 같습니다.

行(い)きたいけど、止(よ)したほうが良(よ)さそうですね。

이끼따이께도 요시따호-가 요사소-데스네

よい에 양태를 나타내는 そう だ가 접속할 때는 よさそうだ의 형태가 된다.

2011. 귀갓길에 선술집에 들러 잠깐 한잔하자.

帰(かえ)りに居酒屋(いざかや)へ寄(よ)ってちょっと一杯(いっぱい)やろうよ。

가에리니 이자까야에 욧떼 춋또 잇빠이 야로-요

居酒屋 선술집, 목로주점

술을 마시러 가자고 할 때

A 帰りに居酒屋へ寄ってちょっと一杯やろうよ。
귀갓길에 선술집에 들러 잠깐 한잔하자.

B それはいいですね。たまにはゆっくりしなくては。
그거 좋지요. 가끔은 느긋해야 해.

2012. 마실 것을 가지고 올까요?
飲物を持ってきましょうか。
노미모노오 못떼 끼마쇼-까

2013. 가끔은 기분전환으로 술을 마시는 게 어때?
たまには気分を換えてお酒を飲んでみたら?
다마니와 기분오 가에떼 오사께오 논데미따라

…たらどう?는 「…하면 어때」의 뜻으로 권유의 표현으로 쓰인다.

Unit 02

술을 권할 때

2014. 한 잔 더 마실래?
もう一杯どう?
모- 잇빠이 도-

A もう一杯どう?
한 잔 더 마실래?

B いや結構、もう酔ってしまった。
아니 됐어. 벌써 취해버렸어.

2015. 좀 마셔요.
ちょっと飲んでください。
촛또 논데 구다사이

2016. 좀 더 마실래요?
もう少しいかがですか。
모- 스꼬시 이까가데스까

A もう少しいかがですか。
좀 더 마실래요?

B いいえ、あまり飲めないんです。
아뇨, 별로 못 마십니다.

2017. 맥주 한 잔 받아요.
ビールを一杯どうぞ。
비-루오 잇빠이 도-조

술을 권할 때

2018. <u>일은 잊어버리고 즐기자!</u>
仕事(しごと)のことは忘(わす)れて楽(たの)しもう。
시고또노 고또와 와스레떼 다노시모-

2019. <u>일에 관한 것은 깡그리 잊어버리자.</u>
仕事(しごと)のことから頭(あたま)を切(き)り替(か)えよう。
시고또노 고또까라 아따마오 기리까에요-

2020. <u>건배!</u>
乾杯(かんぱい)!
간빠이

2021. <u>여러분의 건강을 위해 건배!</u>
皆(みな)さんの健康(けんこう)のために乾杯(かんぱい)!
미나상노 겐꼬-노다메니 간빠이

…のために
…을 위해

2022. <u>단숨에 들이키세요. 건배!</u>
一気(いっき)に飲(の)み干(ほ)してください。乾杯(かんぱい)!
잇끼니 노미호시떼 구다사이 간빠이

酔(よ)う 취하다, 酔っぱらう 만취하다, 酔っぱらい 술주정꾼, 취객

2023. <u>취해서 모든 것을 잊어버리고 싶어.</u>
酔(よ)っぱらって何(なに)もかも忘(わす)れてしまいたいよ。
욧빠랏떼 나니모까모 와스레떼 시마이따이요

Unit 03

술집에서

2024. <u>카운터 자리는 비어 있나요?</u>
カウンターに席(せき)は空(あ)いてますか。
카운타-니 세끼와 아이떼마스까

2025. <u>마실 것은 무얼로?</u>
何(なん)か飲物(のみもの)は?
난까 노미모노와

2026. <u>여보세요. 맥주 두 병 주세요.</u>
すみません。ビールを2本(ほん)ください。
스미마센 비-루오 니혼 구다사이

2027. <u>물 탄 술을 한 잔 주세요.</u>
水割(みずわ)りを一杯(いっぱい)ください。
미즈와리오 잇빠이 구다사이

水割(みずわ)り 강한 술을 물로 희석함, 또는 그런 술

2028. <u>안주는 뭘로 할래?</u>
つまみは何(なに)にする?
쯔마미와 나니니스루

술집에서

2029. <u>소주는 어때?</u>
焼酎(しょうちゅう)はどうだい?
쇼-츄-와 도-다이

2030. <u>무얼 드시겠습니까?</u>
何(なに)をお飲(の)みになりますか。
나니오 오노미니 나리마스까

お…になる는 「…하시다」의 뜻으로 일본어의 대표적인 존경 표현이다.

A 何(なに)をお飲(の)みになりますか。
무얼 드시겠습니까?

B ビールを3つ下(くだ)さい。
맥주 3병 주세요.

2031. <u>너에게 맡길게.</u>
君(きみ)にまかせるよ。
기미니 마까세루요

일본어로 酒는 술을 총칭하기도 하지만 주로 일본 술인 청주를 말한다. 우리가 말하는 正宗(まさむね)은 청주의 브랜드이다.

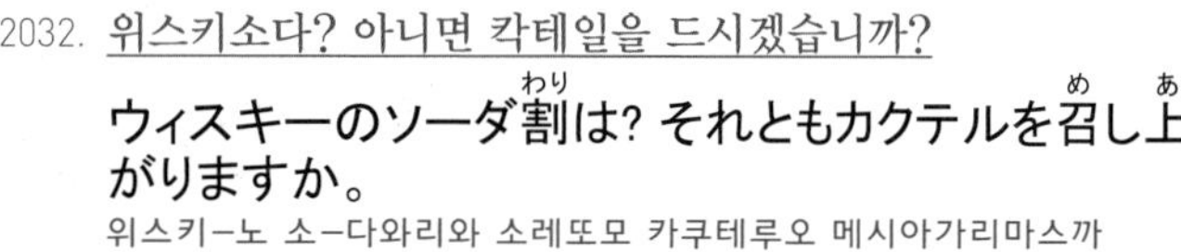

2032. <u>위스키소다? 아니면 칵테일을 드시겠습니까?</u>
ウィスキーのソーダ割(わり)は? それともカクテルを召(め)し上(あ)がりますか。
위스키-노 소-다와리와 소레또모 카쿠테루오 메시아가리마스까

2033. <u>생맥주는 있습니까?</u>
生(なま)ビールはありますか。
나마 비-루와 아리마스까

2034. <u>맥주 한 병 더 주세요!</u>
ビールをもう一本(いっぽん)!
비-루오 모- 잇뽕

2035. <u>이 위스키는 독하군요.</u>
このウィスキーは強(つよ)いですね。
고노 위스키-와 쯔요이데스네

2036. <u>술(청주)을 데워 줄래요?</u>
お酒(さけ)を暖(あたた)めてくれますか。
오사께오 아따다메떼 꾸레마스까

Unit 04

술을 마시면서

2037. <u>운동 후에 차가운 맥주만큼 좋은 게 없군요.</u>
運動後(うんどうご)の冷(つめ)たいビールにまさるものはありませんね。
운도-고노 쯔메따이 비-루니 마사루모노와 아리마센네

…にまさる …(보다) 낫다, 뛰어나다

술을 마시면서

2038. <u>어느 정도 술을 마십니까?</u>

どのくらい酒(さけ)を飲(の)みますか。

도노구라이 사께오 노미마스까

> **A** どのくらい酒(さけ)を飲(の)みますか。
> 어느 정도 술을 마십니까?
>
> **B** ときどき缶(かん)ビールをちょっと飲(の)むくらいです。
> 가끔 캔맥주를 조금 마시는 정도입니다.

2039. <u>어느 정도 술을 마시러 갑니까?</u>

どのくらい飲(の)みに行(い)きますか。

도노구라이 노미니 이끼마스까

2040. <u>저 녀석은 술꾼이야.</u>

あいつは大酒飲(おおざけの)みだ。

아이쯔와 오-자께노미다

2041. <u>술이라면 무엇이든 정신이 없어요.</u>

酒類(しゅるい)なら何(なん)でも目(め)がないんですよ。

슈루이나라 난데모 메가 나인데스요

> 目がない 몹시 좋아하다, 눈이 뒤집히다

2042. <u>매일 밤 술 마시러 갑니다.</u>

毎晩飲(まいばんの)みに行(い)くんです。

마이방 노미니 이꾼데스

2043. <u>저는 술을 못하는 편입니다.</u>

私(わたし)はどちらかと言(い)うと「下戸(げこ)」です。

와따시와 도찌라까또 유-또 게꼬데스

> 下戸(げこ) 술을 못하는 사람 ↔ 上戸(じょうご) 술을 잘하는 사람

2044. <u>숙취는 없습니까?</u>

二日酔(ふつかよ)いはしませんか。

후쯔까요이와 시마센까

> 二日酔い 숙취, 다음날까지 계속되는 취기

> **A** 二日酔(ふつかよ)いはしませんか。
> 숙취는 없습니까?
>
> **B** いろいろな飲物(のみもの)を飲(の)むときだけです。特(とく)にビールと焼酎(しょうちゅう)をちゃんぽんに飲(の)むといけないな。
> 여러 가지 술을 마실 때뿐입니다. 특히 맥주와 소주를 짬뽕해서 마시면 안돼요.

2045. <u>저 나이에 그렇게 마시는 건 좋지 않아요.</u>

あの年齢(ねんれい)であんなに飲(の)むのはよくないよ。

아노 렌레-데 안나니 노무노와 요꾸나이요

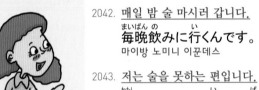

Unit 05

술에 취했을 때

2046. 취했어.

酔(よ)っぱらったよ。

욧빠랏따요

A 酔(よ)っぱらったよ。
취했어.

B 酒(さけ)もほどほどにしなさい。
술 좀 적당히 마셔라.

2047. 무척 취했어.

べろんべろんだ。

베론베론다

> べろんべろんと酔(よ)う 곤드레만드레 취하다

2048. 난 술이 약해.

私(わたし)は酒(さけ)が弱(よわ)いんだ。

와따시와 사께가 요와인다

> 酒が弱い 술이 약하다
> ↔ 酒が強(つよ)い 술이 세다

2049. 술 마시는 걸을 좋아해.

飲(の)むのが好(す)きだ。

노무노가 스키다

2050. 과음을 한 것 같아.

飲(の)みすぎたようだ。

노미스기따요-다

2051. 이렇게 마시는 게 아니었어.

こんなに飲(の)むんじゃなかった。

곤나니 노문쟈나깟따

2052. 누가 저 녀석을 집에까지 보내 줘라.

誰(だれ)かあいつを家(いえ)まで送(おく)ってやれよ。

다레까 아이쯔오 이에마데 오꿋떼 야레요

Unit 06

담배에 대해서

2053. 여기서 담배를 피워도 될까요?

ここでタバコを吸(す)ってもいいでしょうか。

고꼬데 타바꼬오 슷떼모 이-데쇼-까

담배에 대해서

A ここでタバコを吸(す)ってもいいでしょうか。
여기서 담배를 피워도 될까요?

B ええ、どうぞ。
예, 피우세요.

2054. <u>여기서는 담배를 피우지 말았으면 좋겠어.</u>

ここではタバコを吸(す)ってもらいたくないの。
고꼬데와 타바꼬오 숫떼모라이따꾸나이노

2055. <u>담배를 피워도 괜찮겠습니까?</u>

タバコを吸(す)ってもかまいませんか。
타바꼬오 숫떼모 가마이마센까

A タバコを吸(す)ってもかまいませんか。
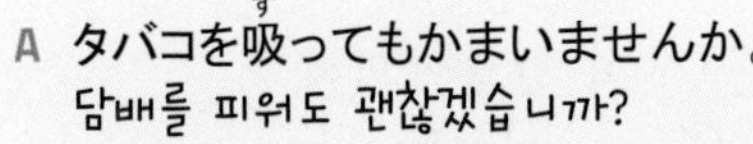
담배를 피워도 괜찮겠습니까?

B あのう、できれば遠慮(えんりょ)していただきたいのですが。うちは誰(だれ)もタバコを吸(す)いませんので。
저, 가능하면 삼가 주셨으면 합니다만. 우리는 아무도 담배를 안 피우니까요.

2056. <u>여기는 금연입니다.</u>

ここは禁煙(きんえん)になっています。
고꼬와 낑엔니 낫떼이마스

2057. <u>아, 담배를 피우고 싶어 죽겠어.</u>

ああ、タバコが吸(す)いたくてたまらないな。
아— 타바꼬가 수이따꾸떼 타마라나이나

2058. <u>불 좀 빌려 주시겠어요?</u>

火(ひ)を貸(か)していただけますか。
히오 가시떼 이따다께마스까

2059. <u>재떨이를 이리 가지고 올래요?</u>

灰皿(はいざら)をこちらへ取(と)ってくれませんか。
하이자라오 고찌라에 돗떼 꾸레마센까

2060. <u>담배 한 대 피우시겠어요?</u>

タバコを一本(いっぽん)いかがですか。
타바꼬오 잇뽕 이까가데스까

담배에 대해서

タバコを一本(いっぽん)いかがですか。
담배 한 대 피우시겠어요?

B いや、結構(けっこう)です。私(わたし)はタバコを吸(す)いません。
아뇨, 됐습니다. 나는 담배를 피우지 않습니다.

2061. <u>수입 담배는 있습니까?</u>
輸入(ゆにゅう)タバコはありますか。
유뉴-타바꼬와 아리마스까

2062. <u>아버지는 상당한 애연가입니다.</u>
父(ちち)はかなりの愛煙家(あいえんか)です。
찌찌와 까나리노 아이엔까데스

2063. <u>식후의 담배 한 모금은 정말로 맛있습니다.</u>
食後(しょくご)の一服(いっぷく)は実(じつ)にうまいです。
쇼꾸고노 잇뿌꾸와 지쯔니 우마이데스

2064. <u>특히 초조할 때 피우면 기분이 좋아집니다.</u>
特(とく)にいらいらした時(とき)に吸(す)うと気分(きぶん)が良(よ)くなります。
토쿠니 이라이라시따 도끼니 수-또 기분가 요꾸 나리마스

Unit 07

금연에 대해서

2065. <u>하루에 어느 정도 피웁니까?</u>
1日(にち)にどのくらい吸(す)いますか。
이찌니찌니 도노구라이 수이마스까

A 1日(にち)にどのくらい吸(す)いますか。
하루에 어느 정도 피웁니까?

B 30本(ぼん)から40本(ぽん)。飲(の)みに行(い)くともっと多(おお)くなりますね。
30개비에서 40개비. 술 마시러 가면 더욱 많아집니다.

A 気(き)をつけないと死(し)んじゃいますよ。
조심하지 않으면 죽어요.

2066. <u>2년 전에 금연했습니다.</u>
2年前(ねんまえ)に禁煙(きんえん)しました。
니넨마에니 낑엔시마시다

2067. <u>아직도 담배를 피우니? 금연하는 것 같던데.</u>
まだタバコを吸(す)ってる? 禁煙中(きんえんちゅう)だと思(おも)ったのに。
마다 타바꼬오 슷떼루 낑엔츄-다또 오못따노니

금연에 대해서

2068. 줄이려고 하고 있는데, 안 됩니다.

減らそうとしているんですが、だめなんです。

헤라소-또 시떼이룬데스가 다메난데스

2069. 금연 따윈 식은 죽 먹기야.

禁煙なんか朝飯前ですよ。

낑엔난까 아사메시마에데스요

2070. 당신은 담배를 너무 피워요. 몸에 좋지 않아요.

あなたはタバコの吸いすぎですよ。体に悪いですよ。

아나따와 타바꼬노 수이스기데스요 가라다니 와루이데스요

A あなたはタバコの吸いすぎですよ。体に悪いですよ。

당신은 담배를 너무 피워요. 몸에 좋지 않아요.

B わかってますよ。私の母親みたいな言い方ですね。

알았어요. 우리 어머니 같은 말투이군요.

2071. 나는 늘 뻐끔담배를 피우지 깊숙이 들이마시지 않습니다.

私はいつもふかすだけで、奥まで吸い込みません。

와따시와 이쯔모 후까스다께데 오꾸마데 수이꼬미마센

2072. 아기 옆에서는 피우지 않는 게 좋아요.

赤ちゃんのそばでは吸わないほうがいいですよ。

아까쨩노 소바데와 수와나이호-가 이-데스요

2073. 담배는 피우는 사람뿐만 아니라, 주위 사람들에게도 해가 됩니다.

タバコは吸う人だけではなく、周囲の人たちにも害になります。

타바꼬와 수- 히또다께데와 나꾸 슈-이노 히또따찌니모 가이니 나리마스

2074. 식당에서 흡연은 금지되었답니다.

食堂での喫煙は禁止されたそうですよ。

쇼꾸도-데노 끼쯔엔와 낀시사레따소-데스요

Chapter 19

쇼핑에 관한 대화

값싸고 좋은 물건을 사기 위해서는 현지인의 도움을 받거나 미리 쇼핑 정보를 통해 알아두는 것도 하나의 방법이다. 가게를 찾을 때는 …はどこにありますか라고 묻고, 가게에 들어서면 점원이 いらっしゃいませ라고 반갑게 맞이한다. 물건을 고를 때는 あれを見せてください, 가격을 흥정할 때는 少し割引きできませんか, 지불할 때는 全部でいくらになりますか라고 한다. 이처럼 여기서는 쇼핑의 기본이 되는 필수 표현을 익힌다.

A すみません。これはいくらですか。
B 3千円(ぜんえん)です。でも、こっちのほうがいいですよ。ほとんど同(おな)じお品(しな)で2500円(えん)しかしませんから。❶

A 여보세요. 이건 얼마입니까?

B 3천엔입니다. 하지만 이게 좋아요. 거의 같은 물건으로 2500엔밖에 안하니까요.

A どうして値段(ねだん)がそんなに違(ちが)うんですか。
B 最初(さいしょ)のはブランド名(めい)の分(ぶん)、高(たか)いんです。
A なるほど。それじゃ、おすすめに従(したが)ってあとのをいただきましょう。クレジット・カードは大丈夫(だいじょうぶ)ですか。
B 結構(けっこう)です。でも、現金(げんきん)❷でしたら、2300円(えん)におまけしますよ。

A 왜 가격이 그렇게 다른가요?
B 처음 것은 브랜드라서 비쌉니다.
A 그래요. 그럼 추천하신 것을 주세요. 신용카드도 되죠?
B 됩니다. 하지만 현금으로 하면 2800엔으로 깎아드리겠습니다.

❶ しか는 뒤에 부정어가 딸리어 오직 그것뿐임을 나타낸다.

❷ 단정을 나타내는 だ의 조건형은 だったら이고, です의 조건형은 でしたら이다.

Unit 01

가게를 찾을 때

2075. 쇼핑하러 가자.

買(か)い物(もの)に行(い)こうよ。
가이모노니 이꼬-요

> 동사의 중지형에 物를 접속하면 「…하는 것」이라는 뜻의 명사가 된다.

2076. 가방을 보고 싶은데.

カバンを見(み)たいな。
가방오 미따이나

2077. 새 구두가 필요해.

新(あたら)しい靴(くつ)が必要(ひつよう)なの。
아따라시이 구쯔가 히쯔요-나요

2078. 이 도시의 쇼핑가는 어디입니까?

この町(まち)のショッピング街(がい)はどこですか。
고노 마찌노 숏핑구가이와 도꼬데스까

> ショッピング街 = 商店街(しょうてんがい) 상가

2079. 가장 큰 백화점은 어디입니까?

いちばん大(おお)きなデパートはどこですか。
이찌방 오-끼나 데파-토와 도꼬데스까

2080. 가게는 몇 시에 문을 엽니까?

店(みせ)は何時(なんじ)に開店(かいてん)ですか。
미세와 난지니 가이텐데스까

2081. 여기 가게는 몇 시까지 합니까?

こちらの店(みせ)は何時(なんじ)まで開(あ)いていますか。
고찌라노 미세와 난지마데 아이떼 이마스까

2082. 영업시간은 몇 시부터 몇 시까지입니까?

営業時間(えいぎょうじかん)は何時(なんじ)から何時(なんじ)までですか。
에-교-지깐와 난지까라 난지마데데스까

> A 営業時間(えいぎょうじかん)は何時(なんじ)から何時(なんじ)までですか。
> 영업시간은 몇 시부터 몇 시까지입니까?
>
> B 午前(ごぜん)10時(じ)から午後(ごご)6時(じ)までです。
> 오전 10시부터 오후 6시까지입니다.

2083. 일요일도 영업합니까?

日曜日(にちようび)も営業(えいぎょう)していますか。
니찌요-비모 에-교-시떼 이마스까

2084. 선물을 사기에 좋은 가게는 있습니까?

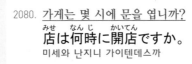

おみやげを買(か)うのにいい店(みせ)はありますか。
오미야게오 가우노니 이- 미세와 아리마스까

가게를 찾을 때

2085. <u>멋진 옷을 사려면 어디로 가면 됩니까?</u>

おしゃれな洋服(ようふく)を買(か)うにはどこへ行(い)けばいいですか。

오샤래나 요-후꾸오 가우니와 도꼬에 이께바 이-데스까

2086. <u>여기서 가장 가까운 편의점은 어디입니까?</u>

ここからいちばん近(ちか)いコンビニはどこですか。

고꼬까라 이찌방 찌까이 콘비니와 도꼬데스까

> コンビニ는 コンビニエンスストア(편의점)의 줄임말이다.

2087. <u>전지는 어디서 살 수 있습니까?</u>

電池(でんち)はどこで買(か)えますか。

덴찌와 도꼬데 가에마스까

2088. <u>이 지방의 특산품은 있습니까?</u>

この地方(ちほう)の特産品(とくさんひん)はありますか。

고노 치호-노 도꾸산힌와 아리마스까

Unit 02

물건을 고를 때

2089. <u>어서 오십시오.</u>

いらっしゃいませ。

이랏샤이마세

2090. <u>좀 보고 있습니다.</u>

ちょっと見(み)ているだけです。

춋또 미떼 이루다께데스

A 何(なに)かお探(さが)しですか。
무얼 찾으세요?

B いいえ、ちょっと見(み)ているだけです。
아뇨, 좀 보고 있습니다.

2091. <u>잠깐 가게 안을 볼 수 있을까요?</u>

ちょっとお店(みせ)の中(なか)を見(み)せてもらえますか。

춋또 오미세노 나까오 미세떼 모라에마스까

> 声をかける 말을 걸어 주의를 끌다, 말을 걸다

A ちょっとお店(みせ)の中(なか)を見(み)せてもらえますか。
잠깐 가게 안을 볼 수 있을까요?

B どうぞ、何(なん)かあれば、声(こえ)をかけてください。
예, 필요하시면 불러 주세요.

2092. <u>가방을 찾고 있습니다.</u>

カバンを探(さが)しているんです。

가방오 사가시떼 이룬데스

물건을 고를 때

2093. 이것은 어떻습니까?

これはいかがですか。
고레와 이까가데스까

2094. 저걸 보여 주세요.

あれを見(み)せてください。
아레오 미세떼 구다사이

2095. 제일 위쪽 선반에 있는 것을 보여 주세요.

いちばん上(うえ)の棚(たな)にあるのを見(み)せてください。
이찌방 우에노 다나니 아루노오 미세떼 구다사이

2096. 바로 앞 열의 왼쪽에서 두 번째 것입니다.

手前(てまえ)の列(れつ)の、左(ひだり)から2番目(ばんめ)のものです。
데마에노 레쯔노 히다리까라 니방메노 모노데스

手前 자신의 바로 앞, 자신에게 가까운 쪽

A どれがご覧(らん)になりたいのですか。
어느 것을 보고 싶으십니까?

B 手前(てまえ)の列(れつ)の、左(ひだり)から2番目(ばんめ)のものです。
바로 앞 열의 왼쪽에서 두 번째 것입니다.

2097. 오른쪽에서 두 번째 것이 멋져요.

右(みぎ)から2番目(ばんめ)のがすてきだわ。
미기까라 니방메노가 스떼끼다와

2098. 어머, 저것도 좋잖아요?

あら、あれもいいじゃありませんか。
아라 아레모 이-쟈 아리마센까

2099. 어느 것이 좋겠니?

どちらがいいと思(おも)う?
도찌라가 이-또 오모우

2100. 둘 다 좋아요. 망설여지네요.

両方(りょうほう)ともいい。迷(まよ)ってしまいますね。
료-호-또모 이- 마욧떼 시마이마스네

とも는 전부, 모두의 뜻을 나타낸다.

2101. 이거라면 나에게 딱 맞습니다.

これなら私(わたし)にぴったりです。
고레나라 와따시니 삣따리데스

ぴったり 어울리는 모양, 꼭 맞음

2102. 무척 좋아. 모두가 마음에 들지 않을까?

とてもいいわ。誰(だれ)にでも気(き)に入(い)るのではないかしら。
도떼모 이-와 다레니데모 기니 이루노데와 나이까시라

물건을 고를 때

2103. 이것이 가장 마음에 듭니다.

これがいちばん気(き)に入(い)ります。

고레가 이찌방 기니 이리마스

2104. 그 밖에 어떤 종류가 있습니까?

他(ほか)にどんな種類(しゅるい)がありますか。

호까니 돈나 슈루이가 아리마스까

2105. 이건 무엇으로 만들어졌습니까?

これは何(なに)でできていますか。

고레와 나니데 데끼떼 이마스까

> 何で는 수단·방법·재료를 나타낸다.

A これは何(なに)でできていますか。
이건 무엇으로 만들어졌습니까?

B 革製(かわせい)です。
가죽제품입니다.

2106. 이건 무엇에 쓰는 겁니까?

これは何(なに)に使(つか)うんですか。

고레와 나니니 쯔까운데스까

> 何に는 대상을 나타낸다.

2107. 그건 나에게 너무 큽니다.

それは私(わたし)には大(おお)きすぎます。

소레와 와따시니와 오-끼스기마스

2108. 이것보다 소형인 것은 없습니까?

これより小型(こがた)の物(もの)はありませんか。

고레요리 고가따노 모노와 아리마센까

2109. 같은 것으로 다른 사이가 있습니까?

同(おな)じので別(べつ)のサイズのがありますか。

오나지노데 베쯔노 사이즈노가 아리마스까

2110. 이건 마침 사고 싶었던 것입니다.

これはちょうど買(か)いたかった物(もの)です。

고레와 쵸-도 가이따깟따 모노데스

2111. 이걸 만져도 되겠습니까?

これに手(て)を触(ふ)れてもいいですか。

고레니 데오 후레떼모 이-데스까

2112. 이건 물세탁이 가능합니까?

これは水洗(みずあら)いできますか。

고레와 미즈아라이 데끼마스까

물건을 고를 때

2113. 그 밖에 뭐가 있습니까?

他(ほか)に何(なに)かございますか。

호까니 나니까 고자이마스까

ございます는 あります의 정중한 표현이다.

2114. 그건 필요 없습니다.

それは要(い)りません。

소레와 이리마센

2115. 마음에 든 것이 없습니까?

気(き)に入(い)った物(もの)がありませんか。

기니 잇따 모노가 아리마센까

気に入る 마음에 들다 ↔ 気に入らない 마음에 안 들다

2116. 갖고 싶었던 것과 다릅니다.

欲(ほ)しかった物(もの)と違(ちが)います。

호시깟따 모노또 찌가이마스

2117. 그건 나에게 맞지 않는 것 같습니다.

それは私(わたし)には合(あ)わないと思(おも)います。

소레와 와따시니와 아와나이또 오모이마스

2118. 품질이 더 좋은 것은 없습니까?

もっと良(よ)い品質(ひんしつ)の物(もの)はありませんか。

못또 요이 힌시쯔노 모노와 아리마센까

2119. 요즘에는 어떤 것이 잘 팔립니까?

最近(さいきん)はどんな物(もの)がよく売(う)れていますか。

사이낀와 돈나 모노가 요꾸 우레떼 이마스까

2120. 좀처럼 마음에 드는 것이 보이질 않네요.

なかなか気(き)に入(い)るのが見当(みあ)たらないですね。

나까나까 기니 이루노가 미아따라나이데스네

2121. 좀 더 보는 것이 좋을 것 같네요.

もう少(すこ)し見(み)てみるほうが良(よ)さそうですね。

모- 스꼬시 미떼 미루호-가 요사소-데스네

…ほうがよさそうだ …하는 게 좋을 것 같다

2122. 생각해 볼게요.

考(かんが)えておきましょう。

강가에떼 오끼마쇼-

2123. 다음에 살게요.

またの時(とき)にしましょう。

마따노 도끼니 시마쇼-

…にする …으로 하다(삼다)

Unit 03

가격을 흥정할 때

2124. 너무 비싸요.

高すぎます。

다까스기마스

2125. 좀 더 깎아 줄래요?

もう少し負けてくれますか。

모- 스꼬시 마께떼 구레마스까

> 負けるが 타동사로 쓰일 때는 「값을 깎아 주다, 덤으로 주다」의 뜻을 나타낸다.

2126. 10퍼센트 할인해 드리겠습니다.

10パーセント割引させていただきます。

쥬-파-센토 와리비끼사세떼 이따다끼마스

> …させていただきます는 자신의 의지를 상대에게 허락을 받아서 한다는 느낌을 준다.

2127. 좀 싸게 안 되겠습니까?

少し安くなりませんか。

스꼬시 야스꾸 나리마센까

> 형용사…くなる는 「…하게 되다」의 뜻으로 상태의 변화를 나타낸다.

A 少し安くなりませんか。
좀 싸게 안 되겠습니까?

B 無理です。すでに割引になっていますから。
무리입니다. 이미 할인이 되어 있어서요.

2128. 더 싼 것은 없습니까?

もっと安い物はありませんか。

못또 야스이 모노와 아리마센까

2129. 할인 좀 할 수 있습니까?

少し割引できますか。

스꼬시 와리비끼데끼마스까

2130. 할인해 주면 두 개 살게요.

割引してくれれば、2つ買いましょう。

와리비끼시떼 꾸레레바 후따쯔 가이마쇼-

2131. 깎아 주면 살게요.

負けてくれたら、買います。

마께떼 꾸레따라 가이마스

2132. 제 친구도 여기서 살 생각이에요.

私の友達もここで買うつもりなのです。

와따시노 도모다찌모 고꼬데 가우쯔모리 나노데스

Unit 04

물건값을 계산할 때

2133. 이건 얼마예요?

これのお値段(ねだん)は?

고레노 오네당와

2134. 왜 가격이 다릅니까?

どうして値段(ねだん)が違(ちが)うんですか。

도-시떼 네당가 찌가운데스까

2135. 세금을 포함한 가격입니까?

税金(ぜいきん)を含(ふく)んだ値段(ねだん)ですか。

제-낑오 후꾼다 네당데스까

> 税込(ぜいこ)み 세금포함. 일본에서는 소비세를 소비자가 직접 내는 방식을 취하고 있어 물건을 살 때는 반드시 세금이 별도로 계산된다.

2136. 저에게는 무리입니다.

私(わたし)には手(て)が出(で)ません。

와따시니와 데가 데마센

> 手が出ない 어떻게 손을 쓸 수가 없다. 어찌할 방도가 없다

2137. 가격은 적당하군요. 그걸 주세요.

値段(ねだん)は手頃(てごろ)ですね。それをください。

네당와 데고로데스네 소레오 구다사이

2138. 전부해서 얼마가 됩니까?

全部(ぜんぶ)でいくらになりますか。

젠부데 이꾸라니 나리마스까

2139. 현금으로 지불하겠습니다.

現金(げんきん)で払(はら)います。

겡낑데 하라이마스

A お支払(しはら)いはどうなさいますか。
지불 어떻게 하시겠습니까?

B 現金(げんきん)で払(はら)います。
현금으로 지불하겠습니다.

2140. 여행자용 수표라도 괜찮습니까?

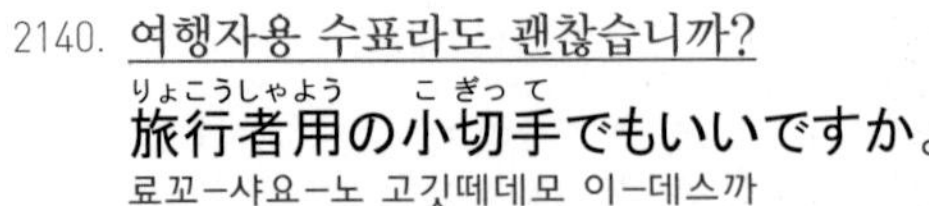

旅行者用(りょこうしゃよう)の小切手(こぎって)でもいいですか。

료꼬-샤요-노 고깃떼데모 이-데스까

2141. 할부를 이용할 수 있습니까?

分割払(ぶんかつばら)いを利用(りよう)できますか。

분까쯔바라이오 리요-데끼마스까

2142. 신용카드로 지불하겠습니다.

クレジットカードで払(はら)います。

쿠레짓토카-도데 하라이마스

물건값을 계산할 때

A お支払いは現金になさいますか、クレジットになさいますか。
지불은 현금으로 하시겠습니까, 신용카드로 하시겠습니까?

B クレジットカードで払います。
신용카드로 지불하겠습니다.

2143. 영수증을 주시겠어요?
領収書をもらえますか。
료-슈-쇼오 모라에마스까

2144. 매번 이용해 주셔서 감사합니다.
毎度ありがとうございます。
마이도 아리가또- 고자이마스

Unit 05

슈퍼를 이용할 때

2145. 항상 어디 슈퍼에서 물건을 삽니까?
いつもどこのスーパーで買物をしますか。
이쯔모 도꼬노 수-파-데 가이모노오 시마스까

A いつもどこのスーパーで買物をしますか。
항상 어디 슈퍼에서 물건을 삽니까?

B 出前のスーパです。
바로 앞 슈퍼입니다.

2146. 오늘은 무척 붐비는군요.
今日はずいぶん混んでいますね。
교-와 주이분 곤데 이마스네

2147. 카터(손수레)를 가지고 오는 게 좋을 것 같군요.
カートを取って来たほうがよさそうですね。
카-토오 돗떼 끼타호-가 요사소-데스네

…たほうがよさそうだ …하는 게 좋을 것 같다

2148. 정육 코너에 갑시다.
肉のコーナーへ行きましょう。
니꾸노 코-나-에 이끼마쇼-

2149. 유제품 매장은 어디입니까?
乳製品の売場はどこですか。
뉴-세-힌노 우리바와 도꼬데스까

슈퍼를 이용할 때

2150. 저건 싸고 좋군요.
あれはお買い得ですね。
아레와 오까이도꾸데스네

買い得 싸게 사서 이득을 봄 ↔ 買い損(ぞん)

2151. 가공식품 코너는 어디입니까?
加工食品のコーナーはどこですか。
가꼬-쇼꾸힌노 코-나-와 도꼬데스까

2152. 진공 포장된 건포도는 어디에 있습니까?
真空パックされた干しブドウはどこにありますか。
신꾸-팟쿠사레다 호시부도-와 도꼬니 아리마스까

2153. 제조 연월일은 언제입니까?
製造年月日はいつですか。
세-조-넨갓비와 이쯔데스까

2154. 판매는 이번 주뿐입니다.
売り出しは今週限りです。
우리다시와 곤슈-가기리데스

2155. 여기에 있는 것은 전부 100엔이군요.
ここにあるのは全部100円なのですね。
고꼬니 아루노와 젠부 햐꾸엔나노데스네

高い 높다, (키가) 크다, (가격이) 비싸다

2156. 왜 오늘은 야채 가격이 비싸죠?
どうして今日は野菜の値段が高いんでしょう。
도-시떼 교-와 야사이노 네당가 다까인데쇼-

2157. 계산대로 가지고 가세요.
レジのところへ持っていってね。
레지노 도꼬로에 못떼 잇떼네

レジ는 レジスター(register)의 준말로 「금전등록기, 출납원」의 뜻이다.

Unit 06

백화점을 이용할 때

2158. 매장 안내는 있습니까?
売場案内はありますか。
우리바안나이와 아리마스까

2159. 남성복 매장은 어디입니까?
男性服の売場はどこですか。
단세-후꾸노 우리바와 도꼬데스까

2160. 여성복 매장은 몇 층에 있습니까?
婦人服の売場は何階にありますか。
후진후꾸노 우리바와 난가이니 아리마스까

백화점을 이용할 때

2161. <u>화장품 매장은 어디에 있습니까?</u>

化粧品(けしょうひん)の売場(うりば)はどこにありますか。

게쇼-힌노 우리바와 도꼬니 아리마스까

2162. <u>엘리베이터는 어디입니까?</u>

エレベーターはどこですか。

에레베-타-와 도꼬데스까

2163. <u>바겐세일을 하고 있습니까?</u>

バーゲンセールをやっていますか。

바-겐세-루오 얏떼 이마스까

2164. <u>미안합니다. 화장실은 어디에 있습니까?</u>

すみません。トイレはどこですか。

스미마센 토이레와 도꼬데스까

2165. <u>백화점은 몇 시까지 합니까?</u>

デパートは何時(なんじ)までですか。

데파-토와 난지마데데스까

2166. <u>이 백화점은 몇 시부터 문을 엽니까?</u>

このデパートは何時(なんじ)からですか。

고노 데파-토와 난지까라데스까

2167. <u>오늘은 쉽니다.</u>

今日(きょう)は休(やす)みです。

교-와 야스미데스

일본어로 계단의 층은 階(かい)이다. 1층부터 一階(いっかい), 二階(にかい), 三階(さんかい) 이런 식으로 이어진다. 건물의 지하는 地階(ちかい)라고 한다.

2168. <u>휴게실은 어디에 있습니까?</u>

休憩室(きゅうけいしつ)はどこにありますか。

규-께-시쯔와 도꼬니 아리마스까

2169. <u>완구 매장은 이 층에 있습니까?</u>

玩具売場(がんぐうりば)はこの階(かい)ですか。

간구우리바와 고노 까이데스까

2170. <u>선물용 상품권은 어디서 살 수 있습니까?</u>

贈答用商品券(ぞうとうようしょうひんけん)はどこで買(か)えますか。

조-또-요- 쇼-힌겐와 도꼬데 가에마스까

2171. <u>이것에는 보증서 있나요?</u>

これには保証(ほしょう)が付(つ)いてますか。

고레니와 호쇼-가 쯔이떼마스까

2172. <u>수입품은 있습니까?</u>

輸入品(ゆにゅうひん)はありますか。

유뉴-힌와 아리마스까

Unit 07

포장과 배달

2173. 선물로 하시겠습니까?

贈(おく)り物(もの)になさいますか。

오꾸리모노니 나사이마스까

2174. 리본을 달아서 포장해 주시겠어요?

リボンをつけて包装(ほうそう)していただけますか。

리본오 쯔께떼 호–소–시떼 이따다께마스까

2175. 이걸 호텔로 배달해 주세요.

これをホテルに届(とど)けてください。

고레오 호테루니 도도께떼 구다사이

2176. 지금 주문하면 곧 받을 수 있습니까?

いま注文(ちゅうもん)すれば、すぐ手(て)に入(はい)りますか。

이마 츄–몬스레바 스구 데니 하이리마스까

2177. 집까지 배송해 주시겠어요?

家(いえ)まで配送(はいそう)してもらえますか。

이에마데 하이소–시떼모라에마스까

2178. 배달받을 때 지불할 수 있습니까?

配達(はいたつ)のとき支払(しはら)いできますか。

하이따쯔노 도끼 시하라이데끼마스까

2179. 언제 배달해 줄 수 있나요?

いつ配達(はいたつ)してもらえますか。

이쯔 하이따쯔시떼 모라에마스까

2180. 한국으로 보내 줄 수 있나요?

韓国(かんこく)へ送(おく)ってもらえますか。

간꼬꾸에 오꿋떼 모라에마스까

Unit 08

교환·반품·환불을 제기할 때

2181. 이걸 바꿔 주세요.

これを取(と)り替(か)えてください。

고레오 도리까에떼 구다사이

2182. 여기에 얼룩이 있어요.

ここに染(し)みがあるんです。

고꼬니 시미가 아룬데스

교환·반품·환불을 제기할 때

A 返品(へんぴん)の理由(りゆう)は何(なん)ですか。
반품 이유가 뭡니까?

B ここに染(し)みがあるんです。
여기에 얼룩이 있어요.

2183. 여기가 망가졌어요.

ここが壊(こわ)れています。
고꼬가 고와레떼 이마스

2184. 전혀 작동이 안 됩니다.

全然動(ぜんぜんうご)かないんです。
젠젠 우고까나인데스

2185. 불량품인 것 같습니다.

不良品(ふりょうひん)だと思(おも)います。
후료-힌다또 오모이마스

2186. 이걸 반품하고 싶은데요.

これを返品(へんぴん)したいのですが。
고레오 헨삥시따이노데스가

2187. 환불해 줄래요?

返金(へんきん)してもらえますか。
헨낑시떼 모라에마스까

Chapter 20

식료품 구입

의식주는 우리들의 생활에 없어서는 안 될 기본이다. 여기서는 먼저 食에 관한 표현으로 야채를 구입할 때는 八百屋(やおや)에 가고, 과일을 구입할 때는 果物屋(くだものや), 고기를 구입할 때는 肉屋(にくや), 생선을 구입할 때는 魚屋(さかなや), 빵이 필요할 때는 パン屋, 제과를 구입할 때는 菓子屋(かしや)에 가야 한다. 여기서는 식료품에 대해서 무엇이든 구입할 수 있도록 상용 표현을 익히도록 한다.

A このオレンジ、安いほうよりずっとおいしい? ❶
B ええ、ずっと甘いですよ。
A それじゃ、1袋いただきましょう。ぶどうはありますか。
B はい。こっちの小粒のは1ふさ100円。すごくおいしいですよ。

A 이 오렌지, 싼 것보다는 훨씬 맛있나요?
B 예, 훨씬 답니다.
A 그럼 한 봉지 주세요. 포도는 있습니까?
B 네. 이쪽 알맹이가 작은 것은 한 송이에 100엔입니다. 무척 맛있어요.

A じゃあ、2ついただきましょう。それから最高級のじゃがいもを1キロ、ニンジンを500グラムね。あ、それからトマトを4つね。
B はい、どうぞ。全部で3100円です。ちょうど3000円にしちゃいましょう。

A 그럼, 두 개 주세요. 그리고 최고급 감자를 1킬로그램, 당근 500그램, 아 그리고 토마토 네 개도 주세요.
B 네, 여기 있습니다. 전부해서 3100엔입니다. 딱 3000엔으로 해드리지요.

❶ …ほうよりずっと …것(쪽)보다 훨씬

Unit 01

식품을 구입할 때

2188. 보통 식품은 어디서 삽니까?

普段(ふだん)、食品(しょくひん)の買(か)い物(もの)はどこでしますか。

후단 쇼꾸힌노 가이모노와 도꼬데 시마스까

2189. 식품을 사러 가야겠어.

食品(しょくひん)を買(か)いに行(い)かなくちゃ。

쇼꾸힌오 가이니 이까나꾸쨔

…なくちゃ는 …なくてはくならない, いけない)의 줄임말로 「…하지 않으면 안 된다」의 뜻으로 당연·의무를 나타낸다.

2190. 보통 슈퍼에 가는 것은 1주일에 한 번이야.

普通(ふつう)、スーパーへ行(い)くのは週(しゅう)に1度(ど)なの。

후쯔- 스-파-에 이꾸노와 슈-니 이찌도나노

スーパー는 スーパーマーケット(supermarket)의 줄임말이다.

2191. 주말에 1주일분 식품을 삽니다.

週末(しゅうまつ)に1週間分(しゅうかんぶん)の食品(しょくひん)を買(か)います。

슈-마쯔니 잇슈-깐분노 쇼꾸힌오 가이마스

2192. 요시다 푸드에서는 매우 신선한 야채를 취급하고 있어.

ヨシダフードではとても新鮮(しんせん)な野菜(やさい)を扱(あつか)っているわよ。

요시다후-도데와 도떼모 신센나 야사이오 아쯔깟떼 이루와요

2193. 오늘은 살 물건이 많니?

今日(きょう)はたくさん買(か)い物(もの)がある?

교-와 다꾸상 가이모노가 아루

Unit 02

야채를 구입할 때

2194. 안녕하세요. 야채를 주세요.

こんにちは、野菜(やさい)をください。

곤니찌와 야사이오 구다사이

2195. 글쎄요. 토마토와 양파를 주세요.

そうですね。トマトと玉(たま)ねぎをもらいます。

소-데스네 토마토또 다마네기오 모라이마스

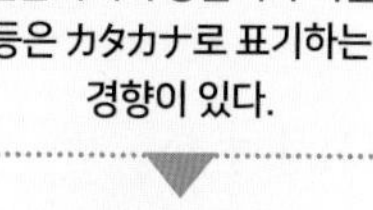
일본어에서 동물이나 식물 등은 カタカナ로 표기하는 경향이 있다.

2196. 조금 큰 오이를 12개 주세요.

大(おお)きめのキュウリを12本(ほん)ください。

오-끼메노 규-리오 쥬-니혼 구다사이

2197. 양상추 두 개와 당근 세 개 주세요.

レタス2つと人参(にんじん)を3つもらいます。

레타스 후따쯔또 닌진오 미쯔 모라이마스

2198. 시금치와 아스파라거스를 주세요.

ほうれん草(そう)とアスパラガスをください。

호-렌소-또 아스파라가스오 구다사이

야채를 구입할 때

2199. 감자는 없습니까?

じゃがいもはありませんか。
쟈가이모와 아리마센까

A じゃがいもはありませんか。
감자는 없습니까?

B いいえ、ありますよ。今日(きょう)入(はい)ったばかりです。
아니요, 있어요. 오늘 막 들어왔습니다.

2200. 죽순과 연근 같은 뿌리채소는 있습니까?

タケノコとレンコンのような根菜(こんさい)はありますか。
타께노꼬또 렌꼰노요-나 곤사이와 아리마스까

2201. 제철 야채는 어느 것입니까?

季節(きせつ)の野菜(やさい)はどんなものですか。
기세쯔노 야사이와 돈나 모노데스까

2202. 호박은 시기가 지났습니까?

カボチャは時期(じき)はずれですか。
카보챠와 지끼하즈레데스까

時期はずれ
시기가 지남

Unit 03

과일을 구입할 때

2203. 이 포도를 한 송이 주세요.

このブドウを1房(ふさ)ください。
고노 부도-오 이찌후사 구다사이

2204. 바나나 한 송이는 얼마입니까?

バナナ1房(ふさ)はいくらですか。
바나나 이찌후사와 이꾸라데스까

2205. 이 바나나는 조금 파랗군요. 더 익은 것은?

このバナナは少(すこ)し青(あお)いですね。もっと熟(じゅく)したのは?
고노 바나나와 스꼬시 아오이데스네 못또 쥬꾸시따노와

2206. 이건 상했어요. 바꿔 줄래요?

これは傷(いた)んでますね。取(と)り換(か)えてくれますか。
고레와 이딴데마스네 도리까에떼 꾸레마스까

2207. 딸기 두 상자 주세요.

いちご2箱(はこ)もらいます。
이찌고 후따하꼬 모라이마스

과일을 구입할 때

2208. 이 사과는 답니까?

このリンゴは甘いですか。
고노 링고와 아마이데스까

2209. 이 파인애플은 얼마입니까?

このパイナップルはいくらですか。
고노 파인앗푸루와 이꾸라데스까

2210. 지금 어떤 과일이 한창입니까?

今どんな果物が盛りですか。
이마 돈나 구다모노가 사까리데스까

A 今どんな果物が盛りですか。
지금 어떤 과일이 한창입니까?

B 今の時期ではやっぱりスイカですね。
지금 시기에는 역시 수박이죠.

2211. 이 배는 아직 꽤 비싼 것 같군요.

この梨はまだかなり高いようですね。
고노 나시와 마다 가나리 다까이요-데스네

2212. 이건 온실에서 재배한 겁니까?

これは温室栽培ですか。
고레와 온시쯔사이바이데스까

2213. 씨 없는 포도도 주세요. 전부해서 얼마입니까?

種なしブドウももらいます。全部でいくらですか。
다네나시 부도-모 모라이마스 젠부데 이꾸라데스까

Unit 04

고기를 구입할 때

2214. 이 고기는 부드럽습니까?

この肉は柔らかいですか。
고노 니꾸와 야와라까이데스까

2215. 스테이크용 등심이 필요한데요.

ステーキ用のサーロインがほしいのですが。
스테-키요-노 사-로인가 호시-노데스가

2216. 기계로 저민 쇠고기를 600그램 주세요.

牛のひき肉を600グラムください。
우시노 히끼니꾸오 록빠꾸구라무 구다사이

고기를 구입할 때

2217. 닭고기가 필요한데요.

鶏肉(とりにく)がほしいんですが。
도리니꾸가 호시인데스가

2218. 버터나 마가린은 있습니까?

バターやマーガリンは置(お)いてありますか。
바타-야 마-가린와 오이떼 아리마스까

2219. 신선한 돼지고기는 있습니까?

新鮮(しんせん)な豚肉(ぶたにく)はありますか。
신센나 부따니꾸와 아리마스까

2220. 찌개용 소고기 1킬로그램 주세요.

煮込(にこ)み用(よう)の牛肉(ぎゅうにく)を1キロください。
니꼬미요-노 규-니꾸오 이찌키로 구다사이

Unit 05

생선을 구입할 때

2221. 이 도미는 아주 좋군요.

このタイはすばらしいですね。
고노 타이와 스바라시-데스네

2222. 연어 조각살을 3토막 주세요.

サケの切身(きりみ)を3枚(まい)ください。
사께노 키리미오 산마이 구다사이

2223. 생선을 저며 줄래요?

魚(さかな)をおろしてもらえますか。
사까나오 오로시떼 모라에마스까

A 魚(さかな)をおろしてもらえますか。
생선을 저며 줄래요?

B はい、どれにしますか。
네, 어느 것으로 하겠습니까?

2224. 저 참치는 신선합니까?

あのマグロは新鮮(しんせん)ですか。
아노 마구로와 신센데스까

2225. 이건 송어입니까, 연어입니까?

これはマスですか、サケですか。
고레와 마스데스까 사께데스까

생선을 구입할 때

2226. 오징어는 있습니까?

イカはありますか。
이까와 아리마스까

2227. 민물고기는 없습니까?

川魚(かわざかな)はないのですか。
가와사까나와 나이노데스까

2228. 전부 하나로 싸 주세요.

全部(ぜんぶ)で1つに包(つつ)んでくれますか。
젠부데 히또쯔니 즈쯘데 구레마스까

Unit 06

빵을 구입할 때

2229. 빵 두 개 주세요.

パンを2つください。
팡오 후따쯔 구다사이

2230. 햄버거와 핫도그를 만들 빵을 주세요.

ハンバーガーとホットドッグにするパンをください。
한바-가-또 홋또돗꾸니 스루 팡오 구다사이

2231. 갓 구운 빵은 없습니까?

焼(や)き立(た)てのパンはありませんか。
야끼다떼노 팡와 아리마센까

立て는 동사의 중지형에 접속하여 「갓…한」의 뜻을 나타낸다.

2232. 얇게 잘라 주세요.

薄(うす)く切(き)ってください。
우스꾸 깃떼 구다사이

A このパンはどのように切(き)りましょうか。
이 빵은 어떤 식으로 자를까요?

B 薄(うす)く切(き)ってください。
얇게 잘라 주세요.

2233. 빵가루 한 통과 딸기잼 두 병 주세요.

ふくらし粉(こ)1缶(かん)とイチゴジャム2びんもらいます。
후꾸라시고 히또깡또 이찌고쟈-무 후따빙 모라이마스

Unit 07

과자·케이크를 구입할 때

2234. 이 크래커는 맛있습니까?

このクラッカーはおいしいですか。

고노 쿠랏카-와 오이시-데스까

2235. 이 케이크는 무엇으로 만들어졌습니까?

このケーキは何(なに)でできているのですか。

고노 케-키와 나니데 데끼떼 이루노데스까

2236. 이 케이크는 어린이용입니까?

このケーキは子供(こども)向(む)きでしょうか。

고노 케-키와 고도모무끼데쇼-까

向き는 무엇을 위해 만들어졌는지 여부에는 관계없이 적합함을 뜻하고, 向(む)け는 목적으로 하고 있음을 뜻한다.

2237. 포장 하나에 몇 개 들었습니까?

1包(つつみ)にいくつ入(はい)ってますか。

히또 즈쯔미니 이꾸쯔 하잇떼마스까

2238. 내용물은 무엇입니까?

中身(なかみ)は何(なん)ですか。

나까미와 난데스까

2239. 생일 케이크를 주문하고 싶은데요.

バースデイ·ケーキを注文(ちゅうもん)したいのですが。

바-스데이 케-키오 츄-몬시따니오데스가

Chapter 21 의복류 구입

옷을 구입할 때는 자신에 맞는 크기와 치수(サイズ), 어울리는 색상(色), 유행하는 디자인(デザイン) 등을 미리 생각하고 가게에 들어가는 것이 좋다. 자신이 사고 싶은 옷을 말할 때는 ジャケットを見せてください, 사이즈가 맞지 않을 때는 これはサイズが合いません, 좋아하는 색상을 말할 때는 私は赤よりピンクが好きです, 한번 입어보고 싶을 때는 この服試着してもいいですか, 입어보고 나서 어울리면 とてもよく似合ってます라고 하면 된다.

Ⓐ このスーツでサイズが42のありますか。

Ⓑ ございます。同(おな)じサイズで、ブラウン❶のほかにグレーとブルーと、3色(しょく)とりそろえてございます。

Ⓐ 이 신사복으로 사이즈가 42인 것은 있나요?

Ⓑ 있습니다. 같은 사이즈로 브라운 이외에 그레이와 블루, 3색이 갖춰져 있습니다.

Ⓐ ブラウンがいい❷や。試着(しちゃく)できますか。

Ⓑ けっこうです。試着室(しちゃくしつ)はあちらです。

Ⓐ (あとで)これはいい。まるであつらえたみたい。これに合(あ)うネクタイもほしいんだけど。

Ⓑ マネキンがつけてるのはいかがですか。ぴったりお似合(にあ)いだとおもいますけれど。

Ⓐ 브라운이 좋겠어요. 입어볼 수 있나요?
Ⓑ 됩니다. 피팅룸은 저기입니다.
Ⓐ 이게 좋은데요. 마치 맞춘 것 같아요. 여기에 맞는 넥타이도 사고 싶은데요.
Ⓑ 마네킹에 입혀 있는 것은 어떠십니까? 딱 어울릴 것 같은데요.

❶ …のほかに …외에

❷ …や는 가벼운 단정을 나타낸다.

Unit 01

남성복을 구입할 때

2240. 여름 정장을 찾고 있습니다.
夏のスーツを探しています。
나쯔노 스-츠오 사가시떼 이마스

스ーツ(suit) 슈트, 정장
スーツケース 슈트케이스, 여행용가방

2241. 정확한 사이즈를 모르겠습니다.
正確なサイズがわかりません。
세-까꾸나 사이즈가 와까리마센

A 正確なサイズがわかりません。
정확한 사이즈를 모르겠습니다.

B お測りしましょう。
재어드릴게요.

2242. 이 양복을 입어 봐도 되겠습니까?
この背広を着てみてもいいですか。
고노 세비로오 끼떼미떼모 이-데스까

背広 남성용 정장, 양복

2243. 이 옷감은 무엇입니까?
この生地は何ですか。
고노 기지와 난데스까

2244. 이 디자인, 나에게 맞을까?
このデザイン、僕に合うかな。
고노 데자인 보꾸니 아우까나

2245. 대개 기성복으로 대용합니다.
たいてい既製服で間に合わせています。
다이떼이 기세-후꾸데 마니아와세떼 이마스

2246. 옷감은 별로 신경 쓰지 않습니다.
服地はあまり気にしません。
후꾸지와 아마리 기니 시마센

2247. 이거 다른 색은 있나요?
これ、別の色はありますか。
고레 베쯔노 이로와 아리마스까

2248. 이 옷감과 무늬로 정했습니다.
この服地と柄に決めました。
고노 후꾸지또 가라니 키메마스까

2249. 안감은 어떤 천으로 합니까?
裏地はどんな布になりますか。
우라지와 돈나 누노니 나리마스까

남성복을 구입할 때

2250. 주름이 들어간 바지도 맞추고 싶은데요.

しまの入(はい)ったズボンも注文(ちゅうもん)したいんですが。

시마노 하잇따 즈봉모 츄-몬시따인데스가

2251. 허리 주위는 조금 느슨한 게 좋겠어요.

腰(こし)まわりは少(すこ)しゆるめのほうがいいですね。

고시마와리와 스꼬시 유루메노 호-가 이-데스네

2252. 가봉은 언제 됩니까?

仮縫(かりぬ)いはいつになりますか。

가리누이와 이쯔니 나리마스까

2253. 소매는 좀 더 짧게 해 주세요.

袖(そで)はもう少(すこ)し短(みじか)めにしてください。

소데와 모- 스꼬시 미지까메니 시떼 구다사이

2254. 남성용 속옷은 어디에 있습니까?

男性用(だんせいよう)の下着(したぎ)はどこにありますか。

단세-요-노 시따기와 도꼬니 아리마스까

> 下着 속옷, 속에 입는 옷 ↔ 上着(うわぎ) 겉옷, 겉에 입는 옷

Unit 02

여성복을 구입할 때

2255. 이 디자인, 좋아.

このデザイン、好(す)きだな。

고노 데자인 스끼다나

2256. 마네킹에 입혀 있는 것과 같은 블라우스를 주시겠어요?

マネキンに着(き)せてあるようなブラウスをいただけますか。

마네킹니 끼세떼 아루요-나 부라우스오 이따다께마스까

2257. 좀 더 밝은 색은 없습니까?

もう少(すこ)し明(あか)るい色(いろ)はありませんか。

모- 스꼬시 아까루이 이로와 아리마센까

2258. 이 예쁜 핑크 색상이 마음에 들어.

このきれいなピンクの色合(いろあ)いが気(き)に入(い)ったわ。

고노 기레-나 핑쿠노 이로아이가 기니 잇따와

2259. 이 재킷은 너무 화려한 것 같지 않아요?

このジャケットは派手(はで)すぎると思(おも)いません?

고노 쟈켓또와 하데스기루또 오모이마센

2260. 옷깃 근처는 넉넉한 게 좋겠어요.

襟(えり)もとはゆったりしているほうがいいですわ。

에리모또와 윳따리시떼 이루 호-가 이-데스와

여성복을 구입할 때

2261. 이 스웨터는 너무 헐거운 것 같아요.

このセーターはゆるすぎるようです。
고노 세-타-와 유루스기루요-데스

2262. 이 디자인은 지금 유행하나요?

このデザインは今流行してますか。(いまりゅうこう)
고노 데자인와 이마 류-꼬-시떼마스까

2263. 입어볼 수 있습니까?

試着できますか。(しちゃく)
시챠꾸데끼마스까

2264. 이 스웨터 입어볼 수 있습니까?

このセーター試着できますか。(しちゃく)
고노 세-타- 시챠꾸데끼마스까

2265. 피팅룸은 어디입니까?

試着室はどこですか。(しちゃくしつ)
시챠꾸시쯔와 도꼬데스까

2266. 사이즈가 딱 좋습니다.

サイズはちょうどいいです。
사이즈와 쵸-도 이-데스

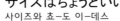

ちょうど 꼭, 딱, 정확히

A いかがですか。
어떠십니까?

B サイズはちょうどいいです。
사이즈가 딱 좋습니다.

2267. 사이즈가 안 맞습니다.

サイズが合いません。(あ)
사이즈가 아이마센

2268. 나에게는 너무 작아요.

私には小さすぎます。(わたし / ちい)
와따시니와 찌-사스기마스

2269. 이 슬랙스는 이 스웨터에 맞겠습니까?

このスラックスはこのセーターに合うと思いますか。(あ / おも)
고노 스락쿠스와 고노 세-타-니 아우또 오모이마스까

2270. 저 페티코트를 보여 주겠어요?

あのペチコートを見せてもらえますか。(み)
아노 페치코-토오 미세떼 모라에마스까

여성복을 구입할 때

2271. 실크 스타킹은 있습니까?

絹(きぬ)のストッキングはありますか。
기누노 스톳킹구와 아리마스까

2272. 너무 수수할까?

地味(じみ)すぎるかしら。
지미스기루까시라

かしら는 의문이나 의아한 느낌을 나타낸다.

2273. 입고 있는 동안에 조금 늘어날까요?

はいているうちに少(すこ)し伸(の)びてくるでしょうか。
하이떼 이루 우찌니 스꼬시 노비떼꾸루데쇼-까

2274. 이 셔츠는 세탁하면 줄어듭니까?

このシャツは洗濯(せんたく)したら縮(ちぢ)みますか。
고노 샤츠와 센타쿠시따라 찌지미마스까

A このシャツは洗濯(せんたく)したら縮(ちぢ)みますか。
이 셔츠는 세탁하면 줄어듭니까?

B ええ、少(すこ)し縮(ちぢ)みます。
예, 조금 줄어듭니다.

2275. 에이프런과 슈미즈를 사고 싶은데요.

エプロンとシュミーズを買(か)いたいのですが。
에푸론또 슈미-즈오 가이따이노데스가

2276. 스타일북을 보여 주시겠어요?

スタイル・ブックを見(み)せていただけますか。
스타이루 북쿠오 미세떼 이따다께마스까

2277. 사이즈를 고쳐 줄래요?

サイズを直(なお)してもらえますか。
사이즈오 나오시떼 모라에마스까

A サイズを直(なお)してもらえますか。
사이즈를 고쳐 줄래요?

B はい、どのように直(なお)しましょうか。
네, 어떻게 고칠까요?

2278. 소매를 조금 길게 해 주세요.

袖(そで)を少(すこ)し長(なが)くしてください。
소데오 스꼬시 나가꾸시떼 구다사이

여성복을 구입할 때

2279. <u>투피스를 만들어 주었으면 하는데요.</u>

ツー.ピースを仕立(した)ててほしいのですが。

츠-피-스오 시따떼떼 호시-데스가

2280. <u>스커트는 1인치 길게 해 주세요.</u>

スカートは1インチ長(なが)くしてください。

스카-토와 이찌인찌 나가꾸시떼 구다사이

Unit 03

모자를 구입할 때

2281. <u>지금 유행하는 모자를 몇 가지 보여 주세요.</u>

今流行(いまりゅうこう)の帽子(ぼうし)を何種類(なんしゅるい)か見(み)せてください。

이마 류-꼬-노 보-시오 난슈루이까 미세떼 구다사이

2282. <u>어린이용 야구모자를 찾고 있는데요.</u>

子供用(こどもよう)の野球帽(やきゅうぼう)を探(さが)してるんですが。

고도모요-노 야큐-보-오 사가시떼룬데스가

2283. <u>이 모자는 테두리나 리본이 마음에 안 들어요.</u>

この帽子(ぼうし)は縁(ふち)やリボンが気(き)に入(い)りませんわ。

고노 보-시와 후찌야 리본가 기니 이리마센와

2284. <u>이것과 같은 것으로 그 밖에 어떤 것이 있습니까?</u>

これと同(おな)じので他(ほか)にどんなものがありますか。

고레또 오나지데 호까니 돈나 모노가 아리마스까

2285. <u>나에게 어울리겠습니까?</u>

私(わたし)に似合(にあ)うと思(おも)いますか。

와따시니 니아우또 오모이마스까

2286. <u>거울은 어디에 있어요?</u>

鏡(かがみ)はどこですか。

가가미와 도꼬데스까

Unit 04

신발을 구입할 때

2287. <u>검정 가죽구두가 필요한데요.</u>

黒(くろ)の革靴(かわぐつ)がほしいのですが。

구로노 가와구쯔가 호시-노데스가

2288. <u>이건 무슨 가죽입니까?</u>

これは何(なん)の皮(かわ)ですか。

고레와 난노 가와데스까

신발을 구입할 때

신발(靴・くつ)이나 양말(靴下・くつした) 등을 신는 것은 履(は)く로 표현한다. 반대로 벗는 것은 脱(ぬ)ぐ라고 한다.

2289. 이 하이힐을 신어 봐도 되겠어요?

このハイヒールを履(は)いてみていいですか。

고노 하이히-루오 하이떼미떼 이-데스까

2290. 구둣주걱을 빌려 주세요.

靴(くつ)べらを貸(か)してください。

구쯔베라오 가시떼 구다사이

2291. 폭이 좁아서 나에게는 너무 꼭 끼어요.

幅(はば)が狭(せま)くて、私(わたし)にはきつすぎます。

하바가 세마꾸떼 와따시니와 끼쯔스기마스

2292. 더 큰 사이즈를 보여 주세요.

もっと大(おお)きいサイズを見(み)せてください。

못또 오-끼- 사이즈오 미세떼 구다사이

2293. 이것이 딱 맞습니다.

これがぴったり合(あ)います。

고레가 삣따리 아이마스

Chapter 22

주거와 정원

일본에서는 일반적으로 콘크리트를 사용하여 만든 다세대주택을 マンション이라고 하고, 다다미 四畳半 크기의 한 칸짜리 방으로 되어 있는 2층 정도의 목조 건물을 アパート라고 부른다. 우리 생각으로 아파트를 생각했다가는 실수를 범하게 된다. 즉, 일본의 아파트는 연립주택보다 한 단계 뒤떨어지고 맨션은 우리의 아파트보다는 좁은 편이다. 우리처럼 대규모로 되어 있는 아파트는 団地(だんち)라고 말하고 단독주택을 一戸建(いっこだ)て라고 한다.

A お住(す)まいは一戸建(いっこだ)てですか、マンションですか。
B 一戸建(いっこだ)てに引(ひ)っ越(こ)したばかりなんです。でも、その前(まえ)は12年間(ねんかん)ばかりマンションに住(す)んでいました。

A 주택은 단독인가요, 맨션인가요?

B 단독주택으로 갓 이사했습니다. 하지만 그 전에는 12년간 맨션에 살았습니다.

A いまのお宅(たく)は和風(わふう)のつくりですか。

B いいえ、木造(もくぞう)でたたみの和室(わしつ)が1つありますけど、基本的(きほんてき)には洋風(ようふう)で、あとの4部屋(へや)はみんな木(き)のフローリングです。小(ちい)さな庭(にわ)もあるんですよ。わずか45平方(へいほう)メートルくらいですけど、以前(いぜん)に比(くら)べたら❶、はるかにまし❷。前(まえ)はバルコニーだけでしたから。

A 지금 주택은 일본식입니까?

B 아뇨. 목조로 다다미방이 하나 있지만, 기본적으로는 양식으로 나머지 방 네 개는 마루바닥입니다. 작은 방도 있어요. 약 45평방미터 정도이지만, 이전에 비하면 훨씬 나아요. 전에는 발코니뿐이었으니까요.

❶ …にくらべたら(くらべると, くらべれば) …에 비하면

❷ …よりはましだ …보다는 낫다

Unit 01

주거에 대한 화제

2294. 어디에 사십니까?

どこにお住(す)まいですか。

도꼬니 오스마이데스까

> 住まい는 사람이 생활하는 공간으로 인간관계에 중심이 있는 반면, 住宅(じゅうたく)는 건물이 중심이 된다.

2295. 어느 지방에 사십니까?

どの地方(ちほう)にお住(す)まいですか。

도노 치호-니 오스마이데스까

2296. 어느 도시에 사십니까?

どこの町(まち)にお住(す)まいですか。

도꼬노 마찌니 오스마이데스까

A どこの町(まち)にお住(す)まいですか。
어느 도시에 사십니까?

B 東京(とうきょう)の北部(ほくぶ)に住(す)んでいます。
도쿄 북부에 살고 있습니다.

2297. 몇 번지에 살고 있나요?

何番地(なんばんち)に住(す)んでいますか。

난반찌니 순데 이마스까

2298. 근무지에서 어느 정도 멉니까?

お勤(つと)めからはどのくらい遠(とお)いですか。

오쯔또메까라와 도노구라이 도-이데스까

2299. 숲은 풍부하지만, 통근하기에는 불편합니다.

緑(みどり)は豊(ゆた)かですが、通勤(つうきん)には不便(ふべん)です。

미도리와 유타까데스가 쯔-낀니와 후벤데스

2300. 우리 집은 토끼장처럼 좁습니다.

私(わたし)の家(いえ)は狭(せま)くて、うさぎ小屋(こや)です。

와따시노 이에와 세마꾸떼 우사기고야데스

> 일본의 좁은 주택을 빗대어 うさぎ小屋라고 한다.

2301. 아파트에 살고 있습니다.

アパートに住(す)んでいます。

아파-토니 순데 이마스

> 일본의 アパート는 2층 정도의 목조건물을 말한다.

2302. 좁아서 놀라셨죠?

狭(せま)くて驚(おどろ)いたでしょう?

세마꾸떼 오도로이따데쇼-

2303. 전형적인 원룸 맨션입니다.

典型的(てんけいてき)なワンルーム・マンションです。

텐께떼끼나 완루-무 만숀데스

주거에 대한 화제

2304. 부엌 · 욕실 · 화장실은 있습니다.
キッチン・バス・トイレはあります。
킷친 바스 토이레와 아리마스

2305. 도시는 집세가 비싸서요.
都会(とかい)の家賃(やちん)は高(たか)いですからね。
도까이노 야찡와 다까이데스까라네

2306. 부모님도 맨션에 살고 계십니다.
両親(りょうしん)もマンションに住(す)んでいます。
료-신모 만숀니 순데 이마스

> 似ても似つかない 조금도 닮지 않다, 전혀 비슷하지 않다

2307. 일본에서는 「맨션」이라고 합니다만, 전혀 맞지 않습니다.
日本(にほん)では「マンション」と言(い)いますが、似(に)ても似(に)つかないものです。
니혼데와 만숀또 이-마스가 니떼모 니쯔까나이 모노데스

2308. 땅값이 올라서 도저히 단독주택을 바랄 수 없습니다.
地価(ちか)が上昇(じょうしょう)して、とても一戸建(いっこだ)ての家(いえ)は望(のぞ)めません。
치까가 죠-쇼-시떼 도떼모 잇꼬다떼노 이에와 노조메마센

2309. 주택공단의 새로 생긴 단지로 옮겼습니다.
住宅公団(じゅうたくこうだん)の新(あたら)しくできた団地(だんち)に移(うつ)りました。
쥬-타꾸고-단노 아따라시꾸 데끼다 단찌니 우쯔리마시다

> 団地는 우리의 아파트 단지에 해당한다.

2310. 아파트 방을 찾고 있습니다.
アパートの部屋(へや)を探(さが)しています。
아파-토노 헤야오 사가시떼 이마스

2311. 셋집을 찾아야 합니다.
貸家(かしや)を探(さが)さないといけません。
가시야오 사가사나이또 이께마센

> …ないといけない …지 않으면 안 된다, …해야 한다

2312. 근처 주차장을 빌려야 합니다.
近所(きんじょ)の駐車場(ちゅうしゃじょう)を借(か)りなくてはなりません。
긴죠노 쥬-샤죠-오 가리나꾸떼와 나리마센

Unit 02

주택에 대한 화제

2313. 댁은 어떤 집입니까?
お宅(たく)はどんな家(いえ)ですか。
오타꾸와 돈나 이에데스까

2314. 2층집으로 작은 방이 세 개 있습니다.
2階建(かいだ)てで小(ちい)さな部屋(へや)が3つあります。
니까이다떼데 찌-사나 헤야가 미쯔 아리마스

주택에 대한 화제

2315. 양식입니까, 일본식입니까?

ようふう　わふう
洋風ですか、和風ですか。
요-후-데스까 와후-데스까

A ようふう　わふう
洋風ですか、和風ですか。
양식입니까, 일본식입니까?

B わたし　いえ　わようせっちゅう
私の家は和洋折衷です。
우리 집은 일식과 양식 절충입니다.

일본식 방인 和室(わしつ)는 畳(たたみ)가 깔리고 押入(おしいれ)가 있는 일본 전통 방을 의미하고, 양식 방인 洋室(ようしつ)는 마루로 된 방을 말한다.

2316. 멋진 집이군요.

たく
すばらしいお宅ですね。
스바라시- 오타꾸데스네

2317. 건축하느라 무척 돈이 들었겠어요.

けんちく　かね
建築にはずいぶんお金をかけたでしょう。
겐치꾸니와 주이분 오까네오 가께따데쇼-

2318. 방은 전부 몇 개 있나요?

ぜんぶ　なんべや
全部で何部屋ありますか。
젠후데 난베야 아리마스까

2319. 1층에 거실과 식당이 있습니다.

かい　いま　しょくどう
1階に居間と食堂があります。
잇까이니 이마또 쇼꾸도-가 아리마스

2320. 방의 넓이는 다다미 수로 잽니다.

へや　ひろ　たたみ　かず　はか
部屋の広さは畳の数で計ります。
헤야노 히로사와 다타미노 가즈데 하까리마스

さ는 형용사의 어간에 접속하여 정도나 상태를 나타내는 형용사를 만든다.
広(ひろ)さ 넓이, 高(たか)さ 높이, 大(おお)きさ 크기

2321. 이 방의 넓이는?

へや　ひろ
この部屋の広さは?
고노 헤야노 히로사와

A へや　ひろ
この部屋の広さは?
이 방의 넓이는?

B へや　じょうま
この部屋は8畳間です。
이 방은 다다미 8장입니다.

2322. 저기가 도코노마입니까?

とこ　ま
あそこが床の間ですか。
아소꼬가 도꼬노 마데스까

주택에 대한 화제

2323. <u>도코노마는 일본 집에는 반드시 있습니까?</u>
床の間は日本の家には必ずありますか。
도꼬노마와 니혼노 이에니와 가나라즈 아리마스까

A 床の間は日本の家には必ずありますか。
도코노마는 일본 집에는 반드시 있습니까?

B 必ずとは言えませんが、床の間つきの和室がある家が多いですね。
반드시라고는 할 수 없지만, 도코노마가 딸린 일식 방이 있는 집이 많습니다.

床の間(とこのま)는 객실인 다다미방의 정면 상좌(上座)에 바닥을 한층 높여 만들어둔 곳으로 벽에는 족자를 걸고 바닥에는 도자기나 꽃병 등을 장식해둔다.

2324. <u>이 방은 햇볕이 잘 듭니다.</u>
この部屋はよく日が当たります。
고노 헤야와 요꾸 히가 아따리마스

押入는 일본식 방에서 침구나 가재도구를 넣어 두는 벽장을 말한다.

2325. <u>이 방에는 장지가 붙은 벽장이 두 개 있습니다.</u>
この部屋にはふすまのついた押入が2つあります。
고노 헤야니와 후스마노 쯔이따 오시이레가 후따쯔 아리마스

2326. <u>거실에는 난로가 있습니다.</u>
居間には暖炉があります。
이마니와 단로가 아리마스

일본의 거실에는 대부분 난방장치의 하나인 こたつ가 놓여 있다.

2327. <u>여기가 내 서재입니다.</u>
ここが私の書斎です。
고꼬가 와따시노 쇼사이데스

2328. <u>매우 현대적인 부엌입니다.</u>
とても現代的な台所です。
도떼모 겐다이떼끼나 다이토꼬로데스

2329. <u>최신 설비가 갖추어져 있군요.</u>
最新の設備がそろってますね。
사이신노 세쯔비가 소롯떼마스네

Unit 03

정원에 대한 화제

2330. <u>도쿄는 땅값이 비싸서 정원이 딸린 집은 적습니다.</u>
東京は地価が高くて、庭つきの家は少ないんです。
도-쿄와 치까가 다까꾸떼 니와쯔끼노 이에와 스꾸나인데스

2331. <u>잔디 정원이 있는 단독주택을 갖는 게 꿈입니다.</u>
芝生の庭がある一戸建てを持つのが夢です。
시바후노 니와가 아루 잇꼬다떼오 모쯔노가 유메데스

정원에 대한 화제

2332. 우리 집에는 조그만 뒤뜰이 있습니다.
私の家にはささやかな裏庭があります。
와따시노 이에니와 사사야까나 우라니와가 아리마스

2333. 정원 가꾸기를 좋아하시는군요.
庭弄りがお好きなんですね。
니와이지리가 오스키난데스네

2334. 잡초를 뽑는 것은 힘들어요.
雑草を取るのは大変です。
잣소-오 도루노와 다이헨데스

2335. 정원 손질에는 가끔 정원사가 필요합니다.
庭の手入れにはときどき植木屋が必要です。
니와노 데이레니와 도끼도끼 우에끼야가 히쯔요-데스

2336. 일본 정원에서 많이 볼 수 있는 나무는 벚, 매화, 소나무입니다.
日本の庭によく見られる木は、桜、梅、松です。
니혼노 니와니 요꾸 미라레루 끼와 사꾸라 우메 마쯔데스

2337. 이 식물은 뭐라고 합니까?
この植物は何と言うのですか。
고노 쇼꾸부쯔와 난또 유-노데스까

2338. 이건 전형적인 감상용 일본 정원입니다.
これが典型的な鑑賞用の日本庭園です。
고레가 덴께-떼끼나 간쇼-요-노 니혼테이엔데스

2339. 이 정원을 설계하는 데 무척 힘들었겠어요?
この庭の設計をするのは大変だったでしょうね。
고노 니와노 셋께-오 스루노와 다이헨닷따데쇼-네

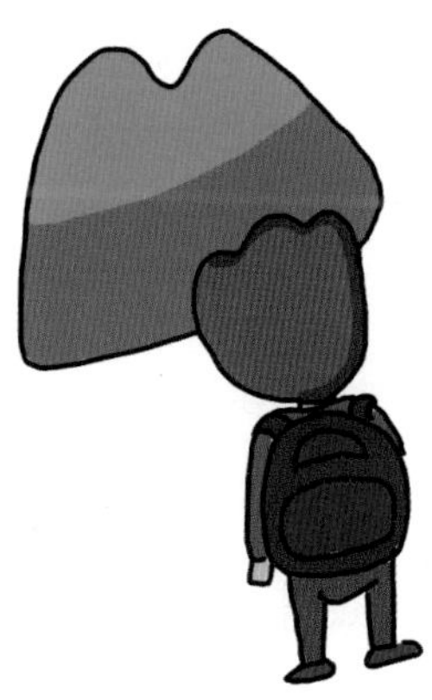

Chapter 23

학생과 학교생활

학생이냐고 물을 때는 보통 学生さんですか, 학년을 물을 때는 何年生ですかみ라고 한다. 또한 다니는 학교를 물어왔을 때는 …大学に行っています라고 하며, 어느 학교를 졸업했는지를 물을 때는 どこの学校を出ましたか라고 하고, 전공에 대해서 물을 때는 専攻は何ですか라고 한다. 또한 시험에 대해서 물을 때는 今度の試験はどうでしたか, 시험이 어려웠으면 予想意外に難しかったです, 쉬웠으면 易しかったです라고 표현한다.

Ⓑ ええ、少し(すこ)ずつ❶ですが…。
Ⓐ 勉強(べんきょう)のほうは進(すす)んでいますか。

Ⓐ 공부는 잘 됩니까?　Ⓑ 예, 조금씩요….

Ⓐ キムさんは文法(ぶんぽう)と聴解(ちょうかい)と、どちらが苦手(にがて)ですか。
Ⓑ 聴解(ちょうかい)のほうが苦手(にがて)です。
Ⓐ 1級(きゅう)の試験(しけん)に受(う)かるためには❷、もっと頑張(がんば)ったほうがいいですよ。
Ⓑ はい、頑張(がんば)ります。

Ⓐ 김 씨는 문법과 듣기 중에 어느 것이 어렵습니까?
Ⓑ 듣기가 어렵습니다.
Ⓐ 1급 시험을 치르기 위해서는 더욱 분발하는 게 좋아요.
Ⓑ 네. 열심히 하겠습니다.

❶ …ずつ(…씩)은 같은 분량만큼 되풀이함을 나타낸다.
❷ …ためには …하기 위해서는

Unit 01

출신학교에 대해서

2340. 대학은 이미 졸업했습니다.

学校はもう卒業しています。

각꼬–와 모– 소쯔교–시떼 이마스

A 木村さんは今大学生ですか。
기무라 씨는 지금 대학생입니까?

B いいえ、大学はもう卒業しています。
아뇨, 대학은 이미 졸업했습니다.

2341. 대학에 다니고 있습니다.

大学へ行っています。

다이가꾸에 잇떼 이마스

> 大学는 종합대학을 의미하고, 大学校(だいがっこう)는 특수 목적을 가진 대학이나 단과대학을 말한다.

2342. 어느 대학을 나왔습니까?

どちらの大学を出ましたか。

도찌라노 다이가꾸오 데마시다까

A どちらの大学を出ましたか。
어느 대학을 나왔습니까?

B ソウル大学の出身です。
서울대학 출신입니다.

> 일본의 학제도 우리와 마찬가지로 小学校(しょうがっこう), 中学校(ちゅうがっこう), 高等学校(こうとうがっこう), 大学(だいがく), 大学院(だいがくいん)으로 나눈다. 그 밖에 短期大学(たんきだいがく)와 専門学校(せんもんがっこう)가 있다.

2343. 아드님은 어느 대학에 갔습니까?

息子さんはどちらの大学へ行ったのですか。

무스꼬상와 도찌라노 다이가꾸에 잇따노데스까

2344. 어느 대학을 다니고 있습니까?

どちらの大学に行っていますか。

도찌라노 다이가꾸니 잇떼 이마스까

2345. 당신은 이 대학을 나왔습니까?

あなたはこの大学を出ましたか。

아나따와 고노 다이가꾸오 데마시다까

2346. 출신교는 어디입니까?

出身校はどちらですか。

슛신꼬–와 도찌라데스까

출신학교에 대해서

A しゅっしんこう
出身校はどちらですか。
출신교는 어디입니까?

B ち ほう　しりつだい　で
地方の私立大を出ました。
지방 사립대를 나왔습니다.

2347. 제가 다녔던 것은 지방 국립대학입니다.
わたし　かよ　ち ほう　こくりつだいがく
私が通ったのは地方の国立大学です。
와따시가 가욧따노와 치호―노 고꾸리쯔다이가꾸데스

学校に通う 학교에 다니다　国立 ↔ 私立(しりつ)

Unit 02

전공에 대해서

2348. 전공은 무엇입니까?
せんこう　なん
専攻は何ですか。
센꼬―와 난데스까

A せんこう　なん
専攻は何ですか。
전공은 무엇입니까?

B けいざいがく
経済学です。
경제학입니다.

2349. 무엇을 전공하셨습니까?
なに　せんこう
何を専攻なさいましたか。
나니오 센꼬―나사이마시다까

学士(がくし) 학사
修士(しゅうし) 석사
博士(はくし) 박사
세 가지가 일본의 학위이며, 「학위를 따다」라는 표현은 学位(がくい)を取(と)る라고 하면 된다.

A なに　せんこう
何を専攻なさいましたか。
무엇을 전공하셨습니까?

B ほうりつ　せんこう
法律を専攻しました。
법률을 전공했습니다.

2350. 대학에서 무엇을 공부했습니까?
だいがく　なに　べんきょう
大学では何を勉強しましたか。
다이가꾸데와 나니오 벵꾜―시마시다까

2351. 대학원에서 문학을 전공하여 석사 학위를 땄습니다.
だいがくいん　ぶんがく　せんこう　しゅうし がくい　と
大学院で文学を専攻して修士学位を取りました。
다이가꾸인데 분가꾸오 센꼬―시떼 슈―시가꾸이오 도리마시다

2352. 무엇을 공부하고 있습니까?
なに　べんきょう
何を勉強していますか。
나니오 벵꾜―시떼 이마스까

Unit 03

동아리활동에 대해서

2353. 무슨 동아리에 들었어요?

何のクラブに入ってるんですか。

난노 쿠라부니 하잇떼룬데스까

2354. 학창시절에 무슨 동아리 활동을 했습니까?

学生時代に何かクラブ活動をしましたか。

가꾸세-지다이니 나니까 쿠라부가쯔도-오 시마시다까

2355. 어느 동아리에 소속되어 있습니까?

どのクラブに属していますか。

도노 쿠라부니 조꾸시떼 이마스까

A どのクラブに属していますか。
어느 동아리에 소속되어 있습니까?

B 柔道部に属しています。
유도부에 소속되어 있습니다.

2356. 테니스부에서 4년간 열심히 했습니다.

テニス部で4年間頑張りました。

테니스부데 요넨깐 간바리마시다

Unit 04

아르바이트에 대해서

2357. 아르바이트는 하고 있니?

アルバイトはしているの?

아루바이또와 시떼 이루노

2358. 파트타임으로 일하고 있습니까?

パートで働いているんですか。

파-토데 하따라이떼 이룬데스까

2359. 가정교사를 하고 있습니다. 1주일에 3번 가르치고 있습니다.

家庭教師をしています。週に3回教えています。

가떼-교-시오 시떼 이마스 슈-니 산까이 오시에떼 이마스

2360. 1주일에 한 번, 책방에서 아르바이트를 하고 있습니다.

週に1回、本屋でアルバイトをやっています。

슈-니 잇까이 홍야데 아루바이토오 얏떼 이마스

2361. 학창시절, 아르바이트를 한 적이 있습니까?

学生時代、アルバイトをしたことがありますか。

가꾸세-지다이 아루바이토오 시따 고또가 아리마스까

아르바이트에 대해서

A 学生時代、アルバイトをしたことがありますか。
학창시절, 아르바이트를 한 적이 있습니까?

B ええ、学費稼ぎのために中学生に英語を教えました。
예, 학비를 벌기 위해서 중학생에게 영어를 가르쳤습니다.

2362. 여름방학에는 백화점에서 짐 배달을 했습니다.
夏休みにはデパートで荷物の配達をやりました。
나쯔야스미니와 데파-토데 니모쯔노 하이따쯔오 야리마시다

2363. 졸업하면 어떻게 할 겁니까?
卒業したらどうするんですか。
소쯔교-시따라 도- 스룬데스까

A 卒業したらどうするんですか。
졸업하면 어떻게 할 겁니까?

B まだ決めていません。
아직 정하지 않았습니다.

Unit 05

학교생활에 대해서

유치원생이나 초등학생은 보통 児童(じどう)라고 말하고, 중·고등학생은 生徒(せいと)라고 한다. 우리가 말하는 学生(がくせい)은 흔히 대학생을 일컫는다.

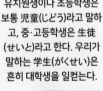

2364. 학생입니까?
学生さんですか。
가꾸세-상데스까

2365. 몇 학년입니까?
何年生ですか。
난넨세-데스까

일본어에서 학년을 말할 때는 반드시 …年生(ねんせい)라고 표현해야 한다.

A 何年生ですか。
몇 학년입니까?

B 3年生です。
3학년입니다.

2366. 내년에 졸업합니다.
来年卒業します。
라이넨 소쯔교-시마스

2367. 학교는 집에서 가깝습니까?
学校は家から近いですか。
각꼬-와 이에까라 찌까이데스까

학교생활에 대해서

A 学校(がっこう)は家(いえ)から近(ちか)いですか。
학교는 집에서 가깝습니까?

B いいえ。電車(でんしゃ)で1時間(じかん)ぐらいかかります。
아뇨. 전철로 1시간 정도 걸립니다.

2368. 학교까지는 무엇으로 통학합니까?
学校(がっこう)までは何(なに)で通学(つうがく)していますか。
각꼬―마데와 나니데 쯔―가꾸시떼 이마스까

2369. 어느 학교에 다니고 있습니까?
どの学校(がっこう)に通(かよ)っていますか。
도노 각꼬―니 가욧떼 이마스까

2370. 지금 다니고 있는 학교는 어때요?
今(いま)、通(かよ)っている学校(がっこう)はどうですか。
이마 가욧떼 이루 각꼬―와 도―데스까

A 今(いま)、通(かよ)っている学校(がっこう)はどうですか。
지금 다니고 있는 학교는 어때요?

B 大変(たいへん)、満足(まんぞく)しています。
무척 만족합니다.

2371. 캠퍼스는 넓고 조용합니다.
キャンパスは広(ひろ)くて静(しず)かです。
캼파스와 히로꾸떼 시즈까데스

2372. 이 학교는 남녀공학입니다.
この学校(がっこう)は男女共学(だんじょきょうがく)です。
고노 각꼬―와 단죠쿄―가꾸데스

> 男子学生(だんしがくせい) 남학생 ↔ 女子学生(じょしがくせい) 여학생

2373. 저게 도서관입니까?
あれが図書館(としょかん)ですか。
아레가 도쇼깐데스까

2374. 식당도 있습니까?
食堂(しょくどう)もありますか。
쇼꾸도―모 아리마스까

2375. 운동장은 상당히 넓군요.
運動場(うんどうじょう)はなかなか広(ひろ)いですね。
운도―죠―와 나까나까 히로이데스네

Unit 06

시험에 대해서

2376. 언제부터 중간고사가 시작됩니까?

いつから中間(ちゅうかん)テストが始(はじ)まりますか。

이쯔까라 츄-깐 테스토가 하지마리마스까

2377. 내일부터 기말시험입니다.

明日(あした)から期末試験(きまつしけん)です。

아시따까라 기마쯔시껭데스

2378. 시험공부는 했습니까?

試験勉強(しけんべんきょう)はしましたか。

시껭벵꾜와 시마시다까

A 試験勉強(しけんべんきょう)はしましたか。
시험공부는 했습니까?

B やるだけのことはしたから、あとは運(うん)に任(まか)せる。
할 만큼 했으니까 뒤는 운에 맡기겠어.

2379. 벼락치기로 공부할 수밖에 없어요.

一夜漬(いちやづ)けしかありませんよ。

이찌야즈께시까 아리마센요

2380. 밤새 공부해야 합니다.

徹夜(てつや)で勉強(べんきょう)しなければいけません。

데쯔야데 벵꾜시나께레바 이께마센

2381. 이번 시험은 어땠어요?

今度(こんど)の試験(しけん)はどうでしたか。

곤도노 시껭와 도-데시다까

A 今度(こんど)の試験(しけん)はどうでしたか。
이번 시험은 어땠어요?

B なかなか難(むずか)しかったですよ。
상당히 어려웠어요.

2382. 예상 이외로 쉬웠습니다.

予想以外(よそういがい)に易(やさ)しかったです。

요소-이가이니 야사시깟따데스

2383. 시험 결과는 어땠어요?

試験(しけん)の結果(けっか)はどうでしたか。

시껭노 겟까와 도-데시다까

시험에 대해서

A しけん　けっか
試験の結果はどうでしたか。
시험 결과는 어땠어요?

B よそう
予想どおりうまくいったよ。
예상대로 잘 됐어.

2384. 요행으로 붙었어.

あ
まぐれで当たったよ。
마구레데 아땃따요

2385. 합격했습니다.

ごうかく
合格でした。
고-까꾸데시다

試験(しけん)に受(う)かる 시험에 붙다 ↔ 試験にしくじる 시험에 실패하다

2386. 불합격했어요.

ふ ごうかく
不合格しましたよ。
후고-까꾸시마시다요

Unit 07

성적에 대해서

2387. 학교 성적은 그다지 좋지 않았습니다.

がっこう　せいせき　よ
学校の成績はあまり良くありませんでした。
각꼬-노 세-세끼와 아마리 요꾸 아리마센데시다

A きむら　がっこう　せいせき
木村さんの学校の成績はどうでしたか。
기무라 씨의 학교 성적은 어땠습니까?

B がっこう　せいせき　よ
学校の成績はあまり良くありませんでした。
학교 성적은 그다지 좋지 않았습니다.

2388. 그녀는 영어에서 특히 좋은 점수를 받았습니다.

かのじょ　えいご　とく　てんすう　と
彼女は英語で特にいい点数を取りました。
가노죠와 에-고데 토꾸니 이- 텐수-오 도리마시다

点数を取る 점수를 따다, 점수를 받다

2389. 그는 우수한 학생이었습니다.

かれ　ゆうしゅう　がくせい
彼は優秀な学生でした。
가레와 유-슈-나 가꾸세-데시다

2390. 당시 학교 성적은 그저 그랬습니다.

とうじ　がっこう　せいせき
当時、学校の成績はまあまあでした。
도-지 각꼬-노 세-세끼와 마-마-데시다

2391. 열심히 공부해서 장학금을 받았습니다.

いっしょうけんめいべんきょう　しょうがくきん
一生懸命勉強して奨学金をもらいました。
잇쇼-껜메- 벵쿄-시떼 쇼-가꾸낑오 모라이마시다

성적에 대해서

2392. 4년간 수석이었습니다.
4年間首席でした。
요넨깐 슈세끼데시다

2393. 학점이 부족하여 유급했습니다.
単位が足りなくて留年しました。
단이가 다리나꾸떼 류–넨시마시다

> 単位を取(と)る
> 학점을 따다

2394. 그는 반에서 꼴찌로 졸업했습니다.
彼はクラスでビリで卒業しました。
가레와 쿠라스데 비리데 소쯔교–시마시다

2395. 반에서 한 번도 1등을 한 적이 없습니다.
クラスで一度も1番になったことがありません。
쿠라스데 이찌도모 이찌방니 낫따 고또가 아리마센

Unit 08

수업시간에 주로 쓰이는 표현

2396. 이 테이프를 잘 들으세요.
このテープをよく聞いてください。
고노 테–푸오 요꾸 끼–떼 구다사이

2397. 칠판을 잘 보세요.
黒板をよく見てください。
고꾸방오 요꾸 미떼 구다사이

2398. 뭡니까? 말하세요.
何ですか、言ってください。
난데스까 잇떼 구다사이

A 先生、質問があります。
선생님, 질문이 있습니다.

B はい、何ですか、言ってください。
네, 뭡니까? 말하세요.

2399. 잘 읽고 나서 대답해 주세요.
よく読んでから答えてください。
요꾸 욘데까라 고따에떼 구다사이

2400. 5쪽까지 읽으세요.
5ページまで読んでください。
고페–지마데 욘데 구다사이

수업시간에 주로 쓰이는 표현

2401. 칠판의 글씨를 쓰세요.

黒板の字を書いてください。

고꾸방노 지오 가이떼 구다사이

2402. 15쪽을 펼치세요.

15ページを開けてください。

쥬-고페-지오 아께떼 구다사이

2403. 책을 덮으세요.

本を閉じてください。

홍오 도지떼 구다사이

> 本(ほん)を開ける 책을 펴다
> ↔ 本を閉(と)じる 책을 덮다

2404. 이 내용을 전부 외우세요.

この内容を全部覚えてください。

고노 나이요-오 젠부 오보에떼 구다사이

2405. 다시 한번 설명해 주세요.

もう一度説明してください。

모- 이찌도 세쯔메-시떼 구다사이

2406. 함께 읽으세요.

一緒に読んでください。

잇쇼니 욘데 구다사이

2407. 천천히 말해 주세요.

ゆっくり話してください。

윳꾸리 하나시떼 구다사이

2408. 여러분, 잘 들립니까?

みなさん、よく聞こえますか。

미나상 요꾸 끼꼬에마스까

2409. 뒤에서 잘 보입니까?

後ろからよく見えますか。

우시로까라 요꾸 미에마스까

2410. 알겠습니까?

分かりますか。

와까리마스까

2411. 질문은 없습니까?

質問はありませんか。

시쯔몬와 아리마센까

2412. 잠깐 쉽시다.

ちょっと休みましょう。

춋또 야스미마쇼

수업시간에 주로 쓰이는 표현

2413. <u>시작합시다.</u>

始(はじ)めましょう。

하지메마쇼－

2414. <u>오늘은 이만 마치겠어요.</u>

今日(きょう)はこれで終(お)わりましょう。

교－와 고레데 오와리마쇼－

전화를 받을 때

전화는 상대의 얼굴을 보지 않기 때문에 처음에는 불안하지만, 2, 3번 횟수를 반복하는 사이에 자신감이 붙는다. 여기서는 일정한 패턴에 익숙해지도록 하여 차분하게 메모를 할 수 있도록 한다. 전화를 받을 때는 우선 もしもし, ○○でございますが라고 자신의 이름이나 회사의 이름 등을 밝혀 상대가 확인하는 수고를 덜어주는 것도 전화 에티켓의 하나이다. 전화 상대를 바꿔줄 때는 ちょっとお待ちください라고 한다.

B もしもし、総務部(そうむぶ)の春山(はるやま)さんをお願(ねが)いします。
A もしもし、ヒロセ協会(きょうかい)でございますが、ご用件(ようけん)は?

A 여보세요, 히로세 협회입니다. 무슨 일이십니까?

B 여보세요, 총무부 하루야마 씨를 부탁합니다.

A ちょっとお待(ま)ちください。❶おつなぎします。…申(もう)し訳(わけ)ございません。お話(はな)し中(ちゅう)です。❷お待(ま)ちになりますか。それとも、春山(はるやま)の秘書(ひしょ)におつなぎしましょうか。

B 春山(はるやま)さんに直接(ちょくせつ)お話(はな)ししたいから、あとでかけなおします。

A かしこまりました。お名前(なまえ)をうかがえれば、お電話(でんわ)があったことを伝(つた)えますが。

B ありがとう。ソウルからのホンギルドンです。

A 잠시 기다려 주십시오. 연결해 드리겠습니다. …죄송합니다, 통화 중입니다. 기다리시겠습니까, 아니면 하루야마 비서에게 연결해 드릴까요?
B 하루야마 씨에게 직접 말씀을 드리고 싶으니까 나중에 다시 걸겠습니다.
A 알겠습니다. 성함을 말씀해 주시면 전화가 왔다는 걸 전해 드리겠습니다만.
B 감사합니다. 서울에서 홍길동입니다.

❶ 동사의 중지형에 お…する를 접속하면 겸양 표현이 된다.

❷ 동사의 중지형에 お…なる를 접속하면 존경 표현이 된다.

Unit 01

걸려온 전화를 받을 때

2415. 전화가 울려.

電話(でんわ)が鳴(な)っているわ。

뎅와가 낫떼 이루와

> ベルが鳴る
> 벨이 울리다

2416. 제가 전화 받을게요.

私(わたし)が電話(でんわ)に出(で)ましょう。

와따시가 뎅와니 데마쇼-

2417. 나는 지금 받을 수 없어.

私(わたし)は今(いま)、出(で)られないよ。

와따시와 이마 데라레나이요

> 電話に出る
> 전화를 받다

A 君(きみ)、出(で)てくれる?
너, 전화 받아 줄래?

B 私(わたし)は今(いま)、出(で)られないよ。
나는 지금 받을 수 없어.

2418. 여보세요, 기노시타입니다.

もしもし、こちらは木下(きのした)です。

모시모시 고찌라와 기노시따데스

2419. 네, 접니다.

はい、私(わたし)です。

하이 와따시데스

A もしもし、井上(いのうえ)さんはいますか。
여보세요, 이노우에 씨는 있습니까?

B はい、私(わたし)です。
네, 접니다.

2420. 누구신가요?

どなたでしょうか。

도나따데쇼-까

2421. 노무라 무역입니다. 용건을 말씀하십시오.

野村貿易(のむらぼうえき)です。ご用件(ようけん)をどうぞ。

노무라보-에끼데스 고요-껜오 도-조

2422. 특별히 누군가 통화하고 싶은 사람이 있습니까?

とくに誰(だれ)か話(はな)したい人(ひと)がいますか。

토꾸니 다레까 하나시따이 히또가 이마스까

걸려온 전화를 받을 때

2423. 여기에 스즈키라는 사람이 세 명 있습니다만.

こちらに鈴木(すずき)という者(もの)は3人(にん)おりますが。

고찌라니 스즈끼또 유ー 모노와 산닌 오리마스가

A 鈴木(すずき)さんをお願(ねが)いしたいのですが。

스즈키 씨를 부탁하고 싶은데요.

B こちらに鈴木(すずき)という者(もの)は3人(にん)おりますが。

여기에 스즈키라는 사람이 세 명 있습니다만.

2424. 내선 103번으로 연결해 드리겠습니다.

内線(ないせん)の103番(ばん)におつなぎします。

나이센노 햐꾸산방니 오쯔나기시마스

상대를 위해 뭔가를 해 줄 때 …てあげる는 직접적이기 때문에 완곡한 표현을 좋아하는 일본인은 お…する의 겸양 표현을 주로 사용한다.

2425. 용건을 여쭤도 되겠습니까?

ご用件(ようけん)をうかがえますか。

고요ー겐오 우까가에마스까

Unit 02

전화를 바꿔줄 때

2426. 잠시 기다려 주십시오.

ちょっとお待(ま)ちください。

춋또 오마찌 구다사이

お…ください는 …てください의 존경 표현이다.

2427. 전화를 돌려 드리겠습니다.

電話(でんわ)をお回(まわ)しします。

뎅와오 오마와시시마스

2428. 전화를 담당자에게 돌리겠습니다.

電話(でんわ)を担当者(たんとうしゃ)に回(まわ)します。

뎅와오 단또ー샤니 마와시마스

A 営業部(えいぎょうぶ)のどなたかとお話(はな)ししたいんですが。

영업부 누구하고 이야기를 나누고 싶은데요.

B 電話(でんわ)を担当者(たんとうしゃ)に回(まわ)します。

전화를 담당자에게 돌리겠습니다.

2429. 곧 다무라 씨를 바꿔드리겠습니다.

ただいま田村(たむら)さんと代(か)わります。

다다이마 다무라상또 가와리마스

2430. 바꿨습니다. 다무라입니다.

代(か)わりました。田村(たむら)です。

가와리마시다 다무라데스

전화를 바꿔줄 때

2431. 잠깐 기다려요. 그녀를 불러올게요.

ちょっと待(ま)って、彼女(かのじょ)を呼(よ)んできます。

촛또 맛떼 가노죠오 욘데끼마스

2432. 안녕하세요. 총무부입니다. 무슨 일이십니까?

総務部(そうむぶ)です。何(なん)でございましょうか。

소-무부데스 난데 고자이마쇼-까

2433. 누구신가요? 다시 한번 말씀해 주시겠습니까?

どちら様(さま)でしょうか。もう一度(いちど)言(い)っていただけますか。

도찌라사마데쇼-까 모- 이찌도 잇떼 이따다께마스까

> どちらさまでしょうか는 전화나 방문하는 사람을 확인할 때 주로 쓰인다.

2434. 잠깐 확인하겠습니다.

ちょっと確認(かくにん)させてください。

촛또 가꾸닌사세떼 구다사이

2435. 기무라 씨, 다나카 선생님한테 전화입니다.

木村(きむら)さん、田中先生(たなかせんせい)からお電話(でんわ)です。

기무라상 다나까센세-까라 오뎅와데스

2436. 한국에서 온 김 씨에게 전화가 왔습니다.

韓国(かんこく)のキムさんから電話(でんわ)です。

간꼬꾸노 키무상까라 뎅와데스

2437. 1번 전화에 기무라 씨 전화가 왔습니다.

木村(きむら)さんが1番(ばん)にかかっています。

기무라상가 이찌방니 가깟떼 이마스

Unit 03

전화를 받을 상대가 없을 때

2438. 지금 없습니다. 3시 무렵에는 돌아올 것 같습니다만….

今(いま)おりません。3時頃(じごろ)には帰(かえ)ると思(おも)いますが…。

이마 오리마센 산지고로니와 가에루또 오모이마스가

A もしもし、井上(いのうえ)です。
여보세요, 이노우에입니다.

B もしもし、恵子(けいこ)さんをお願(ねが)いします。
여보세요, 케이코 양을 부탁합니다.

A 今(いま)いないようですが。
지금 없는 것 같은데요.

B いつ頃(ごろ)お帰(かえ)りでしょうか。
언제 돌아올까요?

A 3時頃(じごろ)には帰(かえ)ると思(おも)いますが。
3시 무렵에는 돌아올 것 같은데요.

전화를 받을 상대가 없을 때

2439. 나중에 다시 걸어 주시겠습니까?

あとでかけなおしていただけませんか。
아또데 가께나오시떼 이따다께마센까

なおす는 동사의 중지형에 접속하여 「다시 …하다」의 뜻을 나타낸다.

2440. 미안합니다, 지금 다른 전화를 받고 있습니다.

すみません、今別(いまべつ)の電話(でんわ)に出(で)ております。
스미마센 이마 베쯔노 뎅와니 데떼 오리마스

…ております는 상태를 나타내는 …ています의 겸양표현이다.

A 木村(きむら)さんをお願(ねが)いします。
기무라 씨를 부탁합니다.

B すみません、今別(いまべつ)の電話(でんわ)に出(で)ております。
미안합니다, 지금 다른 전화를 받고 있습니다.

2441. 기다리게 해서 미안합니다. 기무라는 지금 회의 중입니다.

お待(ま)たせしてすみません。木村(きむら)は今会議中(いまかいぎちゅう)です。
오마따세시떼 스미마센 기무라와 이마 가이기츄-데스

2442. 죄송합니다, 사장님은 지금 통화 중입니다.

すみません、社長(しゃちょう)はただいま電話中(でんわちゅう)です。
스미마센 샤쵸-와 다다이마 뎅와츄-데스

2443. 미안합니다, 지금 그녀는 몹시 바쁘답니다.

すみません、今彼女(いまかのじょ)は手(て)がはなせないそうです。
스미마센 이마 가노죠와 데가 하나세나이소-데스

2444. 미안합니다, 그녀는 지금 접객 중입니다.

すみません、彼女(かのじょ)は今接客中(いませっきゃくちゅう)です。
스미마센 가노죠와 이마 셋꺄꾸츄-데스

2445. 이대로 기다리시겠습니까?

このままお待(ま)ちになりますか。
고노마마 오마찌니 나리마스까

お…になる 존경표현, お…する 겸양표현

A このままお待(ま)ちになりますか。
이대로 기다리시겠습니까?

B いえ、結構(けっこう)です。また後(あと)でかけなおします。
아니요, 괜찮습니다. 나중에 다시 걸겠습니다.

2446. 과장님은 지금 자리를 비우셨습니다.

課長(かちょう)はただいま席(せき)をはずしております。
가쵸-와 다다이마 세끼오 하즈시떼 오리마스

전화를 받을 상대가 없을 때

2447. 죄송합니다. 지금 외출하셨습니다.

すいません、ただいま外出(がいしゅつ)しております。

스이마셍 다다이마 가이슈쯔시데 오리마스

2448. 그는 언제쯤 돌아오십니까?

彼(かれ)はいつごろ戻(もど)られますか。

가레와 이쯔고로 모도라레마스까

…(ら)れる는 수동의 뜻만 아니라 존경의 뜻을 나타내는 경우도 있다.

2449. 그는 오늘 아파서 쉬고 있습니다.

彼(かれ)は今日(きょう)病気(びょうき)で休(やす)んでいます。

가레와 교- 뵤-끼데 야순데 이마스

2450. 그는 지금 출장 중입니다.

彼(かれ)はただいま出張中(しゅっちょうちゅう)です。

가레와 다다이마 슛쵸-츄-데스

2451. 지금 점심을 먹으러 나갔습니다.

ただいま昼食(ちゅうしょく)に出(で)ています。

다다이마 츄-쇼꾸니 데떼 이마스

2452. 그는 오늘 쉽니다.

彼(かれ)は今日(きょう)は休(やす)みです。

가레와 교-와 야스미데스

Unit 04

전화가 왔다고 전할 때

2453. 메시지를 전해 드릴까요?

伝言(でんごん)をお伝(つた)えしましょうか。

덴곤오 오쯔따에시마쇼-까

2454. 돌아오면 전화하도록 말할까요?

帰(かえ)ったら電話(でんわ)するように言(い)いましょうか。

가엣따라 뎅와스루요-니 이-마쇼-까

…ように …하도록

A 帰(かえ)ったら電話(でんわ)するように伝(つた)えましょうか。
돌아오면 전화하도록 전할까요?

B はい、お願(ねが)いします。
예, 부탁합니다.

2455. 기무라 씨에게 전언을 부탁드릴 수 있습니까?

木村(きむら)さんに伝言(でんごん)をお願(ねが)いできますか。

기무라상니 덴곤오 오네가이데끼마스까

전화가 왔다고 전할 때

2456. 기무라한테 전화가 왔었다고 전해 주십시오.
木村(きむら)から電話(でんわ)があったとお伝(つた)えください。
기무라까라 뎅와가 앗따또 오쯔따에 구다사이

2457. 당신의 연락처는 어디입니까?
あなたの連絡先(れんらくさき)はどこですか。
아나따노 렌라꾸사끼와 도꼬데스까

先는 동작이 미치는 상대나 행선지를 나타낸다.

2458. 당신 전화번호를 부탁드립니다.
あなたの電話番号(でんわばんごう)をお願(ねが)いします。
아나따노 뎅와방고-오 오네가이시마스

2459. 휴대폰은 어떻게 됩니까?
携帯電話(けいたいでんわ)はどうなりますか。
게-따이뎅와와 도-나리마스까

携帯電話는 간편하게 줄여서 흔히 ケータイ라고 한다.

2460. 돌아오면 전화하도록 할까요?
戻(もど)ったら電話(でんわ)させましょうか。
모돗따라 뎅와사세마쇼-까

2461. 요시무라입니다. 돌아오시면 전화 부탁드립니다.
吉村(よしむら)です。お帰(かえ)りなったらお電話(でんわ)お願(ねが)いします。
요시무라데스 오까에리낫따라 오뎅와 오네가이시마스

Unit 05

잘못 걸려온 전화를 받았을 때

2462. 번호가 틀린 것 같습니다만.
番号(ばんごう)をお間違(まちが)えのようですが。
방고-오 오마찌가에노요-데스가

A もしもし、木村医院(きむらいいん)でしょうか。
여보세요, 기무라 의원입니까?

B いいえ、こちら木下(きのした)です。番号(ばんごう)が違(ちが)うんじゃないでしょうか。
아뇨, 여기는 기노시타입니다. 번호가 틀린 것 아닙니까?

2463. 몇 번에 거셨습니까?
何番(なんばん)へおかけですか。
난방에 오까께데스까

2464. 내선 몇 번에 걸었습니까?
内線(ないせん)の何番(なんばん)へかけたのですか。
나이센노 난방에 가께따노데스까

잘못 걸려온 전화를 받았을 때

2465. 미안합니다, 번호를 잘못 걸었습니다.

すみません、番号(ばんごう)をかけ間違(まちが)えました。

스미마센 방고-오 가께마찌가에마시다

> 間違える 착각하다, 잘못 알다

2466. 실례했습니다. 끊어져 버렸습니다.

失礼(しつれい)しました。切(き)れてしまいました。

시쯔레-시마시다 기레떼 시마이마시다

2467. 귀찮게 해서 죄송합니다.

お騒(さわ)がせしてすみませんでした。

오사와가세시떼 스미마센데시다

> …てすみませんでした …해서 죄송합니다

A 番号(ばんごう)をお間違(まちが)えのようですが。
번호가 틀린 것 같습니다만.

B お騒(さわ)がせしてすみませんでした。
귀찮게 해서 죄송합니다.

2468. 그런 이름을 가진 사람은 여기에 없습니다.

その名前(なまえ)の者(もの)はここにおりません。

소노 나마에노 모노와 고고니 오리마센

> おりません은 いません(ありません)의 겸양어이다.

Chapter 25

전화를 걸 때

여기서는 전화를 거는 입장에서의 표현이다. 익숙해질 때까지는 전해야 할 용건을 미리 메모해두어 그것을 보면서 말하면 확실한 의사전달이 이루어진다. 언제 걸려올지 모르는 전화를 기다리는 것보다 이쪽에서 직접 거는 것이 마음 편한 경우도 있다. 전화를 걸 때는 반드시 もしもし, キムですが, 田中さんをお願いしますㅡ라고 먼저 자신의 신분이나 소속단체를 밝히고 전화 통화를 할 상대를 부탁한다. 상대가 직접 받을 때는 もしもし, そちらは田中さんでしょうか라고 하면 된다.

A もしもし、木村さんですか。
B いいえ、母は外出中です。私は太郎です。

A 여보세요. 기무라 씨입니까?
B 아뇨. 어머니는 외출 중입니다. 저는 타로입니다.

A ああ、こんにちは。実はお父さまにお電話したんですが、いらっしゃいますか。❶

B いいえ、あいにくですが。父も母も一緒に出ているんです。伝言しましょうか。

A ええ。私から電話があったことと、お電話くださるように❷お伝えください。私は大久保。お父さまは私の電話番号をご存じです。

B 承知しました。伝えます。ごめんください。

A 아, 안녕하세요. 실은 아버님께 전화를 드렸는데 계십니까?
B 아뇨. 지금 마침 아버지도 어머니도 나가 계십니다. 전해 드릴까요?
A 예. 나한테 전화가 있었다고 하고, 전화 주시도록 말씀해 주세요. 나는 오쿠보입니다. 아버님은 내 전화번호를 아십니다.
B 알았습니다. 전하겠습니다. 죄송합니다.

❶ いらっしゃる는 行く(가다), 来る(오다), いる(있다)의 존경어이다.

❷ …ように …하도록

Unit 01

전화를 걸 때

2469. 이 주변에 공중전화가 있습니까?

この辺(へん)に公衆電話(こうしゅうでんわ)はありますか。

고노 헨니 고-슈-뎅와와 아리마스까

2470. 전화를 빌릴 수 있습니까?

電話(でんわ)をお借(か)りできますか。

뎅와오 오까리데끼마스까

> お…できる는 가능을 나타내는 …ことができる의 존경 표현이다.

2471. 여보세요, 기무라 씨인가요?

もしもし、そちらは木村(きむら)さんでしょうか。

모시모시 소찌라와 기무라상데쇼-까

2472. 여보세요, 요시다 씨 댁입니까?

もしもし、吉田(よしだ)さんのお宅(たく)ですか。

모시모시 요시다상노 오타꾸데스까

A もしもし、吉田(よしだ)さんのお宅(たく)ですか。
여보세요, 요시다 씨 댁입니까?

B はい、そうですが、どなた様(さま)でしょうか。
네, 그렇습니다만, 누구신가요?

2473. 다나카 선생님은 계십니까?

田中先生(たなかせんせい)はいらっしゃいますか。

다나까센세-와 이랏샤이마스까

2474. 마츠모토와 통화하고 싶은데요.

松本(まつもと)とお話(はな)ししたいのですが。

마쯔모또또 오하나시시따이노데스가

2475. 저는 이노우에 요코라고 합니다.

こちらは井上洋子(いのうえようこ)と申(もう)します。

고찌라와 이노우에 요-꼬또 모-시마스

> …と言います는 …と申します의 겸양 표현이다.

A もしもし、吉田先生(よしだせんせい)はいらっしゃいますか。
여보세요, 요시다 선생님은 계십니까?

B はい、どなた様(さま)でしょうか。
네, 누구신가요?

A こちらは井上洋子(いのうえようこ)と申(もう)します。
저는 이노우에 요코라고 합니다.

전화를 걸 때

2476. 여보세요. 사토 씨와 통화하고 싶은데요.

もしもし、佐藤(さとう)さんをお願(ねが)いしたいのですが。

모시모시 사또-상오 오네가이시따이노데스가

2477. 영업부 기무라 씨를 부탁해요.

営業部(えいぎょうぶ)の木村(きむら)さんをお願(ねが)いします。

에-교-부노 기무라상오 오네가이시마스

2478. 여보세요, 지로냐?

もしもし、二郎(じろう)かい?

모시모시 지로-까이

2479. 이렇게 밤늦게 전화를 드려 죄송합니다.

こんな夜遅(よるおそ)く電話(でんわ)して申(もう)し訳(わけ)ありません。

곤나 요루오소꾸 뎅와시떼 모-시와께 아리마센

申し訳ありません은 더욱 정중하게 말할 때는 申し訳ございません이라고 한다.

2480. 잠을 깨우지나 않았으면 좋겠습니다만.

起(お)こしたのでなければいいのですが。

오꼬시따노데나께레바 이-노데스가

…なければいいのですが …지 않았으면 좋겠는데요

2481. 기무라 씨와 급히 연락을 취하고 싶은데요.

木村(きむら)さんに至急連絡(しきゅうれんらく)をとりたいのですが。

기무라상니 시큐-렌라꾸오 도리따이노데스가

2482. 그 건에 대해서 말씀드리고 싶은 것이 있습니다.

その件(けん)について申(もう)し上(あ)げたいことがあります。

소노 껜니 쯔이떼 모-시아게따이 고또가 아리마스

申し上げる(말씀드리다) 言う(말하다)의 겸양어이다.

2483. 홍보부 요시다 씨는 계십니까?

広報部(こうほうぶ)の吉田(よしだ)さんはいらっしゃいますか。

고-호-부노 요시다상와 이랏샤이마스까

2484. 영업부 사람과 통화하고 싶은데요.

営業部(えいぎょうぶ)のどなたかとお話(はな)ししたいのですが。

에-교-부노 도나따까또 오하나시시따이노데스가

2485. 편집부로 연결해 주시겠습니까?

編集部(へんしゅうぶ)へつないでいただけませんか。

헨슈-부에 쯔나이데 이따다께마센까

A 編集部(へんしゅうぶ)へつないでいただけませんか。
편집부로 연결해 주시겠습니까?

B かしこまりました。どちら様(さま)でしょうか。
알겠습니다. 누구신가요?

전화를 걸 때

A K大学の石田です。
K대학 이시다입니다.

B ちょっとお待ちください。…はい、つながりました。
잠시 기다려 주십시오. …네, 연결되었습니다.

2486. 그건 오후에 팩스로 보내드리겠습니다.

それは午後ファックスでお送りします。

소레와 고고 핫쿠스데 오오꾸리시마스

2487. 내선 10번을 부탁합니다.

内線の10番をお願いします。

나이센노 쥬-방오 오네가이시마스

Unit 02

상대가 없을 때

2488. 나중에 다시 한번 걸게요.

あとでもう一度かけなおします。

아또데 모- 이찌도 가께나오시마스

2489. 언제 돌아오십니까?

いつお戻りになりますか。

이쯔 오모도리니 나리마스까

2490. 몇 시에 돌아오시는지 아십니까?

何時にお戻りになるかわかりますか。

난지니 오모도리니 나루까 와까리마스까

2491. 그녀에게 연락할 수 있는 다른 번호는 없습니까?

彼女に連絡できる他の番号はありませんか。

가노죠니 렌라꾸데끼루 호까노 방고-와 아리마센까

2492. 어떻게 연락할 방법은 없습니까?

何とか連絡する方法はありませんか。

난또까 렌라꾸스루 호-호-와 아리마센까

A 何とか連絡する方法はありませんか。
어떻게 연락할 방법은 없습니까?

B 携帯電話を持っていますが、番号を教えてあげましょうか。
휴대전화를 갖고 있는데, 번호를 가르쳐 드릴까요?

상대가 없을 때

2493. 기무라 씨 휴대폰 번호를 가르쳐 주겠어요?

木村(きむら)さんの携帯電話(けいたいでんわ)の番号(ばんごう)を教(おし)えてもらえますか。

기무라상노 게-따이뎅와노 방고-오 오시에떼 모라에마스까

2494. 전해 주시겠습니까?

伝言(でんごん)していただけますか。

뎅곤시떼 이따다께마스까

A 伝言(でんごん)していただけますか。
전해 주시겠습니까?

B はい、どうぞ。
네, 말씀하세요.

A 戻(もど)りましたら、私(わたし)に電話(でんわ)をくれるように言(い)ってください。
돌아오면 나에게 전화를 주도록 말해 주세요.

2495. 기무라한테 전화가 있었다고 전해 주십시오.

木村(きむら)から電話(でんわ)があったとお伝(つた)えください。

기무라까라 뎅와가 앗따또 오쯔따에 구다사이

Unit 03

국제전화를 할 때

2496. 서울에 국제전화를 걸고 싶은데요.

ソウルへ国際電話(こくさいでんわ)をかけたいのですが。

소우루에 고꾸사이뎅와오 가께따이노데스가

2497. 한국 서울로 전화를 하고 싶은데요.

韓国(かんこく)のソウルに電話(でんわ)したいのですが。

간꼬꾸노 소우루니 뎅와시따이노데스가

2498. 지명통화로 해 주세요.

指名通話(しめいつうわ)にしてください。

시메-쯔-와니 시떼 구다사이

2499. 서울에 컬렉트콜로 해 주세요.

ソウルへコレクト・コールにしてくれますか。

소우루에 코레쿠토 코-루니 시떼 꾸레마스까

2500. 미안합니다. 다른 사람에게 연결되어 버렸습니다.

すみません、別(べつ)の人(ひと)につながってしまいました。

스미마센 베쯔노 히또니 쯔나갓떼 시마이마시다

2501. 미안합니다. 통화를 취소해 주겠어요?

すみません、通話(つうわ)を取(と)り消(け)してもらえますか。

스미마센 쯔-와오 도리께시떼 모라에마스까

국제전화를 할 때

2502. 한국에 직접 전화하는 방법을 가르쳐 주겠어요?

かんこく　ちょくせつでんわ　ほうほう　おし
韓国へ直接電話する方法を教えてくれますか。

간꼬꾸에 쵸꾸세쯔 뎅와스루 호-호-오 오시에떼 꾸레마스까

2503. 끊어져 버렸는데, 다시 한번 연결해 주세요.

き　いちど
切ってしまったので、もう一度つないでください。

깃떼 시맛따노데 모- 이찌도 쯔나이데 구다사이

2504. 상대에게 연결이 되지 않는데, 어떻게 하면 될까요?

あいて
相手につながらないのですが、どうしたらいいでしょうか。

아이떼니 쯔나가라나이노데스가 도-시따라 이-데쇼-까

2505. 통화한 시간과 요금을 알려 주겠어요?

じかん　りょうきん　おし
かかった時間と料金を教えてくれませんか。

가깟따 지깐또 료-낑오 오시에떼 구레마센까

팩스·휴대전화·이메일

팩스를 일본어로 표기할 때는 ファクシミリ라고 하며 줄여서 ファックス라고도 한다. 현대인의 필수품인 휴대전화는 줄여서 ケイタイ라고 하며, ピッチ는 PHS의 약자로 일본식 간이 휴대전화 시스템의 일종이고, ケイタイ는 010 같은 번호로 이용료가 비싼 대신에 잘 터진다는 장점을 가지고 있다. 또한 인터넷의 발달로 인해 Eメール는 컴퓨터에서 휴대폰으로 보낼 수도 있고 휴대폰으로 메시지를 보내듯 다른 전화나 휴대폰으로 메일을 보낼 수가 있다.

A Eメールでお送(おく)りした情報(じょうほう)はすべて届(とど)きましたでしょうか。

B ああ、ご連絡(れんらく)しようと思(おも)ってたんですが、うまく受信(じゅしん)できなかったんです。添付(てんぷ)のファイルで送(おく)ってくださった❶んですが、あいにく私(わたし)のEメールのソフトがそちらと合(あ)わないようなんです。届(とど)いたのは、どのページもでたらめな記号(きごう)ばかりでした。

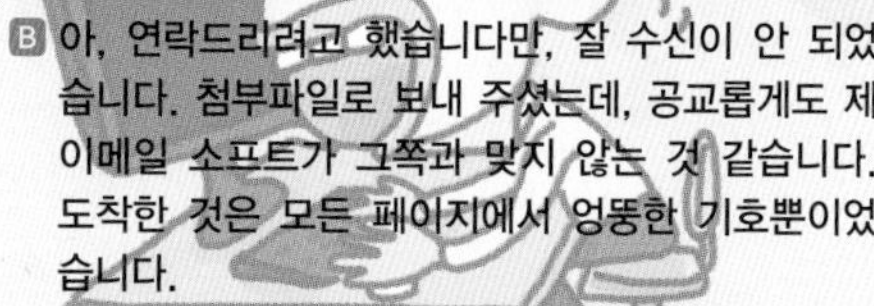

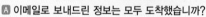

A 이메일로 보내드린 정보는 모두 도착했습니까?

B 아, 연락드리려고 했습니다만, 잘 수신이 안 되었습니다. 첨부파일로 보내 주셨는데, 공교롭게도 제 이메일 소프트가 그쪽과 맞지 않는 것 같습니다. 도착한 것은 모든 페이지에서 엉뚱한 기호뿐이었습니다.

A お使(つか)いになっているのはマックですよね。

B ええ。添付(てんぷ)ファイルでほかのパソコンから送(おく)ってもらうと、ときどきこれが起(お)こるんです。

A 사용하고 계신 것은 맥(매킨토시)이죠?

B 예. 첨부파일에서 다른 컴퓨터로 받으면 가끔 이런 일이 일어납니다.

❶ 존경의 동사 くださる, なさる, いらっしゃる, おっしゃる는 특수5단동사로 명령형과 정중형(ます)의 경우는 어미 る가 り(れ)로 바뀌지 않고 い로 변한다.

Unit 01

팩스를 주고받을 때

2506. 팩스 번호는 몇 번입니까?

ファックス番号(ばんごう)は何番(なんばん)ですか。
홧쿠스방고-와 난방데스까

A ファックス番号(ばんごう)は何番(なんばん)ですか。
팩스 번호는 몇 번입니까?

B ファックス番号(ばんごう)は名刺(めいし)に書(か)いてありますが。
팩스 번호는 명함에 적혀 있는데요.

2507. 지금 팩스로 보내도 되겠습니까?

今(いま)、ファックスで送(おく)ってもいいですか。
이마 홧쿠스데 오꿋떼모 이-데스까

ファックスを入(い)れる
팩스를 넣다

2508. 이건 팩스로 보내 드리고 싶은데요.

これはファックスでお送(おく)りたいのですが。
고레와 홧쿠스데 오오꾸리따이노데스가

2509. 지금 이것을 그쪽 팩스로 보내겠습니다.

今(いま)、これをそちらの方(ほう)にファックスします。
이마 고레오 소찌라노 호-니 홧꾸스시마스

2510. 그 건에 관한 것은 팩스로 보내드리고 싶은데요.

その件(けん)に関(かん)することはファックスでお送(おく)りしたいのですが。
소노 껜니 간스루 고또와 홧꾸스데 오오꾸리시따이노데스가

2511. 지금 팩스로 보내 드리겠습니다.

今(いま)、ファックスでお送(おく)りします。
이마 홧쿠스데 오오꾸리시마스

2512. 약도를 팩스로 보내 주시겠습니까?

略図(りゃくず)をファックスで送(おく)ってもらえますか。
랴꾸즈오 홧쿠스데 오꿋떼 모라에마스까

2513. 팩스가 도착했는데 읽을 수 없습니다.

ファックスが届(とど)いたのですが、読(よ)めません。
홧꾸스가 도도이따노데스가 요메마센

ファックスが届く 팩스가 도착하다. ファックスが入ってくる 팩스가 들어오다

2514. 팩스가 선명하지 않습니다.

ファックスが鮮明(せんめい)ではありません。
홧꾸스가 센메-데와 아리마센

팩스를 주고받을 때

2515. 도착했습니다만, 인쇄가 너무 작아서 읽을 수 없습니다.
届きましたが、印刷が細かすぎて読めません。
도도끼마시따가 인사쯔가 고마까스기떼 요메마센

A ファックスは届きましたか。
팩스는 도착했습니까?

B はい。届きましたが、印刷が細かすぎて読めません。
네. 도착했습니다만, 인쇄가 너무 작아서 읽을 수 없습니다.

2516. 문자를 번져 있어서 읽을 수 없습니다.
文字がにじんでいるので読めません。
모지가 니진데 이루노데 요메마센

2517. 팩스가 아직 도착하지 않았는데요.
ファックスがまだ届いてないのですが。
홧쿠스가 마다 도도이떼나이노데스가

2518. 팩스가 1부밖에 도착하지 않았어요.
ファックスが1部しか届いてないんですよ。
홧쿠스가 이찌부시까 도도이떼나인데스요

…しか는 뒤에 부정어가 딸리어 「…밖에, …뿐」의 뜻으로 오직 그것뿐임을 나타낸다.

2519. 페이지의 일부가 빠졌습니다.
ページの一部が欠けています。
페-지노 이찌부가 가께떼 이마스

2520. 보내드린 팩스에 대해서 설명해 드리고 싶은 게 있습니다만.
お送りしたファックスについて説明しておきたいことがあるのですが。
오오꾸리시따 홧쿠스니 쯔이떼 세쯔메-시떼 오끼따이 고또가 아루노데스가

Unit 02

휴대전화에 대해서

2521. 휴대폰을 가지고 있습니까?
携帯を持っていますか。
게-따이오 못떼 이마스까

携帯는 간편하게 ケータイ로 표현한다.

A 携帯を持っていますか。
휴대폰을 가지고 있습니까?

B ごめん、携帯は持っていない。
미안, 휴대폰이 없어.

휴대전화에 대해서

2522. PHS와 휴대폰 어느 쪽이 좋을까?

ピッチと携帯(けいたい)どっちがいいかな。

핏치또 게-따이 돗찌가 이-까나

2523. 착신 멜로디는 뭘로 할까?

着(ちゃく)メロは何(なに)にしよう。

챠꾸메로와 나니니 시요-

2524. 휴대전화가 필요한데요.

携帯電話(けいたいでんわ)がほしいのですが。

게-따이뎅와가 호시-노데스가

A 携帯電話(けいたいでんわ)がほしいのですが。
휴대전화가 필요한데요.

B どのような機種(きしゅ)をお探(さが)しですか。
어떤 기종을 찾으십니까?

2525. 여기서는 진동으로 해 주세요.

ここではマナーモードにしてください。

고고데와 마나-모-도니 시떼 꾸다사이

2526. 메시지를 남겨 주세요.

メッセージを入(い)れてください。

멧세-지오 이레떼 구다사이

2527. 이럴 때는 휴대폰이 편리하군요.

こういう時(とき)は携帯(けいたい)って便利(べんり)ですね。

고- 유- 도끼와 게-따잇떼 벤리데스네

2528. 누구 휴대폰이 울리고 있어.

誰(だれ)かの携帯(けいたい)が鳴(な)っているよ。

다레까노 게-따이가 낫떼 이루요

Unit 03

이메일에 대해서

2529. 이메일 주소를 가르쳐 주세요.

メールアドレスを教(おし)えてください。

메-루 아도레스오 오시에떼 구다사이

2530. 메일 친구는 있습니까?

メル友(とも)はいますか。

메루토모와 이마스까

이메일에 대해서

2531. 게시판에 메시지 남기겠습니다.

掲示板に書き込みしますね。
게-지반니 가끼꼬미시마스네

2532. 메일은 도착했습니까?

メールは届きましたか。
메-루와 도도끼마시다까

2533. 메일, 고마워.

メール、ありがとう。
메-루 아리가또-

2534. 메일은 아직 읽지 않았습니다.

メールはまだ読んでいません。
메-루와 마다 욘데 이마센

Chapter 27

우체국과 은행

여기서는 우표를 사거나 편지나 소포를 부칠 때, 환전을 하거나 예금구좌를 만들 때 우체국이나 은행 창구에서 쓰이는 표현에 대해서 최소한의 지식을 익히게 된다. 원하는 창구를 모를 때는 …窓口はどこですか라고 물으면 된다. 일본 郵便局의 로고는 〒이며, 우표를 뜻하는 切手(キッテ)의 テ에서 유래되었다. 은행에서 구좌를 개설할 때는 キャッシュカード도 만들어두면 편리하다. 은행 창구 이외도 캐시코너가 있어서 현금 입출금과 송금을 거의 여기에서 해결할 수 있다.

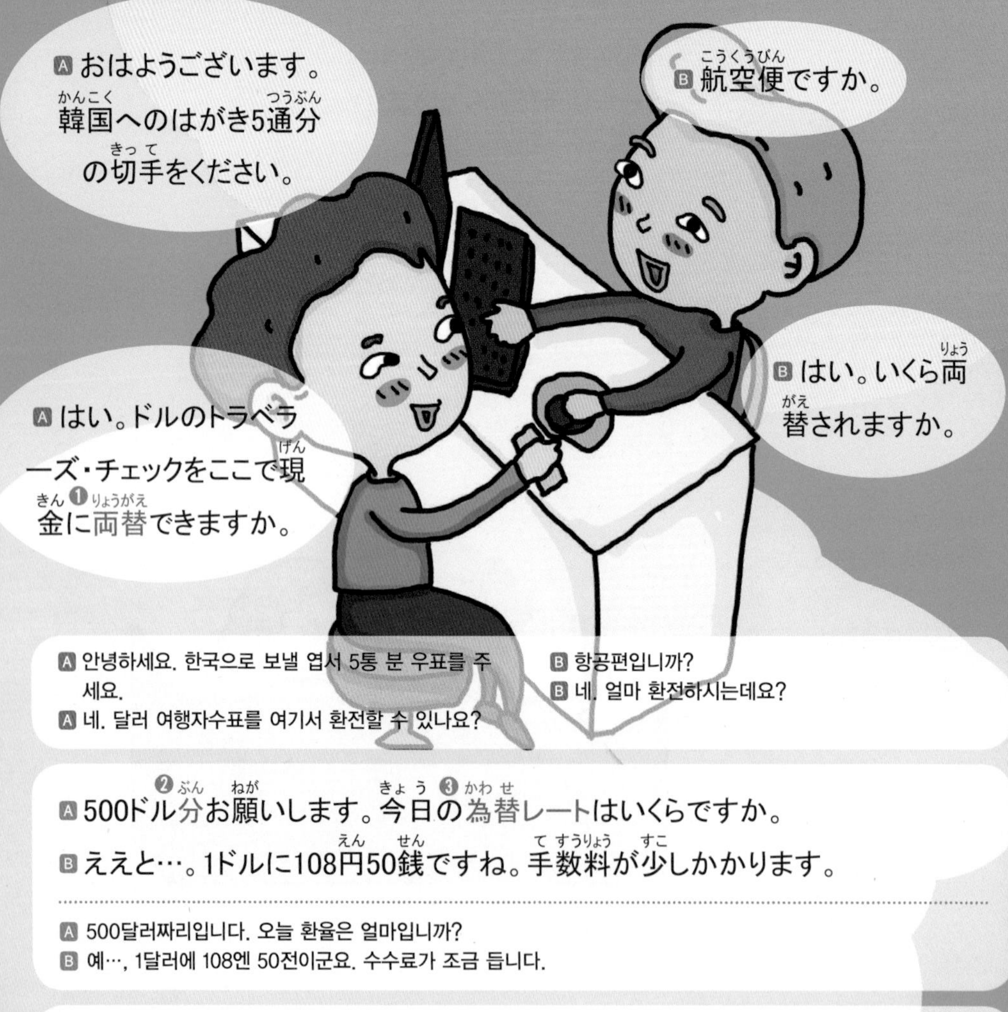

A おはようございます。韓国(かんこく)へのはがき5通分(つうぶん)の切手(きって)をください。
B 航空便(こうくうびん)ですか。
A はい。ドルのトラベラーズ・チェックをここで現金(げんきん)に1両替(りょうがえ)できますか。
B はい。いくら両替(りょうがえ)されますか。

A 안녕하세요. 한국으로 보낼 엽서 5통 분 우표를 주세요.
B 항공편입니까?
A 네. 달러 여행자수표를 여기서 환전할 수 있나요?
B 네. 얼마 환전하시는데요?

A 500ドル2分(ぶん)お願(ねが)いします。今日(きょう)の3為替(かわせ)レートはいくらですか。
B ええと…。1ドルに108円(えん)50銭(せん)ですね。手数料(てすうりょう)が少(すこ)しかかります。

A 500달러짜리입니다. 오늘 환율은 얼마입니까?
B 예…, 1달러에 108엔 50전이군요. 수수료가 조금 듭니다.

1 両替 환전, 돈을 바꿈
2 …分은 어떤 것에 상당하는 분량을 나타낸다.
3 為替レート 환율

Unit 01

우표를 살 때

2535. 미안합니다. 우체국은 어디에 있습니까?

すみません、郵便局(ゆうびんきょく)はどこにありますか。

스미마센 유-빈꾜꾸와 도꼬니 아리마스까

2536. 우표는 어디서 삽니까?

切手(きって)はどこで買(か)えますか。

깃떼와 도꼬데 가에마스까

2537. 우표를 파는 창구는 몇 번입니까?

切手(きって)を売(う)る窓口(まどぐち)は何番(なんばん)ですか。

깃떼오 우루 마도구찌와 난방데스까

우체국와 관련된 단어를
알아보자.
郵便局(ゆうびんきょく) 우체국
ポスト 우체통
手紙(てがみ) 편지
はがき 엽서
切手(きって) 우표

A 切手(きって)を売(う)る窓口(まどぐち)は何番(なんばん)ですか。
우표를 파는 창구는 몇 번입니까?

B 1番(ばん)の窓口(まどぐち)へ行(い)ってください。
1번 창구로 가십시오.

2538. 우표를 5장 주세요.

切手(きって)を5枚(まい)ください。

깃떼오 고마이 구다사이

2539. 이 편지에는 얼마짜리 우표를 붙여야 합니까?

この手紙(てがみ)には、いくら分(ぶん)の切手(きって)を貼(は)らないといけませんか。

고노 데가미니와 이꾸라 분노 깃떼오 하라나이또 이께마센까

手紙を出(だ)す
편지를 부치다

Unit 02

편지를 부칠 때

2540. 등기 창구는 어디입니까?

書留(かきとめ)の窓口(まどぐち)はどこですか。

가끼도메노 마도구찌와 도꼬데스까

2541. 선편으로 보내고 싶은데요.

船便(ふなびん)で送(おく)りたいんですが。

후나빙데 오꾸리따인데스가

2542. 이 편지 송료는 얼마입니까?

この手紙(てがみ)の送料(そうりょう)はいくらですか。

고노 데가미노 소-료-와 이꾸라데스까

2543. 항공편이라면 얼마나 듭니까?

航空便(こうくうびん)だといくらかかりますか。

고-꾸-빈다또 이꾸라 가까리마스까

편지를 부칠 때

2544. 이걸 등기로 보내 주세요.

これを書留(かきとめ)にしてください。

고레오 가끼또메니 시떼 구다사이

2545. 등기우편을 부치고 싶은데요.

書留郵便(かきとめゆうびん)を出(だ)したいんですけど。

가끼또메유-빈오 다시따인데스께도

けれども는 회화체에서 けれど, けど, けども로도 쓰이며, 「…데, …만, …마는」의 뜻으로 사실이나 자신의 생각을 부드러운 어조로 나타낸다.

A どんなご用件(うけん)でしょうか。
무슨 용건이십니까?

B 書留郵便(かきとめゆうびん)を出(だ)したいんですけど。
등기우편을 부치고 싶은데요.

A はい、この用紙(ようし)に記入(きにゅう)してください。
네, 이 용지에 기입해 주십시오.

2546. 속달로 부탁합니다.

速達(そくたつ)でお願(ねが)いします。

소꾸따쯔데 오네가이시마스

동사의 기본형에 …のに가 접속하면 「…하는 데」의 뜻이다.

2547. 서울까지 도착하는 데 어느 정도 걸립니까?

ソウルまで着(つ)くのにどのくらいかかりますか。

소우루마데 쯔꾸노니 도노구라이 가까리마스까

2548. 더 빠른 방법으로 보내고 싶은데요.

もっと速(はや)い方法(ほうほう)で送(おく)りたいんですが。

못또 하야이 호-호-데 오꾸리따인데스가

2549. 이걸 한국에 보내는 데에 얼마나 듭니까?

これを韓国(かんこく)に送(おく)るのにいくらかかりますか。

고레오 간꼬꾸니 오꾸루노니 이꾸라 가까리마스까

2550. 여기에는 무엇을 기입하면 됩니까?

ここには何(なに)を記入(きにゅう)したらいいですか。

고꼬니와 나니오 기뉴-시따라 이-데스까

…たらいいですか
…하면 됩니까?

2551. 발신인 이름과 주소는 어디에 쓰면 됩니까?

発信人(はっしんにん)の名前(なまえ)と住所(じゅしょ)はどこに書(か)いたらいいですか。

핫신닌노 나마에또 쥬쇼와 도꼬니 가이따라 이-데스까

2552. 우체통은 어디에 있습니까?

郵便(ゆうびん)ポストはどこにありますか。

유-빈포스토와 도꼬니 아리마스까

Unit 03

소포를 부칠 때

2553. 이 근처에 포장센터가 있습니까?

この近くに包装センターがありますか。

고노 찌까꾸니 호-소-센타-가 아리마스까

2554. 이 소포의 무게를 달아 주세요.

この小包の重さを計ってください。

고노 고즈쯔미노 오모사오 하깟떼 구다사이

2555. 이 소포 요금은 얼마입니까?

この小包の料金はいくらですか。

고노 고즈쯔미노 료-낑와 이꾸라데스까

A これを韓国に送りたいんですけど。
이걸 한국으로 보내고 싶은데요.

B 航空便ですか、船便ですか。
항공편입니까, 선편입니까?

A あのう、航空便だといくらですか。
저, 항공편이라면 얼마입니까?

2556. 안에 든 것은 인쇄물입니다. 우송료는 얼마입니까?

中身は印刷物です。郵送料はいくらですか。

나까미와 인사쯔부쯔데스 유-소-료-와 이꾸라데스까

2557. 이 소포에 보험을 들겠습니까?

この小包に保健をかけますか。

고노 고즈쯔미니 호껭오 가께마스까

Unit 04

우편환을 이용할 때

2558. 현금을 등기로 보낼 수 있나요?

現金書留を送れますか。

겡낑가끼도메오 오꾸레마스까

2559. 한국에 우편환을 보내고 싶은데요.

韓国へ郵便為替を送りたいんですが。

간꼬꾸에 유-빈가와세오 오꾸리따인데스가

2560. 우편저금은 어디서 취급하나요?

郵便貯金はどこで扱っていますか。

유-빈쵸낑와 도꼬데 아쯔깟떼 이마스까

Unit 05

전보를 칠 때

2561. 전보는 어디서 칩니까?

でんぽう　うち
電報はどこで打ちますか。

덴뽀-와 도꼬데 우찌마스까

> 電報を打つ
> 전보를 치다

2562. 전보용지를 주세요.

でんぽうらいしんし
電報頼信紙をください。

덴뽀라이신시오 구다사이

2563. 경조에 관한 전보도 취급합니까?

けいちょう　かん　でんぽう　と　あつか
慶弔に関する電報も取り扱いますか。

게-쵸-니 간스루 덴뽀-모 도리아쯔까이마스까

> …に関する
> …에 관한

2564. 축전을 보내고 싶은데요.

しゅくでん　おく
祝電を送りたいんですが。

슈쿠덴오 오꾸리따인데스가

Unit 06

은행에서 돈을 바꿀 때

2565. 여기서 환전해 줍니까?

りょうがえ
ここで両替してもらえますか。

고꼬데 료-가에시떼 모라에마스까

> **A** ここで両替してもらえますか。
> 여기서 환전해 줍니까?
>
> **B** いいえ、5番の窓口へおいでください。
> 아뇨, 5번 창구로 가세요.

2566. 1만엔을 바꿔 주겠어요?

まんえん
1万円をくずしてもらえますか。

이찌만엔오 구즈시떼 모라에마스까

2567. 이 수표를 현금으로 바꿔 주겠어요?

こぎって　げんきん　か
この小切手を現金に換えてもらえますか。

고노 고깃떼오 겡낑니 가에떼 모라에마스까

> トラベラーズチェック 여행자수표

2568. 여행자용 수표를 현금으로 바꾸고 싶은데요.

りょこうしゃよう こぎって　げんきん　か
旅行者用小切手を現金に換えたいのですが。

료꼬-샤요- 고깃떼오 겡낑니 가에따이노데스까

> 署名する 서명하다
> = サインする 사인하다

2569. 수표 전부 서명이 필요합니까?

こぎって　まい まい　しょめい　ひつよう
小切手の1枚1枚に署名が必要ですか。

고깃떼노 이찌마이 이찌마이니 쇼메-가 히쯔요-데스까

은행에서 돈을 바꿀 때

2570. 외국화폐 교환창구는 어디입니까?

がいこくかへい　こうかんまどぐち
外国貨幣の交換窓口はどこですか。
가이꼬꾸까헤노 고-깐마도구찌와 도꼬데스까

2571. 오늘 교환율은 얼마입니까?

きょう　こうかん
今日の交換レートはいくらですか。
교-노 고-깐레-토와 이꾸라데스까

Unit 07

구좌개설과 예금의 입출금

2572. 예금하고 싶은데요.

よきん
預金したいのですが。
요낑시따이노데스가

> お金を下(お)ろす
> 돈을 찾다

2573. 구좌를 개설하고 싶은데요.

こうざ　もう
口座を設けたいのですが。
고-자오 모-께따이노데스가

A いらっしゃいませ。何(なん)のご用件(ようけん)でしょうか。
어서 오십시오. 무슨 용건이십니까?

B 口座(こうざ)を設(もう)けたいのですが。
구좌를 개설하고 싶은데요.

A では、この用紙(ようし)にご記入(きにゅう)してください。
그럼, 이 용지에 기입해 주십시오.

B はい、…書(か)きました。
네, …적었습니다.

A 何(なに)か身分証明書(みぶんしょうめいしょ)はお持(も)ちですか。
무슨 신분증은 가지고 계십니까?

B パスポートがあります。
여권이 있습니다.

2574. 보통예금구좌로 해 주세요.

ふつうよきんこうざ
普通預金口座にしてください。
후쯔-요낑고-자니시떼 구다사이

2575. 구좌를 이 은행으로 옮기고 싶은데요.

こうざ　ぎんこう　うつ
口座をこの銀行に移したいんですが。
고-자오 고노 깅꼬-니 우쯔시따인데스가

구좌개설과 예금의 입출금

2576. 정기예금과 적금 중에 어느 것이 좋을까요?

てい き よ きん つみたて よ きん
定期預金と積立預金ではどちらがいいでしょうか。
데-끼요낑또 쯔미따떼요낑데와 도찌라가 이-데쇼-까

2577. 이율은 몇 퍼센트입니까?

り そく なん
利息は何パーセントですか。
리소꾸와 난파-센토데스까

2578. 5만엔을 인출하고 싶은데요.

まんえん ひ だ
5万円引き出したいのですが。
고만엔 히끼다시따이노데스가

2579. 현금자동지급기는 어디에 있습니까?

げんきん じ どう し はらい き
現金自動支払機はどこにありますか。
겡낑지도-시하라이끼와 도꼬니 아리마스까

건강과 운동

상대의 건강을 물을 때는 気分はどうですか라고 한다. 또, 어딘가 건강이 안 좋아 보일 때는 どうしましたか?로 질문을 하면, 이에 대한 응답으로 괜찮을 때는 大丈夫です, ご心配なく, 좋지 않을 때는 体調がひどく悪いんです라고 하면 된다. 상대가 아팠을 때 위로하는 표현으로는 早くよくなるといいですね나 どうぞお大事に 등이 있다. 여기서는 건강에 대한 표현과 감기기운, 두통 등 몸이 안 좋을 때의 표현에 자신감을 갖도록 하였다.

A 今日は少しよくなった? きのうはひどく悪そうだったけど。
B ものすごく気分が悪かったわ。今朝は少しましだけど、また悪くなってきたみたい。
A 風邪ひいたんだろうか。
B よくわからない。のどはすごく痛いし、鼻はつまるし、寒気もしてきたわ。熱があるかもしれない。

A 오늘은 좀 좋아졌니? 어제는 심하게 안 좋은 것 같던데.
A 감기에 걸린 걸까?

B 무척 아팠어. 오늘 아침에는 조금 좋아졌지만, 다시 안 좋아진 것 같아.
B 잘 모르겠어. 목은 무척 아프고, 코는 막히고 오한도 들었어. 열이 있을지도 몰라.

A 体が痛む?
B ええ、どこもかしこも❶。インフルエンザ菌のせいかもね。いま、インフルエンザが大流行らしい❷から。

A 몸이 아프니?
B 응, 몸 전체가 다 아파. 독감바이러스가 때문일지도 모르겠어. 지금 독감이 무척 유행하고 있는 것 같아.

❶ どこもかしこも 어디나 모두, かしこ 저기
❷ …らしい는 「…인 듯하다, …것 같다」의 뜻으로 근거 있는 추정이나 완곡한 단정을 나타낸다.

Unit 01

건강에 관한 화제

2580. 나, 무척 건강해.
私、すごく健康だよ。
와따시 스고꾸 겐꼬—다요

2581. 컨디션은 좋니?
体調はいいの？
타이쵸—와 이—노

> 体調 몸의 상태,
> 体調を整(ととの)える 컨디션을 조절하다

2582. 건강에는 자신이 있어.
健康には自信があるんだ。
겐꼬—니와 지신가 아룬다

2583. 체력을 길러야 해.
体力をつけなくちゃ。
타이료꾸오 쯔께나꾸쨔

2584. 건강을 위해 뭔가 하고 있니?
健康のために何かやってる？
겐꼬—노다메니 나니까 얏떼루

> **A** 健康のために何かやってる？
> 건강을 위해 뭔가 하고 있니?
>
> **B** 毎朝、ジョギングをしているよ。
> 매일 아침 조깅을 하고 있어.

2585. 요즘 체력이 떨어진 느낌이야.
このごろ体力の衰えを感じるよ。
고노고로 타이료꾸노 오또로에오 간지루요

> 体力が衰える 체력이 떨어지다

2586. 계단을 오르면 숨이 차.
階段を上がると息がきれるんだ。
가이단오 아가루또 이끼가 기레룬다

2587. 의사가 술을 끊으라고 했어.
医者から酒をやめるように言われたんだ。
이샤까라 사께오 야메루요—니 이와레룬다

> 酒(タバコ)をやめる 술(담배)을 끊다

> **A** 飲みに行こうよ。
> 술 마시러 가자.
>
> **B** ダメなんだよ。医者から酒をやめるように言われたんだ。
> 안 돼. 의사가 술을 끊으라고 했어.

건강에 관한 화제

2588. 담배를 끊었어.

禁煙したんだ。

낑엔시딴다

> 禁煙 금연 ↔ 喫煙 흡연.
> 禁酒(きんしゅ) 금주

2589. 지금 다이어트를 하고 있어.

今、ダイエットをしているの。

이마 다이엣또오 시떼이루노

2590. 기무라 양은 다이어트를 한 적이 있습니까?

木村さんはダイエットをしたことがありますか。

기무라상와 다이엣토오시따 고또가 아리마스까

2591. 어느 정도 체중을 줄이고 싶니?

どれぐらい体重を減らしたいの?

도레구라이 타이쥬-오 헤라시따이노

> **A** どれぐらい体重を減らしたいの?
> 어느 정도 체중을 줄이고 싶니?
>
> **B** 最低でも3キロは減らしたいわ。
> 적어도 3킬로그램은 줄이고 싶어.

2592. 일찍 자고 일찍 일어나는 것은 건강의 비결입니다.

早寝早起きは健康の元です。

하야네하야오끼와 겐꼬-노 모또데스

Unit 02

운동에 관한 화제

2593. 늘 운동합니까?

いつも運動していますか。

이쯔모 운도-시떼 이마스까

2594. 운동하는 것을 무척 좋아합니다.

運動することが大好きです。

운도-스루 고또가 다이스키데스

> …ことにする
> …하기로 하다

2595. 적어도 1주일에 두 번은 수영을 가도록 하고 있습니다.

少なくとも週2回は水泳に行くことにしています。

스꾸나꾸또모 슈-니까이와 스이에-니 이꾸 고또니 시떼 이마스

2596. 매일 조금이라도 운동하려고 마음을 먹고 있습니다.

毎日少しでも運動するよう心掛けています。

마이니찌 스꼬시데모 운도-스루요- 고꼬로가께떼 이마스

운동에 관한 화제

2597. 요즘에는 골프를 하고 있습니다.
最近(さいきん)はゴルフをやっています。
사이낀와 고루후오 얏떼 이마스

2598. 운동은 건강과 장수의 열쇠입니다.
運動(うんどう)は健康(けんこう)と長生(なが い)きの鍵(かぎ)です。
운도-와 겐꼬-또 나가이끼노 카기데스

長生き 오래 삶, 장수
= 長寿(ちょうじゅ) 장수

Unit 03

상대의 건강을 배려할 때

2599. 건강은 어때?
元気(げんき)はどう?
겡끼와 도-

A 元気(げんき)はどう?
건강은 어때?

B 大丈夫(だいじょうぶ)だよ。ありがとう。
괜찮아. 고마워.

2600. 오늘 아침 기분은 어떻습니까?
今朝(けさ)の気分(きぶん)はどうですか。
게사노 기분와 도-데스까

気分은 추상적이며 어렴풋한 상태를 말한다.

2601. 기운이 없어 보이네.
元気(げんき)がないみたいだね。
겡끼가 나이미따이다네

…みたいだ는 불확실한 단정을 나타내는 …ようだ의 회화체이다.

A 元気(げんき)がないみたいだね。
기운이 없어 보이네.

B うん、気分(きぶん)が悪(わる)いんだ。
응, 몸이 안 좋아.

2602. 어디 편찮으세요?
ご気分(きぶん)でも悪(わる)いんですか。
고기분데모 와루인데스까

2603. 기무라 씨, 괜찮습니까?
木村(きむら)さん、大丈夫(だいじょうぶ)ですか。
기무라상 다이죠-부데스까

2604. 어디 아프세요?
どこが悪(わる)いんですか。
도꼬가 와루인데스까

상대의 건강을 배려할 때

2605. 어디 안 좋으세요?

どうかしましたか。

도-까시마시다까

2606. 어디 몸이 안 좋으세요?

どこか具合が悪いんですか。

도꼬까 구아이가 와루인데스까

> 具合が悪い 컨디션(건강 상태)이 안 좋다

2607. 열이 있는 것 같군요.

熱がありそうですね。

네쯔가 아리소-데스네

> そうだ는 눈에 보이는 것을 확실히 단정하지 않고 말할 때 쓰인다.

2608. 안색이 안 좋군요.

顔色がよくないですね。

가오이로가 요꾸나이데스네

2609. 얼굴이 빨개요.

お顔が赤いですよ。

오까오가 아까이데스요

2610. 목소리가 잠겼어요.

声がしわがれてますよ。

고에가 시와가레떼마스요

2611. 의사에게 진찰을 받도록 할까요?

医者に診てもらうようにしましょうか。

이샤니 미떼 모라우요-니 시마쇼-까

> 医者に診てもらう 의사에게 진찰을 받다

A 医者に診てもらうようにしましょうか。
의사에게 진찰을 받도록 할까요?

B いや、結構です。何とか大丈夫ですから。
아뇨, 됐습니다. 이제 괜찮으니까요.

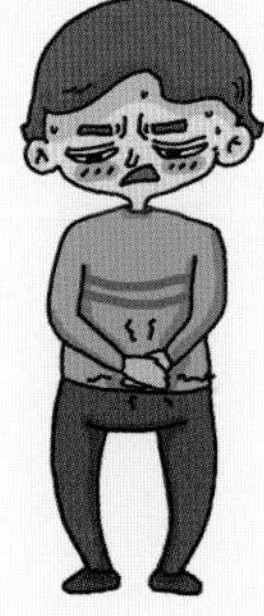

2612. 오늘은 조금 좋아졌습니까?

今日は少し良くなりましたか。

교-와 스꼬시 요꾸 나리마시다까

2613. 몸이 좋지 않아서 힘들겠군요.

具合が悪くて大変ですね。

구아이가 와루꾸떼 다이헨데스네

2614. 빨리 나으면 좋겠군요.

早く良くなるといいですね。

하야꾸 요꾸 나루또 이-데스네

상대의 건강을 배려할 때

2615. 좀 쉬는 게 어때요?

少し休んだらどうです?

스꼬시 야순다라 도-데스

2616. 잠시 눕는 게 좋겠어요.

しばらく横になったほうがいいですよ。

시바라꾸 요꼬니 낫따 호-가 이-데스요

横になる 자다, 몸을 눕히다

2617. 하루 일을 쉬면 좋겠어요.

1日仕事を休むといいですよ。

이찌니찌 시고또오 야스무또 이-데스요

2618. 이제 서로 건강에 신경을 써야 될 나이이니까요.

お互いに体に気をつけなくては、もう年ですからね。

오따가이니 가라다니 끼오 쯔께나꾸데와 모- 토시데스까라네

気を付ける 조심하다, 주의하다

Unit 04

상대의 건강 배려에 대한 응답

2619. 아무데도 이상이 없습니다.

どこもおかしくありません。

도꼬모 오까시꾸 아리마센

2620. 괜찮습니다. 걱정 마세요.

大丈夫です。ご心配なく。

다이죠-부데스 고신빠이나꾸

A 完全に治りましたか。
완전히 나았습니까?

B 大丈夫です。ご心配なく。
괜찮습니다. 걱정 마세요.

2621. 컨디션은 좋습니다.

体調はいいです。

타이쵸-와 이-데스

2622. 오늘은 많이 좋아졌습니다.

今日はだいぶ良くなりました。

교-와 다이부 요꾸 나리마시다

2623. 완전히 회복되었습니다.

すっかり回復しました。

슷까리 가이후꾸시마시다

상대의 건강 배려에 대한 응답

2624. 요즘 컨디션이 좋습니다.

この頃(ごろ)、体(からだ)の調子(ちょうし)がいいです。
고노고로 가라다노 쵸-시가 이-데스네

2625. 여느 때와 달리 기분이 좋습니다.

いつになく気分(きぶん)がいいです。
이쯔니 나꾸 기분가 이-데스

いつにない 전에 없다, 여느 때와는 다르다

2626. 컨디션이 매우 좋습니다.

とてもコンディションがいいです。
도떼모 콘디숀가 이-데스

2627. 무척 건강합니다.

大変元気(たいへんげんき)です。
다이헨 겡끼데스

A ご機嫌(きげん)いかがですか。
건강하십니까?

B 大変元気(たいへんげんき)です。
무척 건강합니다.

2628. 요즘 금방 피곤합니다.

この頃(ごろ)、すぐ疲(つか)れます。
고노고로 스구 쯔까레마스

2629. 피로감이 가시지 않습니다.

疲労感(ひろうかん)がとれません。
히로-깐가 도레마센

疲労がとれる 피로가 풀리다

2630. 집에 가서 쉬는 게 좋겠어.

家(いえ)に帰(かえ)って寝(ね)たほうがいいよ。
이에니 가엣떼 네따 호-가 이-요

A 元気(げんき)が悪(わる)いの。
몸이 안 좋아.

B 家(いえ)に帰(かえ)って寝(ね)たほうがいいよ。
집에 가서 쉬는 게 좋겠어.

2631. 별로 기운이 없습니다.

あまり元気(げんき)がありません。
아마리 겡끼가 아리마센

상대의 건강 배려에 대한 응답

2632. 아침부터 몸이 무겁습니다.
朝(あさ)から体(からだ)が重(おも)いです。
아사까라 가라다가 오모이데스

体が重い 몸이 무겁다 ↔ 体が軽(かる)い 몸이 가볍다

2633. 식욕이 전혀 없습니다.
食欲(しょくよく)が全然(ぜんぜん)ありません。
쇼꾸요꾸가 젠젠 아리마센

2634. 숙취 때문에 머리가 아픕니다.
二日酔(ふつかよ)いで頭(あたま)が痛(いた)いです。
후쯔까 요이데 아따마가 이따이데스

2635. 위가 안 좋아서 기분이 개운치 않아.
胃(い)が悪(わる)いので気分(きぶん)がすぐれないよ。
이가 와루이노데 기분가 스구레나이요

すぐれない (건강·기분·병 따위가) 좋은 상태가 아니다, 시원치 않다

Unit 05

감기에 걸렸을 때

2636. 감기에 걸렸어.
風邪(かぜ)を引(ひ)いちゃった。
가제오 히-쨧따

風邪を引く 감기에 걸리다, ひいちゃった = 引いてしまった

2637. 조금 감기 기운이 있어.
少(すこ)し風邪気味(かぜぎみ)なの。
스꼬시 가제기미나노

…気味는 접미어적으로 「기미, 경향, 티, 기색」을 나타낸다.

A あまり調子(ちょうし)がよくないようですね。どうしました?
별로 몸이 안 좋은 것 같군요. 어디 아프세요?

B いや、大(たい)したことはありません。ちょっと風邪気味(かぜぎみ)なだけですよ。ご心配(しんぱい)なく。
아뇨, 대수로운 건 아닙니다. 좀 감기 기운이 있어요. 걱정 마세요.

2638. 너한테 감기를 옮은 것 같아.
あなたの風邪(かぜ)が移(うつ)ったみたい。
아나따노 가제가 우쯧따미따이

2639. 독감에 걸린 것 같아.
インフルエンザにかかったんだと思(おも)うわ。
인후루엔자니 가깟딴다또 오모우와

2640. 감기가 좀처럼 떨어지지 않아.
風邪(かぜ)がなかなか抜(ぬ)けなくてね。
가제가 나까나까 누께나꾸떼네

감기에 걸렸을 때

2641. 감기에 걸리지 않도록 조심해.

風邪(かぜ)を引(ひ)かないように気(き)をつけてね。

가제오 히까나이요-니 끼오 쯔께떼네

2642. 오한이 납니다.

寒気(さむけ)がします。

사무께가 시마스

2643. 콧물이 나옵니다.

鼻水(はなみず)が出(で)ます。

하나미즈가 데마스

2644. 기침이 멈추지 않아요.

せきが止(と)まりません。

세끼가 도마리마센

병원에서의 화제

의학의 전문지식을 제쳐두고라도 医院과 病院에서 필요한 표현을 익혀 일상적인 증상을 일본어로 정확히 전할 수 있도록 만일의 경우에 대비하자. 여기서는 병원을 들어서서 진료를 받으면서 증상을 호소하고 설명하는 표현에서부터 검진, 병문안, 입퇴원에 이르기까지의 과정을 익히도록 하였다.
일본에서도 모든 진료과목을 설치하고 최신의료기기를 갖춘 종합병원과 일명 동네병원이라 불리는 開業医(かいぎょうい)가 있다.

A すみません。受付(うけつけ)はどこですか。

B 内科(ないか)ですか、❶外科(げか)ですか。

A 内科(ないか)です。

B 内科(ないか)の受付(うけつけ)は1番(ばん)の窓口(まどぐち)です。

A 여보세요. 접수처는 어디입니까?
B 내과입니까, 외과입니까?
A 내과입니다.
B 내과 접수는 1번 창구입니다.

A おはようございます。2時(じ)に木村先生(きむらせんせい)に予約(よやく)したキムです。
B そうですか。保険証(ほけんしょう)をお願(ねが)いします。
A はい、ここにあります。

A 안녕하세요. 2시에 기무라 선생님께 예약한 김입니다.
B 그러세요. 보험증을 주세요.
A 네, 여기 있습니다.

❶ 下는 주로 か로 발음하지만, 外科(げか), 下痢(げり) 등은 げ로 발음한다.

Unit 01

병원에 가기 전에

2645. 이 근처에 병원은 있습니까?

この近(ちか)くに病院(びょういん)はありますか。

고노 찌까꾸니 뵤-인와 아리마스까

近く 근처, 가까운 곳, 가까이
↔ 遠(とお)く 멀리, 먼 곳

2646. 병원으로 데려가 주세요.

病院(びょういん)へ連(つ)れて行(い)ってください。

뵤-인에 쯔레떼 잇떼 구다사이

2647. 예약이 필요한가요?

予約(よやく)が必要(ひつよう)ですか。

요야꾸가 히쯔요-데스까

2648. 오늘 오후에 진찰을 받을 수 있습니까?

今日(きょう)の午後(ごご)診(み)ていただけますか。

교-노 고고 미떼 이따다께마스까

A 今日(きょう)の午後(ごご)診(み)ていただけますか。
오늘 오후에 진찰을 받을 수 있습니까?

B 今日(きょう)の午後(ごご)は、2時半(じはん)か3時(じ)なら空(あ)いています。
오늘 오후에는 2시반이나 3시라면 비어 있습니다.

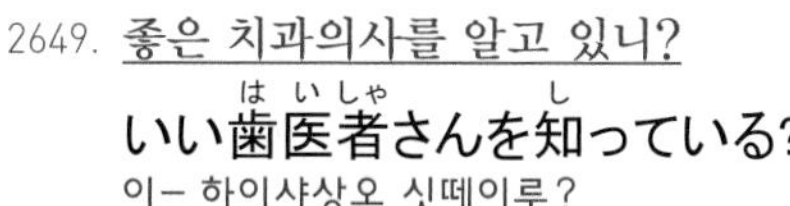

2649. 좋은 치과의사를 알고 있니?

いい歯医者(はいしゃ)さんを知(し)っている?

이- 하이샤상오 싯떼이루?

A いい歯医者(はいしゃ)さんを知(し)っている?
좋은 치과의사를 알고 있니?

B ええ、私(わたし)は10年以上(ねんいじょう)、今(いま)の歯医者(はいしゃ)さんに診(み)てもらっているわよ。
응, 나는 10년 이상 지금 치과의사에게 진료를 받고 있어.

2650. 담당의사는 누구입니까?

かかりつけの医者(いしゃ)は誰(だれ)ですか。

가까리쯔께노 이샤와 다레데스까

かかりつけ 언제나 정해진 의사의 치료나 진찰을 받는 일. 단골 의사(주치의)

Unit 02

병원에 들어가서

2651. 의사에게 진찰을 받고 싶은데요.

医者(いしゃ)に診(み)てもらいたいんですが。

이샤니 미떼 모라이따인데스가

병원에 들어가서

2652. 외래환자 입구는 어디입니까?

がいらい　いりぐち
外来の入口はどこでしょうか。
가이라이노 이리구찌와 도꼬데쇼-까

2653. 접수는 어디에서 합니까?

うけつけ
受付はどちらでしょうか。
우께쯔께와 도찌라데쇼-까

2654. 오늘이 처음입니다.

きょう　はじ
今日が初めてです。
교-가 하지메떼데스

> 初診(しょしん) 초진

2655. 접수용지는 어디에 있습니까?

うけつけよう し
受付用紙はどこにありますか。
우께쯔께요-시와 도꼬니 아리마스까

2656. 의료보험증입니다.

けんこう ほ けんしょう
健康保険証です。
겡꼬-호겡쇼-데스

2657. 보험증은 여기에 제출합니까?

ほ けんしょう　ていしゅつ
保険証はこちらへ提出するのですか。
호겡쇼-와 고찌라에 테-슈쯔스루노데스까

2658. 아까 전화로 예약한 이마무라인데요.

さき　よ やく　でん わ　いまむら
先ほど予約の電話をした今村ですが。
사끼호도 요야꾸노 뎅와오 시따 이마무라데스가

2659. 10시에 진찰 예약이 되어 있습니다.

じ　み　よ やく
10時に診ていただく予約がしてあります。
쥬-지니 미떼 이따다꾸 요야꾸가 시떼 아리마스

2660. 병력을 기입할 필요가 있습니까?

びょうれき　か　こ　ひつよう
病歴を書き込む必要がありますか。
뵤-레끼오 가끼꼬무 히쯔요-가 아리마스까

> 書き込む 적어넣다, 기입하다 = 記入(きにゅう)する 기입하다

2661. 이 병원은 몇 시부터 몇 시까지입니까?

びょういん　なん じ　なん じ
この病院は何時から何時までですか。
고노 뵤-인와 난지까라 난지마데데스까

2662. 이비인후과 선생님에게 진찰을 받고 싶은데요.

じ び いんこう か　せんせい　み
耳鼻咽喉科の先生に診ていただきたいのですが。
지비인꼬-까노 센세-니 미떼 이따다끼다이노데스가

병원에 들어가서

2663. 진찰실은 어디입니까?

診察室(しんさつしつ)はどこですか。

신사쯔시쯔와 도꼬데스까

2664. 왕진해 주실 수 있습니까?

往診(おうしん)していただけますか。

오-신시떼 이따다께마스까

Unit 03

증상을 설명할 때

2665. 금방 숨이 찹니다.

すぐ息切(いきぎ)れがします。

스구 이끼기레가 시마스

> 息切れ 호흡이 고르지 않고 답답함 息苦(いきぐる)しい 숨막히다

2666. 항상 피로감을 느끼고 잠도 잘 자지 못합니다.

いつも疲(つか)れている感(かん)じでよく眠(ねむ)れません。

이쯔모 쯔까레떼 이루 간지데 요꾸 네무레마센

A どうなさいましたか。
어디가 안 좋습니까?

B いつも疲(つか)れている感(かん)じでよく眠(ねむ)れません。
항상 피로감을 느끼고 잠도 잘 자지 못합니다.

2667. 머리가 아픕니다.

頭痛(ずつう)がするんです。

즈추-가 스룬데스

> する (자연 또는 사람에게 상태·현상 등이) 일어나다 物音(ものおと)がする 소리가 나다, 寒気(さむけ)がする 오한이 들다, 頭痛(ずつう)がする 두통이 나다

2668. 별로 식욕이 없습니다.

あまり食欲(しょくよく)がありません。

아마리 쇼꾸요꾸가 아리마센

2669. 별로 색다른 것은 먹지 않습니다.

別(べつ)に変(か)わったものは食(た)べていません。

베쯔니 가왓따 모노와 다베떼 이마센

2670. 어젯밤부터 아팠습니다.

昨夜(さくや)から痛(いた)くなりました。

사꾸야까라 이따꾸 나리마시다

2671. 2주일 정도 이 통증이 계속되고 있습니다.

2週間(しゅうかん)ぐらいこの痛(いた)みが続(つづ)いています。

니슈-깐구라이 고노 이따미가 쯔즈이떼 이마스

증상을 설명할 때

A いつ頃(ごろ)から痛(いた)いのですか。
언제부터 아픕니까?

B 2週間(しゅうかん)ぐらいこの痛(いた)みが続(つづ)いています。
2주일 정도 이 통증이 계속되고 있습니다.

2672. 여기가 아픕니다.

ここが痛(いた)いんです。
고꼬가 이따인데스

2673. 여기 주위를 누르면 아픕니다.

このあたりを押(お)すと痛(いた)みます。
고노 아따리오 오스또 이따미마스

2674. 가끔 구역질이 납니다.

ときどき吐(は)き気(け)がします。
도끼도끼 하끼께가 시마스

2675. 밤에 통증으로 잠을 깨는 경우도 있습니다.

夜(よる)、痛(いた)みで目(め)が覚(さ)めることがあります。
요루 이따미데 메사 사메루 고또가 아리마스

> 目が覚める 눈이 뜨다, 잠을 깨다

2676. 몸이 나른합니다.

身体(しんたい)がだるいんです。
신따이가 다루인데스

2677. 요즘 쉬 피곤해져서요.

最近(さいきん)、疲(つか)れやすくて。
사이낀 쯔까레야스꾸떼

2678. 잠을 잘 못 잡니다.

よく眠(ねむ)れません。
요꾸 네무레마센

2679. 변비가 있습니다.

便秘(べんぴ)しています。
벤삐시떼 이마스

2680. 소화불량으로 고생하고 있습니다.

消化不良(しょうかふりょう)に悩(なや)んでいます。
쇼-까후료-니 나얀데 이마스

2681. 가끔 현기증이 납니다.

ときどき目眩(めまい)がします。
도끼도끼 메마이가 시마스

증상을 설명할 때

2682. 빈혈로 고생하고 있습니다.
ひんけつ　なや
貧血に悩んでいます。
힌께쯔니 나얀데 이마스

Unit 04

통증을 호소할 때

2683. 머리가 지끈지끈 아픕니다.
あたま　いた
頭ががんがん痛みます。
아타마가 강강 이따미마스

2684. 아랫배가 살살 아픕니다.
したはら　いた
下腹がしくしく痛みます。
시타하라가 시꾸시꾸 이따미마스

2685. 왼쪽 눈이 따끔따끔 아픕니다.
ひだり　め　いた
左の眼がちくちく痛みます。
히다리노 메가 치꾸치꾸 이따미마스

2686. 위가 너무 쓰려서 참을 수 없습니다.
い　いた　がまん
胃の痛みがひどくて我慢できません。
이노 이따미가 히도꾸떼 가만데끼마센

2687. 허리 주위가 아픕니다.
こし　いた
腰のまわりが痛みます。
고시노 마와리가 이따미마스

2688. 턱을 움직이면 몹시 아픕니다.
うご　いた
あごを動かすとひどく痛いです。
아고오 우고까스또 히도꾸 이따이데스

2689. 숨을 쉬면 가슴이 아픕니다.
いき　むね　いた
息をすると胸が痛いのです。
이끼오 스루또 무네가 이따이노데스

2690. 약간 붓기만 해도 아픕니다.
は　いた
ちょっと腫れるだけでも痛いです。
촛또 하레루다께데모 이따이데스

2691. 누르면 가끔 아픕니다.
お　いた
押すとときどき痛いんです。
오스또 도끼도끼 이따인데스

2692. 걸으면 발목이 아픕니다.
ある　あし　つ　ね　いた
歩くと足の付け根が痛いのです。
아루꾸또 아시노 쯔께네가 이따이노데스

통증을 호소할 때

2693. 욱신거려요.

ずきずきする痛(いた)みです。

스끼스끼스루 이따미데스

2694. 쑤시듯이 아파요.

きりきりする痛(いた)みです。

기리끼리스루 이따미데스

2695. 찌르듯이 아파요.

刺(さ)すような痛(いた)みです。

사스요-나 이따미데스

Unit 05

진찰을 받을 때

2696. 저는 어디가 안 좋은가요?

私(わたし)はどこが悪(わる)いのですか。

와따시와 도꼬가 와루이노데스까

A 私(わたし)はどこが悪(わる)いのですか。
저는 어디가 안 좋은가요?

B インフルエンザのようです。
독감인 것 같습니다.

2697. 단지 감기입니까?

ただの風邪(かぜ)ですか。

다다노 가제데스까

2698. 이 통증의 원인은 무엇입니까?

この痛(いた)みの原因(げんいん)は何(なん)ですか。

고노 이따미노 겐인와 난데스까

2699. 약을 먹을 필요가 있습니까?

薬(くすり)を飲(の)む必要(ひつよう)がありますか。

구수리오 노무 히쯔요-가 아리마스까

A 薬(くすり)を飲(の)む必要(ひつよう)がありますか。
약을 먹을 필요가 있습니까?

B ええ、薬(くすり)を処方(しょほう)しましょう。
예, 약을 처방하지요.

2700. 항생물질에 알레르기가 있습니다.

抗生物質(こうせいぶっしつ)にアレルギーがあります。

고-세-붓시쯔니 아레루기-가 아리마스

진찰을 받을 때

2701. 지금 약을 먹고 있습니다.

今(いま)、薬(くすり)を飲(の)んでいます。

이마 구수리오 논데 이마스

2702. 지금까지 크게 아픈 적은 없습니다.

今(いま)まで大(おお)きな病気(びょうき)のしたことはありません。

이마마데 오-끼나 뵤-끼노시따 고또와 아리마센

2703. 건강진단은 한참 받지 않았습니다.

健康診断(けんこうしんだん)はしばらく受(う)けていません。

겡꼬-신단와 시바라꾸 우께떼 이마센

2704. 건강진단으로는 이상은 없었습니다.

健康診断(けんこうしんだん)では、異常(いじょう)はありませんでした。

겡꼬-신단데와 이죠-와 아리마센데시다

2705. 검사를 받을 필요가 있습니까?

検査(けんさ)を受(う)ける必要(ひつよう)がありますか。

겐사오 우께루 히쯔요-가 아리마스까

2706. 검사 결과를 가르쳐 주세요.

検査(けんさ)の結果(けっか)を教(おし)えてください。

겐사노 겟까오 오시에떼 구다사이

2707. 어떤 치료를 하는 겁니까?

どんな治療(ちりょう)をするのですか。

돈나 치료-오 스루노데스까

2708. 곧 좋아지겠습니까?

すぐに良(よ)くなりますか。

스구니 요꾸 나리마스까

2709. 어느 정도면 좋아지겠습니까?

どれぐらいで良(よ)くなりますか。

도레구라이데 요꾸 나리마스까

A どれぐらいで良(よ)くなりますか。
어느 정도면 좋아지겠습니까?

B 今(いま)は、はっきりとは言(い)えません。
지금은 확실히 말할 수 없습니다.

2710. 술을 마셔도 상관없습니까?

お酒(さけ)を飲(の)んでもかまいませんか。

오사께오 논데모 가마이마센까

진찰을 받을 때

2711. 다음에는 언제 오면 됩니까?

こんど　く
今度はいつ来ればいいのですか。
곤도와 이쯔 구레바 이-노데스까

2712. 입원할 필요가 있습니까?

にゅういん　ひつよう
入院する必要がありますか。
뉴-인스루 히쯔요-가 아리마스까

2713. 운동을 해도 됩니까?

うんどう
運動をしてもいいですか。
운도-오 시떼모 이-데스까

2714. 어머니는 병이 재발해서 입원했습니다.

はは　びょうき　さいはつ　にゅういん
母は病気が再発して入院しました。
하하와 뵤-끼가 사이하쯔시떼 뉴-인시마시다

2715. 입원에는 어떤 수속이 필요합니까?

にゅういん　てつづ　ひつよう
入院にはどんな手続きが必要でしょうか。
뉴-인니와 돈나 데쯔즈끼가 히쯔요-데쇼-까

2716. 입원도 보험이 됩니까?

にゅういん　ほけん
入院にも保険がきくでしょうか。
뉴-인니모 호껭가 끼꾸데쇼-까

2717. 가능하면 1인실이 좋겠는데요.

こしつ
できれば個室がいいのですが。
데끼레바 고시쯔가 이-노데스가

2718. 수술 전에 어느 정도 입원해야 합니까?

しゅじゅつ　まえ　にゅういん
手術の前にどのくらい入院してないといけませんか。
슈쥬쯔노 마에니 도노구라이 뉴-인시떼나이또 이께마센까

2719. 개인 간호사를 딸려도 되겠습니까?

こじん　かんごふ
個人の看護婦さんをつけてもよろしいですか。
고진노 간고후상오 쯔께떼모 요로시-데스까

2720. 오늘은 몇 시에 선생님에게 진찰을 받을 수 있습니까?

きょう　なんじ　せんせい　み
今日は何時に先生に診ていただけますか。
교-와 난지니 센세-니 미떼 이따다께마스까

병문안을 할 때

2721. 입원환자 병동은 어디에 있나요?

にゅういんかんじゃびょうとう
入院患者病棟はどこでしょうか。
뉴-인간쟈뵤-또-와 도꼬데쇼-까

병문안을 할 때

2722. 외과병동은 몇 호실입니까?

外科病棟の何号室ですか。

게까뵤-또-노 난고-시쯔데스까

2723. 병문안을 가서 그녀를 위로하도록 하자.

見舞いに行って彼女を元気づけてあげることにしよう。

미마이니 잇떼 가노죠오 겡끼즈께떼 아게루 고또니 시요-

2724. 이 병원의 면회시간을 알고 싶은데요.

この病院の面会時間を知りたいのですが。

고노 뵤-인노 멘까이지깐오 시리따이노데스가

2725. 오늘은 몸이 어때요?

今日の具合はどうですか。

교-노 구아이와 도-데스까

A 今日の具合はどうですか。
오늘은 몸이 어때요?

B ずっと良くなりました。ありがとう。
훨씬 좋아졌습니다. 고마워요.

2726. 꽃다발을 가지고 왔습니다.

花束を持ってきました。

하나따바오 못떼 끼마시다

2727. 생각보다 훨씬 건강해 보이네요.

思ったよりずっと元気そうですね。

오못따요리 즛또 겡끼소-데스네

2728. 꼭 곧 건강해질 거예요.

きっとすぐ元気になりますよ。

낏또 스구 겡끼니 나리마스요

2729. 무엇이든 편히 생각하고, 느긋하게 마음먹으세요.

何でも気楽に考えて、ゆったりしてください。

난데모 기락꾸니 강가에떼 윳따리 시떼 구다사이

2730. 굳게 마음먹고 병과 싸워 이기세요.

しっかりして病気に負けないでください。

싯까리시떼 뵤-끼니 마께나이데 구다사이

2731. 이번 달 말까지 또 오겠습니다.

今月末までにまた来ます。

곤게쯔마쯔마데니 마따 끼마스

병문안을 할 때

2732. <u>아무쪼록 몸조리 잘 하세요.</u>

くれぐれもお大事(だいじ)に。

구레구레모 오다이지니

2733. <u>퇴원은 언제 됩니까?</u>

退院(たいいん)はいつになりますか。

타이인와 이쯔니 나리마스까

2734. <u>모레 퇴원할 수 있답니다.</u>

あさって退院(たいいん)できるそうですよ。

아삿떼 타이인데끼루 소-데스요

A あさって退院(たいいん)できるそうですよ。
모레 퇴원할 수 있답니다.

B それはいい知(し)らせだ。
그거 좋은 소식이군.

길안내와 묻기

여기서는 길을 잃었을 때 길을 묻는 방법과 다른 사람이 길을 물어왔을 때 안내하는 요령 등도 제시되어 있다. 길을 물을 때 많이 쓰이는 패턴으로는 …へ行く道を教えてください가 있다. 일본의 경우는 도로의 표지판이나 주소지 등이 명확하게 정리되어 있어 지도 한 장만 있어도 어디든 원하는 목적지에 혼자서도 찾아갈 수 있다. 만약 길을 잘 모르거나 잃었을 때는 지도를 펴 보이며 물어봐도 되고 인근 파출소(交番)에 가서 물어보면 친절하게 안내를 해준다.

A すみませんが、駅(えき)へ行(い)く❶にはこの道(みち)でいいですか。

B いいえ、駅(えき)は逆方向(ぎゃくほうこう)ですよ。

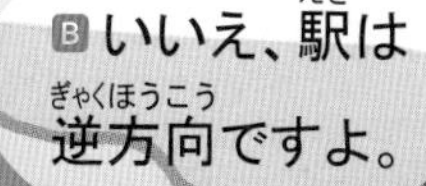

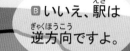

A 미안하지만, 역으로 가려면 이 길로 가면 됩니까? B 아뇨, 역은 반대 방향입니다.

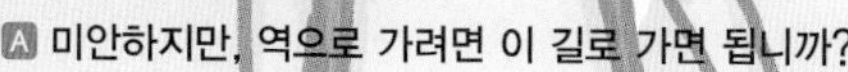

A え、そうなんですか。

B このまま今来(いまき)た道(みち)を戻(もど)られると、❷踏切(ふみきり)があります。そのすぐ手前(てまえ)に左(ひだり)に行(い)く細(ほそ)い道(みち)があるんです。そこをまっすぐ行(い)くと、T字路(じろ)にぶつかります。そこを右(みぎ)に曲(ま)がると、正面(しょうめん)が駅(えき)です。ここから歩(ある)いて5分(ふん)くらいですよ。

A 踏切(ふみきり)で左折(させつ)、T字路(じろ)で右折(うせつ)ですね。どうもありがとうございました。

A 에, 그렇습니까?

B 이대로 지금 온 길을 돌아가면 건널목이 있습니다. 그 바로 앞에서 왼쪽으로 가는 좁은 길이 있습니다. 거기를 곧장 가면 T자 길이 나옵니다. 거기를 오른쪽으로 돌면 정면이 역입니다. 여기서 걸어서 5분 정도입니다.

A 건널목에서 좌회전, T자 길에서 우회전이군요. 감사합니다.

❶ 동사의 기본형에 …には가 접속하면 「…하려면」의 뜻을 나타낸다.

❷ 踏切 철도 건널목

Unit 01

길을 물을 때

초면에 길을 물을 때는 すみません이라고 말을 붙이고 시작하면 된다. すみません은 잘못을 사과할 때뿐만 아니라, 모르는 사람에게 말을 걸거나 어떤 일에 대해 부탁할 때도 쓰인다.

2735. 백화점은 어디에 있습니까?

デパートはどこにありますか。
데파-토와 도꼬니 아리마스까

2736. 걸어서 몇 분 걸립니까?

歩(ある)いて何分(なんぷん)かかりますか。
아루이떼 난뿐 가까리마스까

> 歩いて 걸어서 = 徒歩(とほ) 도보

2737. 어디서 꺾으면 됩니까?

どこで曲(ま)がればいいんですか。
도꼬데 마가레바 이인데스까

> 曲がる 돌다, 방향을 바꾸다

2738. 미안합니다, 역은 어떻게 가면 좋을까요?

すみません、駅(えき)へはどう行(い)ったらよいでしょうか。
스미마센 에끼에와 도- 잇따라 요이데쇼-까

A すみません、駅(えき)へはどう行(い)ったらよいでしょうか。
미안합니다, 역은 어떻게 가면 좋을까요?

B この道(みち)をまっすぐ行(い)って突(つ)き当(あ)たりを左(ひだり)へ曲(ま)がればいいんですよ。
이 길을 곧장 가서 막다른 곳에서 왼쪽으로 돌면 됩니다.

2739. 팔레스 호텔로 가는 길을 가르쳐 줄래요?

パレス・ホテルへ行(い)く道(みち)を教(おし)えてくれますか。
파레스 호테루에 이꾸 미찌오 오시에떼 구레마스까

2740. 병원에는 어떻게 가면 좋을까요?

病院(びょういん)へはどう行(い)ったらいいでしょうか。
뵤-인에와 도- 잇따라 이-데쇼-까

2741. 여기는 처음인데, 여대는 어떻게 가면 좋을까요?

ここは初(はじ)めてなんですが、女子大(じょしだい)へはどう行(い)ったらいいでしょうか。
고꼬와 하지메떼난데스가 죠시다이에와 도- 잇따라 이-데쇼-까

2742. 우에노 공원은 이 길로 가면 됩니까?

上野公園(うえのこうえん)はこの道(みち)でいいんでしょうか。
우에노고-엔와 고노 미찌데 이인데쇼-까

> はじめ는 최초의 부분을 뜻하는 명사이고, はじめて는 그것의 첫 회임을 뜻하는 부사이다.

2743. 이 주위에 지하철역은 있습니까?

このあたりに地下鉄(ちかてつ)の駅(えき)はありますか。
고노 아따리니 치까떼쯔노 에끼와 아리마스까

길을 물을 때

2744. 미안합니다, 저 하얀 건물은 대학입니까?

すみません、あの白い建物は大学ですか。
스미마센 아노 시로이 다떼모노와 다이가꾸데스까

A すみません、あの白い建物は大学ですか。
미안합니다, 저 하얀 건물은 대학입니까?

B いや、違います。あれは病院です。B大学をお探しですか。
아뇨, 그렇지 않습니다. 저건 병원입니다. B대학을 찾으십니까?

A はい、このあたりだと聞いて来たのですが。
네, 이 주변이라고 듣고 왔는데요.

2745. (지도를 펴고) 여기는 어디입니까?

ここはどこですか。
고꼬와 도꼬데스까

2746. 지도에 표시를 해 주세요.

地図にしるしをつけてください。
지즈니 시로시오 쯔께떼 구다사이

2747. 여기서 가깝습니까?

ここから近いのですか。
고꼬까라 찌까이노데스까

2748. 거기까지 걸어갈 수 있습니까?

そこまで歩いて行けますか。
소꼬마데 아루이떼 이께마스까

2749. 저는 방향치입니다.

私は方向音痴なんです。
와따시와 호-꼬-온찌난데스

> 音痴(음치) 특정 감각이 둔함, 그런 사람. 味覚(みかく)音痴 미각이 둔함

Unit 02

길을 가르쳐줄 때

2750. 어디 찾으십니까?

どこかお探しですか。
도꼬까 오사가시데스까

2751. 난처하신 것 같은데, 도와 드릴까요?

お困りのようですが、お役に立つでしょうか。
오꼬마리노요-데스가 오야꾸니 다쯔데쇼-까

> 役に立つ 도움이 되다, 役立(だ)つ로도 표현한다.

길을 가르쳐줄 때

2752. <u>어디에 가십니까?</u>

どこへいらっしゃるのですか。

도꼬에 이랏샤루노데스까

> **A** どこへいらっしゃるのですか。
> 어디에 가십니까?
>
> **B** 新宿駅(しんじゅくえき)へ行(い)きます。
> 신주쿠 역에 갑니다.
>
> **A** 新宿駅(しんじゅくえき)はここから5分(ふん)ぐらい歩(ある)くと見(み)えます。
> 신주쿠 역은 여기서 5분 정도 걸으면 보입니다.

2753. <u>집 주소를 보여 주시겠어요?</u>

おうちの住所(じゅうしょ)を見(み)せてもらえますか。

오우찌노 쥬-쇼오 미세떼 모라에마스까

2754. <u>세 번째 블록입니다.</u>

3つ目(め)のブロックです。

미쯔메노 부록쿠데스

2755. <u>두 번째 모퉁이에서 왼쪽으로 가세요.</u>

2つ目(め)の角(かど)を左(ひだり)へ行(い)きなさい。

후따쯔메노 까도오 히다리에 이끼나사이

> 左 왼쪽 ↔
> 右(みぎ) 오른쪽

2756. <u>이 길로 곧장 가세요.</u>

この道(みち)を真(ま)っ直(す)ぐ行(い)ってください。

고노 미찌오 맛수구 잇떼 구다사이

2757. <u>이 모퉁이에서 왼쪽으로 도세요.</u>

この角(かど)を左(ひだり)に曲(ま)がりなさい。

고노 까도오 히다리니 마가리나사이

> 左折する 좌회전하다
> ↔ 右折する 우회전하다

2758. <u>파출소 있는 곳에서 좌회전하면 오른쪽에 사무실이 있습니다.</u>

交番(こうばん)の所(ところ)を左折(させつ)すれば右側(みぎがわ)に事務所(じむしょ)があります。

고-방노 도꼬로오 사세쯔스레바 미기가와니 지무쇼가 아리마스

> **A** 今(いま)どこですか。
> 지금 어디세요?
>
> **B** 事務所(じむしょ)の近(ちか)くにいると思(おも)いますが。
> 사무실 근처에 있는 것 같은데요.

길을 가르쳐줄 때

A あ、そうですか。交番の所を左折すれば右側に事務所があります。
아, 그래요. 파출소 있는 곳에서 좌회전하면 오른쪽에 사무실이 있습니다.

2759. <u>선로와 평행인 길로 가서 건널목을 건너세요.</u>
線路と平行の道を行って踏切を渡ってください。
센로또 헤-꼬-노 미찌오 잇떼 후미끼리오 와땃떼 구다사이

2760. <u>지금 온 길을 돌아가야 합니다.</u>
今来た道を戻らないといけません。
이마 끼따 미찌오 모도라나이또 이께마센

A すみません、病院へ行くのはこの道でいいですか。
미안합니다, 병원에 가는 것은 이 길로 가면 됩니까?

B いや、今来た道を戻らないと いけません。
아뇨, 지금 온 길을 돌아가야 합니다.

2761. <u>저도 그쪽 방향으로 가니까, 같이 갑시다.</u>
私もそちらの方向へ行きますから、お連れしましょう。
와따시모 소찌라노 호-꼬-에 이끼마스까라 오쯔레시마쇼-

Unit 03

길을 잘 모를 때

2762. <u>미안합니다. 잘 모르겠습니다.</u>
すみません。よく分かりません。
스미마센 요꾸 와까리마센

2763. <u>저는 여행자입니다.</u>
私は旅行者なのです。
와따시와 료꼬-샤나노데스

2764. <u>저도 모릅니다.</u>
私も知らないんです。
와따시모 시라나인데스

2765. <u>누구 다른 사람에게 물어 보세요.</u>
だれかほかの人に聞いてください。
다레까 호까노 히또니 끼-떼 구다사이

2766. <u>지도를 갖고 있습니까?</u>
地図を持っていますか。
지즈오 못떼 이마스까

길을 잘 모를 때

2767. 저기에 있는 순경에게 물으면 어떨까요?

あそこにいるお巡(まわ)りさんに聞(き)いたらどうですか。

아소꼬니 이루 오마와리상니 끼-따라 도-데스까

2768. 유감스럽지만, 저도 잘 모릅니다.

残念(ざんねん)ながら、私(わたし)もよくわからないんですよ。

잔넨나가라 와따시모 요꾸 와까라나인데스요

2769. 저도 여기는 처음이라서요.

私(わたし)もここは初(はじ)めてなものですから。

와따시모 고꼬와 하지메떼나 모노데스까라

2770. 미안하지만, 이 주변은 그다지 잘 모릅니다.

すみませんが、この辺(あた)りはあまりよく知(し)らないんです。

스미마센가 고노 아따리와 아마리 요꾸 시라나인데스

Unit 04

길을 잃었을 때

2771. 여보세요, 이건 무슨 거리입니까?

すみません。これは何(なん)という通(とお)りですか。

스미마센 고레와 난또 유- 도-리데스까

2772. 어디에 갑니까?

どこに行(い)くのですか。

도꼬니 이꾸노데스까

2773. 미안합니다. 길을 잃어버렸습니다.

すみません。道(みち)に迷(まよ)ってしまいました。

스미마센 미찌니 마옷떼 시마이마시다

> 道に迷う 길을 잃다, 길을 헤매다

2774. 중앙역은 어느 방향입니까?

中央駅(ちゅうおうえき)はどちらの方向(ほうこう)ですか。

츄-오-에끼와 도찌라노 호-꼬-데스까

2775. 이 길은 다릅니까?

この道(みち)は違(ちが)うのですか。

고노 미찌와 찌가우노데스까

대중교통의 이용

여기서는 열차, 전철, 지하철, 버스, 택시, 비행기를 이용하는 경우에 필요한 표현을 다루었다. 역이나 차 안에서 일본인이 말을 걸어왔을 때 대처하는 방법도 포함되어 있으므로 실제로 응용해보자. 정류장이나 역을 물을 때는 電車駅・バス停・タクシー乗り場はどこですか라고 한다. 택시를 이용할 때는 …までお願いします라고 기사에게 말하면 목적지까지 실어다 준다. 목적지를 잘 모르를 때는 주소를 보이며 この住所までお願いします라고 하면 된다.

Ⓐ 京都(きょうと)へはなんで行(い)こうか。ぼくの車(くるま)で行(い)く?

Ⓑ 時間(じかん)はどのくらいかかるの?

Ⓐ 교토에는 무엇으로 갈까? 내 차로 갈래?　Ⓑ 시간은 어느 정도 걸리니?

Ⓐ 東京(とうきょう)から車(くるま)だと5時間(じかん)で行(い)けるって叔父(おじ)が言(い)ってただけど、もちろん混(こ)み具(ぐ)合(あい)によるね。10時間(じかん)かかるかも。❶

Ⓑ そう。渋滞(じゅうたい)で座(すわ)りきっているのはあんまり好(す)きじゃないわ。ほかに交通手段(こうつうしゅだん)はないの?

Ⓐ 新幹線(しんかんせん)なら2時間半(じかんはん)しかかからないよ。バスもあるらしい。これはずっと安(やす)いよ。

Ⓐ 도쿄에서 차로 5시간 걸린다고 아저씨가 말했는데, 물론 혼잡 정도에 따라서 말이야. 10시간 걸릴지도 몰라.
Ⓑ 그래. 차가 막혀 앉아 있는 것은 별로 안 좋아해. 다른 교통수단은 없니?
Ⓐ 신칸센이라면 2시간 반밖에 안 걸려. 버스도 있는 것 같고. 이게 훨씬 싸.

❶ …かも는 …かもしれない를 줄인 표현으로 「…일(할)지도 모른다」의 뜻으로 추측을 나타낸다.

Unit 01

역이나 차내에서 안내

2776. <u>긴자로 가는 데 가장 좋은 방법은 무엇일까요?</u>

銀座へ行くのにいちばんいい方法は何でしょうか。

긴자에 이꾸노니 이찌방 이– 호–호–와 난데쇼–까

A 銀座へ行くのにいちばんいい方法は何でしょうか。
긴자로 가는 데 가장 좋은 방법은 무엇일까요?

B タクシーでもいいですけど、地下鉄がいちばん速いですよ。
택시로도 괜찮지만, 지하철이 가장 빨라요.

2777. <u>나리타공항은 어떻게 가면 좋을까요?</u>

成田空港へはどう行ったらいいでしょうか。

나리따꾸–꼬–에와 도– 잇따라 이–데쇼–까

2778. <u>미안합니다, 이 전철은 하라주쿠에 갑니까?</u>

すみません、この電車は原宿へ行きますか。

스미마센 고노 덴샤와 하라쥬꾸에 이끼마스까

2779. <u>당신은 전철을 잘못 탄 것 같군요.</u>

あなたは電車を間違えたようですよ。

아나따와 덴샤오 마찌가에따요–데스요

2780. <u>당신이 내릴 역은 여기에서 다섯 번째입니다.</u>

あなたの降りる駅はここから5つ目です。

아나따노 오리루 에끼와 고꼬까라 이쯔쯔메데스

2781. <u>그 열차는 어디에서 출발합니까?</u>

その列車はどこから出ますか。

고노 렛샤와 도꼬까라 데마스까

A その列車はどこから出ますか。
그 열차는 어디에서 출발합니까?

B 20分後に12番線から出ます。
20분 후에 12번선에서 출발합니다.

2782. <u>특급을 타지 않도록 하세요. 그 역에는 정차하지 않으니까요.</u>

特急に乗らないように。その駅には停車しませんから。

톡큐–니 노라나이요–니 고노 에끼니와 테–샤시마센까라

…ないように
…지 않도록

2783. <u>이건 급행입니까, 완행입니까?</u>

これは急行ですか、鈍行ですか。

고레와 큐–꼬–데스까 돈꼬–데스까

역이나 차내에서 안내

2784. 이 기계에서 표를 사면 안 됩니다. 지하철용이니까요.

この機械(きかい)で切符(きっぷ)を買(か)ってはだめです。地下鉄用(ちかてつよう)ですから。

고노 기까이데 깃뿌오 갓떼와 다메데스 치까떼쯔요-데스까라

2785. 잠깐 기다려요. 차장에게 물어 볼게요.

ちょっと待(ま)って。車掌(しゃしょう)さんに聞(き)いてあげましょう。

춋또 맛떼 샤쇼-상니 끼-떼 아게마쇼-

Unit 02

열차를 이용할 때

2786. 여보세요. 매표소는 어디입니까?

すみません。切符売場(きっぷうりば)はどこですか。

스미마센 깃뿌우리바와 도꼬데스까

2787. 오사카행 표는 어느 창구입니까?

大阪行(おおさかゆ)きの切符(きっぷ)はどの窓口(まどぐち)ですか。

오-사까유끼노 깃뿌와 도노 마도구찌데스까

…行き는 장소를 나타내는 말에 붙어 그곳으로 감을 나타낸다.

2788. 이 열차 좌석을 예약하고 싶은데요.

この列車(れっしゃ)の座席(ざせき)を予約(よやく)したいんですが。

고노 렛샤노 자세끼오 요야꾸시따인데스가

2789. 도쿄까지 지정석을 부탁합니다.

東京(とうきょう)までの指定券(していけん)をお願(ねが)いします。

도-쿄-마데노 시떼-껜오 오네가이시마스

2790. 편도를 주세요.

片道(かたみち)をください。

가따미찌오 구다사이

A 片道(かたみち)ですか、往復(おうふく)ですか。
편도입니까, 왕복입니까?

B 片道(かたみち)をください。
편도를 주세요.

2791. 일등석 표를 두 장 주세요.

グリーン車(しゃ)の切符(きっぷ)を2枚(まい)ください。

구리인샤노 깃뿌오 니마이 구다사이

グリーン車 철도여객 차량 중 서비스나 설비가 좋아 특별 요금을 징수하는 객차

2792. 이 열차는 코베에 섭니까?

この列車(れっしゃ)は神戸(こうべ)に止(と)まりますか。

고노 렛샤와 고-베니 도마리마스까

열차를 이용할 때

2793. 오사카행 열차는 어디서 출발합니까?

大阪(おおさか)行(ゆ)きの列車(れっしゃ)はどこから出(で)ますか。

오-사까유끼노 렛샤와 도꼬까라 데마스까

2794. 내일 오사카행 표는 있습니까?

あしたの大阪(おおさか)行(ゆ)きの切符(きっぷ)はありますか。

아시따노 오-사까유끼노 깃뿌와 아리마스까

2795. 11시 열차에 빈자리는 있습니까?

11時(じ)の列車(れっしゃ)に空席(くうせき)はありますか。

쥬-이찌지노 렛샤니 구-세끼와 아리마스까

2796. 오사카까지 왕복 한 장 주세요.

大阪(おおさか)まで往復(おうふく)1枚(まい)ください。

오-사까마데 오-후꾸 이찌마이 구다사이

2797. 도쿄까지 어른 두 장, 어린이 한 장 주세요.

東京(とうきょう)まで大人(おとな)2枚(まい)、子供(こども)1枚(まい)ください。

도-쿄-마데 오또나 니마이 고도모 이찌마이 구다사이

2798. 지정석을 잡을 필요가 있습니까?

指定席(していせき)をとる必要(ひつよう)がありますか。

시떼-세끼오 도루 히쯔요-가 아리마스까

> **A** 指定席(していせき)をとる必要(ひつよう)がありますか。
> 지정석을 잡을 필요가 있습니까?
>
> **B** 列車(れっしゃ)が混(こ)んでいるかもしれませんので、そうしたほうがいいと思(おも)いますよ。
> 열차가 붐빌지도 모르니까 그렇게 하는 게 좋을 겁니다.

2799. 이 급행은 어디로 갑니까?

この急行(きゅうこう)はどこに行(い)きますか。

고노 큐-꼬-와 도꼬니 이끼마스까

2800. 몇 분 간격으로 열차가 옵니까?

何分(なんぷん)おきに列車(れっしゃ)が来(き)ますか。

난뿐오끼니 렛샤가 끼마스까

> …おきに (시간·거리·수량 등을 나타내는 말에 붙어) …간격으로, …걸러

2801. 이 표로 이 급행을 탈 수 있습니까?

この切符(きっぷ)でこの急行(きゅうこう)に乗(の)れますか。

고노 깃뿌데 고노 큐-꼬-니 노레마스까

2802. 식당차는 딸려 있습니까?

食堂車(しょくどうしゃ)はついていますか。

쇼꾸도-샤와 쯔이떼 이마스까

열차를 이용할 때

2803. 별도의 요금은 어디서 내면 됩니까?
べつりょうきん　はら
別料金はどこで払ったらいいですか。
베쯔료―낑와 도꼬데 하랏따라 이―데스까

2804. 중도에 하차할 수 있습니까?
ちゅうと げしゃ
中途下車はできますか。
츄―도게샤와 데끼마스까

2805. 다음 열차는 몇 시입니까?
つぎ れっしゃ なんじ
次の列車は何時ですか。
쯔기노 렛샤와 난지데스까

2806. 신칸센에는 히카리와 고다마가 있습니다.
しんかんせん
新幹線にはヒカリとコダマがあります。
신깐센니와 히까리또 고다마가 아리마스

2807. 도쿄에서 오사카까지 몇 시간입니까?
とうきょう おおさか なんじかん
東京から大阪まで何時間ですか。
도―쿄―까라 오―사까마데 난지깐데스까

2808. 시각표는 어디서 팝니까?
じこくひょう う
時刻表はどこで売っていますか。
지꼬꾸효―와 도꼬데 웃떼 이마스까

2809. 개찰은 몇 시부터입니까?
かいさつ なんじ
改札は何時からですか。
가이사쯔와 난지까라데스까

2810. 몇 시에 홈에 들어옵니까?
なんじ はい
何時にホームに入りますか。
난지니 호―무니 하이리마스까

2811. 오사카행 열차는 몇 번 홈입니까?
おおさかゆ れっしゃ なんばん
大阪行きの列車は何番ホームですか。
오―사까유끼노 렛샤와 난방호―무데스까

2812. 이건 오사카행 열차입니까?
おおさかゆ れっしゃ
これは大阪行きの列車ですか。
고레와 오―사까유끼노 렛샤데스까

2813. 이 표를 취소할 수 있습니까?
きっぷ
この切符はキャンセルできますか。
고노 깃뿌와 캰세루데끼마스까

> キャンセルする
> = 取(と)り消(け)す
> 취소하다

2814. 지금 어디를 달리고 있습니까?
いま はし
今、どこを走っていますか。
이마 도꼬오 하싯떼 이마스까

열차를 이용할 때

2815. 자리를 바꿔 주시겠습니까?

席(せき)を替(か)わっていただけますか。

세끼오 가왓떼 이따다께마스까

2816. 여기서는 어느 정도 정차합니까?

ここにはどのくらい停車(ていしゃ)しますか。

고꼬니와 도노구라이 테-샤시마스까

2817. 표를 잃어버렸습니다.

切符(きっぷ)をなくしてしまいました。

깃뿌오 나꾸시떼 시마이마시다

2818. 지나쳐 버린 것 같습니다.

乗(の)り越(こ)したようです。

노리꼬시따요-데스

ようだ가 추측의 뜻으로 쓰일 때는 어떤 것에 대해서 그때의 상황이나 주어진 정보를 바탕으로 하여 불확실하지만, 그렇게 볼 수 있는 상황이라는 판단이 설 때 쓴다.

2819. 잃으신 물건이 없도록 내리십시오.

お忘(わす)れ物(もの)ないように、お降(お)りください。

오와스레모노나이요-니 오오리 구다사이

ないように 없도록

Unit 03

전철·지하철을 이용할 때

2820. 가장 가까운 역은 어디입니까?

最寄(もよ)りの駅(えき)はどこですか。

모요리노 에끼와 도꼬데스까

最寄り 가장 가까운 곳

2821. 미안합니다. 신주쿠 역은 어디입니까?

すみません。新宿駅(しんじゅくえき)はどこですか。

스미마센 신쥬꾸에끼와 도꼬데스까

2822. 남쪽 출구는 어디입니까?

南口(みなみぐち)はどこですか。

미나미구찌와 도꼬데스까

일본의 지하철이나 전철역의 출입구는 동서남북으로 표시되어 있다. 東口(ひがしぐち) 西口(にしぐち) 南口(みなみぐち) 北口(きたぐち)

2823. 매표소는 어디입니까?

切符売場(きっぷうりば)はどこですか。

깃뿌우리바와 도꼬데스까

2824. 자동매표기는 어디에 있습니까?

自動販売機(じどうはんばいき)はどこにありますか。

지도-한바이끼와 도꼬니 아리마스까

2825. 다음에 섭니까?

次(つぎ)に止(と)まりますか。

쯔기니 도마리마스까

전철·지하철을 이용할 때

2826. 종점은 어디입니까?

終点(しゅうてん)はどこですか。

슈-텐와 도꼬데스까

2827. 야마노테선은 무슨 색입니까?

山(やま)の手線(てせん)は何色(なにいろ)ですか。

야마노떼센와 나니이로데스까

A 山(やま)の手線(てせん)は何色(なにいろ)ですか。
야마노테선은 무슨 색입니까?

B 緑色(みどりいろ)です。
녹색입니다.

2828. 가장 가까운 지하철역은 어디입니까?

いちばん近(ちか)い地下鉄駅(ちかてつえき)はどこですか。

이찌방 찌까이 치까테쯔에끼와 도꼬데스까

一番(いちばん)이 부사어로 쓰일 때는 「제일, 가장」이라는 뜻으로 ひらがな로 표기한다.

2829. 어디서 갈아타면 됩니까?

どこで乗(の)り換(か)えたらいいですか。

도꼬데 노리까에따라 이-데스까

2830. 몇 분 간격으로 옵니까?

何分(なんぷん)おきに来(き)ますか。

난뿐오끼니 끼마스까

2831. 우에노에 가려면 무슨 선을 타면 됩니까?

上野(うえの)に行(い)くには何線(なにせん)に乗(の)ればいいのですか。

우에노니 이꾸니와 나니센니 노레바 이-노데스까

2832. 지하철 노선도를 한 장 줄래요?

地下鉄(ちかてつ)の路線図(ろせんず)を1枚(まい)もらえますか。

치까테쯔노 로센즈오 이찌마이 모라에마스까

2833. 긴자로 가는 것은 어느 선입니까?

銀座(ぎんざ)へ行(い)くのはどの線(せん)ですか。

긴자에 이꾸노와 도노 센데스까

2834. 어느 역에서 내리면 됩니까?

どこの駅(えき)で降(お)りればいいのですか。

도꼬노 에끼데 오리레바 이-노데스까

2835. 급행은 이 역에 섭니까?

急行(きゅうこう)はこの駅(えき)に止(と)まりますか。

큐-꼬-와 고노 에끼니 도마리마스까

일본에서는 지하로 달리는 전동열차를 地下鉄(ちかてつ)라고 하고, 지상으로 달리는 전동열차를 電車(でんしゃ)라고 구분하여 부른다.
急行(きゅうこう)은 모든 역에 서지 않고 큰 역에만 서는 전철을 말한다. 반대로 모든 역에 서는 전철을 各駅停車(かくえきていしゃ)라고 한다.

전철·지하철을 이용할 때

2836. 완행전철을 타면 1시간 정도 걸립니다.

各駅停車(かくえきていしゃ)に乗(の)れば1時間(じかん)ぐらいかかります。

가꾸에끼테이샤니 노레바 이찌지깐구라이 가까리마스

> 時間がかかる 시간이 걸리다

2837. 마지막 전철은 몇 시인가요?

終電(しゅうでん)は何時(なんじ)でしょうか。

슈-텐와 난지데쇼-까

Unit 04

버스를 이용할 때

2838. 여보세요. 버스 정류장은 어디에 있습니까?

すみません。バス停(てい)はどこにありますか。

스미마센 바스테-와 도꼬니 아리마스까

> バス停留所(ていりゅうじょ)를 줄여서 흔히 バス停라고 한다.

A すみません。バス停(てい)はどこにありますか。
여보세요. 버스 정류장은 어디에 있습니까?

B 通(とお)りの向(む)こう側(がわ)ですよ。
길 맞은편입니다.

2839. 우에노는 몇 번 버스를 타면 됩니까?

上野(うえの)は何番(なんばん)のバスに乗(の)ればいいですか。

우에노와 난방노 바스니 노레바 이-데스까

A 上野(うえの)は何番(なんばん)のバスに乗(の)ればいいですか。
우에노는 몇 번 버스를 타면 됩니까?

B 14番(ばん)のバスにお乗(の)りください。
14번 버스를 타십시오.

2840. 이 버스로 공원에 갈 수 있습니까?

このバスで公園(こうえん)へ行(い)けますか。

고노 바스데 고-엔에 이께마스까

2841. 표는 어디서 삽니까?

切符(きっぷ)はどこで買(か)えますか。

깃뿌와 도꼬데 가에마스까

2842. 요금은 타기 전에 지불합니까?

料金(りょうきん)は乗(の)る前(まえ)に払(はら)いますか。

료-낑와 노루마에니 하라이마스까

> …前に …하기 전에

2843. 어디서 내리면 됩니까?

どこで降(お)りればいいですか。

도꼬데 오리레바 이-데스까

버스를 이용할 때

2844. 공원에 도착하면 가르쳐 주세요.

公園(こうえん)に着(つ)いたら教(おし)えてください。

고-엔니 쯔이따라 오시에떼 구다사이

2845. 우에노역에서 섭니까?

上野駅(うえのえき)で止(と)まりますか。

우에노에끼데 도마리마스까

A このバスは上野駅(うえのえき)で止(と)まりますか。
이 버스는 우에노역에 섭니까?

B いいえ、止(と)まりません。バスを乗(の)り違(ちが)えました。
아니요, 서지 않습니다. 버스를 잘못 탔습니다.

2846. 잠깐 지나가겠습니다. 내려야 하니까요.

ちょっと通(とお)してください。降(お)りますので。

촛또 도-시떼 구다사이 오리마스노데

2847. 여기서 내려 주세요.

ここで降(お)ろしてください。

고꼬데 오로시떼 구다사이

2848. 여보세요. 내립니다.

すみません。降(お)ります。

스미마센 오리마스

2849. 미안합니다. 지나쳤습니다.

すみません、乗(の)り過(す)ごしました。

스미마센 노리스고시마시다

2850. 마지막 버스는 몇 시입니까?

最終(さいしゅう)バスは何時(なんじ)ですか。

사이슈-바스와 난지데스까

Unit 05

관광버스를 이용할 때

2851. 닛코를 방문하는 투어는 있습니까?

日光(にっこう)を訪(おとず)れるツアーはありますか。

닛꼬-오 오또즈레루 츠아-와 아리마스까

2852. 점심이 나옵니까?

昼食(ちゅうしょく)つきですか。

츄-쇼꾸쯔끼데스까

관광버스를 이용할 때

일본어로 관광버스는 観光(かんこう)バス 이고, 전세(대절)버스는 貸し切り(かしきり)バス 라고 한다.

2853. 자유시간은 있습니까?

自由時間(じゆうじかん)はありますか。

지유-지깐와 아리마스까

2854. 시내 투어에는 무엇이 있습니까?

市内(しない)ツアーには何(なに)がありますか。

시나이츠아-니와 나니가 아리마스까

見物는 즐기기 위해 보는 것을 말하고, 見学(けんがく)는 지식을 얻기 위해 보는 것을 말한다.

A 市内(しない)ツアーには何(なに)がありますか。
시내 투어에는 무엇이 있습니까?

B 東京(とうきょう)を見物(けんぶつ)するにははとバスに乗(の)ればいいです。
도쿄를 구경하려면 하토 버스를 타면 됩니다.

2855. 몇 시에 돌아옵니까?

何時(なんじ)に戻(もど)ってくるのですか。

난지니 모돗떼 꾸루노데스까

2856. 투어는 몇 시에 어디서 시작됩니까?

ツアーは何時(なんじ)にどこから始(はじ)まりますか。

츠아-와 난지니 도꼬까라 하지마리마스까

Unit 06

택시를 이용할 때

2857. 택시로 가자.

タクシーで行(い)こうよ。

타쿠시-데 이꼬-요

2858. 택시는 어디서 잡습니까?

タクシーはどこで拾(ひろ)えますか。

타쿠시-와 도꼬데 히로에마스까

2859. 택시 승강장은 어디에 있습니까?

タクシー乗(の)り場(ば)はどこですか。

타쿠시노리바와 도꼬데스까

2860. 택시를 불러 주겠어요?

タクシーを呼(よ)んでくれますか。

타쿠시-오 욘데 꾸레마스까

2861. 근처에 택시 승강장이 있습니까?

近(ちか)くにタクシー乗(の)り場(ば)はありますか。

찌가꾸니 타쿠시-노리바와 아리마스까

택시를 이용할 때

2862. <u>어디까지 가십니까?</u>

どちらまでいらっしゃいますか。
도찌라마데 이랏샤이마스까

A どちらまでいらっしゃいますか。
어디까지 가십니까?

B 東京駅(とうきょうえき)までお願(ねが)いします。
도쿄 역까지 부탁합니다.

2863. <u>우리들 전원이 탈 수 있나요?</u>

私(わたし)たちは全員(ぜんいん)乗(の)れますか。
와따시따찌와 젠인 노레마스까

2864. <u>프린스 호텔까지 부탁합니다.</u>

プリンス・ホテルまでお願(ねが)いします。
푸린스 호테루마데 오네가이시마스

2865. <u>공항까지 가 주세요.</u>

空港(くうこう)まで行(い)ってください。
구－꼬－마데 잇떼 구다사이

2866. <u>이 주소까지 가 주세요.</u>

この住所(じゅうしょ)までお願(ねが)いします。
고노 쥬－쇼마데 오네가이시마스

2867. <u>직진해 주세요.</u>

真(ま)っ直(す)ぐ行(い)ってください。
맛수구 잇떼 구다사이

2868. <u>다음 모퉁이에서 좌회전하세요.</u>

次(つぎ)の角(かど)を左折(させつ)してください。
쯔기노 까도오 사세쯔시떼 구다사이

2869. <u>긴자까지 상당히 걸립니까?</u>

銀座(ぎんざ)までかなりかかりますか。
긴자마데 가나리 가까리마스까

2870. <u>급해서 그러는데 빠른 길로 가 주세요.</u>

急(いそ)いでいるので近道(ちかみち)してください。
이소이데 이루노데 찌까미찌시떼 구다사이

2871. <u>여기서 시내까지의 운임은 얼마입니까?</u>

ここから市内(しない)までの運賃(うんちん)はいくらですか。
고꼬까라 시나이마데노 운찐와 이꾸라데스까

택시를 이용할 때

2872. 여기서 세워 주세요.

ここで止(と)めてください。

고꼬데 도메떼 구다사이

2873. 여기서 내려 주세요.

ここで下(お)ろしてください。

고꼬데 오로시떼 구다사이

2874. 트렁크를 열어 주세요.

トランクを開(あ)けてください。

토랑꾸오 아께떼 구다사이

2875. 여기서 기다려 주세요.

ここで待(ま)っていてください。

고꼬데 맛떼 이떼 구다사이

2876. 요금은 얼마입니까?

料金(りょうきん)はいくらですか。

료-낑와 이꾸라데스까

2877. 자, 3천 엔입니다. 거스름돈은 됐습니다.

はい、3千円(ぜんえん)です。お釣(つ)りは結構(けっこう)です。

하이 산센엔데스 오쯔리와 겟꼬-데스

Unit 07

국내선 비행기를 이용할 때

2878. 국내선은 어디입니까?

国内線(こくないせん)はどこですか。

고꾸나이센와 도꼬데스까

2879. 일본항공 카운터는 어디입니까?

日本航空(にほんこうくう)のカウンターはどこですか。

니혼꼬-꾸-노 까운타-와 도꼬데스까

2880. 지금 체크인할 수 있습니까?

今(いま)チェックインできますか。

이마 첵쿠인데끼마스까

2881. 창쪽 좌석을 부탁합니다.

窓際席(まどぎわせき)をお願(ねが)いします。

마도가와세끼오 오네가이시마스

2882. 금연석의 통로 쪽을 부탁합니다.

禁煙席(きんえんせき)の通路側(つうろがわ)をお願(ねが)いします。

낑엔세끼노 쯔-로가와오 오네가이시마스

국내선 비행기를 이용할 때

2883. 이 짐은 기내로 가지고 들어갑니까?

この荷物は機内持ち込みですか。

고노 니모쯔와 기나이모찌꼬미데스까

2884. 몇 번 게이트로 가면 됩니까?

何番ゲートに行けばいいのですか。

난방 게-토니 이께바 이-노데스까

2885. 이건 오사카행 게이트입니다.

これは大阪行きのゲートですか。

고레와 오-사까유끼노 게-토데스까

2886. 비행기는 정각대로 출발합니까?

フライトは定刻どおりに出発しますか。

후라이토와 테-꼬꾸도-리니 슛빠쯔시마스까

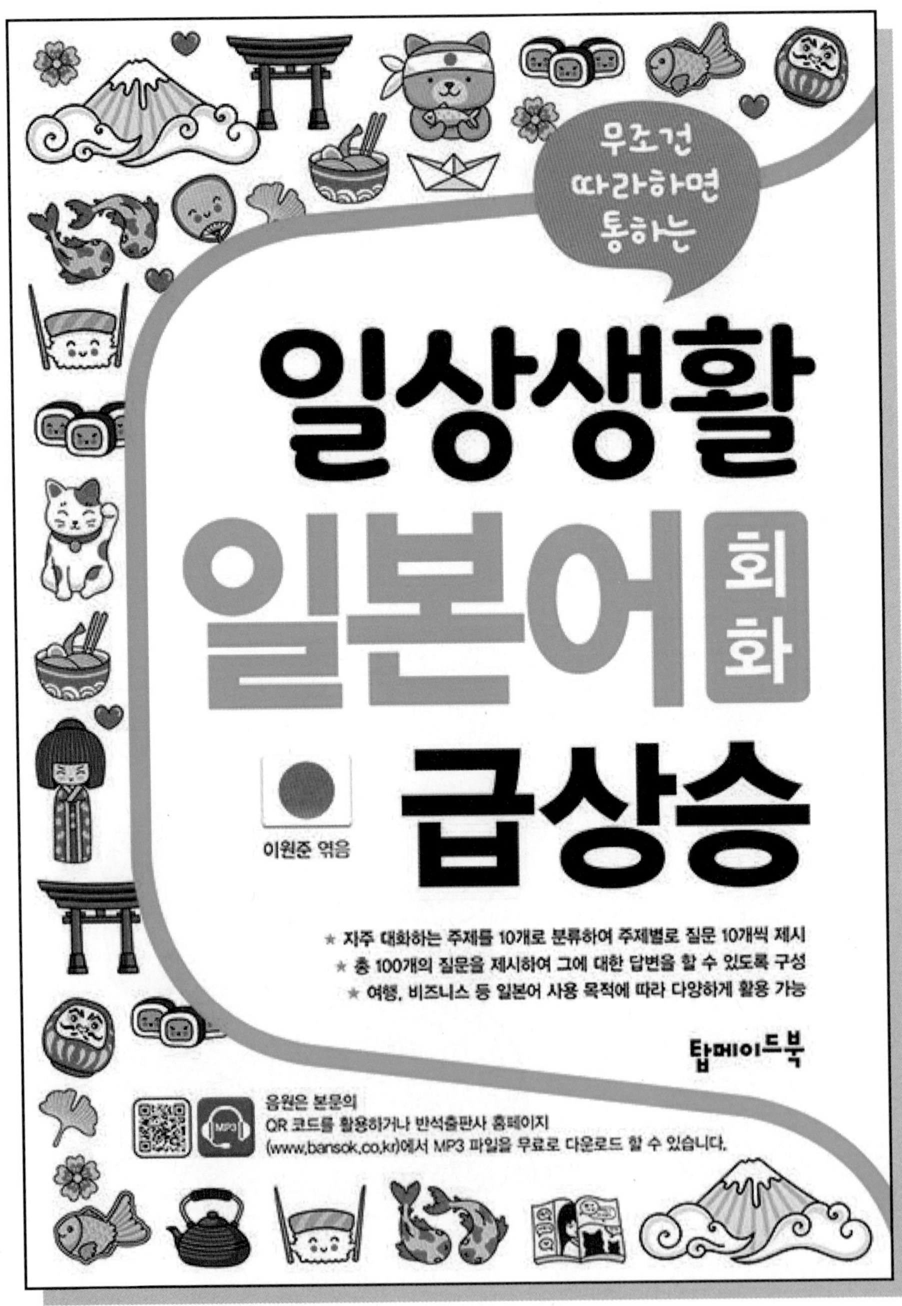

일상생활 일본어 회화 급상승
(여행, 비즈니스 등 활용 가능한 100개의 질문과 답변으로 구성+QR코드 및 mp3 파일 제공)

이원준 엮음 | 148*210mm | 332쪽 | 15,000원

바로바로 일본어 독학 첫걸음
(무조건 따라하면 통하는 일본어 회화)

이민정 엮음 | 148*210mm | 420쪽 | 15,000원(본문 mp3 파일 + 주요 문장 동영상 강의 DVD 포함)

내맘대로 일본어 독학 단어장
(일상생활, 여행, 비즈니스 필수 단어 수록+본문 mp3 파일 무료 제공+QR코드 제공)

FL4U컨텐츠 저 | 148*210mm | 308쪽 | 15,000원